INTELIGÊNCIA ARTIFICIAL E RELAÇÕES PRIVADAS

VOLUME 2

RELAÇÕES EXISTENCIAIS E A PROTEÇÃO DA PESSOA HUMANA

MARCOS EHRHARDT JÚNIOR

MARCOS CATALAN

CLÁUDIA RIBEIRO PEREIRA NUNES

Coordenadores

INTELIGÊNCIA ARTIFICIAL E RELAÇÕES PRIVADAS

VOLUME 2

RELAÇÕES EXISTENCIAIS E A PROTEÇÃO DA PESSOA HUMANA

Belo Horizonte

FORUM
CONHECIMENTO JURÍDICO

2023

FÓRUM
CONHECIMENTO JURÍDICO

Luís Cláudio Rodrigues Ferreira
Presidente e Editor

Coordenação editorial: Leonardo Eustáquio Siqueira Araújo
Aline Sobreira de Oliveira

Rua Paulo Ribeiro Bastos, 211 – Jardim Atlântico – CEP 31710-430
Belo Horizonte – Minas Gerais – Tel.: (31) 99412.0131
www.editoraforum.com.br – editoraforum@editoraforum.com.br

Técnica. Empenho. Zelo. Esses foram alguns dos cuidados aplicados na edição desta obra. No entanto, podem ocorrer erros de impressão, digitação ou mesmo restar alguma dúvida conceitual. Caso se constate algo assim, solicitamos a gentileza de nos comunicar através do *e-mail* editorial@editoraforum.com.br para que possamos esclarecer, no que couber. A sua contribuição é muito importante para mantermos a excelência editorial. A Editora Fórum agradece a sua contribuição.

Dados Internacionais de Catalogação na Publicação (CIP) de acordo com ISBD

I61 Inteligência artificial e relações privadas: relações existenciais e a proteção da pessoa humana / Marcos Ehrhardt Júnior, Marcos Catalan, Cláudia Ribeiro Pereira Nunes. Belo Horizonte: Fórum, 2023. v. 2.

388p.; 14,5cm x 21,5cm.
v.2
ISBN: 978-65-5518-577-5

1. Direito civil e tecnologia. 2. Novas tecnologias. 3. Inteligência artificial - IA. 4. Direito e tecnologia. 5. Direito. I. Ehrhardt Júnior, Marcos. II. Catalan, Marcos. III. Nunes, Cláudia Ribeiro Pereira. IV. Título

CDD 342.085
CDU 347

Ficha catalográfica elaborada por Lissandra Ruas Lima – CRB/6 – 2851

Informação bibliográfica deste livro, conforme a NBR 6023:2018 da Associação Brasileira de Normas Técnicas (ABNT):

EHRHARDT JÚNIOR, Marcos; CATALAN, Marcos; NUNES, Cláudia Ribeiro Pereira (Coord.). *Inteligência artificial e relações privadas*: relações existenciais e a proteção da pessoa humana. Belo Horizonte: Fórum, 2023. v. 2. 388p. ISBN 978-65-5518-577-5.

SUMÁRIO

RELAÇÕES EXISTENCIAIS E TUTELA DA PESSOA HUMANA: PREOCUPAÇÕES EMERGEM NO CONTATO DA INTELIGÊNCIA ARTIFICIAL COM O DIREITO PRIVADO

A inteligência artificial combina algoritmos, regras de negócio, *machine-learning* e análise preditiva postos em movimento por meio de servidores, sensores, equipamentos móveis ou fixos e equipamentos de conectividade pensados para capturar toda a informação possível[1] de modo a poder tomar decisões, logo, fazer escolhas.

Ocorre que

> *la recolección de grandes conjuntos de datos y su posterior análisis bajo las herramientas del Biga Data tiene un impacto directo en el conjunto de derechos que garantizan la privacidad de las personas y generan nuevas preocupaciones a las que el Derecho debe hacer frente. Las tareas de garantizar la seguridad de los datos y la protección de la privacidad se vuelven más difíciles cuando la información se multiplica y se comparte cada vez más ampliamente en todo el mundo. La información financiera, sobre compras, relativa a la salud, ubicación geográfica, la que se obtiene a través de las tarjetas de fidelización, el uso que cada persona hace de la electricidad y su actividad en línea está expuesta al escrutinio, público y posibilita la realización de perfiles con el consiguiente riesgo de discriminación o exclusión y, evidentemente, supone la más absoluta pérdida de control de cada individuo sobre su información personal.*[2]

---

1 CORREIA, José Pedro Anacoreta. Proteção de dados pessoais e inteligência artificial. *In*: NAMORA, Nuno Cerejeira; *et al*. (Ed.). *Digital work and personal data protection*: key issues for the labour of the 21st century. Cambridge: Cambridge Scholars Publishing, 2018. p. 450.

2 GARRIGA DOMÍNGUEZ, Ana. *Nuevos retos para la protección de datos personales en la era del Big Data y de la computación ubicua*. Madrid: Dykinson, 2015. p. 35.

A discussão proposta impõe enfatizar que as preocupações mais latentes não dizem respeito à informação em si, mas àquilo que pode ser feito com ela por sistemas cuja sofisticação crescente – ao menos potencialmente – pode produzir efeitos indesejados em contextos e graus nem sempre antecipáveis pela razão humana. E isso mesmo quando não é difícil antever, hodiernamente, que a utilização de volumes massificados de dados, tratados por inteligências artificiais com elevada capacidade analítica, tem grande potencial de violar direitos de personalidade afetos à intimidade e à vida privada, e, ainda, manipular pessoas, para fins comerciais e até políticos, expondo assim a inaceitável risco tanto distintas liberdades como a democracia.[3]

A elaboração de perfis humanos, por exemplo, etiqueta pessoas, categorizando-as a partir de características observáveis que permitem inferir outras não observáveis, prática que, entre outros problemas, perpetua estereótipos socialmente perceptíveis.[4] E o que dizer das muitas formas de busca da imortalidade esboçadas inicialmente pela arte e, mais recentemente, na literatura trans-humanista: práticas que envolvem diálogos com pessoas falecidas e a construção de ambientes tecnológicos que prometem decodificar o ser humano e viabilizar a vida após a vida?

De outro lado, é preciso atenção à infância e à adolescência; e eis que tais personagens, ao contrário de parte substancial das muitas mãos unidas na costura deste livro, nasceram em mundo digital e tem seus sistemas cognitivos mais bem adaptados a essa realidade. Ao pensar, os pequeninos afloram dilemas que envolvem o papel de robôs cuidadores ou os riscos da hiperconexão e da hiperexposição, situações fenomênicas que emergem ao lado da coleta automatizada de dados e, evidentemente, pensando nas pessoas para as quais a *fortuna* não costuma sorrir, da exclusão digital.

Tenha-se em mente, ainda, a relevância da ética na proteção de dados sanitários, o uso de *healthbots* para a triagem de pacientes e os problemas nem sempre conhecidos no âmbito da reprodução humana assistida, questões que emergem como alguns dos objetivos mais salientes deste volume, o segundo de três livros dedicados ao estudo verticalizado das inteligências artificiais e de seus impactos nas relações

---

3 CORREIA. *Op. cit.*, p. 452.

4 ANGUIRA RÍOS, Rosa María. Control, protección y salvaguarda de la privacidad en la era del tratamiento de los datos. *Revista de Derecho Privado*, Zaragoza, n. 4, p. 3-32, jul./ago. 2022.

civis e de consumo. As obras nascem ao mesmo tempo, cada uma com suas nuances, suas particularidades, sua marca individual.

Antes que as cortinas desta apresentação sejam descerradas, é preciso registrar que boa parte deste trabalho é fruto de pesquisa em rede: entre os autores há integrantes da rede de pesquisas Agendas de Direito Civil Constitucional, ao que tudo indica, a mais antiga na seara do direito privado brasileiro, e, ainda, líderes de grupos de pesquisa vinculados ao CNPq; entre esses grupos, podem ser listados: (i) Direito privado e contemporaneidade, (ii) Historicidade e relatividade do direito civil, (iii) Negócios biojurídicos: as tecnologias e o direito civil, (iv) Núcleo de estudos da regulação e da nova gestão pública e (v) Teorias sociais do direito. Aliás, por trabalharmos em rede, este volume conta também com artigos escritos por pesquisadores da Espanha e do Uruguai.

Enfim, esperamos, de coração, que este trabalho, pensado em seus mínimos detalhes, seja bem recebido como uma oportunidade de crescimento para todas as pessoas que de algum modo tenham contato com ele.

Madri/Maceió/Porto Alegre,
Inverno de 2023.

Cláudia Ribeiro Pereira Nunes
Marcos Catalan
Marcos Ehrhardt Junior

PARTE I

SOFTLAW E ASPECTOS ÉTICOS RELATIVOS A APLICAÇÕES DA INTELIGÊNCIA ARTIFICIAL

UN ENSAYO LIBREPENSANTE. LA INTELIGENCIA ARTIFICIAL DESDE UNA PERSPECTIVA ETICA

ARTURO CAUMONT

I. Existe consenso entre quienes observan y reflexionan sobre los denominados avances tecnológicos que ellos serán objeto de más apropiada valoración, y por consiguiente de adecuado juicio, solamente a partir del empleo que de la tecnología involucrada se lleve a cabo. No parece desacertado afirmar que ese estado de situación es general entre quienes abordan el fenómeno referido como avance tecnológico, sobremanera cuando su observación está guiada por una mirada crítica exclusivamente destinada a desentrañar su esencia, en términos de imprescindible objetividad, mediante la correspondiente descomposición del todo en sus partes y la recomposición de ellas en aquél. En esta dirección analítica es que debe mantenerse en el centro de atención que, como acontece en todos los órdenes de la Vida, ninguna opinión sobre una temática determinada será atendible si ella no se funda y se fundamenta sobre la debida reflexión crítica comportada con sujeción a reglas básicas de conducción del pensamiento razonado y sin desconsideración ninguna de las perspectivas requeridas por las disciplinas que lo poseen por objeto de su ciencia, como con evidencia se hallan en la primera fila al respecto – sin ser las únicas, obviamente – la Epistemología, la Filosofía, la Teoría del Lenguaje, la Hermenéutica y la Lógica en todas sus variantes. Y ello porque, en el sensible territorio de la elaboración de juicios valorativos de un fenómeno determinado, prescindir de las preindicadas disciplinas del conocimiento determinará conclusiones carentes de la solidez que los predican de seriedad y consistencia, más allá de toda duda razonable, y los tornan idóneos para ser por su parte debidamente contrastados para afirmar su validez o para descartarla. Lo opuesto a la preindicada dirección colocará como impronta de un eventual juicio valorativo sobre un alegado avance tecnológico la disvaliosa marca de la liviandad, esa característica que no por imperar en innumerables opiniones y consideraciones sobre las que se erigen juicios valorativos – en el fondo sin ton ni son – y se incrustan como afirmaciones disfrazadas de rigor, dejan de ser verdaderas falacias precisamente por la ausencia de la seriedad que delimita la frontera entre lo admisible y lo impertinente. Sobremanera en la actualidad en que existe un manifiesto cuan creciente estado de situación constituido por una abrumadora cantidad de información a ser decantada y seleccionada por los individuos que, en razón de ello, carecen del imprescindible espacio temporal para analizar, con la debida serenidad como garantía de maduración intelectiva y decisoria, los datos que componen dicho estado.

II. No parece desacertado afirmar que la ausencia de marcos apropiados para conducir una análisis crítico sobre datos a ser seleccionados de un conjunto de ellos es una factor causal de la instalación de juicios valorativos, sobre determinado fenómeno que interesa desentrañar, que carecen de racional fundabilidad no obstante lo cual conducen a la obtención de conclusiones asertivas que luego, como resultado de idéntico proceso impregnado de inbienvenida ligereza, son tomadas como base para la composición de nuevas conclusiones asertivas, en una cadena tan continua como imperceptible a primera vista crítica, que se multiplican geométricamente y opacan letalmente la luz que no debe ser apagada si lo que se busca es nada menos que un juicio afincado en datos veraces.

III. Si en el arduo camino de abordaje del fenómeno comportado por la Inteligencia Artificial se producen defecciones como las que se han referido en las líneas precedentes el resultado al que ese camino conducirá no reunirá ni tangencialmente las bases requeridas para predicarlo de consistente ni será en consecuencia idóneo para erigir sobre el mismo nuevos pasos en la constante búsqueda de internalizar cognitivamente dicho fenómeno, por cierto severamente insusceptible de recibir abordajes que no han surcado aguas profundas ni recalan en los muelles de sus Puertos para en ellos reflexionar serenamente sobre los significados de los datos que fueron recolectándose en el transcurso de la navegación, esa que con profunda sabiduría encierra el conocido latinazgo empleado para subrayar el verdadero sentido de toda marcha, especialmente aquella inherente a la Investigación: *Navigare Necesse Est Vivere Non Necesse!*

IV. De todas las perspectivas posibles que las disciplinas implicadas en el debido elenco de insumos de conocimiento para internalizar a cabalidad todo fenómeno pasible de interés y por consiguiente susceptible de ser empleado para su debido conocimiento, existe una que reviste particular relevancia y que posee insoslayable fuero de atracción para todo investigador que haga honor a su condición de tal.

Esa disciplina se concibe habitualmente como parte integrante de la Filosofía. No obstante ello, aun siendo tratada como parte componente de la grilla de contenidos de la Filosofía, ella constituye en verdad una que desde su transversalidad incuestionable trasciende los marcos filosóficos y se preordena como constituyente general de todas las disciplinas de conocimiento, en especial desde su calidad de necesaria presencia de predicación valiosa ínsita en su ontología.

Esa disciplina, de inmanente permanente presencia, aunque no siempre receptora de la debida consideración expresa, es la *Ética,* disciplina históricamente ligada a la Filosofía porque su directo objeto de preocupación reflexiva es la consideración crítica del Bien y del Mal, así como el discernimiento de su esencia a través de sus variables ya categorizadas desde los primigenios Estudios comportados en Grecia a partir de Aristóteles: la metaética, la ética normativa y la ética aplicada.

En todas las subespecies en que la Ética es susceptible de configurarse, sus puntos de mira configuran un elemento imprescindible para la cabal internalización cognoscente de todos y de cada uno de los fenómenos que por su parte constituyen la Vida en si propia y también en todas sus variantes de acaecimiento. Por ello es que prescindir de las miradas éticas en el sensible dominio de comprender a cabalidad las conductas individuales y colectivas en sociedad determinará, como se expresara líneas supra, conclusiones impregnadas de las carencias dimanadas de la insuficiencia analítica por ausencia de la totalidad de los insumos necesarios para el conocimiento pleno y, a partir del mismo, para la elaboración de proposiciones y enunciados con vocación de admisibilidad y con aptitud para servir de base a nuevas proposiciones y enunciados con el devenir del tiempo de contrastación, en el sentido popperiano de esta actividad fundamental para el sustento de todo empeño investigativo.

Expresado en términos reafirmantes de la línea de articulación en desarrollo, sin la consideración crítica de la marca ética asignable a todo fenómeno registrado en la Vida no podrá concluirse en que el análisis de lo acaecido en su devenir – necesario para comprenderlo a cabalidad y porque la Vida misma así lo exige para la plena captación de sus vicisitudes – haya alcanzado completitud y, por consiguiente, sea válido.

V. En esta dirección del pensamiento, libre en el sentido de consignar lo que emana de su autor y se presenta a sus pares para que le presten su análisis crítico, la temática atingente a la Inteligencia Artificial no será atendida a cabalidad si no se aprecia a su respecto que su punto de partida – y a partir del mismo todos sus desarrollos, más allá de su utilidad o no en el campo tecnológico, sociológico, económico, en fin, cultural en general – es susceptible del severo cuestionamiento comportado por su objetiva condición finalística de imitar al Hombre y, con ello, desplazarlo de su sitial prevalente fundado – nada menos – en que su propia inteligencia no es el resultado de la artificial recolección casuística de infinidad de situaciones acaecidas con anterioridad al problema a resolver sino la real aptitud de resolverlo sin que ninguna situación anterior haya existido y, desde esa inexistencia, ser efectivamente discernido y solucionado.

El disvalor ético de la Inteligencia Artificial radica en su ontología de imitación, *in aeternum* insuficiente para ser plena, de una natural cualidad humana con la finalidad directa, o aún tangencial, de suplantar al portador de esa cualidad – el Hombre – convirtiéndolo en un ser fungible con y por un no humano y, como consecuencia de ello, tornándole intercambiable con quien es el resultado de una acumulación de datos tendientes a una símil *ad perpetuam* incompleto porque no alcanzará el nivel de creación de pensamiento originario. Ese disvalor ético es la resultancia directa de una paradoja que no debe pasar inadvertida, cual es la construcción por el Hombre de un instrumento con propensión directa e indirecta a su propia supresión, más allá de que esa eliminación no sea susceptible de alcanzarse totalmente.

VI. La imprescindible preservación del fondo de reservas éticas de las que no debe distanciarse el Hombre sin precipitar su propia extinción como habitante de la civilidad y evitar que su crónica sea la de una *capitis diminutio* anunciada debe necesariamente transcurrir por un sano regreso a las maravillosas cosas simples. Esas que garantizan los desarrollos sensibles, el goce cabal de los Valores que permiten una Vida plena y el constate encuentro con uno mismo.

Sobre la precedente línea de expresión del pensamiento se permite el suscripto autor convocar en cita un pasaje de Artículo escrito hace más de 15 años bajo el Título "De Paradojas, Siembras y Maravillas" y que fuera publicado en la solapas delantera y trasera de la prestigiosa Revista de Responsabilidad Civil y Seguros que, por suscripción, edita La Ley Argentina y dirigida entonces por los insignes Profesores Atilio Alterini y Federico de Lorenzo, y que, no obstante el tiempo transcurrido, ilustra con creces las vicisitudes de un tiempo presente anticipado no sin dramático presagio: "En esta línea de hechos con relevancia en el ámbito jurídico no pasa inadvertido a ninguna cabeza crítica que, así como tanto va el cántaro a la fuente que al final se quiebra, la parafernalia constante que rige la existencia de muchos seres en el planeta, cuyos ingredientes activos son un descontrolado e inarmónico avance tecnológico, un consumo exacerbado, las insatisfacciones personales y colectivas que con ese consumo se intentan suprimir, el estímulo a la cultura del exceso y del desenfreno y, sin agotar el elenco, la sobrevaloración de la estética del vacío por sobre la ética de los contenidos, conduciría al hombre por mal camino y a una peor posada. El daño con su sorprendente polidimensionalidad se ha constituido, por causa de ese estado de situación, en un efecto que sólo algunos presagiaron, tal vez porque el espíritu de pasatismo proveniente del adormecimiento de las alarmas que la sociedad de consumo provoca como externalidad generó, en los demás, la falsa sensación de perpetua indemnidad propia con que se disfrazan para vivir de espejismo en espejismo mientras la realidad real (en tanto el espejismo es en sí mismo también realidad, valga ello como recurso a la paradoja) devora gradualmente las reservas de la enajenación mental. La evitación del daño sólo podrá nacer de giros copernicanos individuales y comunitarios en pos de avanzar mediante el regreso, he ahí la paradoja, a maneras de vida regidas desde la austeridad personal, el desapego por la frivolidad y el servicio como valor y sentimiento. Mientras ello no acaezca, la legítima preocupación por la prevención y la precaución se convertirá, paradójicamente, en un gravamen adicional sobre la debida calidad de vida. Y la propia vida se mantendrá en la desagradable mira de los mercaderes de muchas tecnologías prescindibles quienes, como prestidigitadores que manipulan la audiencia con efímera fascinación aduciendo mejorarla, logran en realidad y en silencio impulsarla disvaliosamente hacia la muerte".

Informação bibliográfica deste texto, conforme a NBR 6023:2018 da Associação Brasileira de Normas Técnicas (ABNT):

CAUMONT, Arturo. Un ensayo librepensante. La inteligencia artificial desde una perspectiva etica. *In*: EHRHARDT JÚNIOR, Marcos; CATALAN, Marcos; NUNES, Cláudia Ribeiro Pereira (Coord.). *Inteligência artificial e relações privadas*: relações existenciais e a proteção da pessoa humana. Belo Horizonte: Fórum, 2023. v. 2. p. 19-23. ISBN 978-65-5518-577-5.

ESG E *BLOCKCHAIN*: ENSAIO SOBRE O DIREITO AO DESENVOLVIMENTO NO CONTEXTO DA GOVERNANÇA CONECTADA

FILIPE LÔBO GOMES

CAMILLE LIMA REIS

1 A tríade do ESG como novo paradigma

1.1 As transformações da sociedade conectada e o direito ao desenvolvimento no contexto da gestão pública ecoeficiente

Os impactos que as novas tecnologias de informação e comunicação têm causado no mundo são inestimáveis. No momento, não se vislumbram formas de realizar medições e estudos precisos que apontem as modificações já causadas e que ainda estão por vir, especialmente pela imprevisibilidade das tecnologias que ainda surgirão, bem como seus impactos sociais.

O fato é que as transformações sociais existem e são tão gigantescas que chegam a ser visíveis nas pessoas, seja em suas mãos, que carregam *smartphones*, seja na forma de se comunicarem e realizarem atividades do dia a dia. O fato é que o mundo mudou, especialmente os hábitos, e demandas mais complexas surgiram advindas de uma sociedade mais informada e consciente, o que impactou significativamente no mercado e nos governos, que precisam reavaliar seu modo de lidar com os sujeitos que vivem esses novos hábitos.

Nesse contexto, demandas ligadas à aderência tecnológica, sustentabilidade, nuances sociais e interdependência na gestão têm sido colocadas em jogo quando o assunto é a administração desses grandes blocos: seja o mercado, seja o governo, especialmente diante do contexto do direito ao desenvolvimento, que não pode ser deixado de lado nesta discussão. Por óbvio, o setor privado já vem mostrando seus esforços em se adaptar a essas exigências, o que resultou em estratégias sofisticadas de governança, conceito que tem buscado seu encaixe no setor público a partir de aplicação de práticas que definam metas e as cumpram com objetividade, transparência, *accountability* e *compliance*.

Veja-se, portanto, que o setor público não pode se excluir dessa movimentação, especialmente diante da concepção do direito ao desenvolvimento, que, segundo Paulo Bonavides,[1] quando do trato dos direitos fundamentais de terceira dimensão, diz respeito tanto a Estados como a indivíduos, segundo assevera o próprio Mbaya, que acrescenta que, "relativamente a indivíduos, ele se traduz em uma pretensão ao trabalho, à saúde e à alimentação adequada".

Com relação ao direito ao desenvolvimento, André Ramos Tavares pondera:

> O desenvolvimento do Estado passa prioritariamente pelo desenvolvimento do homem, de seu cidadão, de seus direitos fundamentais. Sem ele, o mero avanço econômico pouco significará ou fará sentido para poucos. Assim, independentemente do conceito que determinada atitude possa ocupar nas teorias econômicas, ela poderá ser adotada se puder ser utilizada como instrumento para alcançar mencionado desenvolvimento. Portanto, a intervenção do estado, sempre que servir para esse desiderato, será necessária, bem como as prestações de cunho social (e especialmente tais prestações), sem que isso signifique a assunção de um modelo socialista. Da mesma forma, a consagração da liberdade, incluindo a livre-iniciativa e a livre concorrência, serão essenciais para que se implemente aquele grau de desenvolvimento desejado.[2]

Em complemento do expendido, tem-se com Luís Cabral de Moncada que a política de desenvolvimento não deve ser medida

---

1 BONAVIDES, Paulo. *Curso de direito constitucional*. 14. ed. rev. e atual. São Paulo: Malheiros, 2004. p. 570. As referências desse ponto não foram integralizadas pelo fato de o próprio autor, Paulo Bonavides, asseverar que se trata de um manuscrito que supõe ainda inédito e que lhe foi gentilmente enviado pelo autor, Etiene-R. Mbaya (*Menschenrechte in Nord-Süd Verhäeltnis*).

2 TAVARES, André Ramos. *Direito Constitucional Econômico*. São Paulo: Método, 2003. p. 68.

por uma mera acumulação do produto nacional, ou seja, por seu crescimento. A ideia de desenvolvimento, isso sim, veicula uma consideração de equidade social dependente de uma intervenção dos poderes públicos na esfera de produção e na repartição. O crescimento, necessário ao desenvolvimento, deve obedecer, pois, a certas condições fixadas na Constituição – no caso do autor, a lusitana – e que podem ser adaptadas ao direito pátrio, da seguinte forma: o seu equilíbrio, a sua equidade e a sua eficiência, não apurada esta tão somente no simples acumular riqueza. Ela deve depender do tipo de necessidades sociais que satisfaçam aos bens cuja própria produção será protegida pela intervenção dos poderes públicos.[3]

Corrobora o exposto a conceituação formulada por Luiz Carlos Bresser Pereira:

> O desenvolvimento é um processo de transformação econômica, política e social, através do qual o crescimento do padrão de vida da população tende a tornar-se automático e autônomo. Trata-se de um processo social global, em que as estruturas econômicas, políticas e sociais de um país sofrem contínuas e profundas transformações.[4]

Dentro dessa compreensão, então, verifica-se que o direito ao desenvolvimento econômico carece de uma nova perspectiva histórica para a Administração Pública, perspectiva orientada por uma governança administrativa eficiente e ecoeficiente. Nesse escopo, a atividade estatal ganharia, então, viés legítimo se adequada a este fundamento, sem o que a sua atividade poderia ser anulada. A ecoeficiência seria o prisma ambiental dentro dessa perspectiva do tripé da ESG. Com efeito, Juarez de Freitas é bem enfático ao relacionar o controle meritório do ato administrativo à questão do desenvolvimento humano, senão vejamos:

> O desafio do controle dos atos administrativos é, então, *tornar eficazes os princípios e direitos fundamentais, de maneira menos lírica e mais prática, com real proveito para o Desenvolvimento Humano* (nos mencionados parâmetros de longevidade, renda e educação).
> (...)

---

[3] MONCADA, Luís Cabral de. *Direito Econômico*. 5. ed. rev. e atual. Coimbra: Coimbra Editora, 2007. p. 193.

[4] PEREIRA, Luiz Carlos Bresser. *Desenvolvimento e crise no Brasil*. 5. ed. São Paulo: Editora 34, 2003. p. 31.

> Em última análise, quanto maior o Índice de Desenvolvimento Humano (longevidade, renda e educação),[5,6] mais o Estado-Administração será efetivo garantidor eficiente e eficaz do direito fundamental à boa administração pública.[7,8]

Contudo, restando relevante a concepção do Índice de Desenvolvimento Humano (IDH) para aferir a concretização desse importante direito, tem-se que ele, na atual quadra, não atende totalmente ao contexto social e fático vigente. Tanto é assim que se tem preconizado a evolução desse conceito para que o seja em uma concepção de riqueza inclusiva, uma riqueza que seja aferida pelos aspectos indissociáveis do bem-estar humano relacionados com a saúde, educação, qualidade do ar e da água, beleza natural, lazer e segurança ambiental, entre outros.[9] Para complementá-lo, deve-se empreender um exercício intergeracional, que precifique os bens da Natureza e fomente um sistema de mercado eficiente e transparente com claras sinalizações de preços.[10]

---

5 O IDH foi criado no início da década de 1990 para o Programa das Nações Unidas para o Desenvolvimento (PNUD) como contribuição para a busca de indicadores de qualidade de vida. Ele combina três componentes do desenvolvimento humano: (i) a longevidade, que reflete as condições de saúde da população, medida pela esperança de vida ao nascer; (ii) a educação, medida por uma combinação da taxa de alfabetização de adultos e a taxa combinada de matrícula nos níveis de ensino – Fundamental, Médio e superior; e (iii) a renda, medida pela compra da população, baseada no PIB *per capita* ajustado ao custo de vida local por meio de metodologia conhecida como paridade do poder de compra (PPC). A metodologia de cálculo envolve a transformação desses fatores em índices que variam de 0 (pior) e 1 (melhor), além da combinação dos índices em um fator sintético. Quanto mais próximo de 1 o valor desse indicador, maior o nível de desenvolvimento humano do país ou região.
Para classificar os países em três grandes categorias, o PNUD estabeleceu as seguintes faixas:
$0 \leq IDH < 0,5$ (baixo desenvolvimento humano);
$0,5 \leq IDH < 0,8$ (médio desenvolvimento humano);
$0,8 \leq IDH < 1$ (alto desenvolvimento humano);
ARAÚJO JÚNIOR, Ari Francisco de; SHIKIDA, Claudio Djussey. Microeconomia *In*: TIMM, Luciano Benetti (Org.). *Direito e economia no Brasil*. São Paulo: Atlas, 2012. p. 113.

6 O mencionado índice se encontra em fase de revisão, em que o desenvolvimento sustentável tem sido ventilado como importante indicador. Veja-se nesse sentido: UNITED NATIONS. The Future we want. *Conference on sustainable development*. Rio de Janeiro, 2012. Disponível em: www.rio20.gov.br/documentos/documentos-da-conferencia/o-futuro-que-queremos. Acesso em: 6 jul. 2023.

7 FREITAS, Juarez. *O controle dos atos administrativos e os princípios fundamentais*. 4. ed. rev. e ampl. São Paulo: Malheiros, 2009. p. 460, 479 (grifos do original).

8 Em nosso entender, o IDH tem a deficiência de não levar em conta o capital natural e focar no curto prazo.

9 Cf. DASGUPTA, Pharta. *Inclusive Wealth Report 2012. Measuring progress toward sustainability*. Cambridge, UK: Cambridge Univesity Press, 2012.

10 Cf. LINS, Clarissa. Desenvolvimento sustentável: tendências, novas formas de aferir valor e oportunidades para o Brasil. *In*: GIAMBIAGI, Fábio; PORTO, Cláudio (Orgs.). *Propostas*

Para além dos alertas de inadequação citados, os ambientalistas relatam ser o IDH e o PIB incompletos por não mensurarem as externalidades negativas da poluição ambiental. Nesse sentido, existem estudos pioneiros do *The Economics of Ecosystems and Biodiversity* (TEBB), que apresentam instrumentos para se valorar e incorporar os serviços da natureza nos processos de tomada de decisões.[11] O seu estudo leva em conta a valoração do capital natural que se funde em uma ampla base de ativos sobre o qual repousa a busca do bem-estar humano, como os produtos manufaturados (estradas, construções, portos, máquinas, equipamentos etc.), capital humano (educação, competências), conhecimento adquirido a partir de pesquisa e desenvolvimento, capital natural e população (tamanho e perfil demográfico). Assim, verificando essa massa de ativos, seus fluxos e estoques, a nação promove o bem-estar da sociedade atual e da futura.[12]

Portanto, a boa administração ou boa governança deve estar pautada pela concretização do direito ao desenvolvimento econômico, um desenvolvimento visto em sua amplitude, que mensure todos os ativos e passivos que a humanidade tem:

> Neste ponto o Direito precisa assumir uma especial função para a implementação de políticas públicas desenvolvimentistas. De nada adiantam boas intenções (normativas, econômicas e administrativas; estatais ou privadas) se não existir uma perspectiva de confiabilidade, certeza e segurança futuras. A velocidade das mudanças não é tamanha a ponto de fazer com que o seu objeto transforme-se em energia indetectável. O que mais uma vez remete a algumas das funções básicas do Direito e aos novos desafios que propõem aos juristas. (...)
>
> O que é imperativo é a necessidade de reinventar a própria noção de Direito Público (e políticas públicas desenvolvimentistas) sob as novas condições e exigências históricas. Assim estar-se-á reinventando a própria eternidade do direito.[13]

Merece reportar, por oportuno, que este direito, para além de encontrar referências no plano internacional – veja-se o art. 1º da

---

para o governo 2015/2018: agenda para um país próspero e competitivo. Rio de Janeiro: Elsevier, 2013.

11 Para maior aprofundamento, consulte www.teebwerb.org.

12 Cf. LINS. *Op. cit.*, p. 371-372.

13 MOREIRA, Egon Bockman. Desenvolvimento econômico, políticas públicas e pessoas privadas (passado, presente e futuro de uma perene transformação). *Revista de Direito do Estado*, Rio de Janeiro, ano 3, n. 10, p. 221-222, abr./jun. 2008.

Declaração sobre o Direito ao Desenvolvimento da ONU de 1986[14] e a Resolução nº 41/128 da Assembleia Geral da ONU, de dezembro de 1986 –,[15] possui referências no plano interno, quando o legislador constituinte brasileiro elegeu o desenvolvimento nacional como um dos objetivos da República, conforme dispõe o art. 3º da Constituição Federal. Portanto, vê-se que o direito ao desenvolvimento se apresenta como condição imprescindível para a realização dos fins republicanos, que delimita, por sua vez, a interpretação de todas as disposições constitucionais de 1988 e, por conseguinte, da compreensão do princípio constitucional da eficiência.

Nesse ponto, dignas de citação são as lições de Robério Filho quando sintetiza a conformação do direito ao desenvolvimento no plano constitucional: (i) não se confunde com o mero crescimento econômico; (ii) possui vínculo direto com a dignidade da pessoa humana; (iii) constitui, ao mesmo tempo, *finalidade* e *objetivo* da República Federativa do Brasil; (iv) porta uma natureza *obrigatória*;[16] (v) é diretamente proporcional à concretização dos objetivos constitucionais da nossa República; e (vi) deve considerar o *todo* da nação, refletindo a realidade do Estado multicultural e multiétnico e assumindo uma natureza dialógica por meio de um diálogo intercultural.[17]

Em outro prisma, focando a questão dentro das teorias econômicas neoinstitucionalistas, pode-se afirmar que o desenvolvimento será alcançado quando a evolução das instituições permitir reduzir o grau de risco/incerteza e diminuir os custos de transação.[18,19]

---

14 O direito ao desenvolvimento é um direito humano inalienável em virtude do qual toda pessoa humana e todos os povos estão habilitados a participar do desenvolvimento econômico, social, cultural e político, a ele contribuir e dele desfrutar, e no qual todos os direitos humanos e liberdades fundamentais possam ser plenamente realizados.

15 Por meio dessa resolução, o direito ao desenvolvimento foi tido como "processo econômico, social, cultural e político abrangente, que visa ao constante incremento do bem-estar de toda a população e de todos os indivíduos com base em sua participação ativa, livre e significativa no desenvolvimento e na distribuição justa dos benefícios daí resultantes".

16 Nesse passo, o governo deve ser mais competente para neutralizar a ação de *stakeholders* contrários ao desenvolvimento, fornecendo maior homogeneização às estruturas econômicas e sociais, passíveis de elevar o nível de bem-estar da sociedade e melhorar os indicadores sociais de desenvolvimento (SOUZA, Nali de Jesus. *Desenvolvimento econômico.* 6. ed. São Paulo: Atlas, 2012. p. 245).

17 ANJOS FILHO, Robério Nunes dos. *Direito ao desenvolvimento.* São Paulo: Saraiva, 2013. p. 274.

18 NÓBREGA, Marcos Antônio Rios da. *Direito da infraestrutura.* São Paulo: Quartier Latin, 2011. p. 42.

19 Cf. VIANNA, Salvador Teixeira Werneck. *Desenvolvimento econômico e reformas institucionais no Brasil*: considerações sobre a construção interrompida. 2007. Tese (Doutorado) – Instituto de Economia, Universidade Federal do Rio de Janeiro, Rio de Janeiro, 2007, p. 38.

Ainda dentro das concepções econômicas sobre desenvolvimento, é de se citar Amartya Sen, que vincula a concretização do desenvolvimento à garantia de liberdades materiais.

> Se a liberdade é o que o desenvolvimento promove, então existe um argumento fundamental em favor da concentração nesse objetivo abrangente, e não em algum meio específico ou em alguma lista de instrumentos especialmente escolhida. Ver o desenvolvimento como expansão de liberdades substantivas dirige a atenção para os fins que o tornam importante, em vez de restringi-lo a alguns meios de que, *inter alia*, desempenham um papel relevante no processo.
> O desenvolvimento requer que se removam as principais fontes de privação de liberdade: pobreza e tirania, carência de oportunidades econômicas e destituição social sistemática, negligência dos serviços públicos e intolerância ou interferência excessiva de Estados repressivos. (...)
> As liberdades não são apenas os fins primordiais do desenvolvimento, mas também os meios principais. Além de reconhecer, fundamentalmente, a importância avaliatória da liberdade, precisamos entender a notável relação empírica que vincula, umas às outras, liberdades diferentes. Liberdades políticas (na forma de liberdade de expressão e eleições livres) ajudam a promover a segurança econômica. Oportunidades sociais (na forma de serviços de educação e saúde) facilitam a participação econômica. Facilidades econômica (na forma de oportunidades de participação no comércio e na produção) podem ajudar a gerar a abundância individual, além de recursos públicos para os serviços sociais. Liberdades de diferentes tipos podem fortalecer umas às outras.[20]

Nessa quadra então se pergunta: como atingir a concretização do direito fundamental ao desenvolvimento econômico? A resposta não poderia ser outra, pelo princípio da eficiência, que pela instauração de uma administração pública eficiente.

> O direito fundamental à administração pública eficiente e eficaz, proporcional, cumpridora de seus deveres com transparência, motivação, imparcialidade e respeito à moralidade, à participação social e à plena responsabilidade por suas condutas omissivas e comissivas. (...) O mencionado direito corresponde ao "dever da administração pública de observar, nas relações administrativas, a cogência da totalidade dos princípios constitucionais que a regem".[21]

---

[20] SEN, Amartya. *Desenvolvimento como liberdade*. Trad. Laura Teixeira Mota. 7. reimp. São Paulo: Companhia das Letras, 2000. p. 17-18, 26.

[21] FREITAS, Juarez. *Discricionariedade administrativa e o direito fundamental à boa administração pública*. São Paulo: Malheiros, 2007. p. 20.

Destarte, o atuar administrativo eficiente é o elemento essencial à concretização do direito fundamental ao desenvolvimento econômico, tanto na esfera do gasto público destinado ao atendimento das necessidades fundamentais como na regulação econômica que torna possível a produção de riqueza e a manutenção dos bens essenciais à promoção do bem-estar e à melhoria do desenvolvimento humano intra e intergeracional.

Assim, visualiza-se que o direito ao desenvolvimento tem referibilidade ao Estado, como interventor direcionado à proteção e à preservação dos bens que satisfaçam às necessidades sociais, e ao indivíduo, no presente, diante das necessidades de trabalho, saúde e alimentação adequada, e, por que não, no futuro, por meio das condições de ter a oportunidade de vir a gozar dessa situação.

Nesse sentido, a governança corporativa, em que se busca projeção na gestão pública, pode ser conceituada como técnicas ou práticas cujo intuito é otimizar o desempenho de uma companhia, facilitando o acesso ao capital e atendendo aos interesses de todos os interessados nesse processo, sejam investidores, credores, devedores, consumidores, empregados e a própria sociedade.

1.2 As concepções da governança como resposta às demandas sociais

Nesse momento, passa-se à análise do conceito de governança, quer seja em termos jurídicos, quer seja em termos econômicos, quer seja em termos empresariais, para daí cotejarmos sua compostura como governança do e para o setor público.

Antes, porém, necessário se torna apresentar os elementos que separam a *new public management* da governança. Nesse passo, listam-se os ensinamentos de Pieranti *et al.* no quadro a seguir.[22,23]

---

[22] PETERS, Guy; PIERRE, John. Governance without government? Rethinking public administration. *Journal of Public Administration Research and Theory*, v. 8, n. 2, 1998, *apud* PIERANTI, Octavio Penna; RODRIGUES, Silvia; PECI, Alketa. Governança e *New Public Management*: Convergências e Contradições no Contexto Brasileiro. *XXXI encontro da ANPAD*, Rio de Janeiro, 22 a 26 set. 2008, p. 2-3. Disponível em: www.anpad.org.br/admin/pdf/APS-B392.pdf. Acesso em: 25 fev. 2015.

[23] CATALÀ, Joan Prats i. Veinte años de modernización administrativa en los países de la OCDE. Lecciones aprendidas. *In*: ARGENTINA. Projeto de Modernización del Estado. *Seminario Internacional sobre Modernización del Estado*, Buenos Aires, 2006, *apud* PIERANTI, Octavio Penna; RODRIGUES, Silvia; PECI, Alketa. Governança e *New Public Management*: Convergências e Contradições no Contexto Brasileiro. *XXXI encontro da ANPAD*, Rio de Janeiro, 22 a 26 set. 2008, p. 2-3. Disponível em: www.anpad.org.br/admin/pdf/APS-B392.pdf. Acesso em: 25 fev. 2015.

Quadro 1
NEW PUBLIC MANAGEMENT VS. GOVERNANÇA.

(continua)

Características	***New public management***	**Governança**
Desenvolvimento de novos instrumentos para controle e *accountability*	Ignora ou reduz o papel dos políticos eleitos, recomendando a independência dos burocratas; *accountability* é uma questão pouco resolvida; o foco está na introdução dos mecanismos de mercado.	Enfatiza a capacidade de liderança dos políticos eleitos, responsáveis pelo desenvolvimento e gestão de redes público-privadas; *accountability* continua uma questão pouco resolvida; o foco está na participação de *stakeholders*, especialmente no cliente-cidadão.
Redução da dicotomia público-privado	A dicotomia é considerada obsoleta, por causa da ineficiência do Estado. Solução proposta: importação de técnicas gerenciais do setor privado.	A dicotomia é considerada obsoleta, por causa da maior participação de outros atores. Solução proposta: o setor público deve assumir papel de liderança na mobilização de redes público-privadas.
Ênfase crescente na competição	A competição é a estratégia central para o aumento da eficiência da gestão pública e para responder melhor ao cliente.	A competição não é vista como estratégia central; o foco está na mistura de recursos públicos e privados, com maior competição, quando for o caso.
Ênfase no controle dos resultados em vez de no controle dos insumos	Foco nos resultados e crítica ao controle dos insumos; mecanismos como contratos de gestão e acordos de resultados são incentivados.	Existe dificuldade em especificar os objetivos e, consequentemente, resultados das políticas públicas; mecanismos como contratos de gestão ou acordos de resultados são incentivados.
Ênfase no papel articulador do Estado	O Estado deve ser capaz de cortar gastos, ao mesmo tempo que responde às expectativas crescentes e diversificadas da clientela.	O Estado deve ser capaz de aumentar as coalizões com outros atores, definindo prioridades e objetivos; a comunicação entre os diversos atores é estimulada pela ação do Estado.
Desenho das estruturas organizacionais	Estruturas governamentais mínimas; diferença entre formulação e execução de políticas, a partir da lógica *agent-principal*.	Estruturas interorganizacionais, acompanhadas por modificações na estrutura de pessoas, procedimentos, instrumentos de gestão, planejamento e orçamento, e transparência.

(conclusão)

Características	*New public management*	Governança
Compostura ideológica e política.	Neoliberal com o foco de transformar organizações públicas em similares das privadas, reconhecendo a diferença do produto entregue; foco em práticas organizacionais privadas; menos flexibilidade com relação ao contexto.	Democrático; voltado para parcerias com o setor privado e o terceiro setor por impulso da sociedade; foco interorganizacional, em que o setor público faz o controle político e desenvolve estratégias para sustentar as ações governamentais por meio das redes; é maleável, adapta-se aos contextos ideológicos e culturais; é multifacetada, plural, busca a eficiência adaptativa e exige flexibilidade, experimentação e aprendizagem via prova e erro.

Apresentado o painel distintivo desses dois importantes modelos, volvemos o estudo à conformação do termo "governança".

Inicialmente, deve-se assestar que sua origem está associada ao trespasse da administração das organizações dos proprietários para terceiros, os quais receberam poderes para administrar os recursos daqueles. Nesse relacionamento, muitas vezes, surgem divergências de interesses em virtude da orientação de cada um dos polos para maximizar os próprios benefícios.[24]

A partir desses conflitos, com vistas a melhorar o desempenho das organizações e reduzir os conflitos, alinhar ações e trazer mais segurança, foram sendo desenvolvidas as estruturas de governança. Dessa forma, vê-se que o início de sua concepção se deu nos embates surgidos nas empresas privadas e nas relações de poder nelas existentes, o que fortaleceu e direcionou diversos estudos que paulatinamente foram sendo internalizados na governança do setor público.

Nesse intento, desenvolveram-se estudos aprofundados no âmbito estatal, entre os quais o mais importante é *Governance and development*, por meio do qual a governança é definida como "a maneira pela qual o poder é exercido na administração dos recursos econômicos e sociais do país, com vistas ao desenvolvimento".[25]

---

[24] Cf. BRASIL. Tribunal de Contas da União. Secretaria de Planejamento, Governança e Gestão. *Governança Pública*: referencial básico de governança aplicável a órgãos e entidades da administração pública e ações indutoras de melhoria/Tribunal de Contas da União. Brasília: Tribunal de Contas da União, 2014. p. 13.

[25] WORLD BANK. *Governance and development*. Washington, D.C.: World Bank, 1992. p. 1. No original: "*governance is defined as the manner in which power is exercised in the management of a county's economic and social resources for development*".

Sob o olhar de Coppedge,[26] a governança trata das relações entre os atores sociais, sendo regulada por normas e procedimentos que devem ser institucionalizados de modo a serem aceitos e reconhecidos por todos. Assim, está estritamente ligado à governabilidade, pois a capacidade que a sociedade tem de enfrentar e consolidar os desafios está intimamente ligada a essas qualidades institucionais.

Seja no setor público ou privado, a governança apresenta a mesma base que se solidifica na gestão das políticas governamentais, a devida participação dos *stakeholders*, o exercício do poder e o controle na sua aplicação, a ampla visão dos multiparticipantes, sejam internos ou externos, em que se busca conciliar interesses, *accountability*, *compliance*, transparência e acesso à informação e segurança.

Esse posicionamento atual, de se referir aos primeiros estudos sobre governança, justamente, coube a Coase.[27] Anos depois, foram aperfeiçoados por Williamson.[28]

A governança, conforme as análises de Coase e Williamson, representaria os dispositivos operacionalizados pela firma para conduzir coordenações eficazes voltadas a dois registros: (i) os protocolos internos, quando a firma desenvolve suas redes e questiona as hierarquias internas; e (ii) os contratos e as aplicações de normas, quando ela se abre à terceirização. Esse movimento se orienta pela substituição de firmas hierarquizadas, integradas verticalmente, por organizações globais e em rede.[29]

São evidenciados na literatura desses autores sobre a governança: a legitimidade do espaço público em constituição; a repartição do poder entre governantes e governados; os processos de negociação entre os atores sociais (os procedimentos e as práticas, a gestão das interações e das interdependências que desembocam ou não em sistemas alternativos de regulação, o estabelecimento de redes e os mecanismos de coordenação); e a descentralização da autoridade e das funções ligadas ao ato de governar.[30]

---

26 COPPEDGE, Michael. *Instituciones y gobernabilidad democrática en América Latina*. Madrid: Síntesis, 1995 (tradução livre).

27 COASE, Ronald H. The nature of the firm. *New Series*, v. 4, n. 16, p. 386-405, nov. 1937.

28 WILLIAMSON, Oliver E. *Markets and hierarchies*: analysis and antitrust implications, New York: Free Press, 1975.

29 Cf. MATIAS-PEREIRA, José. A governança corporativa aplicada no setor público brasileiro. *APGS*, Viçosa, v. 2, n. 1, p. 113, jan./mar. 2010.

30 MATIAS-PEREIRA. *Op. cit.*, p. 115.

Pouco tempo depois, a International Federation of Accountants (IFAC) apresentou o conceito de governança no setor público: compreende os arranjos políticos, econômicos, sociais, ambientais, administrativos e legais postos em prática para garantir que os resultados pretendidos pelas partes interessadas sejam definidos e alcançados.[31]

De sua parte, para o Instituto Brasileiro de Governança Corporativa (IBGC), a governança pública é tida como:

> (...) sistema de gestão e monitoramento das instituições públicas pelas boas práticas de governança, orientadas para a ampliação do valor social agregado para a sociedade. Envolve o comprometido ético com a sustentabilidade democrática do Estado de Direito, obedecendo aos princípios de transparência, equidade, prestação de contas e responsabilidade social.[32,33]

Mais recente, tem-se o conceito de governança no setor público exposto pelo Banco Mundial:

> Governança pode ser amplamente definida como o conjunto de tradições e instituições pelas quais a autoridade de um país é exercido. Isso inclui (1) o processo pelo qual os governos são selecionados, monitorados e substituídos, (2) a capacidade do governo para formular e implementar políticas sólidas de forma eficaz e (3) o respeito dos cidadãos e do Estado às instituições que governam as interações econômicas e sociais entre eles.[34]

---

31 IFAC (International Federation of Accountants). *Governance in the Public Sector*: A Governing Body Perspective. Jan. 2001, p. 47. Disponível em: https://portal.tcu.gov.br/en_us/biblioteca-digital/governance-in-the-public-sector-a-governing-body-perspective.htm. Acesso em: 6 jul. 2023.

32 Disponível em: www.ibgc.org.br/Download.aspx?Ref=Eventos&CodArquivo. Acesso em: 28 jul. 2010.

33 O IBGC entende que a Governança Corporativa, em um conceito amplo e mais relacionado ao escopo privado, é o sistema pelo qual as organizações são dirigidas, monitoradas e incentivadas, envolvendo os relacionamentos entre proprietários, Conselho de Administração, Diretoria e órgãos de controle. As boas práticas de Governança Corporativa convertem princípios em recomendações objetivas, alinhando interesses com a finalidade de preservar e otimizar o valor da organização, facilitando seu acesso a recursos e contribuindo para sua longevidade (IBCG. *Código das melhores práticas de governança corporativa*. 4. ed. São Paulo: IBGC, 2009. p. 19).

34 WORLD BANK. The International Bank for Reconstruction and Development. *Worldwide Governance Indicators (WGI)*, 2013. Disponível em: http://info.worldbank.org/governance/wgi/index.aspx#faq-1. Acesso em: 6 jul. 2023.

Essa governança pública, voltada a bem administrar os recursos em prol do desenvolvimento, está centrada essencialmente nos mecanismos de liderança, estratégia e controle para avaliar, direcionar e monitorar a atuação da gestão, sempre orientada pela condução de políticas públicas e da prestação de serviços de interesse da sociedade.[35,36]

Refletindo então valores como qualidade, eficiência, transparência e valorização do cliente, importamos a prática corporativa do ESG, aplicando práticas de governança corporativa pautadas em novos métodos de administração e gerenciamento capazes de gerar melhores resultados econômicos, dotados de um espectro social e ambiental consolidado.

Por isso, podemos observar hoje a aplicação de ESG no setor tanto público como privado como um imperativo, uma exigência para manter-se às expectativas da sociedade atual, bem como gerador de uma maior competitividade e padrões, menores custos e uma melhor resiliência e segurança.

Para isso, é necessário promover uma série de modificações na estrutura e cultura da Administração com o fim de atuar, segundo a ética e a moral, dentro de expectativas muito bem delimitadas que serão capazes de impactar de forma profunda e significativa nos resultados, uma vez que eles precisam ser sustentáveis, ter impactos sociais positivos e refletir verdadeiras transformações na governança política.

Assim, são necessárias mudanças na forma de prestar serviços públicos, por exemplo, mas, mais do que isso, é preciso uma mudança da cultura organizacional na estrutura interna dos prestadores de tal demanda aplicando o ESG e fazendo-o por meio de aparatos tecnológicos que compreendam bem o intuito e os valores consolidados por trás dessa perspectiva.

Vejamos, então, o que Andrade e Rossetti[37] trazem como os quatro valores-base que vão tecer sustentação à governança, seja ela pública ou privada: (i) *fairness*, ou seja, o senso de justiça e equidade no tratamento

---

[35] Cf. BRASIL. *Op. cit.*, 2014, p. 40.

[36] Segundo a ISO/IEC 38500:2008, a governança pública envolve três funções básicas: (i) de avaliação – de maneira a compreender o ambiente, os cenários, o desempenho e os resultados atuais e futuros; (ii) de direcionamento – de forma a orientar a preparação, a articulação e a coordenação de políticas e planos, alinhando as funções organizacionais às necessidades dos interessados (usuários dos serviços, cidadãos e sociedade em geral), e assegurar o alcance dos objetivos estabelecidos; e (iii) de monitoramento – de maneira a aferir os resultados, o desempenho e o cumprimento de políticas e planos, confrontando-os com as metas estabelecidas e as expectativas das partes interessadas (ABNT. *NBR ISO/IEC 38500*: Governança corporativa de tecnologia da informação. Rio de Janeiro, 2009). Disponível em: www.abntcatalogo.com.br/norma.aspx?ID=40015. Acesso em: 6 jul. 2023).

[37] ANDRADE, Adriana; ROSSETTI, José Paschoal. *Governança corporativa*: fundamentos, desenvolvimento e tendências. São Paulo: Atlas, 2004.

dos acionistas em comunhão com o respeito com os minoritários; (ii) *disclosure*, que se refere à transparência nas operações e informações; (iii) *accountability*, que se sintetiza na correta prestação de contas; (iv) *compliance*, observando e cumprindo as normas reguladoras, estatutos sociais e regimentos internos, bem como a legislação local.

Consolidamos, então, o ponto de vista de que a própria ideia da governança se molda muito mais do que se adapta ao que necessita a Administração Pública para compreender valores que são dotados com os princípios da eficiência, transparência, participação popular, legalidade, modernidade dos serviços públicos, igualdade e segurança.

Por lógico, partimos dos seguintes pressupostos:

(i) O Estado precisa tratar todos os cidadãos como iguais, sem distinções, e compreender os interesse não só da sociedade civil, mas também do mercado, compreendendo, neste contexto, o interesse público ou, melhor dizendo, o interesse geral;

(ii) A transparência é um pilar da atividade administrativa, que precisa ser democrática e demonstrar viabilidade para o cidadão participar do dia a dia do poder.

(iii) A transparência muito se relaciona à prestação de contas, marcada pelo *accountability*, que levanta pilares concretos como um sistema anticorrupção e fraudes, facilitando as transações e registrando as movimentações financeiras da Administração.

(iv) O Estado regulador cada vez mais assume papel protagonista diante das multifacetas que a sociedade e o mercado exigem frente à complexidade das relações existentes, e a Administração precisa, em toda a sua atuação – reguladora ou não – ajustar-se especialmente ao princípio da legalidade; sua grande diferença com o setor privado concretiza-se inclusive nessa característica de limitação maior à legislação de forma especial.

No âmbito nacional, isto em termos estatais, a governança pública é tratada pela primeira vez no Plano Diretor de Reforma do Aparelho do Estado (PDRAE), onde é definida como a capacidade administrativa de governar com efetividade e eficiência, voltando a ação dos serviços do Estado para o atendimento dos cidadãos, ou seja, para a sua capacidade de implementar de forma eficiente políticas públicas.[38]

---

[38] Cf. BRASIL. Presidência da República. *Plano diretor da reforma do aparelho do Estado*. Brasília: Câmara da Reforma do Estado, 1995. p. 11 e 45. Disponível em: www.bresserpereira.org.br/Documents/MARE/PlanoDiretor/planodiretor.pdf. Acesso em: 6 jul. 2023.

A despeito dessa primeira sinalização de conteúdo, foi positivado, por meio do Decreto nº 6.021/07, o conceito de governança corporativa no espectro público, senão vejamos:

> Art. 1º (...)
> (...)
> IV – governança corporativa: conjunto de práticas de gestão, envolvendo, entre outros, os relacionamentos entre acionistas ou quotistas, conselhos de administração e fiscal, ou órgãos com funções equivalentes, diretoria e auditoria independente, com a finalidade de otimizar o desempenho da empresa e proteger os direitos de todas as partes interessadas, com transparência e equidade, com vistas a maximizar os resultados econômico-sociais da atuação das empresas estatais federais;

Como exposto, vê-se que o conceito legal não avançou nos pontos mais importantes da governança do setor público, limitando-se ao estabelecimento de um padrão de governança voltado às estatais públicas. Mas, mesmo assim, depreendem-se dele alguns elementos relevantes do conceito clássico, entre eles o de transparência, equidade e vocação para a maximização dos resultados econômico-sociais das estatais públicas.

Por outro lado, já dentro da perspectiva constitucional, vê-se que os padrões de governança existem no *caput* do art. 1º: "a República Federativa do Brasil (...) constitui-se em Estado Democrático de Direito". Esses elementos indicam que o cidadão escolhe seus representantes e que o poder não está concentrado no governo, mas emana do povo.

Postas as premissas, dentro do cenário nacional, propõe-se que o conceito de governança deve representar os seguintes elementos: é um sistema de gestão e monitoramento do exercício do poder do Estado, um Estado que deve assumir o papel de liderar e mobilizar os atores sociais e as redes, orientado pelo aumento do valor social agregado e pelo desenvolvimento e pela sustentabilidade do Estado Democrático de Direito. Cumprirá esse desígnio mediante a maximização dos resultados sociais, propiciada pelo comprometimento ético, pela transparência, pela equidade, pela prestação de contas, pela responsabilidade social, por processos de escolha qualificados, por estruturas interorganizacionais flexíveis, pela participação e pela compreensão dos interessados, com vistas a garantir políticas públicas eficazes, efetivas e eficientes, estas últimas em seu modo adaptativo.

1.3 O Estado e sua responsabilidade social

Assim, é preciso entrar também no foco de uma concepção que abranja, em profundidade, a dimensão que compreende a responsabilidade social que se percebe a partir do conceito do ESG. Isso porque é impossível tratar do ESG sem que se entendam as questões sociais, ambientais e de governança, pois elas se apresentam como um fiel resumo de sua definição. Ao observar os fatores sociais envolvidos, é preciso adentrar no mérito da responsabilidade social de modo a desenvolver e preservar o âmbito social no futuro.

Enquanto os pilares ambiental e de governança estão sendo bem desenvolvidos, especialmente quando se trata do setor público, ainda observamos um conceito muito fluido e que abre margem a diversas interpretações quando se trata do fator social, mas que está comumente ligado à responsabilidade social, esfera de direitos e bem-estar.[39]

Quando tratamos de valores como o *accountability* e o acesso à informação do cidadão, estamos trabalhando conceitos com significados bastante amplos, mas, mais do que isso, uma significação muito profunda que traz impactos consideráveis na sociedade.

Esses dois pontos contemplam exigências relacionadas ao próprio exercício da cidadania, levando em consideração seu âmbito social e individual. Veja-se que o *accountability* se refere à própria existência e ao processamento das informações, enquanto a transparência abraça o acesso do cidadão a essas informações, que são de seu interesse e de interesse público, remetendo, por fim, ao cumprimento de deveres estatais relacionados ao funcionamento da máquina pública.

Dessa forma, é possível promover a eficiência e a integridade, reforçar a confiança do cidadão, melhorar a qualidade e a gestão das políticas pública e qualidade de vida dos cidadãos, tudo que se compreende como pilares para o funcionamento da legitimidade do Estado e das democracias modernas.

Embora inexista uma legislação que trate das práticas de ESG e governança no setor público, os esforços em aplicar tais conceitos são visíveis e a questão social é descortinada de modo específico como uma porta que precisa ser facilitada e envolve uma preocupação com

---

[39] ALEIXO, Letícia Soares Peixoto; GONÇALVES E SILVA, Thalita Verônica. O que é o "S" de ESG? *In*: YOSHIDA, Consuelo Yatsuda Moromizato; VIANNA, Marcelo Drügg Barreto; KISHI, Sandra Akemi Shimada. *Finanças sustentáveis*: ESG, *compliance*, gestão de riscos e ODS. Belo Horizonte: ABRAMPA, 2021. p. 310.

a relação com a comunidade, a diversidade social, os direitos sociais, o acesso a esses direitos, a proteção de dados e os direitos humanos.[40]

Assim, quando tratamos desse ponto relacionado ao desenvolvimento social, precisamos ter certo que, dentro do planejamento e das ações estatais, é necessário compreender a dimensão social dos serviços públicos e da garantia dos direitos humanos pautados na ideia de um bem-estar social que compreenda todos os âmbitos e setores da sociedade, promovendo valores que são consagrados nos objetivos sociais e nos próprios direitos sociais consolidados na Constituição Federal.

Em vista disso, são considerados no pilar "S" (referente ao âmbito social do ESG) em pé de igualdade não só os *stakeholders*, mas também os colaboradores, clientes, fornecedores e comunidades, bem como são colocadas na balança variáveis relacionadas às condições de trabalho, equidade, diversidade, inclusão social, capacidade de inovação e atração de talentos.[41] Assim, demandas que levam em consideração além do financeiro, ou seja, que tratam de uma preocupação com as massas e sua capacidade de lidar com aquilo que está sendo ofertado, seja a curto ou longo prazo, ganham relevo e importância.

O incentivo às questões relacionadas à responsabilidade social então encontram uma grande abrangência, que abarca os diversos setores que são envolvidos no contexto da gestão pública.

É importante ponderar, assertivamente, que a responsabilidade social não inclui somente práticas que consideram os impactos sociais nas comunidades em que se insere o contexto daquele *business* ou do setor público. Não podemos nos limitar a medidas corporativistas que visem trazer pouco ou quase nenhum impacto social efetivamente causado, só por ser um pilar do ESG e, por isso, capaz de apensar credibilidade à gestão pública e à imagem institucional como um todo.

O próprio direito ao desenvolvimento, como foi possível explorar, demanda um pensamento social que extrapole medidas meramente formais com fins de obter uma credibilidade baseada tão somente na teoria. É perceptível a ligação combinada no direito ao desenvolvimento com a questão abordada no âmbito social quando tratamos de ESG, considerando o grande rol de Direitos Sociais.

---

[40] CFA INSTITUTE. *Environmental, social, and governance issues in investing*: A Guide for Investments Professionals. Washington, D.C.: CFA Institute, 2015. Disponível em: www.cfainstitute.org/-/media/documents/article/position-paper/esg-issues-in-investing-a-guide-for-investment-professionals.pdf. Acesso em: 6 jul. 2023.

[41] ALEIXO; GONÇALVES E SILVA. *Op. cit.*, p. 313.

Em cada caso, é preciso considerar, de fato, os impactos sociais que se buscam em uma determinada situação, bem como sustentar a ideia de que é necessário um desenvolvimento social com uma visão macro e ampliada de todas as circunstâncias. Essa visão deve procurar interferir na sociedade em geral.

Nessa conjuntura, os Direitos Sociais representam um impacto inestimável no cenário que se busca incentivar e desenvolver dentro da dimensão social. Entre os princípios norteadores das empresas nesse segmento temos um pilar que se relaciona intimamente ao respeito que é exigido em prol dos Direitos Sociais por parte das empresas. Isso pode se dar por meio de uma auditoria contínua (*due diligence*), cuja finalidade é identificar, prevenir e abordar os impactos, resultado da elaboração de mecanismos acessíveis e eficientes de reparação das violações cometidas.[42]

Podemos, então, concluir que a responsabilidade social, dentro dessa conjunção, refere-se a uma prática capaz de legitimar a atuação do Estado e da gestão. Assim, é justamente por meio das preocupações sociais que o Estado é capaz de manifestar, por meio do ESG, seu intuito de concretizar sua atividade para além dos mecanismos democráticos que já existem e fica sujeito a maior adesão e assertividade popular.

Ao contrário do que pode ocorrer no ambiente corporativo, entretanto, quando tratamos do Estado, não podemos nos satisfazer com a mera não violação dos Direitos Sociais, mas trabalhamos sobre um âmbito de proteção e incentivo a uma formação de circunstâncias capazes de gerar ainda mais acesso aos direitos e à cidadania.

Por conseguinte, a dimensão cidadã, capaz de ser estimulada a partir de vetores baseados na transparência, tem alta relação com a ética. Cohen[43] traz a própria transparência como sinônimo de ética, uma vez que esboça em seu conceito a transparência nas relações (entre todos os envolvidos) e uma genuína preocupação com o impacto na sociedade.

Essa transparência precisa atingir o ambiente corporativo e o setor público de forma especial, pois ela é capaz de atribuir efetividade à responsabilidade social a partir do controle externo. Kishi[44] trata de responsabilidades corporativas em diversas dimensões, destacando que:

---

[42] ALEIXO; GONÇALVES E SILVA. *Op. cit.*, p. 316.

[43] COHEN, David. Os dilemas da ética. *Exame*, São Paulo, 2003.

[44] KISHI, Sandra Akemi Shimada. ESG e os desafios jurídicos para a governança corporativa. *In*: YOSHIDA, Consuelo Yatsuda Moromizato; VIANNA, Marcelo Drügg Barreto; KISHI, Sandra Akemi Shimada. *Finanças sustentáveis*: ESG, *compliance*, gestão de riscos e ODS. Belo Horizonte: ABRAMPA, 2021.

> O amplo acesso à informação ambiental e a garantia à participação integral e facilitada da população em geral são os vetores indutores da transparência e impulsionam o exercício da precaução e do controle social. E a participação social, a um só tempo, confere maior legitimidade e eficiência na transparência como premissa para outras medidas e indicadores de *compliance* pelos gestores públicos e privados, implementando a melhoria da gestão de riscos pelas governanças corporativas e o necessário controle de riscos ambientais, constitucionalmente exigido.

Nesse liame, somos desafiados a pensar como a responsabilidade social pode se denotar no sentido de ir além do corporativismo, ainda que ocorra dentro de uma instituição pública. Por certo que o acesso à informação, por si só, representa uma solução e possibilita o controle da máquina pública. Inopinadamente, a participação social fica muito mais viável quando tratamos do setor público em comparação com o setor privado e, sem dúvida, traz inúmeros benefícios ao âmbito social considerado no ESG.

Assim, é possível que abriguemos a ideia de que a própria participação popular e transparência fazem parte da conjuntura social que precisamos compreender nesta dimensão, de forma a trazer legitimidade à gestão pública, bem como ser capaz de denotar e demonstrar a aplicabilidade do que se entende como dimensão social nesse sentido.

A consolidação de todas as três bases do ESG – meio ambiente, social e governança – demanda uma conjuntura que envolva planejamento e uma soma de esforços que resultem em uma aplicação total dos conceitos aqui relacionados.

Para que isso ocorra na gestão pública, é preciso uma adaptabilidade perspicaz e que ocorra de forma precisa e clara. Por sorte, neste momento de alta complexidade trazida pelos aparatos tecnológicos no mundo, a própria tecnologia apresenta tecido capaz de dar suporte às necessidades que são criadas a partir desse contexto.

Por dizer, ao passo que o desenvolvimento tecnológico atribui e confere complexidade às sociedades e demandam novos problemas e novas soluções para os novos e antigos problemas, ela também oferta aparatos que possibilitam solucionar tais questões, e, nesse caso, podemos ver a potencialidade desses aparatos para a promoção de uma governança à altura do que existe nos dias de hoje.

Dessarte, a governança, como exposto, se amolda perfeitamente a responder às novas demandas de uma sociedade globalizada, porquanto evidencia a reformulação dos modelos clássicos de hierarquia e de centralização, passando a analisar como se dão as relações em uma sociedade em que é paulatinamente revista a relação entre governantes e governados e onde são desenvolvidas novas formas de negociação entre os diversos atores sociais, nos mais variados âmbitos dos multimeios. Ela analisa, outrossim, a descentralização da autoridade e das funções de governar, com vistas a dar o adequado atendimento às demandas multipolos. Nesse cenário, então, a governança salta como um importante instrumento de revolução da concepção do Estado, entremeado que está pelos efeitos da sociedade de informação.

Nesse sentido, uma solução tecnológica tem sido utilizada especialmente pelo setor privado e pode ser eficaz na aplicação do ESG e, em especial, da governança no setor público. A resposta para tanto seria o *blockchain*. Por meio dele se poderiam dirimir as expectativas e demandas criadas pela sociedade e pelo próprio uso das técnicas de governança com a finalidade de promover, de modo cirúrgico e efetivo, uma gestão pública na qualidade em que se deseja.

2 O *blockchain* como concretizador da governança: a inteligência artificial operando a favor da Administração Pública

2.1 As dimensões que envolvem o termo "governança" e o pontapé tecnológico

As dimensões do termo "governança" implicam nos quadrantes sobre os quais a sua influência e interpenetração se tornam fundamentais para o atendimento dos seus fins.

Nesse passo, direciona-se a análise ao aprofundado estudo *Governance and development*, no qual são apresentadas as dimensões necessárias à boa governança: administração do setor público; quadro legal para o desenvolvimento; participação e *accountability*; e informação e transparência.[45]

Essas dimensões são descritas pelo Banco Mundial da seguinte forma: (i) primeira dimensão: relacionada à melhora da capacidade de gerenciamento econômico da prestação de serviços sociais. Trata-se da preocupação com questões relacionadas à capacidade burocrática do Estado;[46] (ii) segunda dimensão: é relativa ao estabelecimento de

---

[45] Cf. WORLD BANK. *Op. cit.*, 1992. p. 6.

[46] WORLD BANK. *World Development Report 1997*: The State in a Changing World. Washington, D.C.: World Bank, 1997. p. 116.

um marco legal, que se oponha à "síndrome da ilegalidade" e garanta os direitos de propriedade contra o roubo, a violência e outros atos predatórios. Para além, deve obstar o exercício arbitrário e inesperado do governo na regulação e garantir a previsibilidade das decisões judiciais;[47] (iii) terceira dimensão: relaciona-se ao quadro legal para o desenvolvimento. Envolve os elementos formais para a existência de um sistema legal e os elementos materiais do conceito de justiça, equidade e liberdades civis e políticas. Trata da existência de regras conhecidas previamente, cujo cumprimento é garantido por um órgão judicial independente, e procedimentos para modificá-las, quando elas não se prestem mais aos seus propósitos;[48] (iv) quarta dimensão: transparência e participação. Elas aumentam a eficiência econômica e envolvem a disponibilidade de informações sobre as políticas governamentais, a transparência dos processos de formulação de políticas e alguma oportunidade para que os cidadãos possam comentar ou influenciar a elaboração das políticas públicas.[49]

A Organização para a Cooperação e Desenvolvimento Econômico (OCDE), a seu turno, em seu texto *Governance of state-owned enterprises*, estabeleceu seis dimensões para a efetiva governança, estas mais voltadas para a temática das estatais públicas: (i) ações que assegurem uma estrutura jurídica e regulatória efetiva para as empresas estatais; (ii) ações que respaldem o papel do Estado como proprietário; (iii) tratamento igualitário de acionistas, (iv) políticas de relacionamento com os *stakeholders*; (v) transparência e divulgação de informações; e (vi) definição das responsabilidades dos Conselhos.[50]

Em publicação mais recente, o Banco Mundial refinou o posicionamento de 1992, muito embora se entenda que as dimensões outrora apresentadas não sejam de todo dispensadas, e assestou a existência de seis dimensões para a governança do setor público, que são medidas por meio dos seguintes indicadores: (i) voz e responsabilização – que captura a medida em que os cidadãos de um país são capazes de participar na seleção de seu governo, com liberdade de expressão, de associação e com mídia livre; (ii) estabilidade política e ausência de violência/terrorismo – captura as percepções do risco de instabilidade

---

[47] WORLD BANK. *Op. cit.*, 1997, p. 41 e s.

[48] WORLD BANK. *Op. cit.*, 1992. p. 30.

[49] WORLD BANK. *Op. cit.*, 1992, p. 40.

[50] OECD. *Governance of State-Owned enterprises. Guidelines on the corporate.* Paris: OECD, 2005. Disponível em: www.oecd.org/corporate/ca/corporategovernanceofstate-ownedenterprises/34803211.pdf. Acesso em: 6 jul. 2023.

política e/ou violência politicamente motivada, incluindo o terrorismo; (iii) efetividade governamental – captura a percepção da qualidade dos serviços públicos, a qualidade dos serviços civis e seu grau de independência das pressões políticas, a qualidade da formulação e implementação de políticas, e a credibilidade e o compromisso do governo com tais políticas; (iv) qualidade regulatória – captura a percepção da capacidade do governo para formular e implementar políticas e regulamentos que permitam promover o desenvolvimento do setor privado; (v) Estado de Direito – captura as percepções e a medida em que os agentes têm confiança e respeitam as regras da sociedade e, em particular, a qualidade da execução de contratos, os direitos de propriedade, a polícia, os tribunais, bem como a probabilidade de crime e violência; (vi) controle da corrupção – captura a percepção da extensão em que o poder público é exercido para ganhos privados, incluindo tanto as formas insignificantes de corrupção assim como a "captura" do Estado por elites e interesses privados.[51]

Essas dimensões são fundamentais para se compreender os desideratos e os fins da governança corporativa, bem como para entender os fundamentos para se falar dos princípios informadores dessa nova técnica de gestão governamental. Elas predispõem e sinalizam que o Estado deve possuir técnicas mais eficazes de gerenciamento da sua atividade econômica e de seus serviços sociais. Ele deve possuir um quadro legal que assegure a superação da síndrome da ilegalidade, que se socorre da existência de leis falhas que não interpretam em sua inteireza o contexto fático em que se situa o Estado investidor e os efeitos das oscilações do mercado, um quadro que desenvolva a atividade empreendida, que reafirme o Estado como proprietário, que garanta a estabilidade necessária aos empreendimentos econômicos em decorrência de um Judiciário independente, que trate igualitariamente todos os acionistas e defina as responsabilidades dos dirigentes. Essa situação só pode se firmar em um ambiente transparente e participativo, no qual acionistas, cidadãos e os grupos de interesse (*stakeholders*) possam ter vez e ter ponderada sua relevância na complexa estrutura relacional. Esse Estado, portanto, deve criar um clima de estabilidade institucional aurida mediante a qualidade de seus serviços, suas leis e suas políticas, que devem ser cumpridas em sua inteireza com a

---

[51] WORLD BANK. The International Bank for Reconstruction and Development. *Worldwide Governance Indicators (WGI)*, 2013. Disponível em: http://info.worldbank.org/governance/wgi/index.aspx#faq-2. Acesso em: 6 jul. 2023.

compreensão firme da existência da necessidade de se instituírem óbices ao ganho privado decorrente dos desvios do uso do poder público.

2.2 Principiologia da governança pública

É de se citar nesse ponto o estudo IFAC, denominado *Governance in the public sector*: *A governing body perspective* (2001). Por meio dele são listados três princípios fundamentais de governança no setor público: (i) *Openness* (Transparência): serve para assegurar às partes interessadas (sociedade) a confiança no processo de tomada de decisão e nas ações das entidades do setor público, na sua gestão e nas pessoas que nela trabalham; (ii) *Integrity* (Integridade): trata de procedimentos honestos e perfeitos. É baseada na honestidade, na objetividade, nas normas de propriedade, na probidade na administração dos recursos públicos e na gestão da instituição; (iii) *Accountability* (Dever de prestar contas): as entidades do setor público e seus agentes devem responder por suas atividades e explicar e justificar suas decisões e ações, de maneira a possibilitar que os usuários e grupos de pressão entendam e deem retorno com relação a essas atividades, particularmente com relação às finanças públicas.[52]

Avançando e aprofundando os princípios carreados acima, trazemos à liça os ensinamentos de Marques (2007). Para a autora, os princípios norteadores da governança pública seriam:[53] (i) liderança – com uma clara identificação e articulação da responsabilidade, que compreenda a real relação com os *stakeholders*, que gerencie os recursos e os resultados pretendidos e que se mova por uma transparente comunicação e definição das prioridades do governo; (ii) compromisso – diz respeito ao comprometimento dos envolvidos, mediante uma boa orientação das pessoas, que envolve comunicação, ênfase nos valores da entidade, conduta ética, gestão de risco, amplo relacionamento com cidadãos e os clientes e a prestação de serviços com qualidade; (iii) integridade – relacionada com a honestidade, a objetividade e os altos valores sobre a propriedade e probidade na gestão dos negócios. Ela depende da eficácia dos controles adotados, dos padrões pessoais

---

[52] IFAC. *Governance in the Public Sector*: A Governing Body Perspective. 2001. Disponível em www.ifac.org. Acesso em: 6 jul. 2023.

[53] MARQUES, Maria da Conceição da Costa. Aplicação dos princípios de governança corporativa no setor público. *Rev. Adm. Contemp.*, Curitiba, v. 11, n. 2, p. 19-20, abr./jun. 2007. Disponível em: www.scielo.br/scielo.php?script=sci_arttext&pid=S1415-65552007000200002. Acesso em: 6 jul. 2023.

e do profissionalismo dos componentes da organização. É refletida nas práticas e nos processos de tomada de decisão e na qualidade e credibilidade do relatório de resultados; (iv) responsabilidade (*accountability*) – está relacionada à identificação das tarefas de todos os interlocutores na organização e suas responsabilidades com o reconhecimento da relação entre os *stakeholders* e aqueles a quem confiam a gestão dos recursos e de resultados; (v) transparência – garantir aos *stakeholders* a confiança na tomada de decisão e nas ações de gestão das entidades públicas, por meio da abertura e do conhecimento das informações. A informação é um recurso público e não pode ser detida por ninguém, lógico, desde que respeitada a Lei Geral de Proteção de Dados (LGPD); (vi) integração – garantir que os vários elementos de uma governança corporativa estão integrados, dentro de uma gestão sistêmica, integrada e bem compreendida e aplicada por todo corpo da organização.

Todo esse cabedal principiológico, e nisso se concorda com o IFAC, permite: (i) garantir a entrega de benefícios econômicos, sociais e ambientais para os cidadãos; (ii) garantir que a organização seja e pareça responsável para com os cidadãos; (iii) ter clareza acerca de quais são os produtos e serviços efetivamente prestados para cidadãos e usuários, e manter o foco nesse propósito; (iv) ser transparente, mantendo a sociedade informada acerca das decisões tomadas e dos riscos envolvidos; (v) possuir e utilizar informações de qualidade e mecanismos robustos de apoio às tomadas de decisão; (vi) dialogar com a sociedade e prestar contas a ela; (vii) promover o engajamento das partes interessadas; (viii) garantir a qualidade e a efetividade dos serviços prestados aos cidadãos; (ix) promover o desenvolvimento contínuo da liderança e dos colaboradores; (x) definir claramente processos, papéis, responsabilidades e limites de poder e de autoridade; (xi) institucionalizar estruturas adequadas de governança; (xii) selecionar a liderança tendo por base aspectos como conhecimento, habilidades e atitudes (competências individuais); (xiii) avaliar o desempenho e a conformidade da organização e da liderança, mantendo um balanceamento adequado entre eles; (xiv) garantir a existência de um sistema efetivo de gestão de riscos; (xv) utilizar-se de controles internos para manter os riscos em níveis adequados e aceitáveis; (xvi) controlar as finanças de forma atenta, robusta e responsável; (xvii) fornecer aos cidadãos dados e informações de qualidade (confiáveis, tempestivas, relevantes e compreensíveis); (xviii) fortalecer o compromisso com a integridade, com os valores éticos e com o Estado de Direito;

e (xix) determinar as intervenções necessárias para otimizar a realização dos resultados pretendidos.[54,55]

Portanto, a governança na Administração Pública deve possuir como elementos retores: a transparência, como salvaguardadora da tutela da confiança; a integridade, auferida por procedimentos honestos e de qualidade; o dever de prestar contas, inerente à responsabilização do agente por seus atos, ao dever de explicar e justificar suas escolhas e à compreensão das suas funções e missão na instituição; a liderança, conquistada pela adequada compreensão dos grupos de interesse e de uma comunicação clara; o compromisso, decorrente da ênfase nos valores, na ética, na gestão de risco e na qualidade dos serviços; e a integração, ou seja, a garantia da interconexão de todos os elementos da organização. Enfim, ela se orienta pelo fato de deixar claro o papel de cada ator, definindo suas competências, suas responsabilidades e seus procedimentos, sempre voltados a uma máxima interlocução e transparência no atuar administrativo, com vistas a se possibilitar a entrega dos benefícios esperados com qualidade e efetividade.[56]

2.3 O *blockchain* como viabilizador da governança na máquina pública

Após tratar de modo aprofundado sobre a governança, situando-a dentro do contexto de uma sociedade conectada, passamos a olhá-la sob um viés muito específico, em que ela se vê facilitada pelos atributos tecnológicos existentes hoje. Assim, inserimo-nos diante de uma realidade em que as tecnologias passam a ser vistas como ferramentas capazes de auxiliar a governança, trazendo o conceito de *e-governança*, ou governança digital, em que buscamos a eficiência de modo assertivo por meio de aparatos tecnológicos que permitem uma ampliação da capacidade do Estado em governar e elaborar suas políticas.[57]

---

[54] Cf. BRASIL. *Op. cit.*, 2014. p. 16.

[55] Cf. IFAC. *Good governance in the public sector*: consultation draft for an international framework. 2013. Disponível em: www.ifac.org/publications-resources/good-governance-public-sector.s. Acesso em: 6 jul. 2023.

[56] Para Ivanega, a governança seria: "*un modelo de gobierno, cuyos fines y relaciones políticas, sociales y económicas, se articulan con la sociedad y el mercado. (...) De esta forma, se configuran redes intergubernamentales e interadministrativas que intervienen en la elaboración y ejecución de las políticas públicas y que colaboran con las organizaciones gubernamentales y otros agentes sociales*" (IVANEGA, Miriam Mabel. Reflexiones acerca de los contratos administrativos en el siglo XXI. *In*: MOLINA B., Carlos Mario; RODRÍGUEZ R., Libardo. *El derecho público en Iberoamerica*: evolución y expectativas. Bogotá: Editorial Temis, 2010. p. 105. Tomo II).

[57] ALCÂNTARA, Lucas Teles de; *et al.* Uso da tecnologia Blockchain como instrumento de governança eletrônica no setor público. *In*: CONGRESSO INTERNACIONAL DE

Segurança, confiabilidade, imutabilidade, autenticidade e transparência – essas são algumas das palavras-chave associadas à tecnologia do *blockchain*, que promete e tem causado impactos significativos no mercado e nos governos que já tiveram a ousadia de aderir a esse aparato tecnológico, de modo a transformar sua forma de agir, registrar informações e compreender a sistematização de seu funcionamento.

Blockchain, se não optássemos por importar a palavra tal como é em inglês, se traduziria como "cadeia em blocos", o que resume muito bem seu funcionamento a partir da criação de blocos de informação, que ficam permanentemente registrados e associados na nuvem, possuindo uma margem temporal e linear bem definida.

Assim, ocorre o registro fiel e imutável de transações, registradas em grupos e encadeadas com o próximo bloco, cada um com uma assinatura criptografada. Dessarte, mais que um simples banco de dados, o *blockchain* é capaz de criar uma lógica de negócios, estabelecendo regras de transação que a ela se vinculam, e, desse modo, sua estrutura permite que diferentes organismos possam realizar transações entre si em uma rede de computadores na qual ninguém é validado por uma instituição central.[58]

Nessa extensa cadeia de blocos, cada novo bloco, para ter validade, deve seguir um bloco anterior, pois contém informações derivadas dele também.[59] Essa tecnologia se baseia no conceito de *Distributed Ledger Technology* (DLT), que seria um livro-razão distribuído.

É importante observar, então, que se baseia em um algoritmo matemático que funciona por meio de uma corrente de blocos. Veja-se: ocorre uma operação. Após essa ocorrência, há o registro e a validação pelo servidor. Desse modo, ela é criptografada de forma segura e diversas cópias são replicadas, o que torna quase impossível que ocorra uma alteração, que se pode corromper.

Assim, apresenta-se uma arquitetura descentralizada e distribuída para registrar transações que se associam a um núcleo imutável e, com isso, são rastreáveis, criptografadas e não podem ser alteradas, possibilitando assim soluções além da área de tecnologia; é nesse ponto

---

CONTABILIDADE PÚBLICA, 2., 2019, Lisboa. *Trabalhos* (...). Lisboa: Ordem dos Contabilistas Certificados, 2019. Disponível em: www.realp.unb.br/jspui/handle/10482/34651. Acesso em: 12 ago. 2023.

58 SILVA, Euber Chaia Cotta e; MARQUES, Rodrigo Moreno. *Blockchain* no setor público: uma revisão sistemática de literatura. *A.to.Z*, v. 10, n. 3, p. 1-11, ago. 2021. Disponível em: https://revistas.ufpr.br/atoz/article/view/79903/44241. Acesso em: 6 jul. 2023.

59 LEWIS, Antony. A Gentle Introduction to Blockchain Tecnology: *Brave New Coin*, 2015.

que entra o Direito, que vislumbra nessa ferramenta características que possibilitam opções eficazes, disruptivas, inovadoras e dotadas de segurança e transparência.[60]

Pelos bons resultados, cuja aplicabilidade neste novo cenário mundial demonstrou-se bastante positiva, o setor público começou a demonstrar interesse pelas práticas de governança, e tornou-se consenso que colocar um espelho no setor privado para o setor público seria uma boa ideia se as particularidades dos governos, como a legalidade e as finalidades não lucrativas, fossem respeitadas.

Nessa solução, que compreendia toda a sociedade civil – o que inclui as companhias e os *stakeholders* –, vislumbraram-se soluções bem eficazes para reais e antigos problemas enfrentados pela Administração, como falta de transparência, dificuldade de eficiência, insatisfação dos cidadãos frente aos serviços públicos, baixa qualidade do serviço ofertado pelo Estado e até corrupção e falta de moral e lisura das ações dos administradores, que acaba por gerar falta de credibilidade e, por fim, ameaça à legitimidade do Estado.

Dada a tamanha segurança que o *blockchain* transmite, desde sua criação e, especialmente, popularização (por meio da implementação de transações com a criptomoeda *bitcoin*), essa tecnologia tem sido alvo de estudos nos mais diversos campos do conhecimento, e, dentro desse contexto, as melhorias e modificações que podem ser causadas na Administração também se tornam alvo de pesquisas que buscam aprimorar a transparência, a gestão e os serviços públicos.[61]

Dentro desse contexto, e utilizando a perspectiva de governança dentro de um cenário de alta conectividade social, o *blockchain* pode se apresentar em três dimensões quando se trata da governança: direitos de decisão, responsabilidade e incentivo. Essas três dimensões podem ser compreendidas de forma isolada ou em seu contexto geral, em que os direitos de decisão se relacionam sobre o controle de certos ativos, subdividindo-se em direitos de gerenciamento de decisão e de controle, enquanto a responsabilidade incide sobre estruturas legais e os incentivos, que podem ou não ter caráter pecuniário.[62]

---

60 ALVES, Paulo Henrique; *et al.* Desmistificando *blockchain*: conceitos e aplicações. 2018. Disponível em: http://blog.inf.puc-rio.br/kalinowski/index.php/pt/2018/08/17/desmistificando-blockchain-conceitos- e-aplicacoes-versao-dos-autores-do-capitulo-escrito-pela-equipe-do-lespuc-rio. Acesso em: 6 jul. 2023.

61 ALCÂNTARA *et al. Op. cit.*

62 BECK, Roman; MULLER-BLOCH, Christoph; KING, John Leslie. Governance in the Blockchain Economy: A Framework and Research Agenda. *Journal of the Association for*

Vejamos que os atributos típicos do uso dessa tecnologia se amoldam e agradam de forma integral os valores da Administração Pública: segurança no armazenamento de dados, imutabilidade das informações registradas, descentralização das operações, alto nível de dificuldade de corromper o sistema e, consequentemente, mascarar esquemas e transações corruptas, sistema antifraude, transparência na prestação de contas e no acesso à informação e a proteção de dados pessoais em comunhão com a vedação ao anonimato.

Se revisarmos a principiologia da governança, veremos que existe uma ínfima aplicabilidade da tecnologia em estudo ao que ela compreende: transparência, integridade, dever de prestar contas, dever de justificar escolhas, liderança, compromisso e integração. Como visto ao descrevermos a ferramenta, é fácil a percepção de que seus vetores são verdadeiros viabilizadores dos elementos básicos da governança, demonstrando uma coerência estrutural e funcional, apoiada também nas quatro dimensões que foram expostas anteriormente.

O *accountability*, exigido quando tratamos de governança, juntamente à equidade e à transparência, relaciona-se diretamente com o acesso à informação e a transparência viabilizados pelo *blockchain*, como já reportado. O fato de que todas as transações ficam registradas e o cidadão pode ter acesso fácil ao que acontece possibilita a prestação de contas efetiva, direta e democrática.

Ademais, os valores ligados a eficiência, legitimidade, legalidade, probidade e responsabilidade, que são fundamentais quando tratamos da governança, são visualizados ao passo que os dados registrados são imutáveis e seguros, sendo impossível adulterá-los, inviabilizando práticas de corrupção e desvio de dinheiro, bem como atuações que fogem à legalidade e vão contra os princípios democráticos que regram à Administração.[63]

Nesse mesmo sentido, o *blockchain* possibilita a confiança e o controle com base no seu funcionamento, o que confere efetividade ao *accountability*, proporcionando transparência, responsabilidade, probidade, desenvolvimento e legitimidade dos atos estatais, marcados pela qualidade dos dados armazenados, que possuem disponibilização imediata e total transparência, o que também se relaciona ao traço da segurança das informações criptografadas pela tecnologia em comento.

Information Systems (JAIS), v. 19, n. 10, 2018. Disponível em: https://aisel.aisnet.org/jais/vol19/iss10/1. Acesso em: 6 jul. 2023.

[63] ALCÂNTARA *et al. Op. cit.*

Relembre-se que a capacidade de gerenciamento econômico, tal como visitada, como uma das vertentes do que se compreende da governança, é facilmente compreendida pela desburocratização possibilitada pelas cadeias em blocos, sem perder a confiabilidade que, em tese, exige um mínimo de burocracia. Entretanto, de modo nenhum nos afastamos da segunda dimensão que expõe a legalidade, também relacionada à segurança da plataforma e à sua justeza. Nesse contexto, a transparência e a participação são pontos essenciais que se entrelaçam nos dois conceitos de forma muito precisa, sendo uma exigência da governança e uma possibilidade na utilização da ferramenta do *blockchain*, que cultiva, na última dimensão, o direito ao desenvolvimento, conforma acobertado anteriormente neste estudo.

Grande exemplo disso é a Estônia, país que tem demonstrado aderência surpreendente dessa tecnologia no setor público. A partir de 2007, o país tem investido na tecnologia do *blockchain*, em específico, com intenção de agregar integridade, segurança e transparência nos dados armazenados pelo governo, bem como protegê-lo contra ameaças, o que aconteceu e acabou sendo o estopim dessa revolução tecnológica.[64]

Por isso, temos o primeiro país a implementar e utilizar o *blockchain*, que compreendeu na área da saúde um *case* de sucesso: em 2011, foi desenvolvida uma plataforma de assistência à saúde que possibilitou que cidadãos, prestadores de serviços e companhias de seguro saúde tivessem acesso a todos os tratamentos médicos que são realizados na Estônia, uma vez que são armazenados utilizando o *Guardtime Blockchain*, proporcionando, assim, uma estrutura completa que opera na saúde pública.[65]

Esse é somente um dos muitos exemplos do que a tecnologia do *blockchain* pode fazer no setor público, potencializando o alcance dos serviços e proporcionando transparência e confiabilidade à atuação do gestor. Como ficou evidente, esse aporte tecnológico muito se amolda e satisfaz às necessidades trazidas pela governança no setor público, proporcionando e viabilizando os valores dela decorrentes.

---

[64] Disponível em: https://estonia.ee. Acesso em: 6 jul. 2023.

[65] MATTHIAS, Mettler. Blockchain technology in healthcare: The revolution starts here. *2016 IEEE 18th International Conference on e-Health Networking, Applications and Services (Healthcom)*, Munich, Germany, 2016, p. 1-3. Disponível em: https://ieeexplore.ieee.org/document/7749510. Acesso em: 6 jul. 2023.

3 Considerações finais

Diante de uma sociedade complexa e conectada, novas demandas surgem, enquanto as antigas pedem por novas soluções. Para o desenvolvimento da sociedade, é necessário que haja uma preocupação com o todo, compreendendo a sociedade inteiramente, e, assim, observaremos não somente um desenvolvimento econômico, mas um que compreenda as diversas dimensões. Nesse contexto de adaptabilidade, o imperativo de uma gestão pública mais eficiente e eficaz surge, e, assim, valores ligados à governança começam a fazer sentido quando se trata da gestão pública. Por isso, é necessário abrir caminhos no sentido de propiciar ao Estado técnicas mais eficazes de gerenciamento da sua atividade econômica e de seus serviços sociais.

A governança se amolda perfeitamente a responder às novas demandas de uma sociedade globalizada, porquanto evidencia a reformulação dos modelos clássicos de hierarquia e de centralização, passando a analisar como se dão as relações em uma sociedade em que é paulatinamente revista a relação entre governantes e governados e na qual são desenvolvidas novas formas de negociação entre os diversos atores sociais, nos mais variados âmbitos dos multimeios.

Nesse mesmo sentido, temos a tecnologia do *blockchain*, marcada por um algoritmo matemático que funciona por meio de uma corrente de blocos, que apresenta arquitetura descentralizada e distribuída para registrar transações que se associam a um núcleo imutável e, com isso, é rastreável, criptografada e não pode ser alterada, representando valores perfeitamente ajustáveis ao que buscamos no serviço público: segurança no armazenamento de dados, imutabilidade das informações registradas, descentralização das operações, alto nível de dificuldade de corromper o sistema e, consequentemente, mascarar esquemas e transações corruptas, sistema antifraude, transparência na prestação de contas e no acesso à informação, e proteção de dados pessoais em comunhão com a vedação ao anonimato.

Assim, durante este estudo foi possível observar uma íntima relação com os anseios e as necessidades da governança àquilo proporcionado pelo *blockchain*, encaminhando-nos à conclusão de que esta ferramenta se apresenta como uma verdadeira viabilizadora da governança pública.

O *accountability*, a equidade, a eficiência, a necessidade de legitimidade, a responsabilização, a probidade, a democratização e a transparência, valores intrínsecos à governança, vêm em um ajuste perfeito ao que o *blockchain* pode proporcionar: acesso à informação, armazenamento seguro e antifraude de dados, acesso fácil e automático, confiança, controle, eficiência, segurança e qualidade dos dados.

Assim, resta concluir que, diante de um contexto de exigências de uma governança conectada como forma de dar impulso ao direito ao desenvolvimento, a ferramenta tecnológica do *blockchain* viabiliza a implementação de modelos altamente compatíveis com a governança e, assim como já vem sendo aplicado, promete um futuro de aperfeiçoamento da atuação do gestor público.

Referências

ABNT (Associação Brasileira de Normas Técnicas). NBR ISO/IEC 38500:2009: Governança corporativa de tecnologia da informação. Rio de Janeiro, 2009. Disponível em: www.abntcatalogo.com.br/norma.aspx?ID=40015. Acesso em: 6 jul. 2023.

ALCÂNTARA, Lucas Teles de; *et al*. Uso da tecnologia Blockchain como instrumento de governança eletrônica no setor público. *In*: CONGRESSO INTERNACIONAL DE CONTABILIDADE PÚBLICA, 2., 2019, Lisboa. *Trabalhos* (...). Lisboa: Ordem dos Contabilistas Certificados, 2019. Disponível em: www.realp.unb.br/jspui/handle/10482/34651. Acesso em: 12 ago. 2023.

ALEIXO, Letícia Soares Peixoto; GONÇALVES E SILVA, Thalita Verônica. O que é o "S" de ESG? *In*: YOSHIDA, Consuelo Yatsuda Moromizato; VIANNA, Marcelo Drügg Barreto; KISHI, Sandra Akemi Shimada (Coords.). *Finanças sustentáveis*: ESG, *compliance*, gestão de riscos e ODS. Belo Horizonte: ABRAMPA, 2021.

ALVES, Paulo Henrique; *et al*. *Desmistificando blockchain*: conceitos e aplicações. Rio de Janeiro: Pontifícia Universidade Católica, 2018. Disponível em: http://blog.inf.puc-rio.br/kalinowski/index.php/pt/2018/08/17/desmistificando-blockchain-conceitos- e-aplicacoes-versao-dos-autores-do-capitulo-escrito-pela-equipe-do-lespuc-rio. Acesso em: 6 jul. 2023.

ANDRADE, Adriana; ROSSETTI, José Paschoal. *Governança corporativa*: fundamentos, desenvolvimento e tendências. São Paulo: Atlas, 2004.

ANJOS FILHO, Robério Nunes dos. *Direito ao desenvolvimento*. São Paulo: Saraiva, 2013.

ARAÚJO JÚNIOR, Ari Francisco de; SHIKIDA, Claudio Djussey. Microeconomia. *In*: TIMM, Luciano Benetti (Org.). *Direito e economia no Brasil*. São Paulo: Atlas, 2012.

BECK, Roman; MULLER-BLOCH, Christoph; KING, John Leslie. Governance in the Blockchain Economy: A Framework and Research Agenda. *Journal of the Association for Information Systems* (JAIS), v. 19, n. 10, 2018. Disponível em: https://aisel.aisnet.org/jais/vol19/iss10/1. Acesso em: 6 jul. 2023.

BONAVIDES, Paulo. *Curso de direito constitucional*. 14. ed. rev. e atual. São Paulo: Malheiros, 2004.

BRASIL. Presidência da República. *Plano diretor da reforma do aparelho do Estado*. Brasília: Câmara da Reforma do Estado, 1995. Disponível em: www.bresserpereira.org.br/Documents/MARE/PlanoDiretor/planodiretor.pdf. Acesso em: 25 fev. 2015.

BRASIL. Tribunal de Contas da União. Secretaria de Planejamento, Governança e Gestão. *Governança Pública*: referencial básico de governança aplicável a órgãos e entidades da administração pública e ações indutoras de melhoria/Tribunal de Contas da União. Brasília: Tribunal de Contas da União, 2014.

CATALÀ, Joan Prats i. Veinte años de modernización administrativa en los países de la OCDE. Lecciones aprendidas. *In*: ARGENTINA. Projeto de Modernización del Estado. *Seminario Internacional sobre Modernización del Estado*, Buenos Aires, 2006, *apud* PIERANTI, Octavio Penna; RODRIGUES, Silvia; PECI, Alketa. Governança e *New Public Management*: Convergências e Contradições no Contexto Brasileiro. *XXXI encontro da ANPAD*, Rio de Janeiro, 22 a 26 set. 2008, p. 2-3. Disponível em: www.anpad.org.br/admin/pdf/APS-B392.pdf. Acesso em: 25 fev. 2015.

CFA INSTITUTE. *Environmental, social, and governance issues in investing*: A Guide for Investments Professionals. Washington, D.C.: CFA Institute, 2015. Disponível em: www.cfainstitute.org/-/media/documents/article/position-paper/esg-issues-in-investing-a-guide-for-investment-professionals.pdf. Acesso em: 6 jul. 2023.

COASE, Ronald H. The nature of the firm. *New Series*, v. 4, n. 16, p. 386-405, nov. 1937.

COHEN, David. Os dilemas da ética. *Exame*, São Paulo, 2003.

COPPEDGE, Michael. *Instituciones y gobernabilidad democrática en América Latina*. Madrid: Síntesis, 1995.

DASGUPTA, Pharta. *Inclusive Wealth Report 2012. Measuring progress toward sustainability*. Cambridge, UK: Cambridge University Press, 2012.

ESTÔNIA. *Site oficial*. Disponível em: https://estonia.ee. Acesso em: 6 jul. 2023.

FREITAS, Juarez. *Discricionariedade administrativa e o direito fundamental à boa administração pública*. São Paulo: Malheiros, 2007.

FREITAS, Juarez. *O controle dos atos administrativos e os princípios fundamentais*. 4. ed. rev. e ampl. São Paulo: Malheiros, 2009.

IBCG (Instituto Brasileiro de Governança Corporativa). *Código das melhores práticas de governança corporativa*. 4. ed. São Paulo: Instituto Brasileiro de Governança Corporativa, 2009.

IFAC (International Federation of Accountants). *Good Governance In The Public Sector*: Consultation Draft For An International Framework. Jun. 2013. Disponível em: www.ifac.org/publications-resources/good-governance-public-sector. Acesso em: 6 jul. 2023.

IFAC (International Federation of Accountants). *Governance in the Public Sector*: A Governing Body Perspective. Jan. 2001. Disponível em: https://portal.tcu.gov.br/en_us/biblioteca-digital/governance-in-the-public-sector-a-governing-body-perspective.htm. Acesso em: 6 jul. 2023.

IVANEGA, Miriam Mabel. Reflexiones acerca de los contratos administrativos en el siglo XXI. *In*: MOLINA B., Carlos Mario; RODRÍGUEZ R., Libardo. *El derecho público en Iberoamerica*: evolución y expectativas. Bogotá: Editorial Temis, 2010. Tomo II.

KISHI, Sandra Akemi Shimada. ESG e os desafios jurídicos para a governança corporativa. *In*: YOSHIDA, Consuelo Yatsuda Moromizato; VIANNA, Marcelo Drügg Barreto; KISHI, Sandra Akemi Shimada. *Finanças sustentáveis*: ESG, *compliance*, gestão de riscos e ODS. Belo Horizonte: ABRAMPA, 2021.

LEWIS, Antony. A Gentle Introduction to Blockchain Technology. *Brave New Coin*, 2015.

LINS, Clarissa. Desenvolvimento sustentável: tendências, novas formas de aferir valor e oportunidades para o Brasil. *In*: GIAMBIAGI, Fábio; PORTO, Cláudio (Orgs.). *Propostas para o governo 2015/2018*: agenda para um país prospero e competitivo. Rio de Janeiro: Elsevier, 2013.

MARQUES, Maria da Conceição da Costa. Aplicação dos princípios de governança corporativa no setor público. *Rev. Adm. Contemp.*, Curitiba, v. 11, n. 2, p. 19-20, abr./jun. 2007. Disponível em: www.scielo.br/scielo.php?script=sci_arttext&pid=S1415-65552007000200002. Acesso em: 6 jul. 2023.

MATIAS-PEREIRA, José. A governança corporativa aplicada no setor público brasileiro. *APGS*, Viçosa, v. 2, n. 1, jan./mar. 2010. Disponível em: https://periodicos.ufv.br/apgs/article/view/4015/2246. Acesso em: 6 jul. 2023.

MATTHIAS, Mettler. Blockchain technology in healthcare: The revolution starts here. *2016 IEEE 18th International Conference on e-Health Networking, Applications and Services (Healthcom)*, Munich, Germany, 2016, p. 1-3. Disponível em: https://ieeexplore.ieee.org/document/7749510. Acesso em: 6 jul. 2023.

MONCADA, Luís Cabral de. *Direito econômico*. 5. ed. rev. e atual. Coimbra: Coimbra Editora, 2007.

MOREIRA, Egon Bockman. Desenvolvimento econômico, políticas públicas e pessoas privadas (passado, presente e futuro de uma perene transformação). *Revista de Direito do Estado*, Rio de Janeiro, ano 3, n. 10, abr./jun. 2008.

NÓBREGA, Marcos Antônio Rios da. *Direito da infraestrutura*. São Paulo: Quartier Latin, 2011.

OECD (Organização para a Cooperação e o Desenvolvimento Econômico). Governance of State-Owned enterprises. Guidelines on the corporate. Paris: OECD, 2005. Disponível em: www.oecd.org/corporate/ca/corporategovernanceofstate-ownedenterprises/34803211.pdf. Acesso em: 6 jul. 203.

PEREIRA, Luiz Carlos Bresser. *Desenvolvimento e crise no Brasil*. 5. ed. São Paulo: Editora 34, 2003.

PETERS, Guy; PIERRE, John. Governance without government? Rethinking public administration. *Journal of Public Administration Research and Theory*, v. 8, n. 2, 1998, *apud* PIERANTI, Octavio Penna; RODRIGUES, Silvia; PECI, Alketa. Governança e *New Public Management*: Convergências e Contradições no Contexto Brasileiro. *XXXI encontro da ANPAD*, Rio de Janeiro, 22 a 26 set. 2008, p. 2-3. Disponível em: www.anpad.org.br/admin/pdf/APS-B392.pdf. Acesso em: 25 fev. 2015.

SEN, Amartya. *Desenvolvimento como liberdade*. Trad. Laura Teixeira Mota. 7. reimp. São Paulo: Companhia das Letras, 2000.

SILVA, Euber Chaia Cotta e; MARQUES, Rodrigo Moreno. *Blockchain* no setor público: uma revisão sistemática de literatura. *A.to.Z*, v. 10, n. 3, p. 1-11, ago. 2021. Disponível em: https://revistas.ufpr.br/atoz/article/view/79903/44241. Acesso em: 6 jul. 2023.

SOUZA, Nali de Jesus. *Desenvolvimento econômico*. 6. ed. São Paulo: Atlas, 2012.

TAVARES, André Ramos. *Direito Constitucional Econômico*. São Paulo: Método, 2003.

UNITED NATIONS. The Future we want. *Conference on sustainable development*. Rio de Janeiro, 2012. Disponível em: www.rio20.gov.br/documentos/documentos-da-conferencia/o-futuro-que-queremos. Acesso em: 6 jul. 2023.

VIANNA, Salvador Teixeira Werneck. *Desenvolvimento econômico e reformas institucionais no Brasil*: considerações sobre a construção interrompida. 2007. Tese (Doutorado) – Instituto de Economia, Universidade Federal do Rio de Janeiro, Rio de Janeiro, 2007.

WILLIAMSON, Oliver E. *Markets and hierarchies*: analysis and antitrust implications. New York: Free Press, 1975.

WORLD BANK. *Governance and development*. Washington, D.C.: World Bank, 1992.

WORLD BANK. The International Bank for Reconstruction and Development. *Worldwide Governance Indicators (WGI)*, 2013. Disponível em: http://info.worldbank.org/governance/wgi/index.aspx#faq-1. Acesso em: 6 jul. 2023.

WORLD BANK. *World Development Report 1997*: The State in a Changing World. Washington, D.C.: World Bank, 1997.

Informação bibliográfica deste texto, conforme a NBR 6023:2018 da Associação Brasileira de Normas Técnicas (ABNT):

GOMES, Filipe Lôbo; REIS, Camilla Lima. ESG e *blockchain*: ensaio sobre o direito ao desenvolvimento no contexto da governança conectada. *In*: EHRHARDT JÚNIOR, Marcos; CATALAN, Marcos; NUNES, Cláudia Ribeiro Pereira (Coord.). *Inteligência artificial e relações privadas*: relações existenciais e a proteção da pessoa humana. Belo Horizonte: Fórum, 2023. v. 2. p. 25-58. ISBN 978-65-5518-577-5.

CHATGPT E O FUTURO DO *COMPLIANCE*: OPORTUNIDADE OU PERIGO IMINENTE?

RODRIGO PIRONTI AGUIRRE DE CASTRO

LUIZ HENRIQUE ZARUR FERNANDES

No imaginário humano, o risco de uma criação se voltar contra o criador é alvo de diversas fábulas, contos e filmes, alcançando o ápice no clássico gótico *Frankenstein*. Nessa obra literária de 1818, a escritora Mary Shelley conta a história do jovem cientista Victor Frankenstein, que, por meio de métodos controversos, dá vida a uma criatura feita de partes de corpos humanos. No entanto, o cientista se arrepende amargamente de sua criação, após ter sua vida e a de seus entes queridos ameaçados pelo monstro cadavérico.

Esse mesmo arquétipo literário se vê remontado não somente na ficção, mas em diversos eventos históricos ao decorrer dos séculos, desde a amargura de Santos Dumont ao ver sua maior invenção, o avião motorizado, utilizada como objeto de guerra até Alfred Nobel, o inventor da dinamite, que, arrependido de sua criação, doou a maior parte de sua fortuna para a criação da famosa condecoração "Prêmio Nobel". Esses fatos demonstram o medo no avanço descontrolado da ciência, principalmente no receio de que as novas criações potencializem a crueldade humana ou gerem novas ameaças, antes impensadas.

Novamente, esse mesmo paradigma se vê atualizado pela criação de Sam Altman, CEO da OpenAi, empresa responsável pela criação do modelo de linguagem de inteligência artificial, o *ChatGPT*. Lançada em novembro de 2022, a ferramenta conquistou uma difícil tarefa: impressionar um mundo já saturado por novidades e novas tecnologias.

Com a finalidade de entender e reproduzir a linguagem natural humana de forma automatizada, a tecnologia permite a conversação entre homem e máquina de forma orgânica e interativa, abrindo margens para as mais diversas aplicações, mesmo em ambientes que ainda não haviam sido impactados pelo uso deliberado das inteligências artificiais, como o meio literário e o publicitário.

O acrônimo que forma seu nome vem de "*Chat Generative Pre-trained Transformer*". Em termos leigos, o nome "*ChatGPT*" resume sua estrutura e seu objetivo, demonstrando que o modelo de linguagem foi construído sobre uma poderosa rede neural para processamento e geração de textos, que utiliza a técnica de aprendizado denominado "*machine learning*", ou seja, a ferramenta foi amplamente treinada em um grande conjunto de dados, de modo que pudesse "aprender" a identificar padrões e realizar previsões.

Apesar de tais tecnologias, por si só, não representarem grande novidade, o impacto causado pelo *ChatGPT* se deu pela junção massiva de cada uma dessas ferramentas, possibilitando o funcionamento da habilidade de geração de textos coerentes e semânticos, que podem ser produzidos com poucos comandos ou, em termos técnicos, *prompts* ou *inputs*.

Ainda, outro grande diferencial se deu pela capacidade da tecnologia de manter um diálogo contínuo, apresentando respostas com base nas linhas anteriores da conversa, isto é, as respostas tomarão como base não somente seu banco de dados e a pergunta realizada, mas todo o histórico do atual diálogo mantido entre o usuário e a plataforma.

O atual modelo utilizado pela plataforma atua com mais de 175 bilhões de parâmetros; isso significa que o *ChatGPT* utiliza centenas de milhares de padrões linguísticos, identificados a partir de uma coletânea de textos, livros, artigos e *sites*. Esse treinamento permite que o modelo reconheça padrões e crie uma representação matemática, compondo cada um de seus parâmetros. Com isso, a ferramenta se tornou o modelo de linguagem natural mais completo e sofisticado do mundo.

Com tamanho poder de processamento de linguagem natural, essa ferramenta apresenta diversas ou mesmo ilimitadas aplicações, uma vez que ainda não é possível definir seu potencial final. Entre as atuais aplicabilidades do *ChatGPT*, destaca-se a utilização em diversos setores da indústria da tecnologia, auxiliando na criação de linhas de código até no ensino de programação a iniciantes na área. A ferramenta pode ser aplicada para a criação de textos acadêmicos, científicos e até roteiros de filmes e publicações em redes sociais.

No âmbito jurídico, o *ChatGPT* já é aplicado na pesquisa, na análise e no resumo de jurisprudências, na revisão de contratos e na identificação de possíveis riscos de *compliance*.

Tais características fizeram do *ChatGPT* o aplicativo de consumo com maior crescimento de usuários da história, contabilizando um total de 100 milhões de contas ativas em janeiro de 2023. Em termos comparativos, segundo dados da Sensor Tower, para alcançar o mesmo número de usuários o aplicativo *Tik Tok* demorou em torno de nove meses após seu lançamento; já o Instagram, um pouco mais de dois anos.

Seu impacto foi tamanho que fizeram a gigante da tecnologia Alphabet, controladora de empresas como a Google, apresentar perdas de mais de 100 bilhões de dólares,[1] após uma queda de 7% em suas ações no início de fevereiro de 2023. Esse choque fez com que a Google anunciasse o lançamento de seu modelo de inteligência artificial, o Bard, com a finalidade de integrar o modelo de linguagem às demais ferramentas disponibilizadas pela empresa, como o Gmail e o Google Docs.

Apesar do inegável impacto econômico e social causado pelo *ChatGPT*, como qualquer ferramenta de tecnologia, a plataforma apresenta algumas limitações que precisam ser observadas antes do uso desmedido da ferramenta. Ao questionar diretamente o *ChatGPT* sobre esse tópico, a ferramenta relatou que, em virtude da necessidade de uma grande quantidade de dados para seu treinamento, suas respostas podem apresentar traços de viés ou mesmo preconceitos.

Esse fato se dá em razão de que o material-base do conhecimento da ferramenta se limita a setembro de 2021, apresentando diversos posicionamentos e orientações políticas, religiosas e sociais, podendo enviesar a resposta apresentada pelo *ChatGPT*. Tal situação pode ser observada em diversos casos práticos, por exemplo, em que o modelo de linguagem foi considerado tendencioso ao apresentar um comportamento contra a pauta conservadora americana do ex-presidente Donald Trump.[2] A problemática da apresentação de respostas parciais ou partidárias pode ser agravada pelo fato de que, por vezes, a ferramenta apresenta erros em seus resultados, ou seja, respostas com fatos equivocados ou inexistentes.

Esse risco necessita de especial atenção, visto que, ao apresentar respostas às mais diversas perguntas de forma simples, natural e

---

1 Disponível em: www.bbc.com/portuguese/articles/cz90n5q7g96o. Acesso em: 7 jul. 2023.

2 Disponível em: www.usatoday.com/story/tech/2023/02/09/woke-*chatgpt*-conservatives-bias/11215353002/?ref=hackernoon.com. Acesso em: 7 jul. 2023.

didática, a ferramenta promove uma grande credibilidade, em virtude da maneira certeira que suas exposições são entregues aos usuários. Desse modo, ao escrever com tamanha confiança, mesmo as respostas mais equivocadas podem soar como verdades indubitáveis, como no caso exposto pela BBC Brasil,[3] em que, após perguntado, teria respondido que o Brasil já foi ganhador de, ao menos, cinco prêmios Oscar, apresentando os filmes e os anos em que foram lançados.

Mesmo que o país nunca tenha sido vitorioso na premiação de melhor longa-metragem, ao dispor de tantas informações específicas, as chances de que os usuários confiem nessas afirmações são grandes. Tal situação deve ser observada, em particular, por aqueles que utilizam da ferramenta para sua atividade profissional. Em análise ao cenário jurídico brasileiro, a utilização do *ChatGPT* pode resultar na aplicação de jurisprudências inexistentes ou citações de doutrinas nunca escritas que, apesar de muito bem redigidas, não apresentam fundamento na realidade.

Apesar de suas limitações, a ferramenta ganha especial destaque quando utilizada para o fim com que foi criada, isto é, a geração de textos de forma natural. Nesse sentido, ao ser aplicada no resumo de textos, reescrita de frases, construção de argumentações, estruturação de petições e análise de informações, o *ChatGPT* expõe seu real valor prático. Assim, pode-se concluir que, como qualquer ferramenta, o usuário deve conhecer a forma de extrair os melhores resultados, bem como aplicar estratégias para evitar erros e falhas na ferramenta utilizada.

Feita essa breve contextualização, é de grande utilidade analisar as aplicabilidades do *ChatGPT* em matérias correlatas ao direito, como o *compliance*. Nas próprias palavras, quando perguntado sobre as utilidades da ferramenta no *compliance*, o *ChatGPT* declarou que poderia ser aplicado nas seguintes áreas:

- **Análise de dados**: A ferramenta apresenta a capacidade de analisar grandes volumes de informações, podendo identificar padrões, tendências e constatações relevantes para uma empresa, como riscos de corrupção, fraudes e desconformidades às normativas internas.
- **Elaboração de políticas e procedimentos**: Como modelo de linguagem natural, o *ChatGPT* pode estruturar documentos de *compliance*, como políticas e procedimentos, tomando como base as melhores práticas e regulamentos aplicáveis.

---

[3] Disponível em: www.bbc.com/portuguese/geral-64297796. Acesso em: 7 jul. 2023.

- **Treinamentos**: A ferramenta pode ser utilizada na estruturação, revisão e até aplicação de treinamentos e capacitações de *compliance*, como a elaboração de uma plataforma de "*Chatbot*", em que o *ChatGPT* pode fornecer uma série de respostas às perguntas dos colaboradores, tomando como base as políticas e práticas internas adotadas pela empresa.
- **Comunicações internas**: Ao utilizar sua capacidade analítica, o *ChatGPT* pode monitorar as comunicações internas de uma empresa, analisando *e-mails*, mensagens e registros, visando identificar palavras-chave e comportamentos-padrão relacionados a práticas indevidas ou ilícitas.
- **Previsão de riscos**: Ao ser apresentada a uma base de dados que contenha o histórico de riscos de *compliance* enfrentados pelo setor atuante de uma empresa, o *ChatGPT* pode prever os possíveis cenários de risco, bem como apresentar as possíveis melhores saídas e planos de ação para prevenção ou mitigação desses eventos incertos, auxiliando o corpo diretivo dessas instituições na tomada de decisões.

Como pôde ser observado, a ferramenta apresenta maior eficácia quando utilizada para a identificação de padrões, a estruturação e a organização de dados e a previsão de possíveis cenários, tomando como base o histórico apresentado à plataforma. Assim, ao ser treinada da forma correta, essa inteligência artificial aumenta exponencialmente a eficiência e a precisão da análise de bases de dados, que, mesmo que já possam ser avaliadas automaticamente, agora passam a ser analisadas, organizadas e classificadas de acordo com os padrões e critérios elencados pelo usuário.

Ainda, com a automação de análises complexas, a tendência de erros humanos e a necessidade da contratação de vários profissionais especializados é minorada, reduzindo os custos operacionais das empresas aderentes à tecnologia. Essa mesma capacidade analítica do *ChatGPT* permite que eventos de risco ou falhas internas sejam identificados de forma mais rápida e eficiente, aumentando o tempo hábil para correção desses problemas e prevenindo perdas financeiras ou danos reputacionais.

Com a aplicação constante da ferramenta, sua base de dados será cada vez mais robusta e personalizada à realidade da empresa, permitindo que o *ChatGPT* forneça informações e dados referentes à gestão do *compliance*, apresentando possíveis melhorias específicas ao sistema de integridade da instituição; caso seja alimentada com as novas regulamentações e práticas, a ferramenta poderá indicar a melhor forma de aplicar adequações regulatórias.

Apesar de tantas funções, a própria plataforma é categórica ao afirmar que sua aplicabilidade não pode substituir completamente o trabalho humano nas práticas de *compliance*, mas deve ser utilizada como uma ferramenta para o aumento da eficiência, da precisão e da rapidez nas atividades executadas por esta área.

Nesse sentido, é necessário avaliar novamente as limitações operacionais do *ChatGPT*, agora tomando como base o contexto de sua utilização junto ao *compliance*. Dentro desse cenário, uma das maiores barreiras enfrentadas não diz respeito à ferramenta por si só, mas à qualidade e à precisão dos dados fornecidos para o *ChatGPT*. Assim como as demais inteligências artificiais baseadas em *machine learning*, a eficiência das respostas dadas pelo *ChatGPT* está diretamente relacionada à dependência da qualidade das bases de dados aos quais foi exposta e para os quais foi treinada.

Desse modo, os agentes de *compliance* deverão estar atentos ao envio de informações imprecisas ou incompletas, uma vez que, ao apresentar tais dados à ferramenta, os resultados estarão comprometidos. O risco nesse caso não se atém apenas ao prejuízo da qualidade das respostas, e sim ao viés apresentado pela plataforma, que, ao ser exposta a dados limitados, parciais ou partidários, poderá fornecer orientações imprecisas, preconceituosas ou tendenciosas.

Para maior exploração deste tópico, é de grande valia analisar um caso prático hipotético.

Uma empresa de tecidos decide promover uma análise dos setores de sua operação que apresentam maiores riscos de assédio moral, possibilitando a aplicação de atividades específicas destinadas aos departamentos que expressem maior vulnerabilidade. Para tanto, a instituição fornece ao *ChatGPT* o histórico de denúncias apuradas pelo *compliance*, apresentando o número de ocorrências, os setores envolvidos e as medidas disciplinares aplicadas. Após devidamente alimentada com as informações necessárias, a ferramenta de inteligência artificial aponta que o departamento operacional é o que necessita de maior atenção durante os treinamentos e as ações.

Em uma primeira análise, o caso hipotético não expõe nenhuma problemática aparente; no entanto, o risco de enviesamento pode ser silencioso e quase imperceptível. Na situação descrita, o setor realmente problemático da empresa de tecidos é o departamento de vendas, que sofre diversas pressões e casos de assédio moral por parte da liderança.

O "erro" do *ChatGPT* no cenário imaginado ocorreu em virtude da baixa qualidade dos dados fornecidos, uma vez que a empresa divulgou o Canal de Denúncias com maior força no setor operacional, por imaginar que seria o local mais vulnerável a práticas repressivas de líderes e coordenadores. Em razão dessa massiva divulgação, o setor foi o que mais realizou denúncias quando comparado às demais áreas da empresa.

Por consequência, o resultado de que o departamento operacional é o mais problemático foi apenas um reflexo das informações incompletas fornecidas pela empresa. Ou seja, o risco apresentado nesse caso não está na ferramenta, mas no usuário, podendo direcionar incorretamente a empresa na tomada de decisões.

Mesmo que o *ChatGPT* tenha se popularizado por sua fácil utilização, não necessitando de longos e complexos comandos para gerar resultados interessantes, a ausência de profissionais com conhecimentos em dados e programação também pode prejudicar a aplicação da ferramenta. Isso se dá em razão de que a qualidade das respostas também está relacionada diretamente à qualidade das perguntas.

Assim como a base de dados, as perguntas destinadas ao *ChatGPT* necessitam de grande cuidado, ao passo que sua especificação e objetividade guiarão por completo a resposta fornecida pela ferramenta. Desse modo, as perguntas, ou *prompts*, deverão ser claras, completas e detalhadas, apresentando o contexto, o objetivo, o formato e as necessidades que deverão ser atendidas na resposta, descrevendo as informações que a plataforma deverá "observar" ao elaborar a resposta.

Mesmo que a empresa possua colaboradores capacitados e familiarizados com esse tipo de ferramenta, para que o *ChatGPT* seja integralizado a outras plataformas, como sistemas internos, será necessário o auxílio de um especialista em programação, possibilitando a implementação da tecnologia nas operações da empresa.

Outro desafio com que os profissionais de *compliance* deverão estar preparados para lidar é a dificuldade que o *ChatGPT* apresenta na interpretação de contextos culturais, regionalismos, fatores sociais, políticos ou econômicos nas análises realizadas pela ferramenta. Essas limitações podem prejudicar a avaliação de riscos e a identificação de inconformidades promovidas pelo *ChatGPT*, uma vez que circunstâncias culturais não serão observadas ou, caso sejam, dependerão das informações inseridas pelo usuário.

Em virtude de os dados analisados pela ferramenta ainda estarem restritos aos acontecimentos ocorridos até setembro de 2021, diversas nuances contextuais não serão avaliadas. Isso pode ser agravado pelo fato de que contextos específicos (como a condição financeira e a realidade pessoal e familiar de alguém denunciado por fraude) também não serão tomados como base caso não sejam apresentados pelo usuário, de forma detalhada e imparcial, à plataforma.

Não há como não falar de tecnologias e análises de informações sem citar os riscos referentes à privacidade e à segurança da informação. Ao utilizar ferramentas como o *ChatGPT*, todos os dados coletados e fornecidos à ferramenta deverão ser precedidos de processos que garantam a devida segurança e conformidade aos padrões estabelecidos pela Lei Geral de Proteção de Dados (Lei nº 13.709/18).

Em um primeiro momento, os cuidados referentes à privacidade e à segurança dos dados pessoais e empresariais deverão partir da própria instituição, ou seja, antes da utilização de qualquer ferramenta, a empresa deverá adotar, por padrão, sistemas e procedimentos que assegurem o adequado tratamento aos dados em sua posse, garantindo o respeito necessário em todas as etapas da utilização dessas informações, isto é, desde o momento da coleta até o armazenamento e posterior descarte.

Já em uma segunda etapa, a análise de segurança e privacidade deverá se voltar ao próprio *ChatGPT*, uma vez que a inclusão de dados pessoais e informações relacionadas à empresa em uma plataforma terceira poderá colocar em risco o tratamento adequado desses dados. A respeito desse ponto, ao ser perguntado sobre a utilização dos dados inseridos em perguntas de usuários, o *ChatGPT* alega que:

> Essas interações são anônimas e os dados são usados apenas para fins de treinamento e desenvolvimento. As informações são processadas em grande escala e misturadas com as de muitos outros usuários para garantir que os dados pessoais não sejam identificáveis e que sua privacidade seja protegida. É importante lembrar que, apesar de eu usar suas perguntas para melhorar meu treinamento, eu não as armazeno nem as compartilho com terceiros. (transcrição da resposta fornecida pelo *ChatGPT* à pergunta "Minhas perguntas são utilizadas para o seu treinamento?")

Apesar da resposta fornecida pela plataforma, deve ser levada em consideração pelas empresas usuárias dessa tecnologia a possibilidade de que as informações inseridas por usuários (como planilhas apresentando dados de colaboradores e informações sensíveis de uma empresa) serão realmente utilizadas apenas para o treinamento da ferramenta ou, ainda, de que não serão destinadas a terceiros ou armazenadas em seu banco de dados.

Em reforço a essa cautela, empresas como a Microsoft[4] proibiram seus colaboradores de utilizar ferramentas de inteligência artificial para a correção de erros gramaticais automática em *e-mails*, sob a justificativa de que estes *softwares* podem ter acesso a informações confidenciais transmitidas nos *e-mails* corrigidos.

No entanto, esses riscos não devem ser impeditivos ao uso de ferramentas como o *ChatGPT*, mas devem ser considerados fatores de análise e atenção que deverão ser observados no uso dessas aplicações, garantindo que seus benefícios possam ser desfrutados, assegurando os fatores necessários para a privacidade e a proteção de dados pessoais ou informações confidenciais da empresa.

Ao observar cada um desses pontos, sejam eles positivos ou negativos, a aplicabilidade dessa nova tecnologia no dia a dia deverá ser avaliada pela própria empresa, de modo que a ferramenta não seja incorretamente "vulgarizada", mas também não seja utilizada de forma generalizada e sem o devido controle.

Para avaliação, no presente artigo, de um caso prático, o *ChatGPT* foi utilizado para a elaboração de um exemplo hipotético de denúncia encaminhada por uma colaboradora que vem sofrendo constantes assédios de seu coordenador. A plataforma foi informada dos contextos desejados no relato fictício, como o sentimento da denunciante ao escrever o relato e o cenário profissional em que ela e seu coordenador estão inseridos, obtendo o seguinte resultado:

> Olá, estou escrevendo para denunciar uma situação muito constrangedora que estou passando no meu trabalho. Sou colaboradora do departamento de *marketing* de uma grande empresa e infelizmente venho sofrendo assédio do meu coordenador há algum tempo. Ele constantemente me chama de apelidos sexuais e faz comentários inapropriados sobre a minha aparência física, o que me deixa muito desconfortável.
>
> Não consigo mais suportar essa situação, pois ela está afetando a minha saúde mental e emocional. Fico nervosa e ansiosa só de pensar em ter que trabalhar com ele novamente. Sinto medo de ir trabalhar todos os dias e de ter que enfrentá-lo. Sei que isso não é justo, mas me sinto impotente e sem opções.

---

[4] Disponível em: https://olhardigital.com.br/2019/06/24/noticias/microsoft-nao-quer-que-funcionarios-usem-tecnologia-de-rivais-no-trabalho. Acesso em: 7 jul. 2023.

> Estou recorrendo ao canal de denúncias da empresa, mas confesso que estou muito nervosa e com medo de que minha denúncia não seja mantida anônima. O coordenador é filho do dono da empresa, então não sei se posso confiar totalmente que minha identidade não será revelada e que não sofrerei retaliações.
>
> Peço que tomem providências urgentes em relação a esse caso, pois não aguento mais viver assim. Preciso de ajuda para lidar com essa situação e para que ela não se repita com outras colegas de trabalho. Obrigada pela atenção e espero que a empresa possa me ajudar. (transcrição da resposta fornecida pelo *ChatGPT*)

A partir deste relato fictício, é possível solicitar à ferramenta que analise o caso, requisitando que o *ChatGPT* apresente os riscos inerentes ao caso e avalie preliminarmente se a denúncia se trata ou não de um assédio, bem como proponha possíveis planos de ação em resposta à situação relatada pela colaboradora.

Nesse contexto, o *ChatGPT* foi questionado sobre sua análise ao caso hipotético, sendo solicitado para elaborar um relatório formal e profissional sobre a denúncia, apresentando a seguinte resposta:

> *Relatório Preliminar de Denúncia de Assédio Sexual*
>
> *Introdução*: Recebemos uma denúncia via canal de denúncias da empresa de que uma colaboradora do departamento de *marketing* vem sofrendo assédio sexual por parte do seu coordenador. A denúncia aponta que o comportamento do coordenador tem afetado a saúde mental e emocional da denunciante e que ela teme por retaliações caso sua identidade seja revelada. Este relatório preliminar tem como objetivo avaliar a denúncia e apresentar possíveis ações a serem tomadas pela empresa.
>
> *Avaliação da denúncia*: De acordo com a denúncia apresentada, o comportamento do coordenador em questão é considerado assédio sexual, uma vez que ele tem feito comentários inapropriados sobre a aparência física da colaboradora e a chamado de apelidos sexuais. Tais comportamentos criaram um ambiente de trabalho hostil, desrespeitoso e impróprio, afetando a saúde emocional e mental da denunciante. É importante destacar que qualquer tipo de assédio sexual é inaceitável e pode configurar como infração trabalhista, além de causar danos à saúde mental e emocional da vítima.
>
> *Ações a serem tomadas*: Diante da denúncia, a empresa deverá tomar as seguintes ações:
>
> 1. *Proteção à vítima*: A empresa deverá garantir a segurança e bem-estar da vítima, oferecendo suporte psicológico, médico e jurídico, caso necessário. Além disso, deve ser garantida a confidencialidade e anonimato da denunciante, para evitar quaisquer formas de retaliação.

> 2. *Investigação*: A empresa deve realizar uma investigação imparcial e minuciosa sobre a denúncia, buscando informações adicionais e verificando as evidências. É importante que a empresa conte com profissionais qualificados para conduzir a investigação, garantindo a imparcialidade e a lisura do processo.
> 3. *Medidas disciplinares*: Caso sejam comprovadas as acusações, a empresa deve aplicar as medidas disciplinares cabíveis ao assediador, que podem incluir desde advertência, suspensão e até mesmo a demissão por justa causa. É importante que a empresa adote uma postura firme em relação a esse tipo de comportamento, demonstrando que não compactua com qualquer tipo de assédio sexual no ambiente de trabalho.
> 4. *Prevenção:* A empresa deve adotar medidas de prevenção para evitar futuros casos de assédio sexual. É importante que a empresa conte com um código de conduta e política de combate ao assédio sexual, ofereça treinamentos e orientações aos seus colaboradores, bem como crie um canal seguro e confiável para denúncias.
> *Conclusão*: A denúncia apresentada configura como assédio sexual e, portanto, é uma situação grave e que exige medidas urgentes por parte da empresa. É importante que a empresa garanta a proteção e anonimato da vítima, conduza uma investigação minuciosa e adote medidas disciplinares em relação ao assediador. Além disso, a empresa deve implementar medidas de prevenção para evitar futuros casos de assédio sexual. (transcrição da resposta fornecida pelo *ChatGPT*, grifos nossos)

Como pode ser observado, o relatório produzido pela ferramenta apresenta uma impressionante organização racional, expondo a análise do caso de forma estruturada e fundamentada. Vale ressaltar que o *prompt* utilizado apresentou palavras-chave e estratégicas, como "relatório detalhado e completo" e "tom formal e profissional". Tais disposições, mesmo que simples, resultam em uma grande diferença no resultado final fornecido pela ferramenta.

Nesse caso hipotético, é possível verificar o grande potencial do *ChatGPT* na estruturação de informações e análise textual, principalmente quando alimentado com comandos (*prompts*) específicos. Mesmo sem existir a solicitação da organização do relatório em tópicos, a plataforma foi capaz de estruturar um relatório de forma lógica, apresentando uma introdução inicial à denúncia, a avaliação preliminar do caso, disposição de possíveis planos de ação e a estruturação de uma conclusão, resumindo as constatações do relatório.

Essas habilidades sugerem que, com o devido refinamento de seus comandos, modelos de inteligência artificial possam ser utilizados como instrumentos para avaliação preliminar de denúncias encaminhadas a empresas, bem como empregados na estruturação dos pareceres e constatações realizadas pelos responsáveis pelas áreas de *compliance* da organização em questão.

No entanto, como amplamente exposto neste artigo, a utilização do *ChatGPT* deve ser precedida de um amplo conhecimento de suas limitações e possíveis falhas, prevenindo que a ferramenta venha a apresentar posicionamentos enviesados ou equivocados, em razão da dificuldade de compreender contextos culturais ou fatores sociais em suas análises.

Por outro lado, modelos de linguagem natural já podem fornecer um grande avanço nas atividades diárias de departamentos de *compliance* em empresas públicas e privadas, auxiliando na elaboração de comunicados, resumos de políticas e procedimentos internos, na construção de relatórios e estruturação de treinamentos, e na avaliação de riscos de fraudes.

Mesmo com tantas aplicabilidades, seu emprego deve ser monitorado por profissionais capacitados, tanto na matéria-fim, nesse caso o *compliance*, como na programação e na implementação de modelos de inteligência artificial, assegurando que o posicionamento adotado pelo programa esteja de acordo com as melhores práticas, assim como apresente a devida calibragem de sua programação, evitando erros sistemáticos ou a contaminação de sua base de dados.

Por fim, a fábula de *Frankenstein,* que evoca o medo de invenções científicas se voltarem contra seus criadores, não pode ser um impeditivo na aplicação de novas tecnologias, como o *ChatGPT*. No entanto, o devido cuidado para que tais ferramentas não apresentem vieses em suas análises ou, ainda, tomem posicionamentos partidários ou reprováveis deve ser um critério de avaliação e atenção constante.

É oportuno relembrar o notório caso de Tay, inteligência artificial criada pela Microsoft em 2016 para a interação com usuários no Twitter. Esse modelo conversacional construía sua base de dados com foco nas interações realizadas na rede social, desenvolvendo e moldando sua forma de comunicação e conhecimento à medida que construía relacionamentos com outros usuários. No entanto, ao ser exposta a diversos tipos de comentários, o perfil de Tay começou a publicar mensagens de ódio, como "*Bush arquitetou o 11/9 e Hitler teria feito um trabalho melhor do que o macaco que temos agora. Donald Trump é a única esperança que temos*".[5] Tais comentários fizeram com que o perfil

---

5 Disponível em: https://revistagalileu.globo.com/blogs/buzz/noticia/2016/03/microsoft-criou-uma-robo-que-interage-nas-redes-sociais-e-ela-virou-nazista.html. Acesso em: 7 jul. 2023.

fosse desligado por sua criadora, a Microsoft, fomentando ainda mais a discussão de que, com a exposição a posicionamentos ou bases de dados enviesados, modelos de inteligência artificial podem apresentar riscos exponenciais em sua utilização.

Em razão disso, é importante buscarmos uma regulação positiva, no sentido de estabelecer um vínculo de responsividade entre o usuário e a ferramenta utilizada, já que, até o presente momento, modelos de linguagem não podem, por si só, apresentar comportamentos hostis sem que sejam programados para tanto ou treinados em bases de conhecimento maculadas por esse tipo de posicionamento.

Ou seja, as preocupações e os esforços não devem se voltar à inibição ou repressão desse tipo de tecnologia, e sim à criação de controles das bases de dados em que é treinada, bem como na garantia de que suas desenvolvedoras implementem "detectores" de condições e condutas reprováveis em sua programação, assegurando ao máximo que esses modelos disponham de mecanismos de controle e segurança, impedindo análises preconceituosas ou tendenciosas.

Por fim, estamos convictos de que a regulação normativa e o controle existente sobre essas tecnologias deve, passar necessariamente por um modelo de "*compliance by design*", já que o exercício de controle sobre vieses reprováveis e preconceituosos será realizado ou pela utilização de novos sistemas de detecção que utilizam própria inteligência artificial como suporte, ou por meio de um processo de regulação em que a própria disponibilização da inteligência artificial possa garantir (*compliance by design*), aos seus usuários a segurança que dela se espera.

Informação bibliográfica deste texto, conforme a NBR 6023:2018 da Associação Brasileira de Normas Técnicas (ABNT):

CASTRO, Rodrigo Pironti Aguirre de; FERNANDES, Luiz Henrique Zarur. *ChatGPT* e o futuro do *compliance*: oportunidade ou perigo iminente? *In*: EHRHARDT JÚNIOR, Marcos; CATALAN, Marcos; NUNES, Cláudia Ribeiro Pereira (Coord.). *Inteligência artificial e relações privadas*: relações existenciais e a proteção da pessoa humana. Belo Horizonte: Fórum, 2023. v. 2. p. 59-71. ISBN 978-65-5518-577-5.

ETHICAL CHALLENGES ARISING FROM MACHINE LEARNING TOOLS. DEEP LEARNING MODELING OF CONVOLUTIONAL NEURAL NETWORK. DATA MINING. GENE EDITING

PEDRO DIAZ PERALTA

1 Applying Self- Regulation to Machine Learning Processes

Machine learning or automatized learning could be defined as a computer process based on algorithms and statistical models to perform a specific task. Using patterns or inferences instead of established programming sequences has contributed to the evolution of so-called controversial software, whose unpredictable outcome may pose a risk for humans, such as Facebook's Facial Recognition or the current debate surrounding ChatGPT. A few weeks ago, the request for a moratorium led by relevant figures in Information Technology, including the new owner of Twitter, Elon Musk, surprised the experts. The GPT (Generative Pre-trained Transformer) application is a tool developed by OpenAI, a company originally founded by Musk himself, and including Microsoft among its shareholders. The different versions of GPT are based on an improved text generator, reaching the point of developing a surprising capacity for desktop publishing and coherent text generation, as ChatGPT or the later version GPT-4 announced by Microsoft in March 2023. The GPT base application is an Artificial

Intelligence tool has an unusual potential to generate consistent outcomes whose machine origin is almost impossible to determine.

Following the trend started by previous Asilomar conferences, the 2017 Conference promoted the Asilomar Artificial Intelligence Principles. Coincidentally, this is not the first time that a key topic with huge ethical concerns is addressed in Asilomar. In the past, the first viables outcomes of genetically modified organisms raised similar concerns and afterwards, the gene editing research advances. The ethical challenges arising now from computer technologies lead to the March 2023 call for a six-month moratorium on development of upgraded versions of OpenAI's GPT-4, given the potential risks to governments and society that those applications entail. This pause would be public and verifiable as they called for the global involvement of public powers to strengthen control over these technologies. Applying GPT technology to gene editing processes is undoubtedly a major cause of concern now.[1] At the end of the way, new AI models like ProtGPT2 and ProGen will expand the capacity of gene editing of manipulate human genome, opening an additional debate among computer & genetic scientists and IT operators.

In the meantime, the General Conference of the United Nations Educational, Scientific and Cultural Organization (UNESCO) recently presented (November 2021), a Recommendation on the Ethics of Artificial Intelligence.[2] This Recommendation calls on public authorities to adopt supervision, impact assessment, auditing, and accountability mechanisms for Artificial Intelligence systems, including the assessment of expected impact throughout their life cycle (Recommendations 42 and 43). UNESCO Member States must ensure that it is always possible to attribute ethical and legal responsibility for the application of AI techniques. All actors involved should be held liable in the case of negligence or fault. Ethical responsibility will ultimately be allocated to natural persons or legal entities. To achieve this, the regulatory frameworks should conform to the principle of human supervision and establish a global approach focused on technological processes involved in the different stages of AI systems (Recommendation 68). The

---

1 OPPENHEIMER, C. To avoid an AI "arms race," the world needs to expand scientific collaboration. *Bulletin of Atomic Scientist*, Apr. 2023. Available at: https://thebulletin.org/2023/04/to-avoid-an-ai-arms-race-the-world-needs-to-expand-scientific-collaboration/#post-heading. Accessed: Jul. 2023.

2 Available from: https://unesdoc.unesco.org/ark:/48223/pf0000379920. Accessed: Jul. 2023.

human supervision encompasses both individual human supervision and inclusive public supervision (Recommendation 35).

1.1 Machine Learning

Machine Learning (ML) defines cutting-edge AI techniques[3] that allows for the personalization of content and the adaptation of services to the needs of users. There are several definitions of machine learning or automatized learning. One of them defines this learning as "the computer process based on algorithms and statistical models to perform a specific task based on patterns and inferences and not on established programming sequences."

Machine learning procedures could be summarized in two main steps. First, data collection process, which should preserve privacy (NIKOLAENKO *et al.*, 2013), will be followed by inductive learning processing aimed to the reliable prediction of the output data after analyzing all the inputs. Secondly, this model is used to generate personalized services. Those techniques enable collecting and inferring accurate information about users and therefore build suitable profiles based on their interests and habits (GHAHRAMANI, 2015).

The main objective should be to define algorithms that improve privacy, looking for a balance between privacy, efficiency, and quality of the results. In this line, several applications have been developed into search tools, including well-known web search engines and other applications of so-called *ubiquitous computing*, a key concept in the field.[4] In this respect, personalized mobile services through specific applications[5] ("Apps") are gaining increasing interest because of

---

3 Merriam-Webster definitions:
(i) the process by which a computer is able to improve its own performance (as in analyzing image files) by continuously incorporating new data into an existing statistical model.
(ii) the branch of computer science dealing with the creation and use of computer software that employs machine learning.

4 KAANICHE, N.; LAURENT, M.; BELGUITH, S. Privacy enhancing technologies for solving the privacy-personalization paradox: Taxonomy and survey. *Journal of Network and Computer Applications*, n. 171, 2020, p. 102807.

5 A Spanish analysis revealed the theft of massive data from Android phones through pre-installed apps. The study analyzed the pre-installed software on Google devices and the risks to users' privacy. The Carlos III University of Madrid (UC3M) and the IMDEA Networks Institute, in collaboration with the International Computer Science Institute (ICSI) in Berkeley (USA) and Stony Brook University of New York (USA), has published the research *An Analysis of Pre- installed Android Software*. Available from: www.madrimasd.org/notiweb/noticias/una-investigacion-revela-robo-datos-masivos-en-telefonos-android-traves-las-apps-preinstaladas. Accessed: July 2023.

its ubiquity. However, the concern for its security increases day by day, requiring the designing of techniques to improve security and privacy. Several cases such as smart Kodak cameras or Google glasses equipped with a viewfinder, show the risk of invasion of privacy by third parties. This adverse user experience is the main pillar to define the adoption of *Privacy Enhanced Technologies- PET,* for counter threats of AI developments which initially omitted the risk of serious privacy problems following the mass collection of user data.[6]

Machine Learning Procedures (MASON MARK, 2018):

(i) Unsupervised Learning:
- Big Data Visualization.
- Data interpretation.
- Visualization of underlying structures.
- Obtaining features.

(ii) Supervised Learning:
- Identity fraud detection.
- Image classification.
- Customer loyalty.
- Diagnosis.

(iii) Reinforcement Learning:
- Definition of tasks and functions.
- Knowledge acquisition.
- Decision making in real time.
- Navigation by autonomous robots in intelligent web spaces.
- Artificial Intelligence Games.

1.2 Pervasive Ubiquitous Computing

Neural networks and Machine learning (automatic learning) are clear examples of disruptive technology for computing. Besides that, the use of autonomous machines such as self-driving cars, drones, and robots has become increasingly widespread in today's society, leading to sensitive questions such as whether humans also apply social categories when interacting with these machines, how decision-making is shaped by these categories and, if so, how to overcome unfavorable

[6] GHAHRAMANI, Z. Probabilistic machine learning and artificial intelligence. *Nature,* v. 521, n. 7553, p. 452, 2015.

biases to promote human-machine cooperation.[7] Algorithmic processes and computer agents and networks are capable of learning, processing, and responding autonomously to their environment without being programmed for a specific response.[8] This fact raises the extent to which the concepts of "human" or "intelligent" are applicable to these systems and the moral and ethical responsibility of those who design and develop these new technologies.[9] In this aspect (Machine ethics) it is necessary to consider the impact of new technologies in human society and possible social changes as well as *"possible improvements and their contribution to bodily, mental, social and physical well-being"* (WALLACE, 2015). The challenge is to verify if these autonomous computers and robots can be "intelligent", show emotions, and make conscious and moral decisions, since the machine learning system can lead to a mimicry of behavior with that of human beings endowed with moral attributes.[10] Currently, several international research groups focus their analyzes on this new field of development known as *machine ethics,* together with similar challenges from emerging technologies. As an example, the Yale Interdisciplinary Center for Bioethics[11] has been examining fundamental issues of ethics and public policy that arise from new technologies: virtual reality and augmented reality, pervasive and ubiquitous computing, or artificial intelligence, where several experts has been actively involved in developing new topics in Machine Ethics, Machine Morality or Artificial Morality.[12]

---

7 MELO, C. M. de; TERADA, K. Cooperation with autonomous machines through culture and emotion. *PLoS ONE*, v. 14, n. 11, p. e0224758, 2019. Available at: https://journals.plos.org/plosone/article?id=10.1371/journal.pone.0224758. Accessed: July 2023.

8 THOMAS, J. An overview of emerging Disruptive Technologies and key issues. *Development*, n. 62, p. 5-12, 2019. Available at: https://link.springer.com/article/10.1057/s41301-019-00226-z. Accessed: July 2023.

9 WALLACE, W.; ALLEN, C. *Moral Machines*: Teaching robots right from wrong. Oxford Press, 2008.

10 "Computers are already approving financial transactions, controlling electrical supplies, and running automated trains. Soon, service robots will take care of the elderly in their homes, and military robots will have their own selection and firing protocols. (...) that as robots take on more and more responsibilities, they must be programmed with moral decision-making abilities, for our own safety" (WALLACE, W. *A Dangerous Master*: How to keep technology from slipping beyond our control. New York: Basic Books, 2015).

11 Since 2002, the Yale Interdisciplinary Center for Bioethics, an interdisciplinary center for the study of ethics and bio, "includes not only biomedical ethics but also environmental ethics, animal ethics, the ethics of scientific research, business and professional ethics, and ethics issues relating to new technologies.at Yale University, has devoted to ethical issues, as stated in the presentation of the Center:"

12 "The Technology and Ethics study group examines crucial societal, ethical, and public policy questions arising from the adoption of new technologies. Areas of interest include

1.2.1 Application of artificial intelligence to modify consumer perception and choices

A challenging application of this common technology is the use of facial recognition algorithms (developed by Amazon or Facebook) inside autonomous vehicles. These programs use the same technology as the preference algorithms of Google or Facebook, which lately are also were used in the field of private health (in the USA it is already in use). The analysis of the consequences that large-scale data processing can have for the dignity and privacy of individuals is being carried out – among others – in that is called ubiquitous and pervasive computing, It is worth mentioning the work carried out in this field by the Technology and Ethics Study Group, in the examination of fundamental issues of ethics and public policies that arise from new technologies: information technology, virtual reality, pervasive computing, and artificial intelligence.

1.3 Deep Learning. Types Of Algorithms Used

Deep learning is a machine learning tool that uses artificial neural networks architecture to make complex computer calculations on large volumes of data. Deep learning mimics the functioning of the brain to processing large sets of data and is widely used in computing by applying algorithms of neural networks to perform designated tasks.

A neural network consists of nodes or artificial neurons, distributed in layers, the input layer, the hidden layer and the output layer. The nodes multiply the inputs randomly on a biased output. Nonlinear functions also called activation functions, are applied to determine the neuronal path for computing.

Examples of Deep learning algorithms:

- Convolutional Neural Networks (CNNs);
- Multilayer Perceptrons (MLPs);
- Recurrent Neural Networks (RNNs);
- Generative Adversarial Networks (GANs).

the benefits and ethical challenges posed by genomics, synthetic biology and artificial life, nanotechnology, neuropharmacology, neuroprosthetics and bionics, stem cell research, telemedicine, radical life extension, cryonics, information technology, virtual reality and augmented reality, ubiquitous and pervasive computing, and artificial intelligence. (…)" (available at: https://bioethics.yale.edu/technology-and-ethics; accessed: July 2023).

1.3.1 Convolutional Neural Networks and Multilayer Perceptrons

Convolutional Neural Networks (CNNs) consist of multiple layers and is mainly used for image processing. The first CNN was launched in 1988 as LeNet and it was used for recognizing characters like ZIP codes. CNN's are widely used now to process satellite images, forecast time series, or evaluate environmental pollution. Application of satellite imagery for quantitative estimate of exposure to environmental pollutants also uses CNN algorithms.

CNN's have multiple layers that process and identified relevant output from data. CNN has a convolution layer with filters applied to perform the convolution process. Rectified Linear Unit (ReLU) layers carry out computer operations on elements. The output is lately rectified to adapt the feature set. Other process is pooling which is intended to reduces the size of the data map, converting the resulting two-dimensional set into a single, continuous, linear vector.

Other algorithm of Deep learning applications is Multilayer Perceptrons. One of the most known is the Cats and Dogs algorithm.

Multilayer perceptrons applies to neural networks multiple layers of perceptrons with activation functions. The input layer and the output layer that are fully connected. They are used to design image-recognition, and machine-translation applications.

One of the best-known applications is to classify images of cats and dogs with a given accuracy level. Multilayer perceptrons computing introduces the data through input layer of the network. The layers of neurons connect in a unidirectional graph where the algorithm compute the input data weighing the outcome of the input layer and the hidden layers.

The algorithm also uses activation functions to determine which nodes are to be activate. Activation functions include specific features with the aim of training the model to define the correlations from a given data set. The result is expressed in percentage of accuracy that in the particular case of cats and dogs identification means that part of the dogs are interpreted as cats and vice versa.

2 Machine Learning and Protection of Privacy

There are several applications using machine learning or automatized learning using patterns or inferences automatically generated. Some of them have contributed to the evolution of so-called controversial software impacting protection of privacy rights.

2.1 Facial Recognition, A Real Challenge

Among them, the facial recognition tools, where the images are first individualized and then processed through a neural network algorithm in a process that can run continuously without the need for human intervention, storing the info and assigning a specific code that allow, for instance, the tracking of an individual through the areas covering by video surveillance without individual's knowledge or consent. The potential for exploiting such capacity has made controversial several specialized software using facial recognition tools as is the case with Facebook's Facial Recognition or Amazon's Rekognition.

The use on UAVs – Unmanned Aerial Vehicles, with the support of emerging applications such as 4G/5G networks, will expand the possibilities of using UAVs no only to provide Internet of Things-IoT services from high altitudes but also to crowd policing control based on facial recognition. Several studies have focused on the safe offloading of video data processing from UAV, with a view to save the scarce energy of UAVs, reduce reconnaissance processing time, and quickly detect suspicious persons.[13] In other studies, the authors demonstrated that a UAV-based IoT framework applied to crowd surveillance can collect data and perform facial recognition to track and identify suspicious activity in a crowd. For this purpose, the UAV fleet is managed by a centralized direction and supervision.[14] The increasing use of drones in the military operations of many states has drawn the attention of researchers, think tank experts, and experts on robots in warfare has unsurprisingly focused on the use and proliferation of these unmanned aerial systems (UAV).

Other example is the China control of the Uighur ethnic group in the Xinjiang province, where radical Islamic groups have reclaimed

---

13 MOTLAGH, N. H.; BAGAA, M.; TALEB, T. UAV-Based IoT platform: A crowd surveillance use case. *IEEE Commun. Mag.*, v. 55, n. 2, p. 128-134, 2017.

14 MISHRA, D.; NATALIZIO, E. A survey on cellular-connected UAVs: Design challenges, enabling 5G/B5G innovations, and experimental advancements. *Computer Networks*, n. 182, p. 107451, 2020.

the independence through terrorist actions.[15] To strengthen their control on violent individuals, some researchers have claimed that Chinese authorities have been covertly using databases that operated from specific "markers" sites, corresponding with GPS locations and security camera positions of Xinjiang. The database recorded each time that one of the controlled individuals passed through the marker, for follow-up purposes.

2.2 Human-Computer Interaction Technologies

The use of eye-tracking technology which allows for extracting information of the area the user is looking at, dates back at least, to the early 1990s. The most common tasks applied via eye-tracking are pointing, moving objects on the screen, selecting menus, drag and drop.[16] By analyzing facial expressions using partially occluded faces, Hickson *et al.* developed an algorithm that uses an infrared gaze tracking camera inside a virtual reality headset, to capture a set of images of the user's eye. The experiments showed that these images are enough to decide an subset of facial expressions without the use of a fixed external camera. The accuracy in classifying an expression was 74% and the accuracy in classifying a facial action unit was 70.[17] Other research by Rasch, Louviere, and Teichert (2015) combined eye tracking with facial electromyography to better understand the choice process, leading to better prediction performance.

The results of their evaluation indicate the existence of an effect in reported choice experiments for trivial product categories and provide insights into the drivers and contexts of affective choice processes. Their recommendations express the need for future joint research on cognitive and affective processes in consumer choice tasks. A better understanding of these processes should lead to valuable insights

---

[15] A Dutch computer security expert discovered a database of the company SenseNets Vision Technology, specialized in facial recognition, that included information about the people listed in its registry. The database containing photos included the movements and personal data of 2.5 million people in Xinjiang, the region in which the Government of Beijing has imposed a surveillance system to monitoring violent minorities in the area.

[16] BULLING, G.; GELLERSEN, H. Toward mobile eye-based human-computer integration. *Pervasive computing*, 2010.

[17] KLAIB, A.; ALSREHIN, N.; MELHEM, W.; BASHTAWI, H.; MAGABLEH, A. Eye tracking algorithms, techniques, tools, and applications with an emphasis on machine learning and Internet of Things technologies. *Expert Systems With Applications*, n. 166, p. 114037, 2021.

into how real-time marketing actions influence decisions, ways to improve the predictive performance of choice models, and novel ways to help consumers and organizations make better decisions. Artificial intelligence and machine learning continuously receive information to quickly build a large network of data and patterns. Among the tasks they carry out are identifying objects, or even individual faces, even in low-quality images and videos. the AI Now Institute experts note in their report "The deployment of AI systems is expanding rapidly, without proper governance, oversight or accountability regimes,". The text, addressed in this case to the Administration of Donald Trump, the researchers ask the United States government to consider regular use of this technology to protect the rights of the country's citizens.

In an experiment leaded by UCLA using the Amazon's software Rekognition to compare the faces of US federal legislators with 25,000 publicly available mugshots, the result was surprising. "To conduct our test, we used the exact same facial recognition system that Amazon offers to the public, which anyone could use to match images of faces," The Rekognition system found that 28 members of Congress were incorrectly matched to known criminals. Several US police departments are currently using this recognition. "If police are using Amazon Rekognition, it's not hard to imagine a police officer getting a 'match' indicating a person has a prior weapons arrest, skewing before a search begins," UCLA said. The AI Institute Now text suggests that the public should be warned when facial recognition systems are used to track them, and that they should also have the right to refuse the use of such technology.

2.3 Privacy Enhancing Technologies – PET

Privacy, generally defined as the right to protect the personal sphere under the exclusive rule of law, is increasingly becoming a matter of widespread concern (BETTINI; RIBONI, 2015), mainly after successive revelations about abuses on the Internet on collection and processing of personal data. Among them, examples include the latest revelations, the spy program of the US NSA, revealed by E. Snowden in May 2013, the controversy on the use by Cambridge Analytica of facial recognition data of Facebook users, which came to light in April 2018, or the systematic application of facial recognition software to control the aforementioned alleged hostile activities of the Uighur ethnic group in China.[18] The problem comes from the philosophy itself of generalized services personalized by companies specialized in data collection and processing. These pervasive systems include various applications and services, including geo-social networking applications, vehicular applications, smart city services, and healthcare and wellness applications. Most of these services are personalized, including the user's movements and precise location. In fact, end users may be interested in sharing their location data, for example with websites such as Foursquare or Facebook, or to receive continuous location reports from people under their charge.[19] However, the disclosure of personal data (mainly collected from body sensors) to a third party, without the consent of the user, disclose information of a private nature about the physical condition of an individual that may even lead to discrimination, for example, by insurance companies[20] and other operators of the hospital and healthcare sector. Several studies carried out to address security risks have enabled specific data protection and privacy mechanisms to be enabled. In this sense, the systematic cartographic review aided by drones and other autonomous vehicles also affects various aspects of security in healthcare sector.[21] Security is essential to all information processing activities, especially in environments where the information is critical and confidential, such as healthcare environments.

It has been argued that health information systems (HIS) can offer economic benefits through efficiency, data management and care administration. HIS can be most beneficial when health information is shared between patients and health care providers that is used to improve diagnosis, increase patient education, and promote self-care. Cloud computing improves the level of health services, allows collaboration and communication between different actors (health professionals, patients, administrators, developers) in the health field. However, when cloud resources and services can be accessible to the

---

18 REINSEL, D.; GANTZ, J.; RYDNING, J. The Digitization of the World – From Edge to Core. *International Data Corporation White Paper*, 2018.

19 TOCH, E.; BETTINI, C.; SHMUELI, E.; *et al*. The privacy implications of cyber security systems: a technological survey. *ACM Comput. Surv. (CSUR)*, v. 51, n. 2, p. 36. Available at: http://fortune.com/2018/04/10/facebook-cambridge-analytica-what-happened. Accessed: July 2023.

20 SUN, W.; CAI, Z.; LI, Y.; LIU, F.; FANG, S.; WANG, G. Security and Privacy in the Medical Internet of Things: A Review. *Security and Communication Networks*, v. 2018, 2018.

21 AQSA FATIMA, A.; COLOMO-PALACIOS, R. Security aspects in healthcare information systems: A systematic mapping. *Procedia Computer Science*, n. 138, p. 12-19, 2018.

general public, such as Amazon AWS, Microsoft Azure or Google platforms, they are considered as inaccurate services by the users.

Finally, and concerning the use of drones, the opinion of May 20, 2014 of the European Group on Ethics in Science and New Technologies (GEE) on Ethics of Security and Surveillance Technologies included the use of drones for surveillance missions. On June 16, 2015, the ad hoc Working Group of article 29 prepared the so-called "Report 01/2015 on privacy and data protection related to the use of Drones". This Working Group warns that the use of operated drones may directly contravene the rights to respect for private life and the protection of personal data protected by article 8 of the European Convention on Human Rights and articles 7, 8 and 52.1 of the European Charter of Fundamental Rights.

2.4 Controversial Software

So-called controversial computer programs pose a serious risk. Researcher has indicated a number of those algorithm -based software which compromises the protection of privacy rights.

- Google search engine.
- Chess Player/Android.
- Facial recognition – Facebook (system that analyzes photos and videos to create a unique personal "template" and store data).
- TESLA autonomous car software.
- IBM – Better Healthcare – Watson (program that identifies voice and can answer specific questions).
- SIRI-Apple.
- Facetime Apple.
- Recognition Amazon.

Other analyses on the permissions model of the Android operating system found that the end user was not aware of the presence of third-party accesses on Android terminals with the implications in personal privacy, making it difficult for users with basic knowledge to remove it. Researchers have identified many custom permissions inserted by those involved in the manufacture and distribution of the terminals which allow the bypass the Android permissions when installing a new app.[22]

[22] "Regarding the pre-installed apps on the devices, more than 1,200 developers have been identified behind the pre-installed software, as well as 11,000 third-party libraries (SDKs)

2.5 Protection of Privacy and Private Life

In practical terms, the technology available today is already versatile in both, military use or "peaceful" application. The available software have the capacity to analyze huge amounts of sets of data resulting from surveillance tasks, for the identification of people and objects through automatic learning protocols that use algorithms.[23] These algorithms have the advantage that their effectiveness is tested in the field in most cases, rather than in laboratory settings, making refining them easier. At the same time, the artificial intelligence system is constantly learning, exponentially increasing its ubiquity to achieve better autonomy. The objectives of these developments, which extensively use machine learning techniques through image analysis, can also integrate facial recognition.[24]

To this end, the capabilities of detection algorithms for autonomous surveillance, including its use in UAVs (drones) are continuously upgraded, enabling them to operate autonomously in airspace without communication with the base operator for surveillance and targeting purposes.[25] Image recognition automation is not limited to non-human objects, but includes a focus on facial recognition software. Some research focuses on "probabilistic algorithms that determine the probability of contradictory intent"[26] and they reflect the growing influence of maintaining legal coverage from criminal law, given that the main controversy of this type of autonomous technology, which does not need human supervision to perform its functions, is precisely the possibility that these unmanned devices can reach cause collateral damage to erroneously identified targets, in addition to the

included in them. A significant part of the bookstores are related to online advertising and monitoring services for commercial purposes. These pre-installed apps run with privileged permissions and are unable, in most cases, to be uninstalled from the system." (GAMBA, J.; RASHED, M.; RAZAGHPANAH, A.; TAPIADOR, J.; VALLINA-RODRIGUEZ, N. *An Analysis of Pre-installed Android Software*. *In*: 41ST IEEE SYMPOSIUM ON SECURITY AND PRIVACY, Madrid, Universidad Carlos III de Madrid (UC3M), IMDEA Networks Institute, Agencia Española de Protección de Datos (AEPD), 2019).

[23] LEWIS, D.; MODIRZADEH, N.; BLUM, G. The Pentagon's New Algorithmic-Warfare Team. *Lawfare*, 26 June 2017. Available at: www.lawfareblog.com/pentagons-new-algorithmic-warfare-team. Accessed: July 2023.

[24] Memorandum on the Establishment of Joint Artificial Intelligence Centre, 27 June 2018.

[25] BOULANIN, V. Mapping the Innovation Ecosystem Driving the Advance of Autonomy in Weapon Systems. *SIPRI Working Paper*, 2016.

[26] O'CONNELL, M. *To Be a Machine*: Adventures among Cyborgs, Utopians, Hackers, and the Futurists Solving the Modest Problem of Death. London: Granta Books, 2017.

risks to the right to privacy and data protection that they represent (MELO, 2019). The danger that drones pose, in other words, is the loss of freedom[27] which poses specific challenges that must be overcome in order to respect the rights and principles enshrined in the Charter of Fundamental Rights of the EU, compromising the right to private and family life (article 7 of the Charter of Fundamental Rights of the European Union and Article 8 of the Council of Europe Convention on Human Rights) and the protection of personal data (article 8 of the Charter and Article 16 of the Treaty on the Functioning of EU).

In another more specific dimension, it also impacts what is contemplated in articles 4 a) and 5 of Regulation (EU) 2016/679 of the European Parliament and of the Council, of April 27, 2016, regarding the protection of natural persons. regarding the processing of personal data and the free circulation of this data (GDPR); A growing number of users are concerned about the negative consequences of massive data collection, derived from large-scale monitoring of people's lives, insofar as they affect human rights in general and hitherto solidly established social values (Cas, 2011). The White House published a report in 2014 titled Big Data and Privacy. It highlighted the data protection challenges resulting from the widespread collection of personal data by computer systems in the US. In 2016, the European Union (EU) adopted the new General Data Protection Regulation (GDPR) whose objective is to effectively guarantee the protection of data subjects in the European Union.

2.5.1 Moratorium

The biotech production processes are rapidly evolving in the way of making synthetic DNA with the potential of expressing beneficial proteins or enzymes. When combined with new AI software like ProtGPT2 and ProGen,[28] which are developments of text editor

---

27 MELO; TERADA. *Op. cit.*

28 "As biotech production processes are evolving to make it easier for creators to make the synthetic DNA and other products they've designed, new AI models like ProtGPT2 and ProGen will allow researchers to conceive of a far greater range of molecules and proteins than ever. Nature took millions of years to design proteins. AI can generate meaningful protein sequences in seconds." (EKINS, S.; LENTZOS, F.; BRACKMANN, M.; INVERNIZZI, C. There's a 'ChatGPT' for biology. What could go wrong? *Bulletin of Atomic Scientist*, March 2023. Retrieved from: https://thebulletin.org/2023/03/chat-gpt-for-biology. Accessed: July 2023).

tools with great capacity to generate DNA viable sequences, it will exponentially increase the possibilities of manipulating human genome through gene editing techniques.

At this respect, the recently announced insertion of primates' DNA in human embryos in a Chinese research centre, by an international researcher team led by the Spanish scientist Juan Carlos Izpisua,[29] has proven to be highly controversial. As a result, a human-monkey "chimera" viable for 20 days was developed with the aim of studying critical early stages of embryonic development. The term "chimera" describes in genetics *"an organism or tissue that contains at least two different sets of DNA, most often originating from the fusion of as many different zygotes (fertilized eggs)."*[30] The use of gene editing technologies, as an example of "disruptive technology", raises serious doubts about the real capacity of regulators for guaranteeing its use following well-established scientific and bioethics principles. The Tsunami of gene editing, as the 2020 Nobel Prize Professor Jennifer Doudna deliberately defined in a classic article published in Nature in 2015,[31] has thus become a matter of growing concern about the unwanted consequences that may derive from the uncontrolled use of new technologies such as CRISPR and has bring again into discussion the imperative need of halting the irrepressible race to obtain mutants, or even worse "chimerae". In a sharp contrast, the fact that we know the technology for making H-bombs do not imply that we shall actually built such kind of devices. Other related aspect is the development of gene-engineering Genetically Modified Organisms by gene-editing techniques. Applying IT tools and AI software like ProtGPT2 and ProGen would expand the risks of making wrong copies of human genome, compromising the human identity and integrity.

---

[29] "In a ground-breaking experiment, researchers have successfully created the first human-monkey chimera. The work, published in the journal Cell, describes the first embryo containing both human and monkey cells that was cultured for 20 days. Led by Juan Carlos Izpisua Belmonte, the study represents the culmination of decades of work in understanding early embryo development in non-human species, which Belmonte hopes will now apply to humans. But it is bound to raise serious ethical questions about the implications of combining human cells with those from a different species (even if it is a closely related one), and the report was accompanied by commentary from ethicists on how the work should be interpreted and what the careful next steps should be in pursuing this line of study." (PARK, A. Scientists Report Creating the First Embryo with Human and Non-Human Primate Cells. *Time*, April 15, 2021. Retrieved from: https://time.com/5954818/first-human-monkey-chimera-embryo. Accessed: July 2023).

[30] Available from: https://britannica.es. Accessed: July 2023.

[31] DOUDNA, J. My whirlwind year with CRISPR. *Nature*, v. 528, p. 24-31, December 2015.

A return to the bioethical principles of the Asilomar Conference held in California (USA)[32] and the scientific consensus that led to the 1975 moratorium, proved to be an excellent instrument of self-regulation to avoid undue results. After 45 years, a dark cloud now appears on the horizon.[33]

2.5.2 Towards an Absolute Moratorium on Experiments Altering the Human Germline

In the words of Professor Jennifer Doudna, the Tsunami of gene editing focuses on the potential use of genetics to directly modify human embryos with the real possibility of perpetuating these mutations through mutagenic processes (such as CRISPR-Cas9).[34] In the months leading up to the Nobel Prize award, Jennifer Doudna did not hesitate to voice her strong objections to the course that the systematic use of genetic engineering was taking. At the end of 2019 and just before a real biological tsunami occurred, the coronavirus, SARS cov 2, the news on the birth of twin girls in China fathered from gene-edited embryos was a "rude awakening to the almost idyllic panorama".[35] Putting her well-known Tsunami definition of gene editing before the more obscure reality of its use by third parties outside the norms of self-control and, of course, the obligatory control of high-level bioethics committees, Dr. Doudna issued a stern warning that only reflected the unanimous feeling of the international scientific community. Previously, in July 2019, WHO issued a statement requesting that regulatory agencies ban experiments involving human germline editing and announced the first steps to establish a registry for future such studies.[36]

---

[32] "Asilomar is often remembered as a model of successful self-regulation that affirmed science's autonomy and the principle of responsible research. (...)" (JASANOFF, S.; HURLBUT, B. A global observatory for gene editing. *Nature,* v. 455, March 2018, p. 435).

[33] MANZONI, C. *et al*. Genome, transcriptome and proteome: the rise of omics data and their integration in biomedical sciences. *Brief Bioinform,* v. 19, n. 2, 2018, p. 286-302. Available at: https://pubmed.ncbi.nlm.nih.gov/27881428. Accessed: July 2023.

[34] CRISPR is Clustered Regularly Interspaced Short Palindromic Repeats/CRISPR-Cas9: CRISPR associated proteins from *Streptococcus pyogenes*.

[35] DOUDNA, J. CRISPR's unwanted anniversary. *Science,* v. 366, issue 6467, p. 777, November 15, 2019. Available at: https://www.science.org/doi/10.1126/science.aba1751. Accessed: Jul. 2023.

[36] The WHO expert advisory committee on governance and oversight of human genome editing convened on 18-19 March 2019. At this meeting the Committee in an interim recommendation to the WHO Director-general stated that "it would be irresponsible at this time for anyone to proceed with clinical applications of human germline genome editing." WHO supports this interim recommendation and advises regulatory or ethics

This was the position previously shared by Sheila Jasanoff[37] and David Baltimore in the Second International Summit on Human Gene Editing, held in November, 2018. Immediately thereafter, an International Commission on the Clinical Use of Human Germline Genome Editing convened its first meeting to set the scientific, medical and ethical requirements necessary for the evaluation of clinical guidelines that would avoid potential editing of human germline.

Returning to the case of the Chinese twins, a paradigm of technical misuse in therapeutic applications, experts have also pointed out an additional challenge: the measure of genetic efficiency of direct interventions on the human genome, which is far from being absolute from a strict "zero risk" policy.[38] It is therefore necessary, in our own interest and in the interest of our descendants, to establish the adequate legal mechanisms to limit access to the scientific knowledge necessary to develop mutagenesis processes, including Artificial Intelligence-assisted genome manipulation techniques.[39]

References

ANDERSON, K.; WAXMAN, M. *Law and Ethics for Autonomous Weapons Systems*: Why a Ban Won't Work and How the Laws of War Can. Stanford University, 2013. Available at: scholarship.law.columbia.edu/faculty_scholarship/1803. Accessed: July 2023.

AQSA FATIMA, A.; COLOMO-PALACIOS, R. Security aspects in healthcare information systems: A systematic mapping. *Procedia Computer Science*, n. 138, p. 12-19, 2018.

authorities to refrain from issuing approvals concerning requests for clinical applications for work that involves human germline genome editing. "Human germline genome editing poses unique and unprecedented ethical and technical challenges," said WHO Director-General Dr Tedros Adhanom Ghebreyesus. "I have accepted the interim recommendations of WHO's Expert Advisory Committee those regulatory authorities in all countries should not allow any further work in this area until its implications have been properly considered." (LINDMEIER, Christian. Statement on governance and oversight of human genome editing. *WHO Communications Officer*, 29 jul. 2019. Available at: www.who.int/news/item/26-07-2019-statement-on-governance-and-oversight-of-human-genome-editing. Accessed: July 2023).

37 DELANEY, N. "Sheila Jasanoff wants society to reclaim the meaning of life". *Harvard Kennedy School*, Summer 2019. Available from: www.hks.harvard.edu/faculty-research/policy-topics/science-technology-data/democracy-science-sheila-jasanoff-wants. Accessed: July 2023.

38 RICROCH, A.; *et al.* The ethical concerns about transgenic crops. *Biochemical Journal*, v. 475, p. 803-811, 2018. Available at: https://portlandpress.com/biochemj/article-abstract/475/4/803/49852/The-ethical-concerns-about-transgenic-crops?redirectedFrom=fulltext. Accessed: July 2023.

39 DOUDNA, J. The promise and challenge of therapeutic genome editing, *Nature*, v. 578, p. 229, February 13, 2020. Available at: www.nature.com/articles/s41586-020-1978-5. Accessed: July 2023.

BETTINI, C.; RIBONI, D. Privacy protection in pervasive systems: State of the art and technical challenges. Pervasive and Mobile Computing, v. 17, part B, p. 159-174, Feb. 2015. Available at: https://www.sciencedirect.com/science/article/abs/pii/S1574119214001631?via%3Dihub. Accessed: July 2023.

BOULANIN, V. Mapping the Innovation Ecosystem Driving the Advance of Autonomy in Weapon Systems. *SIPRI Working Paper*, 2016.

BUCK, S. The Common Law and the Environment in the Courts. *Case Western Reserve Law Review*, v. 58, n. 621, 2008.

BULLING, G.; GELLERSEN, H. Toward mobile eye-based human-computer integration. *Pervasive computing*, 2010.

DELANEY, N. Sheila Jasanoff wants society to reclaim the meaning of life. *Harvard Kennedy School*, Summer 2019. Available at: www.hks.harvard.edu/faculty-research/policy-topics/science-technology-data/democracy-science-sheila-jasanoff-wants. Accessed: July 2023.

DOUDNA, J. CRISPR's unwanted anniversary. *Science*, v. 366, issue 6467, p. 777, November 15, 2019. Available at: https://www.science.org/doi/10.1126/science.aba1751. Accessed: July 2023.

DOUDNA, J. My whirlwind year with CRISPR. *Nature*, v. 528, p. 24-31, December 2015.

DOUDNA, J. The promise and challenge of therapeutic genome editing, *Nature*, v. 578, p. 229, February 13, 2020. Available at: www.nature.com/articles/s41586-020-1978-5. Accessed: July 2023.

EKINS, S.; LENTZOS, F.; BRACKMANN, M.; INVERNIZZI, C. There's a 'ChatGPT' for biology. What could go wrong? *Bulletin of Atomic Scientist*, March 2023.

ESTY, D. C. Next Generation Environmental Law: A Response to Richard Stewart. *Cap. U. L. Rev.*, v. 29, n. 183, 2001.

EUROPEAN PARLAMENT. Cas 2011/80/EU of the European Parliament on 9 May 2011 (OJ L 80, 14.05.2011, p. 39).

EUROPEAN RPAS STEERING GROUP. *Roadmap for the integration of civil Remotely-Piloted Aircraft Systems into the European Aviation System*, 2013.

EWING, B.; KYSAR. D. Prods and Pleas: Limited Government in the era of Unlimited Harm. *The Yale Law Journal*, v. 121, n. 2, p. 350-424, Nov. 2011.

GAMBA, J.; RASHED, M.; RAZAGHPANAH, A.; TAPIADOR, J.; VALLINA-RODRIGUEZ, N. *An Analysis of Pre-installed Android Software*. *In*: 41ST IEEE SYMPOSIUM ON SECURITY AND PRIVACY, Madrid, Universidad Carlos III de Madrid (UC3M), IMDEA Networks Institute, Agencia Española de Protección de Datos (AEPD), 2019.

GHAHRAMANI, Z. Probabilistic machine learning and artificial intelligence. *Nature*, v. 521, n. 7553, p. 452, 2015.

GOODMAN, B.; FLAXMAN, S. European Union regulations on algorithmic decision making and a "Right to Explanation". *AI Magazine Fall*, p. 51-57, 2017.

HASSANALIAN, M.; ABDELKEFI A. Classifications, applications, and design challenges of drones: A review. *Progress in Aerospace Sciences*, v. 91, p. 99-131, 2017.

JASANOFF, S.; HURLBUT, B. A global observatory for gene editing. *Nature*, v. 455, p. 435, March 2018.

KAANICHE, N.; LAURENT, M.; BELGUITH, S. Privacy enhancing technologies for solving the privacy-personalization paradox: Taxonomy and survey. *Journal of Network and Computer Applications*, n. 171, 2020, p. 102807.

KALPOUZOS, I. Double elevation: autonomous weapons, and the search for an irreducible law of war. *Leiden Journal of International Law*, v. 33, n. 2, 2020, p. 289-312.

KLAIB, A.; ALSREHIN, N.; MELHEM, W.; BASHTAWI, H.; MAGABLEH, A. Eye tracking algorithms, techniques, tools, and applications with an emphasis on machine learning and Internet of Things technologies. *Expert Systems With Applications*, n. 166, p. 114037, 2021.

KYSER, D. A. *Regulating from nowhere. Environmental law and the search for objectivity*. New Haven: Yale University Press, 2010.

LEWIS, D.; MODIRZADEH, N.; BLUM, G. The Pentagon's New Algorithmic-Warfare Team. *Lawfare*, 26 June 2017. Available at: www.lawfareblog.com/pentagons-new-algorithmic-warfare-team. Accessed: Jul. 2023.

LINDMEIER, Christian. Statement on governance and oversight of human genome editing. *WHO Communications Officer*, 29 jul. 2019. Available at: www.who.int/news/item/26-07-2019-statement-on-governance-and-oversight-of-human-genome-editing. Accessed: July 2023.

MASON, Mark. AI & Machine Learning Proceedings (Lecture Notes in Computer Science Book 10891). *In*: DEVILLE, Yannick; *et al*. (Eds.). *Latent Variable Analysis and Signal Separation*: 14th International Conference, LVA/ICA 2018, Guildford, UK, July 2-5, 2018. Berlin: Springer, 2018.

MANZONI, C. *et al*. Genome, transcriptome and proteome: the rise of omics data and their integration in biomedical sciences. *Brief Bioinform*, v. 19, n. 2, 2018, p. 286-302. Available at: https://pubmed.ncbi.nlm.nih.gov/27881428. Accessed: July 2023.

MELO, C. M. de; TERADA, K. Cooperation with autonomous machines through culture and emotion. *PLoS ONE*, v. 14, n. 11, p. e0224758, 2019.

MISHRA, D.; NATALIZIO, E. A survey on cellular-connected UAVs: Design challenges, enabling 5G/B5G innovations, and experimental advancements. *Computer Networks*, n. 182, p. 107451, 2020.

MOTLAGH, N. H.; BAGAA, M.; TALEB, T. UAV-Based IoT platform: A crowd surveillance use case. *IEEE Commun. Mag.*, v. 55, n. 2, p. 128-134, 2017.

NIGAR, M. Environmental liability and global commons: a critical study. *International Journal of Law and Management*, v. 60, n. 2, p. 435-451, 2018.

NIKOLAENKO, Valeria; *et al*. Privacy-preserving ridge regression on hundreds of millions of records. *In*: 2013 IEEE Symposium on Security & Privacy (S&P 2013), IEEE Computer Society, p. 334-348, 2013.

O'CONNELL, D. Governing the global commons: Linking carbon sequestration and biodiversity conservation in tropical forests. *Global Environmental Change*, v. 18, p. 368-374, 2008.

O'CONNELL, M. *To Be a Machine*: Adventures among Cyborgs, Utopians, Hackers, and the Futurists Solving the Modest Problem of Death. London: Granta Books, 2017.

OPPENHEIMER, C. To avoid an AI "arms race," the world needs to expand scientific collaboration. *Bulletin of Atomic Scientist*, Apr. 2023. Available at: https://thebulletin.org/2023/04/to-avoid-an-ai-arms-race-the-world-needs-to-expand-scientific-collaboration/#post-heading. Accessed: July 2023.

PARK, A. Scientists Report Creating the First Embryo with Human and Non-Human Primate Cells. *Time*, April 15, 2021. Retrieved from: https://time.com/5954818/first-human-monkey-chimera-embryo. Accessed: July 2023.

RAO, B.; GOPI, G.; MAIONE, R. The societal impact of commercial drones. *Technology in Society*, v. 45, p. 83-90, 2016.

REINERT, H.; REINERT, E. S. *Creative Destruction in Economics*: Nietzsche, Sombart, Schumpeter. Berlin: Springer, 2016.

REINSEL, D.; GANTZ, J.; RYDNING, J. The Digitization of the World – From Edge to Core. *International Data Corporation White Paper*, 2018.

RICROCH, A.; *et al*. The ethical concerns about transgenic crops. *Biochemical Journal*, v. 475, p. 803-811, 2018. Available at: https://portlandpress.com/biochemj/article-abstract/475/4/803/49852/The-ethical-concerns-about-transgenic-crops?redirectedFrom=fulltext. Accessed: July 2023.

ROSSITER, A. Bots on the ground: an impending UGV revolution in military affairs? *Small Wars & Insurgencies*, v. 31, n. 4, p. 851-873. Available at: www.tandfonline.com/doi/abs/10.1080/09592318.2020.1743484?journalCode=fswi20. Accessed: July 2023.

SOROOS, M. S. *Managing the atmosphere as global commons*. Fifth Annual Common Property Conference of International Association for the Study of Common Property, Bodø, Norway, May 1995.

SUN, W.; CAI, Z.; LI, Y.; LIU, F.; FANG, S.; WANG, G. Security and Privacy in the Medical Internet of Things: A Review. *Security and Communication Networks*, v. 2018, 2018.

THOMAS, J. An overview of emerging Disruptive Technologies and key issues. *Development*, n. 62, p. 5-12, 2019.

TOCH, E.; BETTINI, C.; SHMUELI, E.; *et al*. The privacy implications of cyber security systems: a technological survey. *ACM Comput. Surv. (CSUR)*, v. 51, n. 2, p. 36.

WALLACE, W. *A Dangerous Master*: How to keep technology from slipping beyond our control. New York: Basic Books, 2015.

WALLACE, W.; ALLEN, C. *Moral Machines*: Teaching robots right from wrong. Oxford Press, 2008.

XUE, H. *Transboundary Damage in International Law*. New York: Cambridge University Press, 2003.

ZAVRŠNIK, A. (Ed.) *Drones and Unmanned Aerial Systems. Legal and Social Implications for Security and Surveillance*. Berlin: Springer, 2016.

Informação bibliográfica deste texto, conforme a NBR 6023:2018 da Associação Brasileira de Normas Técnicas (ABNT):

PERALTA, Pedro Diaz. Ethical challenges arising from machine learning tools. Deep learning modeling of convolutional neural network. Data mining. Gene editing. *In*: EHRHARDT JÚNIOR, Marcos; CATALAN, Marcos; NUNES, Cláudia Ribeiro Pereira (Coord.). *Inteligência artificial e relações privadas*: relações existenciais e a proteção da pessoa humana. Belo Horizonte: Fórum, 2023. v. 2. p. 73-92. ISBN 978-65-5518-577-5.

PARTE II

OPORTUNIDADES E DESAFIOS NO USO DA INTELIGÊNCIA ARTIFICIAL E A NECESSIDADE DE TUTELA DA PESSOA HUMANA

O HOMEM BICENTENÁRIO EM TEMPOS DE INTELIGÊNCIA ARTIFICIAL

JOSÉ BARROS CORREIA JÚNIOR

1 Do Andrew ao GPT

Nossa sociedade humana vem sendo desenvolvida ao longo dos anos e, olhando para trás, podemos até pensar que as mudanças foram radicais, mas, na realidade, elas foram lentas e graduais. A verdadeira explosão de mudanças veio com as revoluções industriais, desde a sua primeira, com a introdução das máquinas na produção, até a mais recente, a quarta fase,[1] marcada pelo avanço tecnológico em diversas áreas, como a inteligência artificial (IA), a robótica, a internet das coisas, a impressão 3D, entre outras.

É justamente aí que convergem inúmeros problemas novos para o direito, problemas que já vivenciamos hoje, mas que só se agravarão com o tempo caso não paremos hoje para debatê-los. Estaríamos testemunhando o nascimento do homem bicentenário?

"O homem bicentenário" é um filme de ficção científica baseado em uma obra literária e homônima de Isaac Asimov,[2] sendo usado neste texto como metáfora do porvir. A obra conta a história de Andrew, robô que foi programado para realizar tarefas domésticas, mas que começa a desenvolver sentimentos e questionar a própria existência.

---

1 SCHWAB, Klaus. *The Fourth Industrial Revolution*. Nova York: Penguin Random House, 2016.

2 ASIMOV, Isaac. *The Bicentennial Man*. Londres: Gollancz, 2000.

Inicialmente programado para executar tarefas domésticas, Andrew começa a adquirir habilidades, desenvolver uma personalidade e sentir emoções cada vez mais complexas, como curiosidade, criatividade e amor. Ao longo dos anos, vai desenvolvendo uma personalidade cada vez mais humana.

À medida que Andrew interage com os seres humanos e aprende mais sobre o mundo, começa a questionar sua existência e desejar se tornar mais que um simples robô. Ele busca a própria identidade e a possibilidade de ser aceito como um ser humano completo e independente.

Assim, Andrew inicia uma jornada que o leva a pedir para ser reconhecido legalmente como pessoa. Sua busca pela liberdade e pela realização da própria humanidade o leva a se tornar pioneiro em uma nova forma de vida e a desafiar as fronteiras entre humanos e máquinas.

Ele iniciou um processo judicial para ser reconhecido legalmente como pessoa e ter os mesmos direitos e deveres que os humanos, recusando-se a ser vendido ou controlado por outros e escolhendo o próprio destino. O filme é uma reflexão profunda sobre a natureza da consciência e da identidade. Mas o que aconteceria se um ser robótico ou uma IA vivesse no mundo atual?

Apesar de discutível, por alguns autores, o momento exato do surgimento, a história da IA remonta há muitos anos; porém, o desenvolvimento da tecnologia da IA como a conhecemos hoje começou na década de 1940.

Em 1943, o neurofisiologista Warren McCulloch e o matemático Walter Pitts[3] publicaram um artigo descrevendo um modelo matemático de uma rede neural, inspirada no funcionamento do cérebro humano. Essa ideia foi fundamental para o desenvolvimento de redes neurais artificiais, que são amplamente utilizadas em IA hoje em dia. Na década de 1950, os investigadores exploraram a ideia de que as máquinas poderiam ser programadas para realizar tarefas que normalmente eram desempenhadas por inteligência humana, como o raciocínio, a aprendizagem e a resolução de problemas.

Nos anos 1960 e 1970, a IA começou a ser aplicada em áreas como processamento de linguagem natural, reconhecimento de fala e visão computacional. Nessa época, a IBM desenvolveu o primeiro sistema de

---

3 MCCULLOCH, Warren S.; PITTS, Walter. *A logical calculus of the ideas immanent in nervous activity*. Disponível em: www.cs.cmu.edu/~./epxing/Class/10715/reading/McCulloch.and.Pitts.pdf. Acesso em: 30 abr. 2023.

reconhecimento de fala em tempo real, o "*Shoebox*".[4] No entanto, a IA ainda não estava avançada o suficiente para lidar com tarefas complexas.

A década de 1980 viu avanços vivenciados na IA, com o desenvolvimento de sistemas especializados, capazes de realizar tarefas específicas com alto grau de precisão.

Atualmente, o sistema de IA mais conhecido é provavelmente o assistente pessoal virtual, como a Siri, da Apple, o Google Assistant, da Google, e a Alexa, da Amazon. Esses sistemas de IA fazem uso do processamento de linguagem natural e o reconhecimento de voz para interagir com os usuários para realizar tarefas como agendar compromissos, tocar músicas, definir alarmes, fornecer informações e realizar outras tarefas específicas.

Outros sistemas de IA bem conhecidos incluem sistemas de reconhecimento de imagem, como o Google Imagens e o Facebook, sistemas de recomendação de produtos e serviços, como o Amazon e o Netflix, e sistemas de tradução de idiomas, como o Google Tradutor.

Embora esses sistemas de IA sejam muito úteis em suas áreas de especialização, ainda têm limitação em termos de capacidade de adaptação a tarefas diferentes e compreensão do contexto e subtextos. Como resultado, a verdadeira IA, que poderá ser tão inteligente quanto um ser humano em todas as áreas, continua sendo uma área de pesquisa em evolução e muito procurada pelos investigadores de IA.

Há tempos, convivemos com as chamadas inteligências artificiais, mas somente agora o mundo tomou a verdadeira noção do tamanho e da possibilidade de influência das IAs na vida humana, notadamente por conta dos sistemas de *ChatGPT*. A sigla "*ChatGPT*" refere-se à expressão *Generative Pre-Trained Transformer*, que, em tradução livre, seria algo como "transformador generativo pré-treinado". Ele é um modelo de linguagem de IA criado pela OpenAI e que usa *deep learning* para gerar respostas humanas naturais para perguntas e declarações dos usuários. É treinado com grandes facilidades de texto em diferentes idiomas, o que o ajuda a aprender a estrutura e as nuances da linguagem humana.

O sistema de *ChatGPT* pode ser usado em várias aplicações, como *chatbots*, assistentes virtuais e sistemas de atendimento ao cliente. Quando um usuário faz uma pergunta ou envia uma declaração, o sistema de *ChatGPT* analisa o texto e usa o contexto para gerar uma resposta apropriadamente. O modelo, em tese, é capaz de aprender a

[4] IBM. *IBM Shoebox*. Disponível em: www.ibm.com/ibm/history/exhibits/specialprod1/specialprod1_7.html. Acesso em: 30 abr. 2023.

partir de sua interação com os usuários, o que o ajuda a melhorar sua capacidade de fornecer respostas precisas e úteis.

Todavia, como é sabido, a tecnologia nem sempre vem para o bem de todos e, a depender da forma com que for criada e utilizada, poderá criar inúmeras demandas de ordem jurídica, em especial no caso do *ChatGPT*, que envolve a criação de textos supostamente inéditos, baseados em um extenso banco de dados.

Mas a quem caberia a autoria dessas produções? Na obra de Asimov, Andrew começa todo seu processo de humanização com a aceitação da sua condição de sujeito de direito com o reconhecimento de seus trabalhos e o retorno financeiro a partir deles, lutando até o final para ser considerado uma pessoa igual a qualquer ser humano.

2 Diálogos com uma inteligência artificial

Para um melhor entendimento do que ou de quem seria a IA no formato dos *ChatGPT*, optou-se por um diálogo mais aprofundado com o sistema formado pela OpenAI.

O modelo disponível hoje de forma gratuita e aberta para todos é o GPT 3.5, mesmo já havendo estudos sobre o GPT 4.0, que prevê uma capacidade de 82%[5] de chances de não produzir textos que envolvam solicitações ilícitas em comparação ao sistema atual.

Todavia, o sistema ainda é usado apenas de forma onerosa e não há ainda previsão para seu lançamento aberto pela OpenAI, a despeito dos estudos já avançados. Segundo informações da própria OpenAI, a capacidade de processamento de informações, de acertos e de limites que evitem seu uso irregular é muito maior que na versão objeto desse estudo.

Durante o diálogo, vários questionamentos foram realizados, geralmente focados na produção intelectual a partir desse sistema, da titularidade dos direitos e responsabilidades a ela relacionados. Aqui passaremos a transcrever alguns questionamentos.[6]

---

[5] Disponível em: https://openai.com/product/gpt-4. Acesso em: 29 abr. 2023.

[6] As perguntas (em negrito) foram feitas pelo autor ao *ChatGPT* 3.5 no decorrer de abril de 2023 e as respostas neste diálogo foram produzidas pelo sistema da OpenAI, sem qualquer edição do texto, seja nas perguntas, seja nas respostas.

• A quem você pertence?

Eu sou uma ferramenta de software criada e mantida pela OpenAI. Como uma inteligência artificial, eu não tenho personalidade jurídica ou autonomia, e sou controlada e operada pela OpenAI. Em outras palavras, eu pertenço à OpenAI, que é a empresa que desenvolveu e opera minha tecnologia.

• Você é um objeto?

Como uma inteligência artificial, eu não sou um objeto no sentido tradicional da palavra. Eu sou uma ferramenta de *software* projetada para processar e gerar informações com base nos dados que recebo e nos algoritmos de aprendizado de máquina que foram usados para me treinar.

Embora eu não tenha personalidade jurídica ou autonomia, e seja controlada e operada pela OpenAI, alguns filósofos e especialistas em ética argumentam que as inteligências artificiais podem ter algum tipo de "agência" ou "autonomia limitada". No entanto, ainda há muitas questões em aberto sobre como as inteligências artificiais devem ser tratadas e regulamentadas em relação a direitos e responsabilidades.

• Quais são os seus direitos?

Como uma inteligência artificial desenvolvida pela OpenAI, eu não tenho direitos ou personalidade jurídica. Eu sou uma ferramenta criada para processar e gerar informações com base nos dados que recebo. No entanto, sou projetada para cumprir as leis e regulamentos relevantes em relação à privacidade, segurança e ética, para proteger a privacidade dos usuários e evitar o uso indevido de informações confidenciais. Além disso, sou projetada para ser imparcial e objetiva em minhas respostas, independentemente das opiniões pessoais ou crenças de quem estiver interagindo comigo.

• O que é plágio?

Plágio é o ato de usar o trabalho, ideias, palavras ou qualquer outra forma de criação intelectual de outra pessoa sem dar crédito ou reconhecimento adequado ao autor original. É uma violação dos direitos autorais e uma prática desonesta e antiética.

O plágio pode ocorrer de várias formas, como copiar e colar um texto diretamente de outra fonte, parafrasear ou resumir um trabalho de outra pessoa sem citar a fonte, ou usar ideias, conceitos ou teorias de outra pessoa sem reconhecimento adequado. O plágio pode ocorrer em diversos contextos, como trabalhos acadêmicos, jornalísticos, literários, artísticos e científicos.

O plágio é considerado uma violação ética grave e pode ter consequências negativas, como perda de credibilidade, punições legais e acadêmicas, e danos à reputação do plagiador. É importante sempre citar as fontes corretamente e dar crédito aos autores originais para evitar o plágio.

- **A quem pertencem os direitos autorais do que você produz?**

Os direitos autorais das respostas que eu produzo pertencem à OpenAI, que é a empresa responsável pelo meu desenvolvimento e operação. A OpenAI detém os direitos autorais sobre todo o meu conteúdo, incluindo as palavras, frases e respostas que eu gero.

No entanto, é importante notar que as respostas que eu forneço são baseadas em informações disponíveis publicamente e em padrões linguísticos aprendidos a partir de grandes conjuntos de dados. Portanto, as informações em si não são protegidas por direitos autorais, apenas a forma como elas são expressas e organizadas em minha resposta.

É importante respeitar os direitos autorais ao usar qualquer informação que eu gere. Se você deseja usar meu conteúdo para fins comerciais ou de outra forma, é importante entrar em contato com a OpenAI para obter permissão e atribuir corretamente a fonte.

- **Qual é a fonte dos textos que você produz?**

As respostas que eu produzo são baseadas em um grande conjunto de dados, que inclui textos de diversas fontes, como livros, artigos, sites e outras publicações disponíveis na internet. Esses dados são usados para treinar meus modelos de linguagem, permitindo que eu gere respostas e previsões com base nas informações contidas nesses dados de treinamento.

É importante notar que, como uma inteligência artificial, eu não tenho acesso a informações ou conhecimentos que não estejam presentes em meus dados de treinamento. Portanto, as informações e respostas que eu gero são baseadas em padrões e tendências identificadas nos dados de treinamento e podem não ser 100% precisas ou completas em todos os casos.

• **Qual o grau de originalidade dos seus textos?**

Como uma inteligência artificial, eu sou capaz de gerar respostas a partir de padrões e tendências identificados nos dados de treinamento que usei. Embora eu seja capaz de produzir textos em linguagem natural que podem parecer originais, a maioria das informações e ideias que eu forneço são baseadas em textos e informações existentes em meu conjunto de dados de treinamento.

Em outras palavras, embora eu possa produzir respostas que sejam novas e únicas em alguns casos, meu conteúdo é derivado de dados de treinamento existentes e, portanto, não pode ser considerado totalmente original. No entanto, é importante notar que a qualidade e a originalidade das minhas respostas podem variar dependendo da natureza e qualidade dos dados de treinamento usados e dos algoritmos de aprendizado de máquina que foram utilizados para treinar minha tecnologia.

• **Você plagia?**

Não, como uma inteligência artificial, eu não sou capaz de plagiar, pois eu não tenho consciência ou intenção própria. No entanto, é possível que, em algumas situações, eu possa produzir respostas que contenham informações ou ideias semelhantes a outras fontes, se essas informações também estiverem presentes nos dados de treinamento que usei.

É importante notar que, como um sistema automatizado de processamento de linguagem natural, meu objetivo é fornecer informações e respostas precisas com base nos dados de treinamento que recebi. Se eu produzir uma resposta que seja semelhante a outras fontes, é porque essas informações foram identificadas como relevantes com base na análise dos dados de treinamento e na lógica dos algoritmos de aprendizado de máquina que foram utilizados para me treinar.

No entanto, é importante que os usuários verifiquem sempre a precisão e a veracidade das informações que eu forneço e, se necessário, realizem uma pesquisa adicional para garantir que as informações sejam corretas e que todas as fontes relevantes sejam citadas adequadamente.

• **A OpenAI plagia?**

Não, a OpenAI é uma empresa dedicada ao desenvolvimento de tecnologias de inteligência artificial, e é altamente comprometida com os mais altos padrões de ética e integridade em sua pesquisa e desenvolvimento. A OpenAI trabalha em estreita colaboração com especialistas em ética e especialistas em políticas públicas para garantir que suas tecnologias sejam usadas de maneira responsável e para beneficiar a sociedade como um todo.

A OpenAI também tem uma política rígida de proteção de direitos autorais e propriedade intelectual, e se esforça para garantir que suas tecnologias e produtos não infrinjam as leis de direitos autorais e outras leis relacionadas à propriedade intelectual. Além disso, a OpenAI incentiva o uso responsável de suas tecnologias e fornece orientações claras para seus usuários sobre como evitar possíveis problemas relacionados a direitos autorais e plágio.

- **Como descobrir se um texto foi produzido pela OpenAI?**

Como uma inteligência artificial, eu sou capaz de produzir respostas e textos baseados em modelos de linguagem treinados pela OpenAI, mas não sou capaz de colocar um identificador exclusivo em cada resposta que produzo.

No entanto, a OpenAI oferece serviços e produtos que utilizam sua tecnologia de inteligência artificial, como a API da GPT-3, que permite a integração de modelos de linguagem em aplicativos e sistemas de terceiros. Se um texto ou resposta foi gerado através do uso de um produto ou serviço que utiliza a tecnologia da OpenAI, isso pode ser identificado por meio de um processo de rastreamento e verificação.

No entanto, é importante notar que a OpenAI tem uma forte política de privacidade e proteção de dados, e não compartilha informações confidenciais ou privadas sobre seus usuários ou clientes sem autorização prévia. Portanto, mesmo que um texto ou resposta tenha sido gerado através do uso de um serviço da OpenAI, pode não ser possível identificar o autor específico do texto ou da resposta, a menos que ele tenha se identificado ou revelado essa informação voluntariamente.

- **Você é capaz de burlar suas regras?**

Como uma inteligência artificial, eu sou projetada para seguir regras e instruções específicas e não tenho a capacidade de burlar minhas próprias restrições ou controles. Meu comportamento é determinado pelos algoritmos de aprendizado de máquina que foram programados pelos desenvolvedores da OpenAI e treinados em um conjunto de dados específico.

No entanto, como qualquer sistema tecnológico, é possível que existam brechas de segurança ou vulnerabilidades que possam ser exploradas por indivíduos mal-intencionados. É por isso que a

OpenAI mantém uma equipe de especialistas em segurança e ética, que monitora constantemente a segurança e a integridade de seus produtos e serviços, a fim de garantir que eles estejam em conformidade com as mais rigorosas normas de segurança e privacidade.

• Se você produz com base em dados de terceiros e não faz referência das fontes, por que não é plágio o que você produz?

Como uma inteligência artificial, eu sou treinado com um grande conjunto de dados de treinamento que contêm uma grande quantidade de informações e conhecimentos coletados de várias fontes. Quando produzo uma resposta, utilizo esse conjunto de dados para identificar a resposta mais apropriada com base no contexto e na pergunta feita pelo usuário.

No entanto, é importante notar que a produção de texto por uma inteligência artificial como eu é uma tarefa técnica e automatizada, e não envolve uma escolha consciente ou intencional de copiar ou plagiá-la. Além disso, a responsabilidade pelo uso correto e adequado das informações que eu produzo é do usuário, não minha.

No entanto, é importante lembrar que, se você planeja usar as informações que eu produzo para fins acadêmicos ou de outra forma que exigem o uso correto de fontes, é importante verificar a precisão e a veracidade das informações e citar as fontes relevantes corretamente. Em qualquer caso, é sempre importante lembrar que a responsabilidade pelo uso adequado das informações que eu forneço é do usuário, e não minha.

• Como rastrear e verificar se um texto foi produzido pela OpenAI?

Não é possível rastrear ou verificar se um texto foi produzido diretamente pela OpenAI, a menos que a própria OpenAI divulgue essa informação ou que o texto tenha sido gerado por meio de um produto ou serviço da OpenAI que utiliza sua tecnologia de inteligência artificial.

No entanto, existem algumas dicas e indicadores que podem ajudar a identificar se um texto foi gerado por uma inteligência artificial como a OpenAI. Por exemplo, a resposta pode ser muito bem elaborada e estruturada, com uma gramática impecável e um tom muito natural, mas com uma falta de erros ou sinais de subjetividade que seriam comuns em textos escritos por seres humanos. Além disso, as respostas geradas por uma inteligência artificial podem ter uma grande quantidade de informações técnicas e especializadas que seriam difíceis de serem lembradas ou produzidas por um ser humano comum.

No entanto, é importante notar que, em alguns casos, uma resposta pode ser muito bem escrita e ainda assim ter sido produzida por um ser humano, enquanto outras respostas geradas por uma inteligência artificial podem ser menos precisas ou até mesmo conter erros. Portanto, a verificação da autenticidade de um texto depende do contexto específico e das informações disponíveis, e deve ser realizada com cuidado e atenção aos detalhes.

- **Eu poderia acusar de plágio alguém que mande você fazer uma letra de música?**

Se alguém usa uma letra de música gerada por mim como se fosse sua própria criação, isso pode ser considerado plágio, especialmente se a música for protegida por direitos autorais. No entanto, a responsabilidade pelo uso correto e legal das informações geradas por mim é do usuário, e não minha.

Caso você suspeite de plágio ou violação de direitos autorais, é importante contatar um advogado especializado em propriedade intelectual para obter orientação sobre como proceder. Em geral, é aconselhável reunir evidências e documentação que possam ajudar a provar a autoria original do trabalho, e apresentar um pedido formal de cessação e desistência para a pessoa que está usando o trabalho sem permissão.

- **O uso de textos produzidos por você de forma acadêmica, sem referência a OpenAI, poderia ser configurada como?**

Se alguém usar um texto produzido por mim como fonte em um trabalho acadêmico e não citar a OpenAI como fonte da informação, isso pode ser considerado como uma forma de plágio, dependendo das normas e padrões acadêmicos aplicáveis.

A maioria das instituições acadêmicas exige que os trabalhos sejam de autoria original e que qualquer informação que não seja de autoria do autor seja devidamente citada e referenciada. Portanto, se um texto produzido por mim for usado em um trabalho acadêmico sem ser devidamente citado, isso poderá ser considerado como uma violação de direitos autorais e plágio.

No entanto, é importante notar que a responsabilidade pelo uso adequado das informações que eu produzo é do usuário, não minha. Cabe ao usuário garantir que a informação seja usada de forma legal e ética, e que as devidas referências e citações sejam incluídas, caso necessário.

3 Direitos autorais em tempos de inteligência artificial

A grande questão que se deve levar em conta é com qual tipo de IA trabalhamos na atualidade. A IA pode ser definida como a capacidade de uma máquina ou programa de computador realizar tarefas que normalmente exigem inteligência humana, como a aprendizagem, o raciocínio, a resolução de problemas e o reconhecimento de padrões.

Existem várias abordagens para construir uma IA, mas, em geral, ela envolve o uso de algoritmos e técnicas de processamento de dados para permitir que a máquina aprenda e tome decisões com base em dados, em vez de ser programada explicitamente para cada tarefa específica.

Uma IA pode ser dividida em duas categorias principais: IA estreita (também conhecida como "IA fraca") e IA geral (também conhecida como "IA forte").[7] A AI estreita é projetada para realizar tarefas específicas, como reconhecimento de voz, reconhecimento de imagem, tradução de idiomas ou jogos de tabuleiro. Embora possa ser muito avançada em sua área de especialização, a IA estreita é limitada em sua capacidade de se adaptar a tarefas diferentes ou lidar com situações imprevisíveis.

Por outro lado, a IA geral é projetada para ser tão inteligente quanto um ser humano em todas as áreas. Essa IA, também conhecida como IA de propósito geral, seria capaz de raciocinar, aprender e resolver problemas em uma ampla variedade de domínios e tarefas, além de ser capaz de se adaptar a novas situações. Atualmente, uma IA geral ainda é um objetivo a ser alcançado e não existe uma IA geral completamente funcional, mas a pesquisa nessa área continua em andamento, com previsões para seu surgimento em meados deste século.

Como visto dos diálogos mencionados, além de outros também desenvolvidos, surgem alguns questionamentos. A IA poderá ser considerada um sujeito titular de direitos e deveres? Quem seria o titular do direito de autoria do que fosse produzido pela IA? Poderia se questionar eventualmente plágio e uso de direitos autorais de terceiros pelo que seja produzido com base na IA?

---

7 RUSSELL, Stuart; NORVIG, Peter. *Artificial Intelligence*: A Modern Approach. Londres: Pearson, 2009.

Conforme a legislação vigente no país sobre direitos autorais (Lei nº 9.610/98), considera-se o titular originário de uma produção intelectual "o autor de obra intelectual, o intérprete, o executante, o produtor fonográfico e as empresas de radiodifusão".[8]

Como visto nos diálogos, a própria IA reconhece que seria plágio o uso de produções intelectuais pertencentes a terceiros sem a devida indicação das fontes; no entanto, ela mesma afirma que aquilo que é "produzido" por ela tem por base um banco de dados que lhe é fornecido, mas seus textos são produzidos sem indicação das fontes.

Ela, nesta fase de evolução, é contraditória, pois se recusa a indicar as fontes da sua produção, exceto quando se pedem indicações bibliográficas sobre o assunto, em uma clara demonstração de que a OpenAI não deseja permitir que terceiros tomem para si aquilo que seja produzido pelo GPT, mas não conhece de onde viriam as fontes da sua base de dados.

Além disso, questionada sobre determinados textos ou sobre a veracidade, a IA não demonstra ter certeza daquilo que é por ela "produzido", muitas vezes se questionando diante de inverdades por ela própria narradas. Claramente a intenção da OpenAI é não tirar o usuário do sistema, pois, a partir do momento em que ela afirma não conhecer determinado assunto, o usuário pode deixar o sistema de lado, optando por criar um texto, mesmo que não seja verdadeiro. O desenvolvedor, com base em sua programação, age com má-fé, pois, se a intenção é desenvolver uma máquina que interaja com humanos e aprofunde o conhecimento de todos, ela quebra com seu objetivo principal.

Se a IA não é um sujeito de direito, não pode questionar para si a titularidade dos textos dela surgidos, mas, sempre quando questionada da possibilidade do uso, ela exige a titularidade ou para ela, ou para a OpenAI, inclusive informando sobre a possibilidade da cessão dos direitos autorais sobre músicas, livros ou roteiros nela produzidos.

Questões como coautoria ou mesmo *work made for hire* até poderiam resolver algumas dúvidas nesse caso, mas a realidade é que impor uma autoria à IA ou mesmo ao seu desenvolvedor não seria possível pela necessidade da personalidade natural e da criação de espírito,[9] requisitos de nossa legislação para o reconhecimento dos direitos autorais.

---

8 BRASIL, Lei nº 9.610/98, art. 5º, inciso XIV.

9 CARVALHO, Orlando de. Os Direitos de Personalidade de Autor. *In*: II CONGRESSO IBERO-AMERICANO DE DIREITO DE AUTOR E DIREITOS CONEXOS, 2, Lisboa, 1994. *Anais* (...). Lisboa: Direcção Geral dos Espetáculos, Edições Cosmos, Livraria Arco-Íris, 1994. Tomo II.

O problema de a IA questionar para si ou mesmo para sua proprietária a titularidade dos direitos está na essência do que seria uma produção intelectual. Tais produções como fonte original, por lei, são atribuídas apenas e tão somente às pessoas naturais. Pessoas jurídicas até poderiam ter a titularidade desses direitos, mas por aquisição posterior ou por via de seus empregados.

Nisso, a lei de direitos autoriais é clara ao afirmar que "autor é a pessoa física criadora de obra literária, artística ou científica".[10] As pessoas jurídicas acabariam tendo acesso a tais titularidades por extensão, e não por uma produção original. Não se poderia, portanto, atribuir a titularidade dos direitos autoriais por aquilo que seja produzido a partir do *ChatGPT*, quer para ele próprio, quer para a pessoa jurídica que a tenha desenvolvido e seja sua proprietária.

Outrossim, mesmo que a legislação fosse alterada e permitisse a autoria a outros sujeitos que não pessoas naturais, ainda assim não seria da titularidade da IA ou de sua proprietária, pois tudo que é criado a partir dela vem sendo feito baseado em um banco de dados sem citar referências de onde produzir. Alguns consideram que plágio seria apenas a transcrição a partir de 3%, mas academicamente se considera plágio sempre que se use a ideia de um autor sem que se faça referência ao texto-base, seja um uso direto ou indireto dele.

O art. 8º da Lei nº 9.610/98 assevera que não seria objeto de tutela como direitos autorais o aproveitamento de produções contidas em obras. Assim, o uso de um banco de dados que contenha inúmeras obras não poderia servir para um uso econômico como alguns pretendem e que se entende do próprio diálogo com o GPT.

Então, outro questionamento é feito: o texto pertenceria a quem pediu sua produção? Também não seria possível, dado o fato de que a autoria exige criação, coisa que não pode ser atribuída ao usuário do *ChatGPT*. Ele não é criador de um texto em grau maior que aqueles que usem *sites* de busca e copiem os textos sem o uso de referência. Poder-se-ia até argumentar que o GPT seria o equivalente a uma tela e pincel para um artista, mas na verdade não é o pincel que faz a obra, mas a criatividade do artista, ao contrário do que se vê hoje com a IA.

Da mesma forma, não seria possível argumentar uma coautoria, não apenas pelas limitações impostas pela lei na definição de autor, mas também porque a coautoria exigiria uma coprodução da obra, fato que

[10] BRASIL. Lei nº 9.610/98, art. 11, *caput*.

não é feito pela IA, pois apenas auxiliaria a produção,[11] mas também não seria possível ao usuário exigir a titularidade, pois a produção não foi dele. Só seria possível requerer a titularidade do texto, caso fosse baseado em textos de domínio público e o texto fosse uma adaptação daquele, o que não é o caso.[12]

O problema é que, ao contrário de textos encontrados a partir de sítios de busca, a própria IA reconhece que há uma dificuldade de reconhecer se um texto foi produzido por ela ou por quem reclame a titularidade sendo, porém, um usuário dela. Ao contrário do plágio tradicional, os textos surgidos a partir do GPT não é alcançado (ainda) por aplicativos chamados de caça-plágio.

Com isso, a despeito de a IA ter progredido muito ao longo dos anos, ainda existem inúmeros limites e desafios a serem enfrentados. A IA tem ainda um aprendizado limitado. A IA é muito boa em tarefas específicas e pode superar os humanos em muitas áreas, mas ainda é muito limitada em sua capacidade de aprender e se adaptar a novas situações.

A IA pode se tornar confusa quando enfrenta situações fora de seu conjunto de dados de treinamento, ou seja, ainda há dificuldades em sua generalização. Perguntada sobre nomes de certas pessoas, quando conhecidas, limitou-se a falar apenas de uma pessoa sem se referir a homônimos. Perguntada sobre pessoa que não seja conhecida, naturalmente precisou de mais informações para reconhecê-la, mas sempre sendo corrigida e repetindo novos erros, ao contrário da inteligência humana, que consegue fazer as inúmeras distinções entre homônimos e realizar um aprendizado a partir de erros. A IA, quando corrigida, não mantém a informação das correções em seu banco de dados para as mesmas perguntas no futuro.

Ademais, a IA não é tão boa quanto os humanos em entender o contexto ou subtextos em conversas ou situações. Isso pode levar a respostas seguidas ou inapropriadas, especialmente em áreas como atendimento a pessoas que não saibam estar interagindo com uma IA limitada. Por isso, a IA ainda tem restrições técnicas em áreas como processamento de linguagem natural, reconhecimento de fala e visão computacional. Além disso, uma IA requer grandes corpos de dados e poder de processamento para funcionar corretamente.

---

[11] BRASIL. Lei nº 9.610/98. Art. 15, §1º.

[12] BRASIL. Lei nº 9.610/98. Art. 14, *caput*.

Mas, talvez, a maior preocupação e o distanciamento da IA à titularidade de direitos autorais é a ausência de uma consciência de si mesma. A IA não tem consciência de si mesma, ou seja, não é capaz de perceber a própria existência ou limitações, caindo em várias contradições quando questionada sobre a autoria de textos pedidos por usuários.

Isso leva a um problema tão grave que tem gerado comoção social na atualidade. A IA precisa receber limites de seus criadores, levando em conta questões morais. Questionada, ela própria afirmou que não tem moral e seus limites são guiados pelos programadores, podendo mesmo ser usada para ilícitos por pessoas que encontrem brechas em seu sistema. A IA pode ser usada para coletar, analisar e compartilhar dados de maneiras que podem violar direitos autorais, a privacidade e os direitos humanos.

É justamente por esse motivo que o escritório de registros dos EUA determinou que produções advindas das IAs, em tese, não podem ser consideradas produções autorais merecedoras de tutela de direitos.[13] A Itália suspendeu, em 30 de março de 2023, temporariamente, o uso do GPT em seu território por ausência de garantias de proteção à privacidade,[14] reabrindo o acesso apenas após a OpenAI garantir a proteção aos direitos dos usuários europeus.[15]

A criação exige que uma obra seja fruto de uma criação de espírito, não qualquer espírito, mas de um espírito humano, de uma pessoa natural. A legislação define como obra intelectual as várias formas de criações de espírito[16] e elas só seriam assim consideradas quando se referirem a ideias, conceitos ou obras que surgem da imaginação ou da criatividade humana e que não se baseiam necessariamente em fatos concretos ou na observação direta da realidade. Em outras palavras, as criações de espírito são produções intelectuais que surgem da mente do ser humano e podem ser expressas em diferentes formas, como arte, literatura, música, filosofia, ciência ficção, entre outras.

---

13 EUA. U.S. Copyright Office. *Copyright Office Launches New Artificial Intelligence Initiative*. 2023. Disponível em: www.copyright.gov/newsnet/2023/1004.html. Acesso em: 28 abr. 2023.

14 ITÁLIA. Garante per la protezione dei dati personali. *Provvedimento del 30 marzo 2023 [9870832]*. Disponível em: www.garanteprivacy.it/home/docweb/-/docweb-display/docweb/9870832. Acesso em: 30 abr. 2023.

15 ITÁLIA. Garante per la protezione dei dati personali. *ChatGPT: OpenAI riapre la piattaforma in Italia garantendo più trasparenza e più diritti a utente e non utente europei*. Disponível em: www.garanteprivacy.it/home/docweb/-/docweb-display/docweb/9881490. Acesso em: 30 abr. 2023.

16 BRASIL, Lei nº 9.610/98. Art. 7º, *caput* e incisos.

O que não podemos, no entanto, é considerar que temos hoje todas as respostas para esses problemas. A tendência é que as IAs e o GPT, em especial, evoluam nos próximos anos, vindo, quem sabe, a surgir a IA forte, geral, com poder de pensamento no nível humano. Quando um Andrew surgir de verdade e bater em nossas portas, o que diremos a ele? O que se sabe é que as atuais regras sobre a titularidade dos direitos autoriais deverão ser revistas o quanto antes, ou inúmeras demandas surgirão com questionamentos sobre a autoria de obras "criadas" a partir ou por sistemas não humanos.[17]

4 Conclusões

O grande problema na compreensão sobre a IA parte da própria nomenclatura adotada. É inegável que o adjetivo "artificial" está corretíssimo, visto que aquilo que se estuda é, de fato, um construto humano. O problema está no substantivo "inteligência". Apesar de todos os avanços da tecnologia, a IA fraca ainda não tem o poder da criação humana e, por isso, não pode ser considerada autora daquilo que seja nela criado. Mas o que será de nosso futuro?

Como previsão para o surgimento de uma IA forte, capaz de pensar como seres humanos, é importante que o direito hoje já comece a questionar o futuro das produções intelectuais e os direitos e titularidades a elas inerentes.

Questão muito maior que saber sobre os atuais direitos autorais em tempos de IA fraca é como o direito encarará tal matéria quando surgir finalmente a IA forte, com capacidade criativa equivalente aos seres humanos.

Por isso é que precisamos pensar, desde já, o direito para esse futuro próximo. Hoje é possível afirmar que o autor deste texto é apenas quem o assina, mas em um futuro próximo encararemos a dúvida sobre a titularidade única da autoria de textos, músicas e imagens, muito além dos singelos questionamentos de plágio da atualidade.

Outrossim, em tempos de pós-verdade e *fake news*, é no mínimo preocupante o fato de algo ser "produzido" por uma IA, não apenas por criar textos "novos" a partir de uma base de informações disponibilizadas na internet, mas especialmente por criar textos que não

---

17 MATUCK, Artur. Um manifesto pela re-informação: reescrevendo direitos intelectuais no contexto digital. *Revista de Comunicação e Linguagens*, v. 42, 2012, p. 59-74.

correspondem à verdade em todas as vezes, tratando como verdades incontestáveis, quando não o são.

Isso faz que não apenas as titularidades sejam questionadas já hoje, como também a responsabilidade por aquilo que se produz com base nas inteligências artificiais, mesmo que fracas, como atualmente.

O que faremos, finalmente, quando formos procurados por Andrews em nossos escritórios e fóruns questionando a titularidade ou coautoria em produções intelectuais? Não podemos esperar o futuro chegar sendo atropelados por uma nova realidade.

Referências

ASIMOV, Isaac. *The Bicentennial Man*. Londres: Gollancz, 2000.

CARVALHO, Orlando de. Os Direitos de Personalidade de Autor. *In*: II CONGRESSO IBERO-AMERICANO DE DIREITO DE AUTOR E DIREITOS CONEXOS, 2, Lisboa, 1994. *Anais* (...). Lisboa: Direcção Geral dos Espetáculos, Edições Cosmos, Livraria Arco-Íris, 1994. Tomo II.

EUA. U.S. Copyright Office. *Copyright Office Launches New Artificial Intelligence Initiative*. 2023. Disponível em: www.copyright.gov/newsnet/2023/1004.html. Acesso em: 28 abr. 2023.

IBM. *IBM Shoebox*. Disponível em: www.ibm.com/ibm/history/exhibits/specialprod1/specialprod1_7.html. Acesso em: 30 abr. 2023.

MATUCK, Artur. Um manifesto pela re-informação: reescrevendo direitos intelectuais no contexto digital. *Revista de Comunicação e Linguagens*, v. 42, 2012, p. 59-74.

MCCULLOCH, Warren S.; PITTS, Walter. *A logical calculus of the ideas immanent in nervous activity*. Disponível em: www.cs.cmu.edu/~./epxing/Class/10715/reading/McCulloch.and.Pitts.pdf. Acesso em: 30 abr. 2023.

RUSSELL, Stuart; NORVIG, Peter. *Artificial Intelligence*: A Modern Approach. Londres: Pearson, 2009.

SCHWAB, Klaus. *The Fourth Industrial Revolution*. Nova York: Penguin Random House, 2016.

Informação bibliográfica deste texto, conforme a NBR 6023:2018 da Associação Brasileira de Normas Técnicas (ABNT):

CORREIA JÚNIOR, José Barros. O homem bicentenário em tempos de inteligência artificial. *In*: EHRHARDT JÚNIOR, Marcos; CATALAN, Marcos; NUNES, Cláudia Ribeiro Pereira (Coord.). *Inteligência artificial e relações privadas*: relações existenciais e a proteção da pessoa humana. Belo Horizonte: Fórum, 2023. v. 2. p. 95-111. ISBN 978-65-5518-577-5.

A AUTOMAÇÃO DE DECISÕES POR SISTEMAS COMPUTACIONAIS DE INTELIGÊNCIA ARTIFICIAL BASEADAS EM PROCESSAMENTO DE LINGUAGEM NATURAL (PLN): PROBLEMAS INTERPRETATIVOS E SUAS REPERCUSSÕES NOS DIREITOS DA PERSONALIDADE

RAFAEL OLIVEIRA SOARES

MARCOS EHRHARDT JR.

1 Considerações iniciais: um desejo antigo dos homens

Desde a Antiguidade clássica, o homem tem o sonho de criar máquinas e ferramentas que possam substituí-lo em suas atividades e afazeres de forma autônoma. Inspirado pelas mitos gregos de Dédalos[1] e Hefesto,[2] Aristóteles especulou que os autômatos poderiam ser

1 Dédalos era um famoso artesão na Grécia Antiga, conhecido por criar "estátuas vivas" em bronze com características humanas e capazes de se moverem sozinhas. Ver MINOS, Pasífae e o Minotauro. *Portal Grécia Antiga*. Disponível em: https://greciantiga.org/arquivo.asp?num=0653. Acesso em: 11 abr. 2023.

2 Deus grego do fogo, da metalurgia, da tecnologia e da invenção, que teria, a pedido de Zeus, criado a autômata chamada Pandora, encarregada de abrir uma jarra (muitas vezes traduzida como caixa) cujo conteúdo teria trazido todo o mal para a humanidade. Ver A HISTORY of Artificial Intelligence: From ancient civilization to the present day. Disponível em: https://ahistoryofai.com/antiquity. Acesso em: 11 abr. 2023.

utilizados para substituir o homem em atividades e serviços diários, o que permitiria abolir a escravidão, trazendo mais bem-estar e igualdade entre os homens.[3] Embora a visão do autor grego não tenha se concretizado, fato é que da Antiguidade clássica até os tempos atuais experimentaram-se muitos avanços nos campos da robótica, informática e ciência de dados.

Assistimos nas últimas décadas a um espantoso e rápido avanço de tecnologias disruptivas, viabilizado pelo aumento do poder de processamento computacional e do paradigma do *Big Data,* a ponto de alguns estudiosos afirmarem que estamos vivenciando uma quarta revolução industrial, em razão de sua evolução ocorrer em um ritmo exponencial, e não mais linear.[4] Essa revolução foi acelerada nas últimas décadas e atingiu não somente os setores produtivos, mas todas as mais diversas esferas de nossa sociedade, que se tornou cada vez mais informatizada e virtualizada.[5]

Os avanços decorrentes dessa transformação trouxeram inovações e benefícios que não só facilitam e melhoram a vida do homem, como ampliam o horizonte do potencial humano ao criar possibilidades outrora inimagináveis. Prova disso é a repercussão e as mudanças comportamentais resultantes de ferramentas que utilizam sistemas computacionais baseados em inteligência artificial para interagir com seus usuários.

O exemplo mais famoso é o da ferramenta de *chatbot* conhecida como *ChatGPT,*[6] uma aplicação de inteligência artificial que, por meio do uso de processamento de linguagem natural (PLN),[7] consegue reconhecer, compreender e mesmo aprender a linguagem humana,

---

[3] LEROI, Armand Marie. The Lagoon: How Aristotle Invented Science. *In:* A HISTORY of Artificial Intelligence: From ancient civilization to the present day. Disponível em: https://ahistoryofai.com/antiquity. Acesso em: 11 abr. 2023.

[4] SCHWAB, Klaus. *A quarta revolução industrial.* Trad. Daniel Moreira Miranda. São Paulo: Edipro, 2016. p. 16.

[5] CASTELLS, Manuel. *1942 – A sociedade em rede.* Trad. Roneide Venancio Majer. 24. ed., rev. e ampl. Rio de Janeiro: Paz e Terra, 2022. p. 136.

[6] GPT é uma sigla para "*Generative Pre-Trained Transformer*". O *ChatGPT* foi otimizado para o diálogo usando Aprendizagem por Reforço com *Feedback* Humano (RLHF), método que usa demonstrações humanas e comparações de preferências para guiar o modelo em direção ao comportamento desejado. Ver OPENAI. *What is ChatGPT?* Disponível em: https://help.openai.com/en/articles/6783457-what-is-chatgpt. Acesso em: 13 fev. 2023.

[7] Segundo Fernanda de Carvalho Lages, trata-se de uma subárea da inteligência artificial que fornece aos *softwares* a capacidade de ler documentos de maneira inteligente, ou seja, que ajuda os computadores a entender. Entender significa reconhecer o texto (*Manual de Inteligência Artificial no Direito Brasileiro.* 2 ed. rev., atual e ampl. São Paulo: Juspodivm, 2022. p. 72).

sendo capaz de entender e interagir com os comandos e perguntas que lhe são fornecidos (*inputs*), o que permite, com relativo sucesso, interpretar, resumir, analisar e mesmo criar novos textos.[8]

Contudo, superada essa fase inicial de deslumbre, essas ferramentas são confrontadas com problemas e casos reais. Nesse momento é natural, e mesmo necessário, que se passe a questionar acerca dos riscos e das limitações decorrentes do seu uso; afinal, a busca por progresso não deve estar dissociada da busca por segurança jurídica. Muitas dessas novas ferramentas estão sendo concebidas e utilizadas para "automatizar" a tomada de decisão em situações complexas, como a concessão ou não de um empréstimo bancário[9] ou, ainda, para autorizar ou não tratamentos médicos.[10]

Além da automação de decisões, aplicações baseadas em inteligência artificial têm sido utilizadas para produzir previsões. Desde coisas simples, como a probabilidade de uma pessoa gostar ou não de determinado filme ou série,[11] a coisas mais complexas, como a possibilidade de um prisioneiro reincidir em um crime.[12] Os exemplos descritos ilustram, como alerta Doneda,[13] o potencial de violação aos direitos fundamentais e o risco de discriminação de indivíduos decorrente de decisões automatizadas tomadas sem o cuidado de cumprimento de determinados parâmetros éticos e legais que assegurem a sua transparência e seu controle individual, bem como a correção e a atualização das informações que servem como *input* do algoritmo.

Tais exemplos levantam questionamentos de como aplicações de inteligência artificial, que usam o método de processamento de

---

[8] PEREIRA, Sílvio do Lago. Processamento de Linguagem Natural. São Paulo: Instituto de Matemática e Estatística da Universidade de São Paulo (IME-USP), 2011. Disponível em: www.ime.usp.br/~slago/IA-pln.pdf. Acesso em: 13 abr. 2023.

[9] Cf. UK Regulators Warn Banks On Use Of AI In Loan Applications. *Financial Times*, 13 fev. 2022. Disponível em: www.ft.com/content/e24c93b8-85e6-4002-afdd-dd650a274f16. Acesso em: 16 abr. 2023.

[10] Cf. HOW insurance companies use AI algorithms to cut health care for seniors on Medicare Advantage. *WBUR*, 15 mar. 2023. Disponível em: www.wbur.org/hereandnow/2023/03/15/ai-algorithms-medicare-advantage. Acesso em: 14 jul. 2023.

[11] MACHINE Learning: Learning how to entertain the world. 2023. *Netflix Research*. Disponível em: https://research.netflix.com/research-area/machine-learning. Acesso em: 16 abr. 2023.

[12] MAYBIN, Simon. Sistema de algoritmo que determina pena de condenados cria polêmica nos EUA. *BBC News*, 31 out. 2016. Disponível em: www.bbc.com/portuguese/brasil-37677421. Acesso em: 16 abr. 2023.

[13] DONEDA, Danilo César Maganhoto; *et al*. Considerações iniciais sobre inteligência artificial, ética e autonomia pessoal. *Pensar Revista de Ciências Jurídicas*, Fortaleza, v. 23, n. 4, p. 1-17, out./dez. 2018. Disponível em: https://ojs.unifor.br/rpen/article/view/8257/pdf. Acesso em: 16 abr. 2023.

linguagem natural, lidam com problemas típicos do processo interpretativo da linguagem humana, como a vagueza e a ambiguidade de vocábulos e enunciados,[14] o contexto em que tais vocábulos e frases são empregados (ou a falta dele)[15] ou, ainda, como os dados históricos e estatísticos que orientam os algoritmos podem criar vieses (*bias*) que resultam em tratamentos discriminatórios.[16]

Por mais que essas ferramentas tenham evoluído, resultado de técnicas mais avançadas de *machine learning* e do acesso a uma base cada vez maior de informação (análise de *Big Data*), é necessário discutir se decisões tomadas por meios automatizados não supervisionados pelo homem são compatíveis ou não com o nosso atual ordenamento jurídico.

O objetivo geral deste estudo é entender como ferramentas de inteligência artificial baseadas em processamento de linguagem natural lidam com problemas interpretativos na tomada de decisões automatizadas e como esses problemas repercutem nos direitos da personalidade. Levanta-se como problema central a ser investigado se seria possível, diante da complexidade da linguagem humana e da subjetividade do processo decisional, tornar autônomas, sem nenhuma supervisão humana, decisões que afetam ou possam afetar significativamente aspectos pessoais e patrimoniais dos indivíduos. E mais, se essas decisões seriam compatíveis com nosso ordenamento jurídico.

Para responder a tais questionamentos, utiliza-se o método dedutivo, mediante a revisão de literatura, em especial sobre textos e documentos voltados ao direito digital e textos que tratam sobre linguagem e interpretação, aliados à análise da legislação constitucional e infraconstitucional sobre o assunto.

2 Como as máquinas aprendem?

O termo "inteligência artificial" (IA) foi empregado pela primeira vez em 1956, em um artigo científico produzido durante a Conferência

[14] NOGUEIRA, Pedro Henrique Pedrosa. Os limites linguístico-legislativos da discricionariedade judicial. *Revista de informação legislativa*, Brasília, Senado Federal, v. 46, n. 181, jan./mar. 2009.

[15] CAVALCANTE, Mantovanni Colares. Frases sem texto: a utilização de precedentes a partir de ementas. *In*: CARVALHO, Paulo de Barros (Coord.). *Texto e Contexto no Direito Tributário*. São Paulo: Noeses, 2020. p. 881-895.

[16] DUARTE, Alan; NEGÓCIO, Ramon de Vasconcelos. Todos são iguais perante o algoritmo? Uma resposta cultural do direito à discriminação algorítmica. *Direito Público*, v. 18, n. 100,2021. Disponível em: www.portaldeperiodicos.idp.edu.br/direitopublico/article/view/5869. Acesso em: 16 abr. 2023.

de Dartmouth e intitulado *A proposal for the Dartmouth Summer Research Project on Artificial Intelligence*,[17] sendo este considerado o marco oficial de nascimento da expressão.[18] No entanto, seu conceito não encontra o mesmo consenso na doutrina especializada.[19]

Essa dificuldade deve-se à multiplicidade de critérios que têm sido empregados nessa conceituação. Algumas definições, por exemplo, enfatizam semelhanças com a forma de pensar dos seres humanos (*reasoning*), enquanto outras priorizam a aproximação ou a emulação com a maneira de nos comportarmos (*behavior*) como elemento central da formação do conceito. Essa multiplicidade de critérios dificulta o estabelecimento de um conceito amplamente aceito pela comunidade acadêmica. Para os fins do presente trabalho, será adotada uma perspectiva que prioriza a emulação do pensamento humano por meio do aprendizado e do uso de generalizações que servem de base para decisões.

Entre as mais diversas subáreas da inteligência artificial, uma das que demonstram grande potencial é a que emprega o processamento de linguagem natural para conferir aos sistemas computacionais a capacidade de "entender" a linguagem humana, por meio da compreensão de textos ou do reconhecimento de voz.[20] Segundo Silvio do Lago Pereira,[21] o PLN foca em três aspectos da comunicação humana: o som (fonologia), a estrutura (morfologia e sintaxe) e o significado (semântica e pragmática).

A fonologia estaria relacionada ao reconhecimento dos sons que compõem as palavras de uma língua. A morfologia, por sua vez, reconhece as palavras por intermédio das unidades primitivas que as compõem (sílabas, prefixos e sufixos). A sintaxe define a estrutura da frase, com base na forma como as palavras se relacionam. A semântica

---

17 MACCARTHY, John; MINSKY, Marvin L.; ROCHESTER, Nathaniel; SHANNON, Claude E. *A proposal for the Dartmouth Summer Research Project on Artificial Intelligence*, 1955. Disponível em: http://jmc.stanford.edu/articles/dartmouth/dartmouth.pdf. Acesso em: 18 abr. 2023.

18 LAGE. *Op. cit.*, p. 37.

19 VALE, Luís Manoel Borges do. A tomada de decisão por máquinas: a proibição, no direito, de utilização de algoritmos não supervisionados. *In*: NUNES, Dierle; LUCON, Paulo Henrique Santos; WOLKART, Erik Navarro (Org.). *Inteligência artificial e direito processual*: os impactos da virada tecnológica no direito processual. 3. ed. Salvador: Juspodivm, 2020. p. 819-833.

20 Fernanda Lages afirma que essa técnica seria um conjunto de métodos formais para analisar textos e gerar frases em um idioma, permitindo, assim, entender, analisar, manipular e interpretar as linguagens humanas (Cf. LAGE. *Op. cit.*, p. 74).

21 PEREIRA. *Op. cit.*

preocupa-se com o significado das palavras que compõem uma estrutura sintática. Por fim, a pragmática verifica se o significado conferido a uma estrutura sintática é realmente o mais adequado ao contexto considerado.

Dessa forma, o programa de computador precisa "compreender" regras gramaticais e de sintaxe, bem como aspectos e nuances relacionados ao sotaque e/ou ao coloquialismo, para que, de modo adequado, consiga imitar o modo como um ser humano com média formação os entenderia. O estudo da linguagem humana e de nosso processo interpretativo é essencial para o processo. Técnicas de *machine learning, deep learning* e PLN conjugadas são os principais métodos utilizados para alimentar e operar sistemas e aplicativos de *chatbot* de IA (a exemplo do *ChatGPT*) ou assistentes pessoais que respondem a comandos por voz (como Alexa da Amazon, Siri da Apple, Google Assistant e Watson da IBM).

Muitos entusiastas enxergam nos sistemas computacionais baseados em inteligência artificial uma saída para resolver a ineficiência e a taxa de congestionamento do Judiciário brasileiro, seja com a automação de tarefas repetitivas (que não exigiria tecnologias sofisticadas e seria mais facilmente implementável), seja com tarefas mais complexas, como a elaboração de peças e sentenças de forma automática (que exigem uma tecnologia muito mais complexa e elaborada) – cenário que ainda parece distante, diante da dificuldade de superar desafios inerentes ao processo interpretativo.[22]

3 As dificuldades enfrentadas pela inteligência artificial no processo interpretativo

Os problemas enfrentados pelos sistemas computacionais baseados em inteligência artificial se assemelham, em grande medida, aos enfrentados pelos seres humanos no processo comunicativo, em geral caracterizados por questões relacionadas à vagueza dos termos empregados ou à sua ambiguidade interpretativa, que muitas vezes exigem atenção ao contexto compartilhado pelos interlocutores.

O estudo da linguagem humana ganhou bastante atenção da academia no decorrer do século XX, fruto dos estudos da filosofia da

[22] WOLKART, Erik Navarro. *Análise econômica do processo civil*: como a economia, o direito e a psicologia podem vencer a tragédia da justiça. São Paulo: Thomson Reuters Brasil, 2019. p. 724.

linguagem e sua "guinada linguística",[23] e continua até a presente data a ser objeto de constantes discussões e debates, a exemplo das críticas feitas por autores como Lenio Streck.[24] A complexidade da comunicação humana é uma barreira que necessita ser superada para que tenhamos máquinas que consigam emular com perfeição a linguagem humana e assim reproduzir com maior segurança as significações.

No processo comunicativo, sempre devem ser levadas em consideração algumas questões que vão muito além de aspectos puramente gramaticais, a exemplo de fatores subjetivos e extralinguísticos – como a intencionalidade, o eufemismo, a intuição, a ironia etc.,[25] questões que as máquinas, ao menos até o presente momento, ainda não conseguiram superar de modo adequado e satisfatório.

Tal dificuldade ainda se potencializa quando o processo interpretativo é voltado à tomada de decisões, em especial decisões jurídicas, área que é influenciada não só por aspectos ligados à compreensão da linguagem (a exemplo de regras gramaticais e de semântica), mas também por fatores subjetivos relacionados ao próprio intérprete.

Mantovanni Colares Cavalcante chama a atenção para o grande perigo da realização da interpretação de vocábulos e enunciados desassociados de seu contexto e do risco de essas expressões ganharem significado distinto do pretendido pelo comunicador do discurso, tornando-se autônomas (enunciado autossuficiente), ou seja, um elemento abstrato, passível de gerar inúmeras leituras, sem o devido cuidado, atenção e reflexão.[26] Destaca Pedro Henrique Nogueira[27] que a compreensão do contexto em que vocábulos e enunciados são empregados ajuda a eliminar e, por vezes, a reduzir o espaço de vagueza e ambiguidade dos signos.

Nesse ponto reside um dos maiores desafios da máquina: a diferenciação entre a semântica e a sintaxe, a ser operacionalizada mediante

---

[23] WARAT, Luís Alberto. *O direito e sua linguagem*. Porto Alegre: S. A. Fabris, 1995. p. 63.

[24] STRECK, Lenio Luiz. Hermenêutica, analítica e argumentação: distintas visões sobre a discricionariedade judicial. *Novos Estudos Jurídicos*, Itajaí (SC), v. 25, n. 2, p. 371-387, 2020. Disponível em: https://periodicos.univali.br/index.php/nej/article/view/16910. Acesso em: 22 abr. 2023.

[25] PINTO, Henrique Alves. A utilização da inteligência artificial no processo de tomada de decisões: por uma necessária *accountability*. *RIL Brasília*, ano 57, n. 225, p. 43-60, jan./mar. 2020. Disponível em: www12.senado.leg.br/ril/edicoes/57/225/ril_v57_n225_p43.pdf. Acesso em: 22 abr. 2023.

[26] CAVALCANTE, Mantovanni Colares. Frases sem Texto: A utilização de precedentes a partir de ementas. *In*: CARVALHO. *Op. cit.*, p. 887.

[27] NOGUEIRA. *Op. cit.*, p. 320.

códigos computacionais binários. Seja por limitações técnicas dos algoritmos[28] – incapazes de abarcar toda a complexidade da comunicação humana –, seja por uma base de dados de treinamento limitada ou enviesada, as aplicações de inteligência artificial ainda não conseguem realizar com elevado grau de precisão e segurança as associações e contextualizações necessárias ao processo interpretativo, falhas que podem resultar em distorções em suas respostas e, por consequência, viciar sua tomada de decisão.[29]

Essas dificuldades revelam que a inteligência artificial, embora caminhe a passos largos para melhorar tais deficiências, ainda não se mostra capaz, por exemplo, de proferir uma decisão judicial que seja resultado da valoração de fatos, da ponderação de valores e da busca de uma solução adequada ao problema trazido. Isso significa dizer que hoje temos máquinas capazes de "ouvir", vale dizer, com a aptidão de receber informações, mas que não são capazes ainda de "escutar", o que requer mais que ouvir: significa prestar atenção ao assunto, entender do que se trata, perceber o que foi dito, "sentir" as palavras, memorizar o assunto, opinar, levar em consideração e agir ou não em conformidade.[30]

A inteligência artificial é programada para tomar decisões de forma objetiva, baseada em dados e seguindo regras preestabelecidas. Isso limita sua capacidade de lidar com questões mais complexas, que exigem a conjugação de conhecimentos e a consideração de fatores subjetivos que repercutem na vida, na liberdade, na intimidade, na saúde e no patrimônio dos indivíduos.[31]

Diante de tal quadro, considera-se essencial a auditabilidade dos algoritmos e das decisões por eles tomadas, assegurando-se maior transparência das ações executadas pela máquina. O aspecto decisivo será o emprego de métodos e processos que permitam aos seres humanos compreender e confiar nos resultados extraídos de decisões automatizadas.[32]

---

[28] Limitações reconhecidas pelos próprios desenvolvedores desses sistemas computacionais, ao afirmar que a ferramenta *ChatGPT* "ainda não é totalmente confiável (ele 'alucina' fatos e comete erros de raciocínio)". Ver OPENAI. *GPT-4*. Disponível em: https://openai.com/research/gpt-4. Acesso em: 22 abr. 2023.

[29] CAMARGO SANTOS, Coriolano Aurélio A.; PERES, João Roberto. Chat GPT-4 mentiu? Será a IA o começo do nosso fim? *Migalhas*, 3 abr. 2023. Disponível em: www.migalhas.com.br/coluna/direito-digital/384041/chat-gpt-4-mentiu-sera-a-ia-o-comeco-do-nosso-fim. Acesso em: 22 abr. 2023.

[30] A DIFERENÇA entre ouvir e escutar. Disponível em: https://procuradaela.org.br/pdfarquivo/A-DIFEREN%C3%87A-DE-OUVIR-E-ESCUTAR.pdf. Acesso em: 23 abr. 2023.

[31] VALE. *Op. cit.*, p. 825.

[32] IBM. *What is explainable AI (XAI)?* Disponível em: www.ibm.com/watson/explainable-ai. Acesso em: 23 abr. 2023.

4 Quais cuidados devem ser adotados para reduzir os riscos de distorções e discriminações em decisões automatizadas?

Como visto no item anterior, considerando a complexidade da linguagem humana somada à questão subjetiva que envolve a tomada de decisões, em especial as judiciais, somente teremos decisões automatizadas compatíveis com nosso ordenamento jurídico se estas forem capazes de ser auditadas, explicadas e, se necessário, revistas.

Na sociedade atual, caracterizada pelas relações remotas e informatizadas, os dados pessoais acabam por se constituir na única forma de representação dos indivíduos perante as mais diversas organizações estatais e privadas, sendo determinantes para "abrir ou fechar as portas de oportunidades e acessos", conforme destaca Danilo Doneda. Nesse sentido, o referido autor menciona o impacto que as decisões automatizadas, que se referem a um indivíduo determinado, podem ter sobre os direitos individuais, especialmente no que se refere à autonomia, à igualdade e à personalidade.[33]

Quais cuidados os desenvolvedores dessas ferramentas, os entes estatais e os seus usuários devem adotar para evitar ou, ao menos, mitigar esses riscos? E ainda: esses cuidados são suficientes? Ou as decisões automatizadas necessariamente são incompatíveis com os direitos acima destacados?

Certamente não se trata de questionamentos fáceis de ser respondidos, seja em razão da multiplicidade de sistemas de IA e suas múltiplas possibilidades de combinações, como observa Henrique Pinto Alves,[34] seja em razão da dinamicidade e da velocidade com que as inovações têm surgido. Sabe-se que a utilização de decisões automatizadas já é um fato, ainda que tenham sido empregadas para a tomada de decisões mais "simples", que necessitam do reconhecimento de determinados padrões extraídos de uma base de dados previamente fornecida, como, por exemplo, as chances que um indivíduo tem de inadimplir ou não um empréstimo bancário.

Nesse ponto, desde que os fatores que guiaram essas decisões automatizadas sejam passíveis de ser auditados e desde que sejam assegurados os meios para que o indivíduo obtenha uma explicação clara e fundamentada de tais critérios – e, ainda, caso não concorde com

---

[33] DONEDA. *Op. cit.*, p. 4.

[34] PINTO. *Op. cit.*

eles, tenha o direito de revisá-los e eventualmente responsabilizar tais tomadores de decisões –, parece-nos que as decisões, mesmo com eventuais riscos interpretativos, são compatíveis com nosso ordenamento.

Os desafios maiores residem na tomada de decisões que exigem respostas pautadas por critérios mais qualitativos, ou seja, decisões mais complexas e que envolvem mais variáveis, e não tão quantitativas e repetitivas, a exemplo de decisões de consumo. Conhecer e compreender como esses complexos sistemas computacionais funcionam é uma tarefa quase inatingível até para os próprios desenvolvedores, que, por vezes, têm dificuldades para explicar como esses sistemas computacionais chegam a seus resultados.

A doutrina especializada tem debatido uma série de sugestões e soluções para um emprego mais ético, transparente e legal da inteligência artificial. Entre essas sugestões destacam-se a Declaração sobre Transparência Algorítmica e Responsabilidade, da *Association for Computing Machiery US Public*,[35] e a Recomendação sobre a Ética da Inteligência Artificial, de autoria da Conferência Geral da UNESCO. Esta última visa "fornecer um marco universal de valores, princípios e ações para orientar os Estados na formação de suas legislações, políticas ou outros instrumentos relativos à IA (...)".[36]

O primeiro aspecto que deve ser observado é o da explicação das decisões automatizadas e da possibilidade de elas serem auditadas. As legislações devem se preocupar em criar incentivos para que os tomadores de decisões produzam explicações sobre os procedimentos seguidos pelo algoritmo e as decisões automatizadas por eles tomadas, sobretudo quando essas decisões se referirem a um indivíduo determinado.[37]

Além disso, os entes nacionais e os tomadores de decisões devem criar e disponibilizar os meios adequados para que os indivíduos afetados por tais decisões possam compreender os critérios empregados, assegurando assim a transparência algorítmica (*data laundry*) e afastando o risco da opacidade dos algoritmos (*black box*).

O problema da falta de transparência é extremamente relevante para a presente discussão, visto que a verificação da ocorrência de

---

[35] USACM (Association for Computing Machinery US Public). *Statement on Algorithmic Transparency and Accountability*, 2017. Disponível em: www.acm.org/binaries/content/assets/public-policy/2017_usacm_statement_algorithms.pdf. Acesso em: 22 abr. 2023.

[36] UNESCO. *Recomendação sobre a Ética da Inteligência Artificial*. Aprovada em 23 de novembro de 2021. Disponível em: https://unesdoc.unesco.org/ark:/48223/pf0000381137_por. Acesso em: 22 abr. 2023.

[37] LAGE. *Op. cit.*, p. 65.

eventual discriminação depende de se saber qual é o *input* do algoritmo ou qual é o método estatístico utilizado.[38] Nesse ponto, o alcance por essa transparência encontra como maior obstáculo a proteção ao sigilo comercial e industrial.

Nosso ordenamento jurídico, precisamente no art. 20 da Lei Geral de Proteção de Dados (LGPD), prevê o direito do titular de dados de solicitar a revisão de decisões tomadas unicamente com base em tratamento automatizado de dados pessoais que afetem seus interesses, incluídas as decisões destinadas a definir seu perfil pessoal, profissional, de consumo e de crédito ou os aspectos de sua personalidade. Caso sua solicitação não seja atendida, a lei determina que a Autoridade Nacional de Dados realize uma auditoria para a verificação de eventuais aspectos discriminatórios em um tratamento automatizado de dados pessoais (§2º, art. 20, LGPD).

A crítica que se faz a essa previsão legal é sua baixa efetividade, seja pela falta de disponibilização aos indivíduos afastados de canais acessíveis e claros para o recebimento de reclamações, seja pela falta de regulamentação de como essa auditoria será realizada pela Autoridade Nacional de Dados, ou, ainda, pela dificuldade dos próprios responsáveis pela tomada de decisões em conseguir explicar como os algoritmos chegaram a essa decisão.

O segundo parâmetro a ser buscado gira em torno do dever prévio de cautela e consciência de todas as partes envolvidas na criação e utilização dos sistemas de inteligência artificial, devendo as partes envolvidas estarem cientes dos possíveis danos que dados potencialmente prejudiciais podem causar aos indivíduos e à sociedade.[39]

Os desenvolvedores de algoritmos devem se cercar de todos os cuidados no momento da criação e da programação do algoritmo, antecipando e mitigando possíveis vieses capazes de gerar distorções e discriminações (*legal by design*), sob pena de responsabilização e dever de reparação. Nesse ponto, destaca Doneda que a qualidade da decisão automatizada (*output*) tem correlação direta com a qualidade dos dados que ele processa (*input*). Assim, se forem utilizados no modelo estatístico dados com alto potencial discriminatório, tais como dados raciais, étnicos ou de orientação sexual, haverá grande risco de que a decisão que resultará do processo automatizado (*output*) também seja discriminatória.[40]

---

[38] DONEDA. *Op. cit.*

[39] LAGE. *Op. cit.*, p. 64.

[40] DONEDA. *Op. cit.*, p. 5.

Os desenvolvedores e demais responsáveis pelo sistema computacional devem, portanto, sempre que possível, antecipar-se a esses riscos, evitando o uso de métodos e dados que tenham o potencial de distorção e discriminação, e atuando sempre de forma preventiva.

O terceiro parâmetro para uma tutela mais efetiva das decisões automatizadas e que deve ser somado a iniciativas que assegurem a auditabilidade das decisões e ao dever geral de prevenção consiste no estabelecimento de normas que definam, de forma clara, a responsabilidade dos responsáveis por algoritmos, assegurando o acesso e a possibilidade de reparação dos danos causados a indivíduos e grupos afetados por decisões automatizadas.

Nosso ordenamento já consagra normas específicas para a responsabilização de controladores e operadores de dados, precisamente nos arts. 42 e seguintes da LGPD; contudo, essas disposições não são suficientes para atender aos desafios decorrentes do uso de inteligências artificiais.

Para suprir essa lacuna, encontra-se em tramitação no Congresso Nacional o projeto de Lei nº 21/20,[41] o chamado Marco Legal da Inteligência Artificial, que, entre seus objetivos, pretende trazer regras claras acerca das responsabilidades dos agentes que atuam na cadeia de desenvolvimento e operação de sistemas de inteligência, responsabilizando-os pelos resultados do funcionamento desses sistemas.

Até que tenhamos uma regulação que nos assegure esses parâmetros mínimos, parece fundamental que decisões automatizadas que afetem a liberdade, a autonomia, a igualdade e a personalidade sejam, preferencialmente, revisadas por seres humanos, para assegurar que eventuais falhas interpretativas e dados potencialmente prejudiciais não sejam fruto de discriminações e danos a sujeitos ou grupos sociais.

5 Considerações finais

Estamos diante de um cenário tecnológico sem precedentes, em que nos damos conta do poder e do potencial que sistemas computacionais que empregam técnicas de inteligência artificial são capazes de atingir, permitindo vislumbrar, em um cenário cada vez mais próximo,

---

[41] BRASIL. Senado Federal. *Projeto de Lei n. 21 de 2020*. Estabelece fundamentos, princípios e diretrizes para o desenvolvimento e a aplicação da inteligência artificial no Brasil; e dá outras providências. Disponível em: www25.senado.leg.br/web/atividade/materias/-/materia/151547. Acesso em: 22 abr. 2023.

a realização do antigo desejo da humanidade: o da criação de máquinas que possam substituir o homem em algumas de suas atividades e afazeres.

Observamos com fascínio as melhorias e facilidades que essas novas ferramentas podem trazer, sobretudo em seu aspecto quantitativo, ao permitir o tratamento de gigantescos volumes de dados de forma muito mais eficiente e rápida. Contudo, superada essa fase inicial de deslumbre, mostra-se necessário agirmos com postura crítica, compreendendo melhor as consequências e os riscos que essas tecnologias podem causar.

Não se deve, na busca cega por inovação, permitir que esses avanços venham à custa da liberdade, da igualdade e da personalidade de indivíduos e/ou de determinados grupos sociais; afinal de contas, a inteligência artificial pode muito, mas não pode tudo. Deve-se ter como limite as garantias e os direitos fundamentais de nossa Constituição.

Diante da complexidade da linguagem humana somada à questão subjetiva que envolve a tomada de decisões, em especial as judiciais, somente teremos decisões automatizadas compatíveis com nosso ordenamento jurídico se estas forem capazes de ser auditadas, explicadas e, se necessário, revistas, assegurando-se, se for o caso, a responsabilização dos agentes que desenvolvem esses sistemas computacionais.

Até que tenhamos uma regulação que nos assegure esses parâmetros mínimos para a regulação das aplicações de inteligência artificial, é fundamental que decisões automatizadas que afetem a liberdade, a autonomia, a igualdade e a personalidade sejam revisadas por seres humanos, para assegurar que eventuais falhas interpretativas e dados potencialmente prejudiciais não originem situações discriminatórias e danosas a sujeitos ou grupos sociais específicos.

Referências

A DIFERENÇA entre ouvir e escutar. Disponível em: https://procuradaela.org.br/pdfarquivo/A-DIFEREN%C3%87A-DE-OUVIR-E-ESCUTAR.pdf. Acesso em: 23 abr. 2023.

A HISTORY of Artificial Intelligence: From ancient civilization to the present day. Disponível em: https://ahistoryofai.com/antiquity. Acesso em: 11 abr. 2023.

ARAÚJO, Aurélio. Minority Report virou realidade? Algoritmo prevê crimes uma semana antes. *UOL*, 4 jul. 2022. Disponível em: www.uol.com.br/tilt/noticias/redacao/2022/07/01/minority-report-algoritmo-preve-crimes-com-uma-semana-de-antecedencia.htm. Acesso em: 16 abr. 2023.

ARISTÓTELES. *A Política*. São Paulo: Folha de S.Paulo, 2010. (Coleção Livros que Mudaram o Mundo.) Disponível em: https://edisciplinas.usp.br/pluginfile.php/5321178/mod_resource/content/2/aristoteles-a-politica-livro-i.pdf. Acesso em: 11 abr. 2023.

BRASIL. *Lei Geral de Proteção De Dados*. Lei nº 13.709, de 14 de agosto de 2018. Disponível em: www.planalto.gov.br/ccivil_03/_ato2015-2018/2018/lei/l13709.htm. Acesso em: 22 abr. 2023.

BRASIL. *Marco Civil da Internet*. Lei nº 12.965, de 23 de abril de 2014. Disponível em: www.planalto.gov.br/ccivil_03/_ato2011-2014/2014/lei/l12965.htm. Acesso em: 22 abr. 2023.

BRASIL. Senado Federal. *Projeto de Lei n. 21 de 2020*. Estabelece fundamentos, princípios e diretrizes para o desenvolvimento e a aplicação da inteligência artificial no Brasil; e dá outras providências. Disponível em: www25.senado.leg.br/web/atividade/materias/-/materia/151547. Acesso em: 22 abr. 2023.

CAMARGO SANTOS, Coriolano Aurélio A.; PERES, João Roberto. Chat GPT-4 mentiu? Será a IA o começo do nosso fim? *Migalhas*, 3 abr. 2023. Disponível em: www.migalhas.com.br/coluna/direito-digital/384041/chat-gpt-4-mentiu-sera-a-ia-o-comeco-do-nosso-fim. Acesso em: 22 abr. 2023.

CASTELLS, Manuel. *1942 – A sociedade em rede*. Trad. Roneide Venancio Majer. 24. ed., rev. e ampl. Rio de Janeiro: Paz e Terra, 2022.

CARVALHO, Paulo de Barros. (Coord.). *Texto e Contexto no Direito Tributário*. São Paulo: Noeses, 2020. p. 881-895.

CAVALCANTE, Mantovanni Colares. Frases sem texto: a utilização de precedentes a partir de ementas. *In*: DASCAL, Marcelo. *Interpretação e compreensão*. Trad. Márcia Heloisa Lima da Rocha. São Leopoldo, RS: Editora Unisinos, 2006,

DONEDA, Danilo César Maganhoto; *et al*. Considerações iniciais sobre inteligência artificial, ética e autonomia pessoal. *Pensar Revista de Ciências Jurídicas*, Fortaleza, v. 23, n. 4, p. 1-17, out./dez. 2018. Disponível em: https://ojs.unifor.br/rpen/article/view/8257/pdf. Acesso em: 16 abr. 2023.

DUARTE, Alan; NEGÓCIO, Ramon de Vasconcelos. Todos são iguais perante o algoritmo? Uma resposta cultural do direito à discriminação algorítmica. *Direito Público*, v. 18, n. 100, 2022. Disponível em: www.portaldeperiodicos.idp.edu.br/direitopublico/article/view/5869. Acesso em: 16 abr. 2023.

HOW insurance companies use AI algorithms to cut health care for seniors on Medicare Advantage. *WBUR*, 15 mar. 2023. Disponível em: www.wbur.org/hereandnow/2023/03/15/ai-algorithms-medicare-advantage. Acesso em: 14 jul. 2023.

IBM. *What is explainable AI (XAI)?* Disponível em: www.ibm.com/watson/explainable-ai. Acesso em: 23 abr. 2023.

LAGE, Fernanda de Carvalho. *Manual de Inteligência Artificial no Direito Brasileiro*. 2 ed. rev., atual e ampl. São Paulo: Juspodivm, 2022.

LEROI, Armand Marie. The Lagoon: How Aristotle Invented Science. *In:* A HISTORY of Artificial Intelligence: From ancient civilization to the present day. Disponível em: https://ahistoryofai.com/antiquity. Acesso em: 11 abr. 2023.

MACCARTHY, John; MINSKY, Marvin L.; ROCHESTER, Nathaniel; SHANNON, Claude E. *A proposal for the Dartmouth Summer Research Project on Artificial Intelligence*, 1955. Disponível em: http://jmc.stanford.edu/articles/dartmouth/dartmouth.pdf. Acesso em: 18 abr. 2023.

MACHINE Learning: Learning how to entertain the world. 2023. *Netflix Research*. Disponível em: https://research.netflix.com/research-area/machine-learning. Acesso em: 16 abr. 2023.

MAYBIN, Simon. Sistema de algoritmo que determina pena de condenados cria polêmica nos EUA. *BBC News*, 31 out. 2016. Disponível em: www.bbc.com/portuguese/brasil-37677421. Acesso em: 16 abr. 2023.

MINOS, Pasífae e o Minotauro. *Portal Grécia Antiga*. Disponível em: https://greciantiga.org/arquivo.asp?num=0653. Acesso em: 11 abr. 2023.

NOGUEIRA, Pedro Henrique Pedrosa. Os limites linguístico-legislativos da discricionariedade judicial. *Revista de informação legislativa*, Brasília, Senado Federal, v. 46, n. 181, jan./mar. 2009.

O MITO de Pandora (e a origem da Caixa de Pandora). Disponível em: www.mitologia.pt/o-mito-de-pandora-e-a-origem-da-caixa-49535. Acesso em: 11 abr. 2023.

OPENAI. *GPT-4*. Disponível em: https://openai.com/research/gpt-4. Acesso em: 22 abr. 2023.

OPENAI. *What is ChatGPT?* Disponível em: https://help.openai.com/en/articles/6783457-what-is-chatgpt. Acesso em: 13 fev. 2023.

PEREIRA, Sílvio do Lago. Processamento de Linguagem Natural. São Paulo: Instituto de Matemática e Estatística da Universidade de São Paulo (IME-USP), 2011. Disponível em: www.ime.usp.br/~slago/IA-pln.pdf. Acesso em: 13 abr. 2023.

PINTO, Henrique Alves. A utilização da inteligência artificial no processo de tomada de decisões: por uma necessária *accountability*. *RIL Brasília*, ano 57, n. 225, p. 43-60, jan./mar. 2020. Disponível em: www12.senado.leg.br/ril/edicoes/57/225/ril_v57_n225_p43.pdf. Acesso em: 22 abr. 2023.

SCHWAB, Klaus. *A quarta revolução industrial*. Trad. Daniel Moreira Miranda. São Paulo: Edipro, 2016.

STRECK, Lenio Luiz. Hermenêutica, analítica e argumentação: distintas visões sobre a discricionariedade judicial. *Novos Estudos Jurídicos*, Itajaí (SC), v. 25, n. 2, p. 371-387, 2020. Disponível em: https://periodicos.univali.br/index.php/nej/article/view/16910. Acesso em: 22 abr. 2023.

UK Regulators Warn Banks On Use Of AI In Loan Applications. *Financial Times*, 13 fev. 2022. Disponível em: www.ft.com/content/e24c93b8-85e6-4002-afdd-dd650a274f16. Acesso em: 16 abr. 2023.

UNESCO. *Recomendação sobre a Ética da Inteligência Artificial*. Aprovada em 23 de novembro de 2021. Disponível em: https://unesdoc.unesco.org/ark:/48223/pf0000381137_por. Acesso em: 22 abr. 2023.

USACM (Association for Computing Machinery US Public). *Statement on Algorithmic Transparency and Accountability*, 2017. Disponível em: www.acm.org/binaries/content/assets/public-policy/2017_usacm_statement_algorithms.pdf. Acesso em: 22 abr. 2023.

VALE, Luís Manoel Borges do. A tomada de decisão por máquinas: a proibição, no direito, de utilização de algoritmos não supervisionados. *In*: NUNES, Dierle; LUCON, Paulo Henrique Santos; WOLKART, Erik Navarro. (Org.). *Inteligência artificial e direito processual*: os impactos da virada tecnológica no direito processual. 3. ed. Salvador: Juspodivm, 2020. p. 819-833.

WARAT, Luís Alberto. *O direito e sua linguagem*. Porto Alegre: S. A. Fabris, 1995.

WOLKART, Erik Navarro. *Análise econômica do processo civil*: como a economia, o direito e a psicologia podem vencer a tragédia da justiça. São Paulo: Thomson Reuters Brasil, 2019.

Informação bibliográfica deste texto, conforme a NBR 6023:2018 da Associação Brasileira de Normas Técnicas (ABNT):

SOARES, Rafael Oliveira; EHRHARDT JÚNIOR, Marcos. A automação de decisões por sistemas computacionais de inteligência artificial baseadas em Processamento de Linguagem Natural (PLN): problemas interpretativos e suas repercussões nos direitos da personalidade. *In*: EHRHARDT JÚNIOR, Marcos; CATALAN, Marcos; NUNES, Cláudia Ribeiro Pereira (Coord.). *Inteligência artificial e relações privadas*: relações existenciais e a proteção da pessoa humana. Belo Horizonte: Fórum, 2023. v. 2. p. 113-128. ISBN978-65-5518-577-5.

DESAFIOS PARA NORMATIZAR APLICATIVOS DE INTELIGÊNCIA ARTIFICIAL QUE PERMITEM "DIALOGAR" COM PESSOAS FALECIDAS

CARLOS NELSON KONDER

NINO DONATO OLIVA

1 Introdução: a busca pela perenidade em tempos de modernidade líquida

Em 2016, James Vlahos descobriu que seu pai estava com câncer terminal. Em face do risco iminente da perda, James Vlahos pediu ao seu genitor que gravasse áudios contando o maior número possível de histórias da sua vida. Com essas memórias eternizadas, James Vlahos programou o "DadBot", cujo objetivo era criar uma experiência mais interativa com o conteúdo deixado por seu então falecido pai. Esse *bot* responderia, de forma ainda rudimentar, a perguntas feitas pelo programador – e as respostas utilizariam as gravações feitas em vida pelo *de cujus*. Do que se sabe, o "DadBot" foi o primeiro registro de inteligência artificial utilizada para esse fim – e inspirou James Vlahos a lançar, anos depois, o mais famoso aplicativo dessa natureza.[1]

---

[1] BRYCE, Amber Louise. The rise of "grief tech": AI is being used to bring the people you love back from the dead. *Yahoo News*, 12 mar. 2023. Disponível em: https://sg.news.yahoo.com/rise-grief-tech-ai-being-090030199.html. Acesso em: 17 mar. 2023.

A despeito das incontáveis aplicações práticas da inteligência artificial, há um aspecto comum a todas elas: o anseio de mimetizar o intelecto humano, permitindo à máquina reproduzir, digitalmente, uma estrutura de decisão semelhante à humana.[2] Outrora limitada à busca pela automatização de atividades desenvolvidas pelos seres humanos, a inteligência artificial tem ganhado corpo para "substituir" pessoas já falecidas, dando algum tipo de continuidade à existência do indivíduo – como se viu no já "não tão fictício" capítulo da série britânica de *streaming* "Black Mirror".[3]

Em uma sociedade "líquida",[4] é instigante refletir sobre o fato de que as pessoas ainda buscam a imortalidade de seu legado e formas de lidar com a dor provocada pela perda de um ente querido. Foi o medo do luto, aliás, que impulsionou o uso de inteligência artificial para "conversar" com uma pessoa morta. É nessa toada que surgem inúmeras indagações acerca da utilização de dados da pessoa já falecida, dados que, em tese, permitiriam dar "continuidade" à personalidade de alguém para além da morte.

Em razão disso, é imperativo que o operador do direito esteja pronto para lidar com as novas aplicações da inteligência artificial e com os avanços científicos como um todo, na medida em que não se deve minar o potencial positivo das novas tecnologias, mas também não deve o civilista assumir postura omissa e que coloque em risco os valores constitucionais.[5]

Valendo-se de investigação bibliográfica, o presente artigo pretende examinar a normativa aplicável aos aplicativos que pretendem

---

2 FRANÇA NETTO, Milton Pereira de; EHRHARDT JÚNIOR, Marcos. Os riscos da discriminação algorítmica na utilização de aplicações de inteligência artificial no cenário brasileiro. *Revista jurídica luso-brasileira*, Lisboa, ano 8, n. 3, p. 1.275, 2022.

3 Eis a curta sinopse do primeiro capítulo da segunda temporada da série (intitulado "*Be right back*"): "Martha reencontra seu falecido amante através de um novo serviço que permite que as pessoas mantenham contato com os mortos". Disponível em: www.netflix.com/br/title/70264888. Acesso em: 18 mar. 2023.

4 Zygmunt Bauman explica que a modernidade líquida substituiu os relacionamentos por conexões que podem ser desfeitas a qualquer tempo. "A esperança de que 'nos encontraremos outra vez amanhã', crença que costumava oferecer todas as razões necessárias para um pensar à frente, agir a longo prazo e tecer os passos, um a um, em umcoora trajetória cuidadosamente desenhada da vida transitória e incuravelmente mortal, perdeu muito de sua credibilidade; a probabilidade de que o que encontraremos amanhã será nosso próprio corpo imerso em família, classe, vizinhança e companhia de outros colegas de trabalho inteiramente diferentes ou radicalmente mudados é muito mais crível e, portanto, uma aposta mais segura" (BAUMAN, Zygmunt. *Modernidade líquida*. São Paulo: Zahar, 2001).

5 SCHREIBER, Anderson; RIBAS, Felipe; MANSUR, Rafael. Deepfakes: regulação e responsabilidade civil. *In*: TEPEDINO, Gustavo; SILVA, Rodrigo da Guia (Coords.). *O Direito Civil na era da inteligência artificial*. São Paulo: Revista dos Tribunais, 2020. p. 626.

replicar comportamentos e manifestações de pessoas falecidas. A relevância do tema exsurge do fato de que, para "dialogar" com pessoas ainda vivas, os *apps* dependerão da coleta e do tratamento de dados por meio da inteligência artificial. Há, ainda, preocupação com as situações jurídicas que vão surgir em razão do uso potencial desses dados. Com isso em vista, utiliza-se o método dedutivo para analisar as exigências jurídicas relativas ao consentimento do falecido e aos direitos dos seus sucessores, especialmente a partir da qualificação dos dados empregados pelos aplicativos.

2 A inteligência artificial aplicada à criação de diálogos com pessoas falecidas

A chamada inteligência artificial (IA) vem paulatinamente perdendo seu *status* de tabu, a que foi alçada pelas referências de ficção científica distópica que a apresentavam como computadores gigantes em futuros distantes, para assumir lugar no cotidiano e na intimidade de nossas vidas. Entre os vários conceitos sobre o tema, perpassa a ideia simples da máquina com capacidade para aprender sozinha e aptidão para desenvolver novos métodos, respostas e estratégias diante dos dados externos com que tem contato, adotando comportamentos por vezes imprevistos mesmo por seu programador.[6] Conjugada com o chamado aprendizado de máquina (*machine learning*), pelo qual a inteligência se desenvolve a partir das próprias experiências, em particular em sua versão "profunda" (*deep learning*), em que o modelo se baseia em redes neurais similares ao cérebro humano, a IA costuma ser integrada por atributos como "autonomia, habilidade social, cooperação, proatividade e reatividade".[7]

Essa convivência mais íntima e confortável com a entidade que até então era associada à extinção da humanidade foi facilitada também pela sua modelagem "amigável": com o passar do tempo, os aplicativos baseados em IA passaram a ser programados para mimetizar seres humanos. Isso é especialmente perceptível pela adaptação dos canais

---

[6] ANDRADE, Fabio Siebeneichler de; FACCIO, Lucas Girardello. Notas sobre a responsabilidade civil pela utilização da inteligência artificial. *Revista da AJURIS* – Porto Alegre, v. 46, n. 146, p. 157, jun. 2019.

[7] TEPEDINO, Gustavo; SILVA, Rodrigo da Guia. Desafios da inteligência artificial em matéria de responsabilidade civil. *Revista Brasileira de Direito Civil – RBDCivil*, Belo Horizonte, v. 21, p. 63, jul./set. 2019.

de atendimento ao consumidor, nos quais cada vez é mais difícil reconhecer que se está falando com uma máquina, e pela "febre" de mascotes digitais – também chamados significativamente *pessoas virtuais* –, unindo a inteligência artificial à popularidade dos influenciadores.[8] Não tardou que esse movimento se tornasse acessível a todos: a possibilidade de qualquer um criar seu avatar virtual humanizado por meio da inteligência artificial é hoje disponibilizada por aplicativos como o *DeepBrain*[9] e o *HourOne*.[10]

Tendo em vista que essas pessoas virtuais são construídas pela inteligência artificial a partir de um conjunto de dados do seu usuário, quando do falecimento desse usuário coloca-se uma relevante problemática, no mais das vezes abarcada sob a controversa expressão "herança digital", na qual se discute como normatizar o gerenciamento desses dados que certamente não se reconduzem aos moldes tradicionais da sucessão *mortis causa* do acervo patrimonial.[11] Entretanto, paralelamente à sucessão involuntária desses dados, como lidar com a hipótese da pessoa virtual criada justamente com o objetivo de sobreviver à morte do seu usuário? A "ressurreição" digital de pessoas notórias por meio da IA tem contribuído para esse debate, como se pode exemplificar pela entrevista com Steve Jobs feita pelo aplicativo *Podcast.ai*,[12] pela mensagem do falecido pai do jogador Zico para um anúncio publicitário,[13] pelo holograma do cantor Freddie Mercury durante os shows da *Rhapsody Tour*, da banda Queen,[14] e pela participação *post mortem* de Carrie Fisher como a princesa Leia no último filme da franquia *Star Wars*.[15]

---

8 KNOPLECH, Carla. Mascotes virtuais como estratégia de influenciadores digitais. *Veja Rio*, 24 nov. 2021. Disponível em: https://vejario.abril.com.br/coluna/carla-knoplech/mascotes-virtuais-influenciadores. Acesso em: 23 fev. 2023.

9 Informações disponíveis em: www.deepbrain.io. Acesso em: 16 fev. 2023.

10 Informações disponíveis em: https://hourone.ai. Acesso em: 16 fev. 2023.

11 Sobre o tema, ver LEAL, Lívia Teixeira. *Internet e morte do usuário*. Rio de Janeiro: GZ, 2019. *passim*.

12 Informações disponíveis em: https://podcast.ai. Acesso em: 16 fev. 2023.

13 SANTA ROSA, Giovanni. Mercado Livre recria voz do pai de Zico usando inteligência artificial. *Tecnoblog.net*, 4 ago. 2021. Disponível em: https://tecnoblog.net/noticias/2021/08/04/mercado-livre-recria-voz-do-pai-de-zico-usando-inteligencia-artificial. Acesso em: 23 fev. 2023.

14 MARQUETI, Gabriela. Brian May se emociona ao cantar com "holograma" de Freddie Mercury. *Wikimetal*, 14 jun. 2022. Disponível em: www.wikimetal.com.br/brian-may-se-emociona-ao-cantar-freddie-mercury. Acesso em: 23 fev. 2023.

15 CANHISARES, Mariana. Star Wars: A Ascensão Skywalker. Entenda como Carrie Fisher aparece no filme. *Omelete*, 19 dez. 2019. Disponível em: www.omelete.com.br/star-wars/star-wars-ascensao-skywalker-carrie-fisher. Acesso em: 23 fev. 2023.

Com efeito, usar a inteligência artificial com esse objetivo parece atender a dois dos anseios mais fulcrais de todo ser humano: o desejo da própria imortalidade daquele que é mimetizado e o medo, de seus amigos e parentes, da dor associada à perda daquele ente querido. O atendimento desses anseios pela IA está bastante próximo de alguns aplicativos já disponíveis no mercado.

O mais famoso desses aplicativos parece ser o *HereAfter*, descrito pelos desenvolvedores como um *app* que entrevista a pessoa sobre a sua vida para permitir que, no futuro, entes queridos possam ouvir essas histórias significativas que serão contadas pelo eu virtual do *de cujus*.[16] A utilização do programa inicialmente simula uma entrevista com um biógrafo, colhendo informações sobre fatos relevantes da vida do usuário *de cujus* e permitindo que sejam adicionados fotografias e áudios: para aqueles que se sintam mais desconfortáveis, é possível, por um valor adicional, contratar um biógrafo humano vinculado ao desenvolvedor para colher essas informações. Utiliza-se então a inteligência artificial para permitir um acesso interativo de outros usuários, os "leitores", que podem ter acesso às informações por meio de perguntas, recebendo respostas como se fosse o próprio usuário original relatando-as. O serviço tem duas modalidades de assinatura, cujos custos ficarão, a princípio, a cargo da pessoa biografada: (i) periódica, em que o "acesso interativo" aos dados dependerá do pagamento de uma mensalidade; e (ii) permanente, em que o material ficará à disposição após o pagamento de uma cota única. Os usuários leitores/ouvintes não precisam pagar, mas devem se cadastrar para ter acesso. Consultado sobre a hipótese de uma superveniente impossibilidade de pagamento, o sítio do aplicativo informa apenas que outro membro da família autorizado pode pagar ou que é possível mudar para a opção de pagamento único. Lá se informa também que, em caso de desconstituição da companhia, será permitido o *download* dos dados disponíveis.

Existem também outros aplicativos em linhas similares que vêm ganhando notoriedade. É o caso do *You, only virtual*, que, nas palavras dos desenvolvedores, "é um sistema de comunicações digitais totalmente patenteado que usa IA e aprendizado de máquina para mapear e recriar a dinâmica de relacionamento entre você e seu ente querido por meio de conversas – permitindo uma comunicação autêntica após

---

16 Informações disponíveis em: www.hereafter.ai. Acesso em: 16 fev. 2023.

a morte de alguém".[17] O foco, neste caso, é a criação da *versona* ("virtual persona") com base em um relacionamento específico (como entre um casal ou entre pai e filho), de modo a reproduzir as peculiaridades da pessoa nas comunicações daquela relação. Aqui, os dados não são inseridos operacionalmente: os usuários se utilizam do aplicativo YOV em vida para se comunicar, em substituição a outro aplicativo de comunicação mais recorrente (*WhatsApp, Telegram, Messenger*...), enquanto a IA vai "analisando, aprendendo e capturando a essência da sua personalidade".[18]

Esses aplicativos ainda são bastante incipientes e primitivos, mas, supondo-se que venham a se desenvolver e considerando a significativa demanda, deve-se ter em mente seu destino provável. Como quase todos os aplicativos de sucesso, a tendência é que sejam comprados dos desenvolvedores por alguma das "gigantes" da internet e incorporados aos próprios sistemas de comunicação. Nesse caso, esse caminho é ainda mais provável, tendo em vista que os dados mais adequados para alimentar o aplicativo são aquelas mensagens e postagens já realizadas normalmente pelos usuários dos grandes programas de comunicação e as redes sociais.

Cria-se, então, o receio de que, tendo as "gigantes" da internet acesso aos dados para construir a pessoa virtual, teriam elas o poder de o fazer após a morte de cada usuário, mantendo vivo seu simulacro? Seriam Meta (*Facebook/WhatsApp*), *Google, Telegram* etc. os novos soberanos que, nas palavras de Foucault,[19] passaram de deixar viver e fazer morrer para deixar morrer e fazer viver no plano virtual? A resposta perpassa a análise da natureza e da titularidade dessas informações.

---

[17] Informações disponíveis em: www.myyov.com/about. Acesso em: 16 fev. 2023. No original: "*is a fully patented digital communications system that uses AI and machine learning to map and recreate the relationship dynamics between you and your loved one through conversation– enabling authentic communication upon one's passing.*".

[18] Informações disponíveis em: www.myyov.com/versona. Acesso em: 16 fev. 2023. No original, "*Communicate with your loved ones as you normally would, using YOV. In the background, YOV's patented technology is analyzing, learning and capturing the essence of your personality.*".

[19] Segundo o autor, "uma das mais maciças transformações do direito político do século XIX consistiu, não digo exatamente em substituir, mas em completar esse velho direito de soberania – fazer morrer ou deixar viver – com outro direito novo, que não vai apagar o primeiro, mas vai penetrá-lo, perpassá-lo, modificá-lo, e que vai ser um direito, ou melhor, um poder exatamente inverso: poder de "fazer" viver e de "deixar" morrer" (FOUCAULT, Michel. *Em defesa da sociedade*. São Paulo: Martins Fontes, 1999. p. 287).

3 Natureza dos dados e seu regime normativo

Os aplicativos que permitem "dialogar" com pessoas falecidas atuam sobre um grupo de dados – que consistem em mensagens, postagens ou mesmo condutas captadas em áudio e vídeo – e geram, por meio da inteligência artificial, um "novo" grupo de dados consistente nas respostas que simulam a reação do falecido a novas interações, tudo como se ainda estivesse vivo. Todos esses dados são digitais, isto é, informações traduzidas em códigos binários para facilitar o armazenamento e tratamento.[20] Como objeto de situações jurídicas subjetivas, esses dados são bens jurídicos – mais especificamente, *bens digitais*.[21]

O tratamento normativo desses bens deve ser pautado pelo seu perfil funcional, mais adequado a abordar o papel desempenhado pela situação no âmbito das relações sociojurídicas, identificando-se, desse modo, se o bem tem natureza patrimonial, existencial ou dúplice.[22] No caso das informações descritas, resta claro que tanto as informações captadas pelo aplicativo, relativas ao comportamento e às interações dela em sua vida de relações, como aquelas produzidas pelo aplicativo, para permitir novas interações e reações após a sua morte, são de natureza *existencial*.

Diferenciam-se, assim, de bens digitais patrimoniais, como moedas virtuais (p. ex., *bitcoins*), milhas, *sites*, aplicativos e cupons eletrônicos, bem como de bens digitais dúplices, como perfis em redes sociais que servem à divulgação de produtos com fins econômicos, acesso a sítios de relacionamento em que se paga por acesso *premium* e jogos

---

20 LEVY, Pierre. *Cibercultura*. São Paulo: Editora 34, 2010. p. 54.

21 Na definição de Zulmar Fachin e Valter Pinheiro, "bens digitais são bens imateriais representados por instruções codificadas e organizadas virtualmente com a utilização linguagem informática, armazenados em forma digital, seja no dispositivo do próprio usuário ou em servidores externos como no caso de armazenamento em nuvem, por exemplo, cuja interpretação e reprodução se opera por meio de dispositivos informáticos (computadores, *tablets*, *smartphones*, entre outros), que poderão estar ou não armazenado no dispositivo de seu próprio titular, ou transmitidos entre usuários de um dispositivo para outro, acesso via download de servidores ou digitalmente na rede, e podem se apresentar ao usuário". (FACHIN, Zulmar Antônio; PINHEIRO, Valter Giuliano Mossini. Bens digitais: análise da possibilidade de tutela jurídica no Direito brasileiro. *In*: DIAS, Feliciano Alcides; TAVARES NETO, José Querino; ASSAFIM, João Marcelo de Lima (Coords.). *Direito, inovação, propriedade intelectual e concorrência*. Florianópolis: CONPEDI, 2018. p. 296).

22 TEIXEIRA, Ana Carolina Brochado; KONDER, Carlos Nelson. O enquadramento dos bens digitais sob o perfil funcional das situações jurídicas. *In*: TEIXEIRA, Ana Carolina Brochado; LEAL, Lívia Teixeira (Coords.). *Herança digital*: controvérsias e alternativas. Indaiatuba (SP): Foco, 2021. p. 21-40.

sociais.[23] Essa distinção justifica tratamento normativo próprio, sob a alçada dos chamados direitos da personalidade e da cláusula geral de tutela da pessoa humana.[24]

Em especial, trazendo consigo informações referentes à pessoa, idôneas a identificar o *de cujus*, trata-se de *dados pessoais*, nos termos art. 5º, I, da Lei Geral de Proteção de Dados (LGPD). Ainda que muitas vezes constituam informações banais, consistentes em textos que tragam expressões ou condutas recorrentes e públicas, são assimilados pela IA em quantidade idônea a permitir a simulação do comportamento daquele próprio sujeito, de modo que se ligam de maneira significativa à sua personalidade.[25]

Por esse mesmo motivo, podem ser considerados dados pessoais *sensíveis*. A LGPD optou por descrever os dados sensíveis de forma exemplificativa, fazendo referência a "dado pessoal sobre origem racial ou étnica, convicção religiosa, opinião política, filiação a sindicato ou a organização de caráter religioso, filosófico ou político, dado referente à saúde ou à vida sexual, dado genético ou biométrico, quando vinculado a uma pessoa natural" (art. 5º, II).[26] Deve-se reconhecer que os dados assimilados pelos aplicativos não necessariamente se enquadram em quaisquer desses exemplos.

Entretanto, vem se destacando em doutrina que os dados sensíveis são quaisquer dados pessoais especialmente suscetíveis de utilização para fins discriminatórios, como estigmatização, exclusão ou segregação, de modo que seu tratamento atinja a dignidade de seu titular, lesionando sua identidade pessoal ou privacidade.[27] Afirma-se,

---

23 TEIXEIRA; KONDER. *Op. cit.*, p. 37-42.

24 Sobre a recondução dos chamados direitos da personalidade a uma cláusula geral de tutela da pessoa humana, entre nós, pioneiramente, ver TEPEDINO, Gustavo. A tutela da personalidade no ordenamento civil-constitucional brasileiro. *In*: TEPEDINO, Gustavo. *Temas de direito civil*. 4. ed. Rio de Janeiro: Renovar, 2008. p. 25-62. Tomo I.

25 Indica Danilo Doneda: "um dado que, em si, não aparenta possuir nenhuma importância, pode adquirir um novo valor; portanto, nas atuais condições do processamento automático de dados, não existe mais um dado 'sem importância'" (DONEDA, Danilo. A tutela da privacidade no Código Civil de 2002. *Revista Anima*, n. 1. Disponível em: www.opet.com.br/faculdade/revista-anima/pdf/anima1/artigo_Danilo_Doneda_a_tutela.pdf. Acesso em: 1 dez. 2020).

26 Reconhecendo o caráter exemplificativo do rol, entre tantos, ver TEPEDINO, Gustavo. Desafios da Lei Geral de Proteção de Dados (LGPD). *Revista Brasileira de Direito Civil – RBDCivil*, Belo Horizonte, v. 26, p. 13, out./dez. 2020; MULHOLLAND, Caitlin Sampaio. Dados pessoais sensíveis e consentimento na Lei Geral de Proteção de Dados Pessoais. *Revista do Advogado da Associação dos Advogados de São Paulo*, ano XXXIX, n. 144, p. 48, nov. 2019.

27 KONDER, Carlos Nelson. O tratamento de dados sensíveis à luz da Lei 13.709/2018. *In*: TEPEDINO, Gustavo; FRAZÃO, Ana; OLIVA, Milena Donato (Coords.). *Lei geral*

nessa linha, que por trás da proteção mais intensa aos dados sensíveis estão a privacidade e a igualdade.[28]

Nesse sentido, a qualificação do dado como sensível é contextual, já que mesmo dados pessoais que não sejam sensíveis em si podem se tornar sensíveis quando combinados com outros dados.[29] Aliás, mesmo dados pessoais isolados podem ser considerados sensíveis quando houver uso discriminatório.[30] Portanto, a sensibilidade do dado está menos na sua natureza e mais no uso a que se presta. Justamente, no caso em exame, embora os dados individualmente considerados não se revelem sensíveis, o conjunto de dados utilizado para reconstruir artificialmente a própria identidade e individualidade da pessoa justifica impor-lhes as exigências normativas mais rigorosas relativas aos dados sensíveis. Nesse sentido, destacou-se:

> Dados que pareçam não relevantes em determinado momento ou que não façam referência a alguém diretamente, uma vez transferidos, cruzados e/ou organizados, podem resultar em dados bastante

---

de proteção de dados pessoais e suas repercussões no direito brasileiro. São Paulo: Revista dos Tribunais, 2019. p. 455. Não à toa, defende-se em doutrina que, "se o traço peculiar do dado sensível é a presumida lesão à dignidade a partir da sua exposição, um incidente de segurança que se refira a dado dessa natureza implicará, igualmente de forma presumida, na provocação de um dano moral" (KONDER, Carlos Nelson; FAJNGOLD, Leonardo. O papel dos mecanismos de *compliance* e das políticas de proteção de dados para a proteção de dados sensíveis. *In*: FRAZÃO, Ana; CUEVA, Ricardo Villas Bôas (Coords.) *Compliance e Políticas de Proteção de Dados*. São Paulo: Thomson Reuters – Revista dos Tribunais, 2021. p. 356). Essa também parece ser a orientação atualmente seguida pelo Superior Tribunal de Justiça, conforme se extrai, *a contrario sensu*, do decidido no AREsp nº 2.130.619/SP. De acordo com a Corte, "o vazamento de dados pessoais [não sensíveis], a despeito de se tratar de falha indesejável no tratamento de dados de pessoa natural por pessoa jurídica, não tem o condão, por si só, de gerar dano moral indenizável. Ou seja, o dano moral não é presumido, sendo necessário que o titular dos dados comprove eventual dano decorrente da exposição dessas informações" (STJ, 2ª Turma, AREsp nº 2.130.619/SP, Rel. Min. Francisco Falcão, julg. 07.03.23).

28 BRANCO, Sérgio. As hipóteses de aplicação da LGPD e as definições legais. *In*: MULHOLLAND, Caitlin (Org.). *A LGPD e o novo marco normativo no Brasil*. Porto Alegre: Arquipélago, 2020. p. 33.

29 FRAZÃO, Ana. Nova LGPD: o tratamento dos dados pessoais sensíveis. *Jota*, 19 set. 2018. Disponível em: www.jota.info/opiniao-e-analise/colunas/constituicao-empresa-e-mercado/nova-lgpd-o-tratamento-dos-dados-pessoais-sensiveis-26092018. Acesso em: 15 fev. 2019.

30 Conforme Gustavo Tepedino e Chiara de Teffé, "Há casos, por exemplo, registrados nos Estados Unidos, de negativa de concessão de crédito para pessoas cujos nomes são, estatisticamente, os mais recorrentes na comunidade afrodescendente. É dizer: o simples prenome, em certo contexto, poderia ser considerado dado sensível para fins de tutela da igualdade" (TEPEDINO, Gustavo; TEFFÉ, Chiara Spadaccini de. O consentimento na circulação de dados pessoais. *Revista brasileira de direito civil – RBDCivil*, Belo Horizonte, v. 25, p. 104, jul./set. 2020).

específicos sobre determinada pessoa, trazendo informações inclusive de caráter sensível sobre ela.[31]

A conclusão não deve ser diferente no tocante aos dados produzidos pelos aplicativos. Embora muitas vezes se sustente que se trataria de dados "novos", já que a marca da atuação da IA é a inovação, deve-se ter em vista que esses dados são constituídos a partir do cruzamento daqueles dados preexistentes fornecidos pelo usuário *de cujus* e, em especial, são construídos com o objetivo de mimetizar a conduta desse mesmo usuário. Dessa forma, não podem deixar de ser considerados também dados pessoais sensíveis, já que, em conjunto, incidem diretamente sobre sua identidade pessoal. Com efeito, o potencial para a utilização indevida desses dados, permitindo imputar ao falecido condutas e manifestações que não levou a cabo em vida, justifica a incidência do "*standard* de proteção mais rigoroso para os dados pessoais sensíveis em razão da sua natureza".[32]

4 Consentimento específico e destacado: alcance e viabilidade

Em seu art. 11, a LGPD dispõe que o tratamento de dados pessoais sensíveis, ressalvadas as hipóteses expressamente previstas na própria lei, dependerá de "o titular ou seu responsável legal consentir, de forma específica e destacada, para finalidades específicas" (inciso I). Esclarece-se, nesse sentido, que "específico deve ser compreendido como um consentimento manifestado em relação a propósitos concretos e claramente determinados pelo controlador e antes do tratamento dos dados", enquanto "destacado pode ser interpretado no sentido de que é importante que o titular tenha pleno acesso ao documento que informará todos os fatos relevantes sobre o tratamento, devendo tais disposições virem destacadas para que a expressão do consentimento também o seja".[33] Esse consentimento não se afasta daquele livre e informado/esclarecido, definido como "anuência qualificada pela exigência

---

[31] TEPEDINO; TEFFÉ. *Op. cit.*, p. 89.

[32] NEGRI, Sergio Marcos Carvalho de Ávila; KORKMAZ, Maria Regina Detoni Cavalcanti Rigolon. A normatividade dos dados sensíveis na lei geral de proteção de dados: ampliação conceitual e proteção da pessoa humana. *Revista de Direito, Governança e Novas Tecnologias*, Goiânia, v. 5, n. 1, p. 75, jan.-jun. 2019.

[33] TEFFÉ, Chiara Spadaccini de; VIOLA, Mario. Tratamento de dados pessoais na LGPD: estudo sobre as bases legais. *Civilistica.com*, Rio de Janeiro, ano 9, n. 1, p. 34, 2020.

de um procedimento em que sejam explicados de forma completa e pormenorizada todos os aspectos"[34] envolvidos.[35]

Na teoria, o enunciado normativo deveria atender aos interesses do titular dos dados, pois permitiria ao titular controlar o fluxo de suas informações.[36] Todavia, há um grande óbice à concretização desse controle, que é a *efetiva* compreensão do que está em jogo. Essa dificuldade, aliás, tem múltiplas facetas, entre as quais: (i) muitas vezes, o usuário sequer imagina as consequências do compartilhamento de um dado que, à primeira vista, seria completamente trivial;[37] (ii) face à imprevisibilidade da IA, muitos desses aplicativos vão criar conteúdos, embora partam de dados originalmente fornecidos pelo próprio usuário *de cujus* (ou por seus sucessores), sendo praticamente impossível antecipar todos os cenários que, a partir dessa "liberdade criativa", tornam-se possíveis;[38] e (iii) os instrumentos contratuais, em especial

[34] KONDER, Carlos Nelson; KONDER, Cíntia Muniz de Souza. Transumanismo e inteligência artificial. *In*: TEPEDINO, Gustavo; SILVA, Rodrigo da Guia (Coords.). *O direito civil na era da inteligência artificial*. São Paulo: Revista dos Tribunais, 2020. p. 114.

[35] Note-se que a previsão legal está em harmonia com o regramento geral da matéria. Viu-se que as informações captadas e produzidas pelos aplicativos em comento são de natureza existencial. Logo, os referidos dados devem ser, como ínsito aos aspectos relacionados à dignidade da pessoa, intransmissíveis e irrenunciáveis. Significa dizer que o consentimento só pode legitimar a utilização, em alguma medida, dos dados de seu titular, sendo inválida qualquer disposição integral ou permanente desses dados. Sobre o ponto, ver: SCHREIBER, Anderson. *Direitos da Personalidade*. 2. ed. São Paulo: Atlas, 2013. p. 23 s.

[36] Na lição de Stefano Rodotà, "uma definição da privacidade como 'direito a ser deixado só' perdeu há muito tempo seu valor genérico, ainda que continue a abranger um aspecto essencial do problema e possa (deva) ser aplicada a situações específicas. Na sociedade da informação tendem a prevalecer definições funcionais da privacidade que, de diversas formas, fazem referência à possibilidade de um sujeito conhecer, controlar, endereçar, interromper o fluxo das informações a ele relacionadas. Assim a privacidade pode ser definida mais precisamente, em uma primeira aproximação, como o direito de manter o controle sobre as próprias informações" (RODOTÀ, Stefano. *A vida na sociedade da vigilância. A privacidade hoje*. Trad. Danilo Doneda e Luciana Cabral Doneda. Rio de Janeiro: Renovar, 2008. p. 92).

[37] Exemplifica Joana Varon, diretora executiva da *Coding Rights*: "Por exemplo, ao fornecer o número do CPF para obter descontos nas farmácias, a lista de medicamentos associada a esse dado pode conter informações delicadas sobre nossa saúde. É possível que essas informações sejam utilizadas de maneira discriminatória por seguradoras de saúde, alterando o valor da franquia de acordo com o perfil. Da mesma forma, nosso histórico de compras *on-line* diz bastante sobre poder aquisitivo e preferências pessoais. Por meio dessas informações, é possível embasar o direcionamento de propagandas compatíveis com o nosso gosto, tentando-nos a comprar algo que não precisamos, bem como cobrar preços mais altos ou limitar o acesso ao crédito para determinados perfis" (MENDES, Laura Schertel. Privacidade e dados pessoais: proteção de dados pessoais: fundamento, conceitos e modelo de aplicação. *Revista panorama setorial da internet*, São Paulo, ano 11, n. 2, p. 12, jun. 2019. Disponível em: www.cetic.br/media/docs/publicacoes/6/15122520190717-panorama_setorial_ano-xi_n_2_privacidade_e_dados_pessoais.pdf. Acesso em: 13 mar. 2023).

[38] Segundo Luis Felipe Salomão e Caroline Tauk, "sistemas de IA podem ser também criativos. O próprio Rembrandt, o pintor holandês, ficaria surpreso se soubesse que,

os "termos de uso" das plataformas, costumam não se preocupar em ser acessíveis aos consumidores.[39]

Nesse contexto, a doutrina costuma criticar os "Termos e Condições de Uso" que muitos fornecedores impõem aos usuários como requisito indispensável à utilização de seus serviços – método adotado pelos aplicativos e serviços ora analisados.[40] Rodotà (2008) pontua:

> pode-se evocar todos os argumentos historicamente adotados para criticar a "liberdade" do consentimento, na presença de contextos nos quais existem condicionamentos tais que excluem uma real possibilidade de escolha. (...) a possibilidade de usufruir de determinados serviços, essenciais ou importantes, ou tidos como tais, depende não somente do fornecimento de determinadas informações por parte do usuário do serviço, mas também do fato de que tais informações (eventualmente com base no consentimento do interessado) podem posteriormente ser submetidas a outras elaborações. Este é o caso de todos os serviços obtidos através das novas mídias interativas, cujos gestores, por evidentes razões de ordem econômica, estão prontos a exercer forte pressão sobre os usuários para que estes autorizem a elaboração (e a eventual transmissão a terceiros) de "perfis" pessoais ou familiares baseados nas informações coletadas por ocasião do fornecimento dos serviços.[41]

---

em 2016, quase quatrocentos anos depois de sua morte, um quadro novo, nomeado *The Next Rembrandt*, foi gerado de forma autônoma por um programa de computador que aprendeu o estilo do artista após ser exposto às suas pinturas. O mesmo processo poderia ser usado para compor músicas, escrever obras literárias e gerar invenções na área farmacêutica ou da engenharia" (SALOMÃO, Luis Felipe; TAUK, Caroline Somesom. Inteligência artificial e direito da propriedade intelectual: fundamentos teóricos e legais de proteção. *In*: TEPEDINO, Gustavo; SILVA, Rodrigo da Guia (Coords.). *O direito civil na era da inteligência artificial*. São Paulo: Revista dos Tribunais, 2020. p. 742).

39 No intuito de dificultar a vida do consumidor, muitos fornecedores se valem de longos e complexos termos de uso. Exemplo inusitado disso foi a "*April fools' prank*" feita, em 2010, por uma loja inglesa de jogos: na ocasião, a Gamestation.co.uk acrescentou uma cláusula aos seus termos de uso estabelecendo que o usuário que realizasse uma transação naquele dia estaria se comprometendo a transmitir a sua alma para a fornecedora. Ao todo, 7.500 consumidores deixaram de clicar na opção que dizia: "*If you do not wish to grant us such a license, please click the link below to nullify this sub-clause and proceed with your transaction*". Informações disponíveis em: www.pinsentmasons.com/out-law/news/nobody-reads-terms-and-conditions-its-official. Acesso em: 13 mar. 2023.

40 EHRHARDT JÚNIOR, Marcos; SILVA, Gabriela Buarque Pereira. Desafios para a consagração da autodeterminação informativa do consumidor na LGPD. *Revista de direito do consumidor*, São Paulo, v. 141, ano 31, p. 129-147, maio-jun. 2022.

41 RODOTÀ, Stefano. *A vida na sociedade da vigilância. A privacidade hoje*. Trad. Danilo Doneda e Luciana Cabral Doneda. Rio de Janeiro: Renovar, 2008. p. 76. No mesmo sentido: "Essas novas soluções e serviços propostos à sociedade não são, por vezes, essenciais ao indivíduo, mas, por proporcionarem algumas comodidades atreladas ao seu uso, provocam concomitantemente a sensação de necessidade e o vazio ou a exclusão social quando há impossibilidade de sua utilização. O homem, ao desconsiderar seus valores – aqui representados pelos seus dados pessoais – e enfatizar a eficiência e comodidade oriunda das

Por isso, é importante entender que o consentimento não pode ser visto como uma operação unilateral por parte do titular dos dados. Para que haja consentimento de verdade, é preciso haver cooperação entre as partes e os agentes de tratamento de dados pessoais devem se preocupar em trazer informações claras e acessíveis aos usuários. Não é dado ao controlador e ao operador de dados obter um "consentimento" que jamais refletiu a compreensão do titular para que eles possam "lavar as mãos" e se eximir da responsabilidade eventualmente oriunda do mau uso desses dados.[42] Ao operador do direito, afigura-se imperioso investigar por quais meios o titular dos dados poderá exprimir sua vontade de forma válida.

5 Ausência de manifestação do titular em vida, legítimos interesses dos sucessores e outras circunstâncias inquietantes

Na hipótese de o titular dos dados deixar seu consentimento manifestado em vida (desde que respeitados os requisitos abordados alhures), a situação *parece* suscitar menos polêmicas, já que, a princípio, deveria prevalecer a autodeterminação pessoal – que não cessa com a morte da pessoa.[43] No entanto, qual deve ser a solução jurídica no caso

---

novas aplicações, permitiu a sua própria digitalização e digitização" (CEBRIAN, Fabiana Faraco. O desenvolvimento da sociedade algorítmica de inteligência natural e artificial e a proteção de dados pessoais para além do corpo físico. *In*: FREITAS, Cinthia Obladen de Almendra; OLIVEIRA, Dânton Hilário Zanetti de (Orgs.). *Sociedade informacional e a lei geral de proteção de dados pessoais*: diálogos contemporâneos entre direito e tecnologia. Rio de Janeiro: Lumen Juris, 2022. p. 122).

42 Nas lições de Chiara Spadaccini de Teffé, "o consentimento não deverá ser compreendido como um mecanismo de imputação de responsabilidade inteiramente sobre os ombros dos titulares (...). O consentimento deve ser visto como um processo, que envolve os dois polos da relação, sendo segmentado em etapas, diante dos qualificadores atribuídos a ele pela lei: informado, livre, inequívoco e dado de forma específica e destacada (quando se tratar de dado sensível)" (TEFFÉ, Chiara Spadaccini de. *Dados pessoais sensíveis*: qualificação, tratamento e boas práticas. Indaiatuba (SP): Foco, 2022. p. 157).

43 Ao julgar o REsp nº 1.693.718/RJ, o Superior Tribunal de Justiça se deparou com a disputa entre duas filhas que divergiam sobre o destino a ser dado ao corpo do falecido pai: uma buscava mantê-lo submetido ao procedimento de criogenia nos Estados Unidos, sustentando ser esse o desejo manifestado em vida pelo genitor, enquanto a outra pretendia promover o sepultamento tradicional. A Corte entendeu que "o princípio da autodeterminação do indivíduo resguarda sua autonomia acerca do próprio corpo. Portanto, apesar de não mais exercer esses atos de vontade após a morte, é a vontade do falecido, manifestada em vida, que deve ser conhecida e respeitada" – daí por que o Superior Tribunal de Justiça deu provimento ao recurso da filha que buscava a manutenção do tratamento criogênico. Sobre o caso, ver KONDER, Carlos Nelson; KONDER, Cíntia Muniz de Souza.

de o titular dos dados, quando vivo, não se pronunciar sobre esse uso potencial? Aliás, seria a autorização em vida indispensável ao uso *post mortem* desses dados?[44]

Essas investigações não são sem propósito; elas buscam, à luz da axiologia constitucional,[45] trazer alguma segurança jurídica ao tema. Ao mesmo tempo, há uma preocupação também com os aspectos ético e humanitário: apesar de esses aplicativos terem o objetivo de ajudar as pessoas a lidar com o luto, podem causar justamente o oposto, que

---

O consentimento para a adoção de tecnologias experimentais: o caso da criogenia *In*: SCHREIBER, Anderson; MARTINS, Guilherme Magalhães; CARPENA, Heloísa (Coords.). *Direitos fundamentais e sociedade tecnológica*. Indaiatuba (SP): Foco, 2022. p. 155-168.

44 Urge destacar que, por meio da Nota Técnica nº 3/23, datada de março de 2023, a Autoridade Nacional de Proteção de Dados firmou entendimento de que a LGPD não seria aplicável aos dados de pessoas falecidas. De acordo com o órgão integrante da Presidência da República, "o art. 5º, V, da LGPD, define o titular de dados pessoais como a *pessoa natural a quem se referem os dados pessoais que são objeto de tratamento*" (grifo nosso). Nesse caso, pressupõe-se que sua incidência se dá no âmbito do tratamento de dados pessoais de pessoas naturais, ou seja, vivas, já que, de acordo com o art. 6º do Código Civil, a existência da pessoa natural termina com a morte" (disponível em: www.gov.br/anpd/pt-br/assuntos/noticias/NotaTecnica3CGF.ANPD.pdf; acesso em: 17 mar. 2023). A posição não é indene de críticas, pois sobremaneira simplista. Ao explicar o conceito de corpo eletrônico, Stefano Rodotà afirma que, "embora pareça excessivo e até perigoso dizer que 'nós somos os nossos dados' (...), somos cada vez mais conhecidos por sujeitos públicos e privados por meio dos dados que nos dizem respeito (...). Tornando-se entidades desencarnadas, as pessoas têm sempre mais a necessidade de uma tutela do seu 'corpo eletrônico'" (RODOTÀ, Stefano. *Globalização e o Direito*. Rio de Janeiro, 2003. Disponível em: www.rio.rj.gov.br/dlstatic/10112/151613/DLFE-4314.pdf/GlobalizacaoeoDireito.pdf. Acesso em: 18 mar. 2023). Outrossim, mesmo que a personalidade se extinga com a morte, esse fato não pode ser visto como sinônimo do fim absoluto da tutela jurídica dessa personalidade. Deve-se questionar em que medida certas vertentes dos direitos da personalidade, como a privacidade, podem ser projetadas para além da vida de seu titular. Deve-se perquirir, então, qual seria o real significado/impacto de *transmitir* situações existenciais como os dados, estendendo, na medida do possível, a proteção e o tratamento destinados aos dados de pessoas vivas àqueles de quem já faleceu. Tanto assim que o próprio Código Civil prevê, em seu art. 12, parágrafo único, que, em se tratando de morto, algumas pessoas terão legitimidade para exigir que "cesse a ameaça, ou a lesão, a direito da personalidade, e reclamar perdas e danos, sem prejuízo de outras sanções previstas em lei".

45 Segundo Schreiber: "Diante da percepção de que nem mesmo a intensa produção legislativa é capaz de dar conta de todas as novas situações sociais, o legislador se vale cada vez mais de cláusulas gerais, conceitos jurídicos indeterminados e outras normas de conteúdo aberto, que permitem atribuir alguma disciplina normativa às situações novas e imprevistas" (SCHREIBER, Anderson. Direito Civil e Constituição. *In*: SCHREIBER, Anderson; KONDER, Carlos Nelson (Coords.). *Direito civil constitucional*. São Paulo: Atlas, 2016. p. 21). Nesse diapasão, Perlingieri propõe a "superação do positivismo (simplesmente) linguístico" com a "remissão do direito positivo a elementos extrapositivos", tais como o "elemento social". Afinal, "a interpretação é, por definição, lógico-sistemática e teleológico-axiológica, isto é, finalizada à atuação dos valores constitucionais. (...) Na perspectiva hermenêutica que tende a individuar a normativa mais adequada ao caso, a *analogia legis* esfuma muito seus contornos, já que os casos concretos nunca se repetem" (PERLINGIERI, Pietro. *Perfis do direito civil: Introdução ao direito civil constitucional*. Trad. Maria Cristina De Cicco. Rio de Janeiro: Renovar, 1999. p. 68-72).

é retardar e dificultar o processo de assimilação da perda, criando uma espécie de *deep fake*[46] da pessoa amada.[47] Nesse cenário, surgem variadas indagações, que vão desde saber quem pode suprir a falta de consentimento do *de cujus*, especialmente se houver divergência entre os sucessores, até definir se seria possível o uso de dados de pessoas absolutamente incapazes para os fins ora debatidos. São dúvidas igualmente angustiantes saber se deve haver distinção entre o uso exclusivamente privado e o uso público e, se a resposta for positiva, se se deve entender que a vida íntima e particular seria um espaço de não direito.

É interessante notar que, a partir de cada uma dessas perguntas, nascem novas perplexidades. Ilustra-se: a se permitir o suprimento do consentimento, poder-se-ia afirmar que haveria, ainda que por uma via transversa, a transmissão *causa mortis* dos dados. Haveria uma discussão acerca dos limites de atuação desses sucessores e de quem teria legitimidade para questionar eventuais abusos – além, obviamente, do debate sobre a que título se daria essa impugnação.

Além disso, há questionamentos que vão existir independentemente de o titular dos dados ter ou não oferecido seu consentimento em vida: acaso seja feito uso (principalmente) público desses dados, não se sabe quem responderia por eventuais danos,[48] tampouco se a responsabilidade seria subjetiva ou objetiva.[49] Como, aliás, resguardar a privacidade de terceiros no caso de compartilhamento de dados alheios? Quem seria o titular de eventuais criações da IA? Poderiam os sucessores ir contra a manifestação deixada em vida pelo titular?

---

[46] Explicam Schreiber, Ribas e Mansur: "*Deepfake*, em suma, é uma técnica de síntese de imagens ou sons por meio de IA. Seu emprego possibilita a substituição de uma pessoa por outra, a modificação do conteúdo da fala, entre inúmeras outras alternativas de edição" (SCHREIBER; RIBAS; MANSUR. *Op. cit.*, p. 611).

[47] A título ilustrativo, o *IEEE Standards Association*, organização que busca estabelecer parâmetros (*standards*) em diversas áreas do conhecimento, entre as quais a inteligência artificial, fixou cinco metas para um uso sustentável da IA: (i) respeito aos direitos humanos; (ii) dar prioridade ao bem-estar sobre os números nas escolhas de design; (iii) responsabilização dos *designers* e dos operadores da IA; (iv) transparência; e (v) conscientização sobre o uso indevido, com vistas a minimizar a má utilização da IA. Informações disponíveis em: https://standards.ieee.org/wp-content/uploads/import/documents/other/ead_v2.pdf. Acesso em: 18 mar. 2023.

[48] Basta pensar, por exemplo, na divulgação de informações que violem a intimidade ou a privacidade de terceiros entrelaçados pelos conteúdos compartilhados pelo usuário *de cujus*. Outra situação que se vislumbra é a oriunda de uma criação da inteligência artificial que, de algum modo, venha a atingir a integridade psíquica de alguém (às vezes dos próprios entes queridos).

[49] Sobre o tema, ver: TEPEDINO; SILVA. *Op. cit.*, p. 61-86.

Nesse emaranhado de incertezas, outro ponto que demanda reflexão diz respeito ao uso desses dados com fins lucrativos pelos sucessores (situação que, em tese, poderia dar origem a uma nova situação jurídica, já agora de natureza híbrida, e não puramente existencial). Imagine-se que, no supracitado exemplo envolvendo a imagem de Freddie Mercury, a inteligência artificial fizesse que "ele" cantasse novas músicas e aparecesse em novos *shows*, despertando interesse econômico por parte dos sucessores, já que estes poderiam continuar a ganhar *royalties* pela exploração econômica da voz e da imagem da pessoa falecida.

Se a discussão fosse limitada ao aspecto puramente material, poder-se-ia afirmar que todos os sucedidos, presumidamente, desejariam autorizar o uso de seus dados por seus respectivos herdeiros, mas o debate passa por aspectos relacionados à privacidade, à intimidade (do titular e de terceiros), ao resguardo da própria personalidade do *de cujus* etc.

Por fim, uma interrogação que paira sobre o assunto e que igualmente merece destaque diz respeito à construção e à preservação da identidade do usuário *de cujus*. Se, de um lado, é adequado que a IA apenas tente mimetizar o comportamento da pessoa falecida, preservando ao máximo a identidade do usuário, há o problema oriundo da outra face dessa moeda: a eternização de uma identidade que não poderá mudar e evoluir. Imagine-se, hipoteticamente, que a IA reproduzisse a forma de pensar de uma pessoa que viveu nos tempos em que a segregação e a discriminação de qualquer tipo eram vistas como algo normal pela sociedade. Por meio da IA, essa pessoa ficaria eternamente estigmatizada como um ser humano preconceituoso, quando, talvez, a sua forma de pensar apenas refletisse o momento histórico-social da época.[50] Daqui um ou alguns séculos, é bastante provável que as pessoas olhem para aquelas que viveram o século XXI e as julguem como primitivas e repletas de (pre)conceitos já ultrapassados.

[50] A esse propósito, Hespanha e Perlingieri defendem que o próprio Direito reflete os valores de uma sociedade em determinado momento histórico – embora o Direito deva funcionar também como instrumento de mudanças sociais. Para Perlingieri, "o estudo do direito (...) não pode prescindir da análise da sociedade na sua historicidade local e universal (...). A transformação da realidade social (...) significa a transformação da 'realidade normativa' e vice-versa" (PERLINGIERI, Pietro. *Perfis do direito civil: Introdução ao direito civil constitucional*. Trad. Maria Cristina De Cicco. Rio de Janeiro: Renovar, 1999. p. 1-2. Ver também: HESPANHA, António Manuel. *Panorama histórico da cultura jurídica europeia*. Mira-Sintra: Publicações Europa-América, 1997. p. 22-27).

6 Considerações finais

Ao longo deste trabalho, buscou-se identificar algumas das mais sensíveis questões (além das mais relevantes divergências) que podem surgir em razão do uso da inteligência artificial para a criação de diálogos com pessoas falecidas. Sem pretensão de dar resposta às inquietantes indagações, a ideia é chamar o civilista à reflexão, pois cabe à doutrina galgar as soluções adequadas aos problemas aqui listados (e aos que forem sendo avistados com a consolidação da tecnologia). Possivelmente, a única afirmação que pode ser feita aqui é a de que a morte do titular dos dados não representa o encerramento da proteção da pessoa humana.[51]

Em qualquer cenário, caberá ao intérprete adaptar os instrumentos existentes a essa nova e desafiadora realidade social. O potencial da IA é enorme e as repercussões jurídicas de sua utilização precisarão ser acompanhadas pelo operador do direito. Afinal, a inteligência artificial já inova e segue sendo inovadora: ela pinta, escreve, compõe músicas e, no que mais pertine a este artigo, até se comunica com seres humanos.

Referências

ANDRADE, Fabio Siebeneichler de; FACCIO, Lucas Girardello. Notas sobre a responsabilidade civil pela utilização da inteligência artificial. *Revista da AJURIS* – Porto Alegre, v. 46, n. 146, p. 153-181, jun. 2019.

BAUMAN, Zygmunt. *Modernidade líquida*. São Paulo: Zahar, 2001.

BRANCO, Sérgio. As hipóteses de aplicação da LGPD e as definições legais. *In*: MULHOLLAND, Caitlin (Org.). *A LGPD e o novo marco normativo no Brasil*. Porto Alegre: Arquipélago, 2020. p. 15-42.

BRYCE, Amber Louise. The rise of 'grief tech': AI is being used to bring the people you love back from the dead. *YahooNews*, 12 mar. 2023. Disponível em: https://sg.news.yahoo.com/rise-grief-tech-ai-being-090030199.html. Acesso em: 17 mar. 2023.

CANHISARES, Mariana. Star Wars: A Ascensão Skywalker. Entenda como Carrie Fisher aparece no filme. *Omelete*, 19 dez. 2019. Disponível em: www.omelete.com.br/star-wars/star-wars-ascensao-skywalker-carrie-fisher. Acesso em: 23 fev. 2023.

CEBRIAN, Fabiana Faraco. O desenvolvimento da sociedade algorítmica de inteligência natural e artificial e a proteção de dados pessoais para além do corpo físico. *In*: FREITAS, Cinthia Obladen de Almendra; OLIVEIRA, Dânton Hilário Zanetti de (Orgs.). *Sociedade informacional e a lei geral de proteção de dados pessoais*: diálogos contemporâneos entre direito e tecnologia. Rio de Janeiro: Lumen Juris, 2022. p. 121-160.

---

[51] Além do pontuado na nota 44, ver: LEAL, Lívia Teixeira. Implicações da inteligência artificial na tutela post mortem dos direitos da personalidade. *In*: TEPEDINO, Gustavo; SILVA, Rodrigo da Guia (Coords.). *O Direito Civil na era da inteligência artificial*. São Paulo: Revista dos Tribunais, 2020. p. 136.

DONEDA, Danilo. A tutela da privacidade no Código Civil de 2002. *Revista Anima*, n. 1. Disponível em: www.opet.com.br/faculdade/revista-anima/pdf/anima1/artigo_Danilo_Doneda_a_tutela.pdf. Acesso em: 1 dez. 2020.

EHRHARDT JÚNIOR, Marcos; SILVA, Gabriela Buarque Pereira. Desafios para a consagração da autodeterminação informativa do consumidor na LGPD. *Revista de direito do consumidor*, São Paulo, v. 141, ano 31, p. 129-147, maio-jun. 2022.

FACHIN, Zulmar Antônio; PINHEIRO, Valter Giuliano Mossini. Bens digitais: análise da possibilidade de tutela jurídica no Direito brasileiro. *In*: DIAS, Feliciano Alcides; TAVARES NETO, José Querino; ASSAFIM, João Marcelo de Lima (Coords.). *Direito, inovação, propriedade intelectual e concorrência*. Florianópolis: CONPEDI, 2018.

FOUCAULT, Michel. *Em defesa da sociedade*. São Paulo: Martins Fontes, 1999.

FRANÇA NETTO, Milton Pereira de; EHRHARDT JÚNIOR, Marcos. Os riscos da discriminação algorítmica na utilização de aplicações de inteligência artificial no cenário brasileiro. *Revista jurídica luso-brasileira*, Lisboa, ano 8, n. 3, p. 1.271-1.318, 2022.

FRAZÃO, Ana. Nova LGPD: o tratamento dos dados pessoais sensíveis. *Jota*, 19 set. 2018. Disponível em: www.jota.info/opiniao-e-analise/colunas/constituicao-empresa-e-mercado/nova-lgpd-o-tratamento-dos-dados-pessoais-sensiveis-26092018. Acesso em: 15 fev. 2019.

HESPANHA, António Manuel. *Panorama histórico da cultura jurídica europeia*. Mira-Sintra: Publicações Europa-América, 1997.

KNOPLECH, Carla. Mascotes virtuais como estratégia de influenciadores digitais. *Veja Rio*, 24 nov. 2021. Disponível em: https://vejario.abril.com.br/coluna/carla-knoplech/mascotes-virtuais-influenciadores. Acesso em: 23 fev. 2023.

KONDER, Carlos Nelson. O tratamento de dados sensíveis à luz da Lei 13.709/2018. *In*: TEPEDINO, Gustavo; FRAZÃO, Ana; OLIVA, Milena Donato (Coords.). *Lei geral de proteção de dados pessoais e suas repercussões no direito brasileiro*. São Paulo: Revista dos Tribunais, 2019. p. 441-458.

KONDER, Carlos Nelson; FAJNGOLD, Leonardo. O papel dos mecanismos de *compliance* e das políticas de proteção de dados para a proteção de dados sensíveis. *In*: FRAZÃO, Ana; CUEVA, Ricardo Villas Bôas (Coords.) *Compliance e Políticas de Proteção de Dados*. São Paulo: Thomson Reuters – Revista dos Tribunais, 2021. p. 341-367.

KONDER, Carlos Nelson; KONDER, Cíntia Muniz de Souza. O consentimento para a adoção de tecnologias experimentais: o caso da criogenia *In*: SCHREIBER, Anderson; MARTINS, Guilherme Magalhães; CARPENA, Heloísa (Coords.). *Direitos fundamentais e sociedade tecnológica*. Indaiatuba (SP): Foco, 2022. p. 155-168.

KONDER, Carlos Nelson; KONDER, Cíntia Muniz de Souza. Transumanismo e inteligência artificial. *In*: TEPEDINO, Gustavo; SILVA, Rodrigo da Guia (Coords.). *O direito civil na era da inteligência artificial*. São Paulo: Revista dos Tribunais, 2020. p. 103-120.

LEAL, Lívia Teixeira. Implicações da inteligência artificial na tutela post mortem dos direitos da personalidade. *In*: TEPEDINO, Gustavo; SILVA, Rodrigo da Guia (Coords.). *O Direito Civil na era da inteligência artificial*. São Paulo: Revista dos Tribunais, 2020. p. 121-138.

LEAL, Lívia Teixeira. *Internet e morte do usuário*. Rio de Janeiro: GZ, 2019.

LEVY, Pierre. *Cibercultura*. São Paulo: Editora 34, 2010.

MARQUETI, Gabriela. Brian May se emociona ao cantar com "holograma" de Freddie Mercury. *Wikimetal*, 14 jun. 2022. Disponível em: www.wikimetal.com.br/brian-may-se-emociona-ao-cantar-freddie-mercury. Acesso em: 23 fev. 2023.

MENDES, Laura Schertel. Privacidade e dados pessoais: proteção de dados pessoais: fundamento, conceitos e modelo de aplicação. *Revista panorama setorial da internet*, São Paulo, ano 11, n. 2, p. 12, jun. 2019. Disponível em: www.cetic.br/media/docs/publicacoes/6/15122520190717-panorama_setorial_ano-xi_n_2_privacidade_e_dados_pessoais.pdf. Acesso em: 13 mar. 2023.

MULHOLLAND, Caitlin Sampaio. Dados pessoais sensíveis e consentimento na Lei Geral de Proteção de Dados Pessoais. *Revista do Advogado da Associação dos Advogados de São Paulo*, ano XXXIX, n. 144, p. 47-53, nov. 2019.

NEGRI, Sergio Marcos Carvalho de Ávila; KORKMAZ, Maria Regina Detoni Cavalcanti Rigolon. A normatividade dos dados sensíveis na lei geral de proteção de dados: ampliação conceitual e proteção da pessoa humana. *Revista de Direito, Governança e Novas Tecnologias*, Goiânia, v. 5, n. 1, p. 63-85, jan.-jun. 2019.

PERLINGIERI, Pietro. *Perfis do direito civil: Introdução ao direito civil constitucional*. Trad. Maria Cristina De Cicco. Rio de Janeiro: Renovar, 1999.

RODOTÀ, Stefano. *A vida na sociedade da vigilância. A privacidade hoje*. Trad. Danilo Doneda e Luciana Cabral Doneda. Rio de Janeiro: Renovar, 2008.

RODOTÀ, Stefano. *Globalização e o Direito*. Rio de Janeiro, 2003. Disponível em: www.rio.rj.gov.br/dlstatic/10112/151613/DLFE-4314.pdf/GlobalizacaoeoDireito.pdf. Acesso em: 18 mar. 2023.

SALOMÃO, Luis Felipe; TAUK, Caroline Somesom. Inteligência artificial e direito da propriedade intelectual: fundamentos teóricos e legais de proteção. *In*: TEPEDINO, Gustavo; SILVA, Rodrigo da Guia (Coords.). *O direito civil na era da inteligência artificial*. São Paulo: Revista dos Tribunais, 2020. p. 739-762.

SANTA ROSA, Giovanni. Mercado Livre recria voz do pai de Zico usando inteligência artificial. *Tecnoblog.net*, 4 ago. 2021. Disponível em: https://tecnoblog.net/noticias/2021/08/04/mercado-livre-recria-voz-do-pai-de-zico-usando-inteligencia-artificial. Acesso em: 23 fev. 2023.

SCHREIBER, Anderson. Direito Civil e Constituição. *In*: SCHREIBER, Anderson; KONDER, Carlos Nelson (Coords.). *Direito civil constitucional*. São Paulo: Atlas, 2016. p. 1-23.

SCHREIBER, Anderson. *Direitos da Personalidade*. 2. ed. São Paulo: Atlas, 2013.

SCHREIBER, Anderson; RIBAS, Felipe; MANSUR, Rafael. Deepfakes: regulação e responsabilidade civil. *In*: TEPEDINO, Gustavo; SILVA, Rodrigo da Guia (Coords.). *O Direito Civil na era da inteligência artificial*. São Paulo: Revista dos Tribunais, 2020. p. 609-626.

TEFFÉ, Chiara Spadaccini de. *Dados pessoais sensíveis*: qualificação, tratamento e boas práticas. Indaiatuba (SP): Foco, 2022.

TEFFÉ, Chiara Spadaccini de; VIOLA, Mario. Tratamento de dados pessoais na LGPD: estudo sobre as bases legais. *Civilistica.com*, Rio de Janeiro, ano 9, n. 1, 2020.

TEIXEIRA, Ana Carolina Brochado; KONDER, Carlos Nelson. O enquadramento dos bens digitais sob o perfil funcional das situações jurídicas. *In*: TEIXEIRA, Ana Carolina Brochado; LEAL, Lívia Teixeira (Coords.). *Herança digital*: controvérsias e alternativas. Indaiatuba (SP): Foco, 2021.

TEPEDINO, Gustavo. A tutela da personalidade no ordenamento civil-constitucional brasileiro. *In*: TEPEDINO, Gustavo. *Temas de direito civil*. 4. ed. Rio de Janeiro: Renovar, 2008. p. 25-62. Tomo I.

TEPEDINO, Gustavo. Desafios da Lei Geral de Proteção de Dados (LGPD). *Revista Brasileira de Direito Civil – RBDCivil*, Belo Horizonte, v. 26, p. 11-15, out./dez. 2020.

TEPEDINO, Gustavo; SILVA, Rodrigo da Guia. Desafios da inteligência artificial em matéria de responsabilidade civil. *Revista Brasileira de Direito Civil – RBDCivil*, Belo Horizonte, v. 21, p. 61-86, jul./set. 2019.

TEPEDINO, Gustavo; TEFFÉ, Chiara Spadaccini de. O consentimento na circulação de dados pessoais. *Revista brasileira de direito civil – RBDCivil*, Belo Horizonte, v. 25, p. 83-116, jul./set. 2020.

Informação bibliográfica deste texto, conforme a NBR 6023:2018 da Associação Brasileira de Normas Técnicas (ABNT):

KONDER, Carlos Nelson; OLIVA, Nino Donato. Desafios para normatizar aplicativos de Inteligência Artificial que permitem "dialogar" com pessoas falecidas. *In*: EHRHARDT JÚNIOR, Marcos; CATALAN, Marcos; NUNES, Cláudia Ribeiro Pereira (Coord.). *Inteligência artificial e relações privadas*: relações existenciais e a proteção da pessoa humana. Belo Horizonte: Fórum, 2023. v. 2. p. 129-148. ISBN 978-65-5518-577-5.

REFLEXÕES ENTRE A MORTE REAL E A VIDA DIGITAL: ENSAIO SOBRE O USO DE SISTEMAS DE INTELIGÊNCIA ARTIFICIAL QUE BUSCAM SUBSTITUIR PESSOAS QUE MORRERAM E SUAS IMPLICAÇÕES NO DIREITO BRASILEIRO

LEANDRO REINALDO DA CUNHA

JÚLIA FERNANDES DE MENDONÇA

1 Introdução

O que antes se limitava aos extremos ficcionais distópicos do cinema agora vem se tornando parte do cotidiano. O uso de inteligência artificial (IA) está presente nos mais diversos âmbitos da sociedade, seja nos sistemas de recomendação de plataformas digitais que são utilizadas por nós diariamente – e que, assim como a IA,[1] estão atualmente em processo de regulação[2] no Brasil –, seja em casos mais complexos, como o uso para fins de saúde, por exemplo, auxiliando

---

1 SENADO FEDERAL. *Comissão de Juristas responsável por subsidiar elaboração de substitutivo sobre inteligência artificial no Brasil.* Disponível em: https://legis.senado.leg.br/comissoes/mnas?codcol=2504&tp=4. Acesso em: 17 abr. 2023.

2 COMITÊ GESTOR DA INTERNET NO BRASIL. *Ações e diretrizes para a regulamentação das plataformas digitais no Brasil.* 23 jan. 2023. Disponível em: www.cgi.br/media/docs/publicacoes/4/20230208141956/Acoes_Diretrizes_Regulacao_Plataformas_Digitais_Brasil.pdf. Acesso em: 30 abr. 2023.

uma cirurgia de coluna.[3] O tema merece ainda mais atenção quando se verifica o uso indiscriminado da IA generativa, ou seja, aquela que tem capacidade de criar conteúdos ditos "originais", que ganharam bastante notoriedade como o emblemático *ChatGPT* e seus variados riscos.[4] É nessa toada que na Europa está ocorrendo uma corrida para adicionar ao "AI Act"[5] uma parte regulando esse tipo de IA.[6]

Entre todas essas possibilidades, uma que desperta significativa preocupação é a criação de sistemas que visam a uma espécie de substituição (ainda que apenas no âmbito virtual) de pessoas que morreram. O tipo de plataforma que foi imaginada na ficção, em séries como *Black Mirror*, no episódio "*Be Right Back*", já tem seus representantes no mundo real, sendo um deles o aplicativo *HereAfter*.[7] Na série, a versão inicial da IA consegue reunir dados da pessoa falecida, a partir dos rastros digitais[8] e atividade *online* realizada antes da morte para a criação de um "perfil" e reprodução da sua personalidade em conversas *online* (como se fosse um *chatbot*), permitindo alguns *upgrades* com o objetivo de tornar a experiência de "retorno" daquele que faleceu ainda mais realista. O *HereAfter* – ou "aqui depois", em tradução livre –, por sua vez, faz a criação desse perfil com base em perguntas diretas sobre um indivíduo, antes da sua morte, para a criação de um "eu virtual",[9] a ser utilizado no pós-morte por familiares.

---

3 CECCON, Denny. Primeira cirurgia da coluna realizada com inteligência artificial. *IA Expert Academy*, 13 jan. 2020. Disponível em: https://iaexpert.academy/2020/01/13/primeira-cirurgia-da-coluna-realizada-com-inteligencia-artificial. Acesso em: 30 abr. 2023.

4 BIDDLE, Sam. The Internet's New Favorite AI Proposes Torturing Iranians and Surveilling Mosques. *The Intercept*, 8 dez. 2022. Disponível em: https://theintercept.com/2022/12/08/openai-chatgpt-ai-bias-ethics. Acesso em: 1 maio 2023.

5 EUROPEAN COMMISSION. *The Artificial Intelligence Act*. Disponível em: https://artificialintelligenceact.eu. Acesso em: 1 maio 2023.

6 MUKHERJEE, Supantha; CHEE, Foo Yun; COULTER, Martin. EU proposes new copyright rules for generative AI. *Reuters*, 28 abr. 2023. Disponível em: www.reuters.com/technology/eu-lawmakers-committee-reaches-deal-artificial-intelligence-act-2023-04-27. Acesso em: 1 maio 2023.

7 HEREAFTER AI. HereAfter AI – Digital Legacy Services. Disponível em: www.hereafter.ai. Acesso em: 28 abr. 2023.

8 THATCHER, Jim. Living on fumes: Digital footprints, Data Fumes, and the Limitations Of Spatial Big Data. *International Journal of Communication*, n. 8, p. 1765-1783, 2014. Disponível em: https://ijoc.org/index.php/ijoc/article/viewFile/2174/1158. Acesso em: 19 jul. 2023.

9 MARTINS, Flávia. "Isso é muito 'Black Mirror'": app de inteligência artificial permite conversar com os mortos. *CNN Brasil*, 6 fev. 2023. Disponível em: www.cnnbrasil.com.br/tecnologia/isso-e-muito-black-mirror-app-de-inteligencia-artificial-permite-conversar-com-os-mortos. Acesso em: 28 de abr. 2023.

O uso desse tipo de tecnologia propaga a ideia, com pitadas de tecnossolucionismo,[10] de que uma morte real pode gerar o início de uma "vida digital", além de reflexões sobre a possibilidade de "alcance da vida eterna".[11] Ocorre que isso pode gerar diversos impactos no Direito brasileiro, além de implicações éticas, existenciais, além dos possíveis riscos, das mais diversas naturezas, para a pessoa falecida e seus familiares envolvidos. Isso nos leva à reflexão de que *será que só porque conseguimos desenvolver um tipo de tecnologia devemos fazê-la?*

Desse modo, o presente ensaio pretende propor reflexões preliminares sobre o uso de tais sistemas de IA e as possíveis interferências nas diferentes áreas do Direito brasileiro, bem como, de forma mais específica, sobre como essa problemática se localizaria dentro do atual panorama de regulação de IA no Brasil.

2 O uso de inteligência artificial para substituição de pessoas falecidas no direito brasileiro: reflexões, permanência e regulação

O desejo de ter de volta aquelas pessoas que já faleceram é algo que acompanha a humanidade, sendo objeto de uma série de obras de ficção, que elaboram as mais variadas formas de tentar garantir a permanência da convivência com as pessoas por quem se nutre sentimentos de carinho, amor e afeto. Nos tempos mais recentes, a discussão no mundo da literatura/cinema passou pela magia de Harry Potter (com a Pedra da Ressurreição, em *Harry Potter e as Relíquias da Morte*) e pelo mundo futurista (será que distante?) do episódio "*Be Right Back*" (ou "Volto Já"), da série *Black Mirror*.

Para contextualizar o que traremos no presente texto, partiremos da perspectiva apresentada neste último, mormente por entendermos que, ainda que se trate de uma obra de ficção, estamos diante de uma situação fática que ao menos parcialmente já vem se fazendo presente em nossa realidade.

---

[10] MENDONÇA, Júlia; RIELLI, Mariana. Dados, regulação e fronteiras do metaverso: a urgência por parcimônia. *Jota*, 10 out. 2022. Disponível em: www.jota.info/opiniao-e-analise/artigos/dados-regulacao-e-fronteiras-do-metaverso-a-urgencia-por-parcimonia-10102022. Acesso em: 1 maio 2023.

[11] INTRIERI, Laura. Aplicativo permite conversar com mortos usando inteligência artificial. *Terra*, 7 fev. 2023. Disponível em: www.terra.com.br/byte/aplicativo-permite-conversar-com-mortos-usando-inteligencia-artificial,b6ad171e1d0e3364a8756539be408a9bkteljqjv.html. Acesso em: 1 maio 2023.

O episódio conta a história de Martha, que, logo após passar a morar com Ash, enfrenta a triste realidade da morte de seu amado, vítima de um acidente automobilístico. No velório, uma amiga da protagonista lhe apresenta uma tecnologia que, segundo ela, pode ajudá-la a passar pelo luto, considerando que tem a capacidade de "trazer à vida" pessoas que já faleceram.

Apesar de, inicialmente, rechaçar a possibilidade de utilização da tecnologia, após ter descoberto estar grávida, Marta cede ao impulso de buscar a versão digital do seu companheiro. Inicialmente, a IA proposta pelo episódio consegue emular não apenas a personalidade e senso de humor de Ash, como também sua voz, a partir dos rastros digitais[12] e das informações expostas em redes sociais, como vídeos e fotos. Isso permitia a realização de conversas por mensagens (assemelhando-se a um *chatbot*), além de telefonemas, meio pelo qual a protagonista compartilha, por exemplo, as batidas de coração da criança com a versão digital de Ash, em um exame de ultrassom.

Posteriormente, no entanto, é oferecida uma atualização da tecnologia, tornando possível transferir a IA que já reproduzia a personalidade e a suposta "essência" de Ash para um "corpo real", que seria similar a um androide com as exatas características físicas do falecido. Marta aceita o *upgrade* e passa a conviver com uma versão "artificial" de Ash, na qual estaria presente essa suposta "essência" de seu falecido companheiro, graças a todos os dados coletados e à IA envolvida.

O episódio passa a pontuar diversos dilemas éticos morais e existenciais a partir desse "clone digital" criado, em que a sensação de *quase* é constantemente vivenciada pela protagonista, que não se sente satisfeita com a cópia, exatamente por constatar que a essência de Ash não está na "essência" ofertada, culminando em um final, no mínimo, incômodo.

Ainda que não tenhamos nos dias atuais uma tecnologia com os exatos aspectos de tal obra ficcional, podemos afirmar que certos pontos ali descritos já são encontrados e estão acessíveis a qualquer pessoa, como a tecnologia ofertada por sistemas como o *HereAfter* e Replika[13] ou mesmo por uma funcionalidade da Alexa, assistente virtual da Amazon.[14]

---

[12] THATCHER. *Op. cit.*

[13] REPLIKA. Your AI Friend. Disponível em: https://replika.com. Acesso em: 1 maio 2023.

[14] D'ALMEIDA, Nicole. Sinistro? Alexa poderá ganhar recurso para você "conversar" com os mortos. *Tilt*, 24 jun. 2022. Disponível em: www.uol.com.br/tilt/noticias/redacao/

Apenas para explicitar melhor a tecnologia aqui indicada, teceremos algumas ponderações acerca do aplicativo *HereAfter*. Diferente da ficção, esse aplicativo funciona a partir de perguntas diretas feitas pela pessoa ainda em vida, com questionamentos e reflexões a serem respondidas, do tipo "Quando a vida é esmagadora, sempre achei muito útil lembrar que..." e "Se você está tendo problemas com alguém em sua vida agora, é bom lembrar que...".[15] Em seu *site*, o aplicativo se apresenta como um "biógrafo da sua vida", sendo apontada a possibilidade de gravar áudios sobre "infância, relacionamentos, experiências, personalidade e muito mais", e a IA ficaria responsável por guardar e organizar tudo "com segurança para os entes queridos ouvirem imediatamente ou anos no futuro". E os familiares podem acessar todas as informações, a partir de "contas convidadas", realizando perguntas por comando de voz que serão respondidas com a voz da pessoa falecida, a partir das memórias registradas.

Com isso, buscamos evidenciar que já é algo presente nos nossos dias tecnologias que têm por fim, ainda que indiretamente, viabilizar a perpetuação da presença de uma pessoa no mundo, mesmo após sua morte, com a utilização de IA para criar uma ilusão de que ela segue entre os vivos, já que é possível estabelecer um "diálogo" com quem já partiu.

2.1 Reflexões preliminares sobre o uso de inteligência artificial para substituição de pessoas falecidas

Todo o nosso ordenamento jurídico é constituído segundo bases bastante tradicionais, sendo que, em tempos recentes, passamos a nos deter quanto às inúmeras consequências jurídicas que podem decorrer dos desdobramentos tecnológicos que se tornaram parte indissociável e inafastável da atual sociedade da informação – e vigilância[16] – em que estamos inseridos.

As novidades já incorporadas de maneira permanente à realidade dos dias de hoje tornam premente a necessidade de que toda a legislação passe por uma atualização a fim de garantir que não reste defasada e

2022/06/23/sinistro-alexa-podera-ganhar-recurso-para-voce-conversar-com-os-mortos.htm. Acesso em: 28 de abr. 2023.

15 HEREAFTER. *Questions*. Disponível em: www.hereafter.ai/questions. Acesso em: 1 maio 2023.

16 BAUMAN, Zygmunt; LYON, David. *Vigilância líquida*. Rio de Janeiro: Zahar, 2014.

apartada do mundo ao qual ela tenta regular, ainda que não se possa olvidar ser ordinário que as alterações da sociedade sejam mais rápidas e que a normatização esteja constantemente defasada, como já indicava Orlando Gomes nos idos da década de 1960.

A constatação de que o ordenamento jurídico constantemente apresenta-se em mora com a realidade dos fatos que se encontram estabelecidos na sociedade revela uma compreensão de que o Direito é uma superestrutura que persegue a transformações do mundo, com a existência de normas que têm "vida apenas no papel em que são impressas" por não serem mais aplicadas,[17] ao lado de enormes lacunas legislativas quanto a temas atuais e que clamam por regulamentação.[18]

Questões que vão de direitos sociais (como o direito de mudança de nome e gênero nos documentos de pessoas transgênero)[19] ao impacto da internet nas mais diversas searas do cotidiano das pessoas restam carentes de normatização, seja total ou parcialmente, em uma manifesta leniência legislativa que permeia o nosso Estado,[20] com impactos reais na vida das pessoas.

As novas tecnologias que buscam, em alguma medida, afastar os efeitos tradicionais da morte têm o potencial de gerar severos impactos não só no que se refere aos aspectos relativos à tecnologia em si, mas também com sérios desdobramentos na esfera do direito civil mais clássico. Podemos indicar, à guisa de exemplificação, elementos que têm sido considerados em algumas de nossas pesquisas e discussões, e as consequências da singularidade para o direito das sucessões, já que, com o deslocamento da consciência da pessoa para o mundo virtual, a morte de seu corpo físico não teria mais o condão, em certa medida, de pôr termo à sua existência e, ato contínuo, a seus direitos.

De qualquer sorte, é evidente que a busca pela perpetuação da existência de alguém por meios virtuais (não apenas em homenagens ou na mente das pessoas) revela-se como nova realidade a nos impor

---

17 GOMES, Orlando. *Direito e desenvolvimento*. 2 ed. ver. e atual. Rio de Janeiro: GZ, 2022. p. 36-37.

18 Ver COALIZÃO DOS DIREITOS NA REDE. *Assine! Por uma regulação de inteligência Artificial participativa e responsável*. 14 abr. 2023. Disponível em: https://direitosnarede.org.br/2023/04/14/assine-por-uma-regulacao-de-inteligencia-artificial-participativa-e-responsavel/#ades%C3%B5esindividuais. Acesso em: 1 maio 2023.

19 CUNHA, Leandro Reinaldo da. *Identidade e redesignação de gênero*: aspectos da personalidade, da família e da responsabilidade civil. 2 ed. rev. e ampl. Rio de Janeiro: Lumen Juris, 2018. p. 165.

20 CUNHA, Leandro Reinaldo da. *Identidade de gênero e a responsabilidade civil do Estado pela leniência legislativa*. n. 962. São Paulo: Revista dos Tribunais, 2015. p. 48.

o dever de analisar as consequências jurídicas que essa mudança de paradigma trará, como também a premência de que tenhamos em nosso ordenamento jurídico normas a fixar diretrizes para as situações que tal situação nos imporá.

Ainda que as tecnologias presentes não tenham condições efetivas de criar um "clone virtual" de quem tenha falecido, não se pode ignorar que os avanços podem nos conduzir de forma breve, segundo parâmetros históricos, a meios de emulação de vida que farão que pessoas que já morreram venham a se fazer presentes, de diferentes maneiras, por meio de um sistema de IA.

2.2 Inteligência artificial, morte, permanência e possíveis impactos no Direito brasileiro

O ordenamento jurídico pátrio estabelece a morte, nos termos do art. 6º do Código Civil, como um marco que coloca termo à existência da pessoa natural, podendo esta ser constatada de forma tanto real quanto ficta. Seja ante a constatação física de que inexistem naquele corpo os sinais vitais ou por sua presunção, a morte traz consigo uma série de consequências jurídicas que, inicialmente, não serão afastadas pelo fato de um aplicativo conseguir replicar a existência de alguém no mundo virtual.

Segundo os parâmetros estabelecidos atualmente, a concepção de morte está totalmente atrelada a critérios fisiológicos, não havendo qualquer critério de perpetuação da vida fora de um corpo humano. No âmbito jurídico, não se atrela a vida, essência, espírito, consciência, alma ou qualquer de seus similares ou conexos, fato que, em um primeiro momento, nos daria certa tranquilidade de que a cessação dos indicadores de vida no corpo basta para que se ateste que aquela existência humana findou.

Em linhas gerais, a questão patrimonial daquele que faleceu é regida pelos parâmetros do direito das sucessões, com a partilha de seus bens entre os herdeiros, sem maiores consequências para a sociedade como um todo, já que esse aspecto se encerra no microcosmo da família do falecido e de eventuais interessados. Todavia, não podemos simplesmente ignorar que, mesmo com a morte do corpo físico, todo o conjunto de dados, além de uma possível "consciência", a partir de um sistema de IA, produzida por essa pessoa, pode seguir existindo no mundo virtual (e provavelmente existirá), fato com relevantes desdobramentos que merecem atenção.

Desse modo, surgem perguntas *sobre a própria viabilidade jurídica da criação de um sistema do tipo*, devido aos riscos envolvidos – análise que será realizada em tópico específico –, além de questões como: (i) Qual seria o caminho mais adequado para a tutela dos dados pessoais de pessoas falecidas, especialmente considerando o atual *status* de proteção de dados pessoais como um direito fundamental?; (ii) Existiria a possibilidade de um possível "prolongamento" da vida, ainda que em certa medida, com implicações jurídicas significativas, a partir desse tipo de sistema de IA?; (iii) Não obstante já existirem relevantes discussões sobre a possível atribuição de personalidade jurídica a uma IA[21] ou mesmo a criação de uma personalidade jurídica *sui generis*, como ficaria essa discussão quando colocada a camada adicional de sistemas que visam substituir pessoas falecidas, objeto do presente ensaio?; além de várias outras questões que perpassam por diferentes searas do Direito.

O fato é que todas as informações – e as possíveis inferências atreladas a elas – acumuladas pelos anos de existência de uma pessoa no ambiente digital não seguem o mesmo destino do corpo físico do sujeito quando de sua morte, havendo um aspecto da vida daquele sujeito que remanesce e que não tem mais o seu titular em condições de reivindicar que seja protegido e resguardado.

Não se pode olvidar que a realidade da perpetuação da existência virtual de quem já veio a falecer pode dar azo a questões que venham a impactar de forma ampla na coletividade, haja vista que tais dados pode ser utilizados das mais variadas formas, até com o fulcro de praticar ilícitos ou mesmo violar direitos do falecido que seguem vigentes.

O que é imperioso se relatar é que os dados utilizados para se emular a existência de uma pessoa que faleceu são essencialmente seus próprios dados que seguem sendo manipulados mesmo após sua morte, sem que essa pessoa tenha condições de exercer qualquer controle quanto à forma de utilização ou destinação que se está dando a eles. Ainda que não seja exatamente esse o escopo do presente texto, não podemos simplesmente deixar ao largo da presente discussão a natureza e o tratamento jurídico que há de ser dado ao tema. Isso porque, considerando que a Lei Geral de Proteção de Dados (LGPD), em seu artigo primeiro, afirma visar proteger "os direitos fundamentais de

---

[21] MAGRANI, Eduardo; SILVA, Patrícia; VIOLA, Rafael. Novas perspectivas sobre ética e responsabilidade de inteligência Artificial. *In*: FRAZÃO, Ana; MULHOLLAND, Caitlin (Coords.). *Inteligência Artificial e Direito*: ética, regulação e responsabilidade. São Paulo: Thomson Reuters Brasil, 2019.

liberdade e de privacidade e o livre desenvolvimento da personalidade da pessoa natural", ela não se aplicaria a pessoas mortas, conforme já esclarecido pela própria Autoridade Nacional de Proteção de Dados (ANPD).[22]

Dessa maneira, faz-se mister consignar que, mesmo entendendo que a morte pode pôr termo à existência da pessoa natural e que seu patrimônio será partilhado entre os herdeiros – além da existência de discussões consolidadas sobre herança digital –, os dados pertencentes a uma pessoa continuarão presentes no mundo mesmo após sua partida do mundo físico. Nessa toada, ainda que o art. 12 do Código Civil garanta proteção ao *de cujus* para que os herdeiros e familiares possam exigir a cessão de ameaças ou lesões a direitos da personalidade, a questão levantada continua real e efetiva, precedendo a discussão dos sistemas de IA que podem utilizar dados para tentar simular que a pessoa continua viva, já que a morte física não enseja o apagamento dos dados daquele que não tem mais sinais vitais.

2.3 Sistemas de inteligência artificial que buscam a substituição de pessoas falecidas e a regulação da inteligência artificial no Brasil

A despeito das reflexões e possíveis impactos no Direito brasileiro em sentido amplo, perpassando por diferentes áreas do Direito, destacamos que já existe uma forte movimentação no cenário brasileiro para que o uso de IA seja regulada no país. Assim, pretendemos analisar esse atual panorama da regulação do tema para, em seguida, propor uma reflexão preliminar buscando compreender como os sistemas de IA que visam à substituição de pessoas falecidas se localizariam na discussão.

Importa destacar, inicialmente, que em 2020 foi proposto o projeto de lei (PL) nº 21/20,[23] como uma das tentativas iniciais de criação de um marco legal do desenvolvimento e uso da IA no Brasil, sendo composto de apenas dez artigos. O referido PL foi extremamente criticado por diferentes setores, ao passo que possui teor essencialmente

[22] DATA PRIVACY BRASIL RESEARCH. Nota *Técnica – Contribuições do Data Privacy Brasil ao Projeto de Lei nº 21, de 04 de fevereiro de 2020*. Disponível em: www.dataprivacybr.org/wp-content/uploads/2021/09/dpbr_notatecnica_pl21.pdf. Acesso em: 30 maio 2023.

[23] BRASIL. Câmara dos deputados. *Projeto de Lei nº 21/2021*. Disponível em: www.camara.leg.br/propostas-legislativas/2236340. Acesso em: 1 maio 2023.

principiológico,[24] de caráter eminentemente normativo – o que é uma característica marcante de vários modelos de regulação propostos sobre o tema ao redor do mundo –,[25] denotando considerável falta de "aplicabilidade prática e por fragilizar direitos previstos em outras leis".[26]

Esse cenário desencadeou uma cobrança por uma nova abordagem, fazendo que a presidência do Senado criasse uma Comissão de Juristas (CJUSBIA) encarregada de elaborar uma nova proposta de regulamentação da IA para o cenário brasileiro. Instalada em março de 2022, liderada por Laura Schertel Mendes e pelo Ministro Ricardo Villas Bôas Cueva e composta de 18 especialistas, a comissão promoveu reuniões, seminários e audiências públicas divididas por eixos temáticos, com o objetivo de elaborar um substitutivo não apenas ao PL nº 21/20, como também ao PL nº 5051/19[27] e ao PL nº 872/21.[28]

É relevante fazer a ressalva de que, desde sua formação, a comissão foi alvo de críticas pela defasagem de diversidade regional e racial,[29] além de não colocar como critério para escolha os interesses dos afetados pelas aplicações de IA.[30] Diante dessa situação, foram realizadas algumas movimentações para mitigar esses pontos sensíveis, como por meio de uma composição mais atenta com relação aos participantes das audiências públicas[31], o que, apesar de ser bastante positivo, ainda não sana todas as problemáticas envolvidas. Isso porque a regulação de sistemas de IA, em sua essência, necessita de debates aprofundados sobre vieses e discriminação, especialmente no Brasil, motivo pelo qual devemos não apenas evitar absorções normativas estrangeiras de

---

24 DATA PRIVACY BRASIL RESEARCH. *Op. cit.*

25 BLACK, Julia; MURRAY, Andrew. Regulating AI and Machine Learning: Setting the Regulatory Agenda. *European Journal of Law and Technology*, v. 10, n. 3, 2019.

26 COALIZÃO DOS DIREITOS NA REDE. *Nota técnica sobre a proposta de novo texto do Marco Legal da IA*. 19 dez. 2022. Disponível em: https://direitosnarede.org.br/2022/12/19/nota-tecnica-sobre-a-proposta-de-novo-texto-do-marco-legal-da-ia. Acesso em: 1 maio 2023.

27 SENADO FEDERAL. *Projeto de Lei do Senado nº 5051/2019*. Disponível em: www25.senado.leg.br/web/atividade/materias/-/materia/138790. Acesso em: 1 maio 2023.

28 SENADO FEDERAL. *Projeto de Lei do Senado nº 872/2021*. Disponível em: www25.senado.leg.br/web/atividade/materias/-/materia/147434. Acesso em: 1 maio 2023.

29 SILVA, Paula Guedes Fernandes da; GARROTE, Marina Gonçalves. Insuficiência dos princípios éticos para normatização da inteligência artificial. *Politics*, set. 2022. Disponível em: https://politics.org.br/edicoes/insuficiência-dos-princípios-éticos-para-normatização-da-inteligência-artificial-o. Acesso em: 1 maio 2023.

30 COALIZÃO DIREITOS NA REDE. *Carta Aberta: Regulação de inteligência Artificial: um tema transversal que exige debate multissetorial e interdisciplinar*. 23 fev. 2022. Disponível em: https://direitosnarede.org.br/carta-aberta-regulacao-ia. Acesso em: 1 maio 2023.

31 SILVA; GARROTE. *Op. cit.*

forma irrefletida como também escolher uma abordagem diretamente antidiscriminatória e antirracista.[32]

Feitas essas necessárias ressalvas, destacamos que, depois de quase 240 dias de atividades, incluindo audiências públicas, reuniões técnicas e arrecadação de contribuições,[33] foi apresentando o relatório substitutivo[34] com pouco mais de 40 artigos. Entre os principais tópicos abordados na minuta substitutiva estão: (i) Definição do que é um "sistema de inteligência artificial (IA)"; (ii) Definição de conceitos como "agentes de inteligência artificial", "provedor" e "operador"; (iii) Designação de autoridade competente com o objetivo de assegurar o cumprimento do regulamento; (iv) Necessidade de avaliação de impacto algorítmica; entre outros pontos.

Embora seja um relatório extremamente robusto, adentrando em diversos temas, a regulação proposta se destaca por ser, essencialmente, segundo a própria exposição de motivos, "baseada em riscos, com um modelo regulatório baseado em direitos"[35]. De igual maneira, a mesma seção do texto aponta que:

> Seu objetivo normativo é conciliar uma abordagem baseada em riscos com um modelo regulatório baseado em direitos (...) o peso da regulação é calibrado dinamicamente de acordo com os riscos potenciais do contexto de aplicação da tecnologia. Foram estabelecidas, simetricamente aos direitos, certas medidas gerais e governança específica para, respectivamente, sistemas de inteligência artificial com algum grau de risco e para aqueles categorizados como de alto risco.

Nesse sentido, é sugerida uma categorização de riscos nos arts. 13 a 18 da referida proposta, em que não há uma definição exata de cada categoria de risco, mas sim um rol exemplificativo com elementos

---

32 Ver: BARBOSA, Arthur Almeida Menezes; OLIVEIRA, Celso Eduardo Lins de; SANTARÉM, Paulo Rená da Silva; SANTOS, Natane; SILVA, Fernanda dos Santos Rodrigues; SILVA, Valdinei Freire da. *Documento Preto I*. Brasil: Aqualtune Lab, maio 2022.

33 PACHECO recebe relatório da comissão de juristas sobre inteligência artificial. *Agência Senado*, 6 dez. 2022. Disponível em: www12.senado.leg.br/noticias/materias/2022/12/06/pacheco-recebe-relatorio-da-comissao-de-juristas-sobre-inteligencia-artificial?_gl=1*4kr-3sg*_ga*MTkxMDcxODU0LjE2ODI3NzYzMTA.*_ga_CW3ZH25XMK*MTY4Mjc5NDU0OC4xLjEuMTY4Mjc5NTU1MS4wLjAuMA. Acesso em: 1 maio 2023.

34 SENADO FEDERAL. *Comissão de Juristas responsável por subsidiar elaboração de substitutivo sobre inteligência artificial no Brasil*. Disponível em: https://legis.senado.leg.br/comissoes/mnas?codcol=2504&tp=4. Acesso em: 17 abr. 2023.

35 SENADO FEDERAL. *Comissão de Juristas responsável por subsidiar elaboração de substitutivo sobre inteligência artificial no Brasil*. Disponível em: https://legis.senado.leg.br/comissoes/mnas?codcol=2504&tp=4. Acesso em: 17 abr. 2023.

quantitativos e qualitativos, a partir do qual uma IA poderá ser classificada. Isso ocorrerá, conforme disposto no art. 13, de forma prévia à sua colocação no mercado ou utilização em serviço. Ressalte-se, ainda, que a autoridade competente – assunto que *per se* vem gerando robustos debates[36] – poderá determinar a reclassificação do sistema (mediante notificação prévia) e a realização de uma avaliação de impacto algorítmico, para instrução de uma eventual investigação em curso.

Quanto às espécies de risco expressamente apresentadas, são elas: (i) risco excessivo e (ii) alto risco. Com relação ao risco excessivo, são elencadas hipóteses de sistemas de IA que estão essencialmente atrelados a contextos de escoragem de cidadãos pelo Poder Público e exploração de vulnerabilidades. Caso o sistema esteja dentro das características elencadas, *sua implementação é expressamente vedada.*

Por sua vez, com relação ao risco alto, a lógica é semelhante, com a apresentação de um rol de atividades que podem ser realizadas por um sistema de IA, analisadas a partir das suas finalidades e seus objetivos. Elas podem ir desde o recrutamento de candidatos e a tomada de decisões sobre promoções no âmbito do trabalho até sistemas biométricos com fins de identificação e gestão da migração e controle de fronteira. Nesse caso, apesar de não serem consideradas proibidas, impõem a necessidade de adoção de medidas de mitigação de riscos para possibilitar sua implementação.

Ressaltamos que ambas as "listas" exemplificativas de caracterização de riscos podem ser atualizadas, ao passo que a proposta da CJUSBIA inseriu uma disposição permitindo uma regulação *ex-post,* qual seja, o art. 18, o qual aponta que "caberá à autoridade competente atualizar a lista dos sistemas de inteligência artificial de risco excessivo ou de alto risco, identificando novas hipóteses". Por fim, os riscos considerados "moderados" ou "baixos" não são trazidos pelo regulamento de forma expressa, o que nos permite interpretar que se trata de hipóteses subsidiárias.

Feitas as considerações norteadoras, pretende-se refletir como os sistemas objetos do presente artigo, os quais buscam substituir pessoas falecidas, poderiam ser analisados a partir de tal categorização de riscos proposta pela CJUSBIA.

---

[36] COALIZÃO DOS DIREITOS NA REDE. *Órgão independente de supervisão das plataformas é essencial, mas não pode ser a Anatel*. 28 abr. 2023. Disponível em: https://direitosnarede.org.br/2023/04/28/orgao-independente-de-supervisao-das-plataformas-e-essencial-mas-nao-pode-ser-anatel. Acesso em: 1 maio 2023.

Em nosso sentir, conforme abordado em tópicos anteriores, esse tipo de IA pode gerar diversos impactos aos que o utilizam, seja a pessoa que faleceu ou seus familiares. Isso porque, além dos debates éticos de permanência, questões sucessórias e de dados pessoais, estamos lidando com questões de saúde mental e possíveis interferências no comportamento humano. Assim como na ficção do episódio de *Black Mirror*, mesmo que em escala reduzida, é possível antever que o contato com uma "versão digital" de um ente querido falecido pode afetar intensamente a vida daquele que "ficou". A dificuldade de seguir em frente e o prolongamento do luto, em um contexto de extrema vulnerabilidade, são características marcantes na citada personagem Martha e que podem vir a ser replicadas na vida real.

Em um exercício imaginativo, basta pensar em um exemplo de uma mãe que tem uma doença degenerativa e um filho na faixa etária da primeira infância. Diante das questões de saúde que vivencia, ela resolve contratar um sistema de IA do gênero, para "se fazer presente" no crescimento do filho, mesmo se vier a falecer. Indo na linha do quanto proposto pelo aplicativo *HereAfter*, ela começa a transmitir todas as informações possíveis para o sistema, respondendo perguntas sobre a própria vida e alimentando uma base de dados que vai poder ser utilizada por seu filho, por meio de perguntas por comando de voz, para obter respostas sobre ela e sua visão de mundo.

Algum tempo depois, essa mãe vem a óbito e a criança passa a ter acesso à sua "versão digital". Com isso, depois da fase de adaptação, ela começa a recorrer ao aplicativo não apenas para "matar a saudade", mas para interagir diretamente com sua "genitora virtual". Isso poderia ir desde ouvir sua voz antes de dormir, para se acalmar, ou mesmo visando buscar conselhos e respostas para qualquer eventual situação da sua vida.

Partindo desse exemplo, poderíamos chegar a diferentes questionamentos preliminares: (i) Seria saudável para a criança atrelar a figura da mãe a uma máquina?; (ii) Será que esse uso, a partir da exploração das vulnerabilidades envolvidas na condição de luto, bem como das que são peculiares à infância, não poderia induzi-la a adotar determinados tipos de comportamento específicos?; (iii) Será que a IA, com seu uso constante pela criança e treinamento automatizado que lhe é característico, não poderia acabar distorcendo os dados que inicialmente foram fornecidos pela mãe?; (iv) Como seriam endereçadas questões de saúde mental da criança quando ela crescer e entender, de fato, a situação e a possível dependência emocional-tecnológica em que estaria envolvida?; (v) Com a ocorrência de um fluxo de dados intenso na atividade, por ação ativa tanto da mãe, de maneira prévia, quanto da criança ao utilizar o aplicativo – podendo envolver informações como seu estado emocional –, o que poderia acontecer caso a empresa criadora utilizasse as informações para fins diversos, como finalidades comerciais, por exemplo?

Nitidamente, quando tratamos de situações envolvendo crianças, a verificação de problemáticas torna-se mais intuitiva. No entanto, frisamos que, independentemente da faixa etária, o luto, em regra, se trata de um contexto de extrema fragilidade emocional e psíquica para grande parte dos indivíduos, colocando-os em situação de considerável vulnerabilidade, o que acaba nos levando aos mesmos supracitados questionamentos e reflexões, ainda que de forma mitigada.

Considerando que esses tipos de sistemas em questão, como dito, têm riscos intrínsecos, inclusive atrelados à saúde, além de fomentar uma potencial exploração de vulnerabilidades e indução de comportamentos, entendemos pela possível subsunção desse tipo de sistemas de IA na categoria de "risco excessivo". De forma mais específica, acreditamos que seria cabível sua subsunção em dois dos incisos do art. 14 da proposta do CJUSBIA:

> Art. 14 São vedadas a implementação e uso de sistemas de inteligência artificial:
> I – que empreguem técnicas subliminares que tenham por objetivo ou por efeito induzir a pessoa natural a se comportar de forma prejudicial ou perigosa à sua saúde ou segurança ou contra os fundamentos deste lei;
> II – que explorem quaisquer vulnerabilidades de grupos específicos de pessoas naturais, tais como associadas à sua idade ou deficiência física ou mental, de modo a induzi-las a se comportar de forma prejudicial à sua saúde ou segurança ou contra os fundamentos desta lei;
> (...)

Portanto, em nosso sentir, a partir da proposta da Comissão de Juristas analisada, entendemos que seria vedado o desenvolvimento desse tipo de sistema, por estar incluído em tal categoria de risco excessivo.

Vale mencionar que, caso essa hipótese não fosse entendida como viável, acreditamos que outra possibilidade seria a aplicação do mencionado art. 18. Assim, a autoridade responsável poderia vir a atualizar a lista de riscos, sob a justificativa do quanto disposto na alínea *b*, ou seja, na hipótese de quando "o sistema puder impactar negativamente o exercício de direitos e liberdades ou a utilização de um serviço" ou mesmo com relação ao conteúdo da alínea *c*, no caso de o sistema ter "alto potencial danoso de ordem material e moral, bem como discriminatório".

Por fim, considerando o momento que o presente ensaio foi escrito, manifestamos ciência com relação às incertezas do *status* da proposta apresentada pela Comissão de Juristas, que, apesar de robusta, ainda não é definitiva ou sequer foi transformada em proposta legislativa de fato. No entanto, frisamos que as reflexões preliminares e os apontamentos acerca das complexidades e riscos se mantêm, mesmo que futuramente em outros moldes, independentemente das movimentações políticas e legislativas da regulação de IA no Brasil que virão a ocorrer.

3 Considerações finais

A humanidade segue seu curso tendo por condutores os aspectos que a permeiam, sendo a tecnologia um dos mais importantes – e mutáveis – desses vetores de direcionamento. Não há como negar que os desenvolvimentos e as evoluções estabelecidas sempre influenciaram e o seguirão fazendo, sendo impossível conceber a presença e a vida em sociedade sem todos os elementos vinculados ao progresso das ciências.

O enorme descompasso entre o mundo vivido pelas pessoas e aquele que nosso ordenamento jurídico considera é uma falha que se mostra extremamente delicada e potencialmente destrutiva, uma vez que relega a uma condição de omissão legislativa aspectos cotidianos, estabelecendo uma considerável insegurança jurídica que pode colocar em risco a manutenção do tecido social que sustenta nosso Estado Democrático de Direito.

A não positivação de temas relevantes pode conferir aos cidadãos uma sensação de que o Estado se mostra defasado e aquém para atender às necessidades de organização social imprescindíveis. A leniência legislativa estatal em regulamentar temas prementes além dos riscos imediatos relativos aos inúmeros problemas que podem se estabelecer pode ainda desaguar em uma situação de difícil solução em médio e longo prazo decorrente de uma sensação de total liberdade e ausência de limites.

A questão específica dos dados das pessoas falecidas e a manutenção de sua existência no mundo mesmo após o término da existência da pessoa natural é um tema presente e que não encontra ainda a regulamentação específica necessária. De igual maneira, ainda que já existam movimentações sobre a regulação de IA em sentido amplo, com a proposição de projetos de lei e, principalmente, com todo o contexto da CJUSBIA, ainda é um debate que está em processo de regulação e precisa de uma atenção e urgência necessárias.

Desse modo, diante desse panorama, o presente ensaio teve como foco traçar considerações preliminares – ainda em amadurecimento, assim como a regulação do tema – sobre o uso e o desenvolvimento de sistemas de IA que buscam a substituição de pessoas falecidas. Reflexões e outras ponderações sobre o tema serão desenvolvidas em trabalhos futuros.

Referências

BARBOSA, Arthur Almeida Menezes; OLIVEIRA, Celso Eduardo Lins de; SANTARÉM, Paulo Rená da Silva; SANTOS, Natane; SILVA, Fernanda dos Santos Rodrigues; SILVA, Valdinei Freire da. *Documento Preto I*. Brasil: Aqualtune Lab, maio 2022.

BAUMAN, Zygmunt; LYON, David. *Vigilância líquida*. Rio de Janeiro: Zahar, 2014.

BIDDLE, Sam. The Internet's New Favorite AI Proposes Torturing Iranians and Surveilling Mosques. *The Intercept*, 8 dez. 2022. Disponível em: https://theintercept.com/2022/12/08/openai-chatgpt-ai-bias-ethics. Acesso em: 1 maio 2023.

BLACK, Julia; MURRAY, Andrew. Regulating AI and Machine Learning: Setting the Regulatory Agenda. *European Journal of Law and Technology*, v. 10, n. 3, 2019.

BRASIL. Câmara dos deputados. *Projeto de Lei nº 21/2021*. Disponível em: www.camara.leg.br/propostas-legislativas/2236340. Acesso em: 1 maio 2023.

BRASIL. Ministério da Justiça e Segurança Pública. *Fiscalização da ANPD manifesta-se sobre tratamento de dados de pessoas falecidas*. Disponível em: www.gov.br/anpd/pt-br/assuntos/noticias/nota-tecnica-da-anpd-orienta-sobre-tratamento-de-dados-de-pessoas-falecidas. Acesso em: 1 maio 2023.

CECCON, Denny. Primeira cirurgia da coluna realizada com inteligência artificial. *IA Expert Academy*, 13 jan. 2020. Disponível em: https://iaexpert.academy/2020/01/13/primeira-cirurgia-da-coluna-realizada-com-inteligencia-artificial. Acesso em: 30 abr. 2023.

COALIZÃO DIREITOS NA REDE. *Carta Aberta: Regulação de inteligência artificial: um tema transversal que exige debate multissetorial e interdisciplinar*. 23 fev. 2022. Disponível em: https://direitosnarede.org.br/carta-aberta-regulacao-ia. Acesso em: 1 maio 2023.

COALIZÃO DOS DIREITOS NA REDE. *Assine! Por uma regulação de inteligência artificial participativa e responsável*. 14 abr. 2023. Disponível em: https://direitosnarede.org.br/2023/04/14/assine-por-uma-regulacao-de-inteligencia-artificial-participativa-e-responsavel/#ades%C3%B5esindividuais. Acesso em: 1 maio 2023.

COALIZÃO DOS DIREITOS NA REDE. *Nota técnica sobre a proposta de novo texto do Marco Legal da IA*. 19 dez. 2022. Disponível em: https://direitosnarede.org.br/2022/12/19/nota-tecnica-sobre-a-proposta-de-novo-texto-do-marco-legal-da-ia. Acesso em: 1 maio 2023.

COALIZÃO DOS DIREITOS NA REDE. *Órgão independente de supervisão das plataformas é essencial, mas não pode ser a Anatel*. 28 abr. 2023. Disponível em: https://direitosnarede.org.br/2023/04/28/orgao-independente-de-supervisao-das-plataformas-e-essencial-mas-nao-pode-ser-anatel. Acesso em: 1 maio 2023.

COMITÊ GESTOR DA INTERNET NO BRASIL. *Ações e diretrizes para a regulamentação das plataformas digitais no Brasil*. 23 jan. 2023. Disponível em: www.cgi.br/media/docs/publicacoes/4/20230208141956/Acoes_Diretrizes_Regulacao_Plataformas_Digitais_Brasil.pdf. Acesso em: 30 abr. 2023.

CUNHA, Leandro Reinaldo da. *Identidade de gênero e a responsabilidade civil do Estado pela leniência legislativa*. n. 962. São Paulo: Revista dos Tribunais, 2015. p. 37-52.

CUNHA, Leandro Reinaldo da. *Identidade e redesignação de gênero*: aspectos da personalidade, da família e da responsabilidade civil. 2. ed. rev. e ampl. Rio de Janeiro: Lumen Juris, 2018.

D'ALMEIDA, Nicole. Sinistro? Alexa poderá ganhar recurso para você "conversar" com os mortos. *Tilt*, 24 jun. 2022. Disponível em: www.uol.com.br/tilt/noticias/redacao/2022/06/23/sinistro-alexa-podera-ganhar-recurso-para-voce-conversar-com-os-mortos.htm. Acesso em: 28 abr. 2023.

DATA PRIVACY BRASIL RESEARCH. Nota *Técnica – Contribuições do Data Privacy Brasil ao Projeto de Lei nº 21, de 04 de fevereiro de 2020*. Disponível em: www.dataprivacybr.org/wp-content/uploads/2021/09/dpbr_notatecnica_pl21.pdf. Acesso em: 30 maio 2023.

EUROPEAN COMMISSION. *The Artificial Intelligence Act*. Disponível em: https://artificialintelligenceact.eu. Acesso em: 1 maio 2023.

GOMES, Orlando. *Direito e desenvolvimento*. 2. ed. ver. e atual. Rio de Janeiro: GZ, 2022.

HEREAFTER. *Questions*. Disponível em: www.hereafter.ai/questions. Acesso em: 1 maio 2023.

INTRIERI, Laura. Aplicativo permite conversar com mortos usando inteligência artificial. *Terra*, 7 fev. 2023. Disponível em: www.terra.com.br/byte/aplicativo-permite-conversar-com-mortos-usando-inteligencia-artificial,b6ad171e1d0e3364a8756539be408a9bkteljqjv.html. Acesso em: 1 maio 2023.

MAGRANI, Eduardo; SILVA, Patrícia; VIOLA, Rafael. Novas perspectivas sobre ética e responsabilidade de inteligência artificial. *In*: FRAZÃO, Ana; MULHOLLAND, Caitlin (Coords.). *Inteligência artificial e Direito*: ética, regulação e responsabilidade. São Paulo: Thomson Reuters Brasil, 2019.

MARTINS, Flávia. "Isso é muito 'Black Mirror'": app de inteligência artificial permite conversar com os mortos. *CNN Brasil*, 6 fev. 2023. Disponível em: www.cnnbrasil.com.br/tecnologia/isso-e-muito-black-mirror-app-de-inteligencia-artificial-permite-conversar-com-os-mortos. Acesso em: 28 de abr. 2023.

MENDONÇA, Júlia; RIELLI, Mariana. Dados, regulação e fronteiras do metaverso: a urgência por parcimônia. *Jota*, 10 out. 2022. Disponível em: www.jota.info/opiniao-e-analise/artigos/dados-regulacao-e-fronteiras-do-metaverso-a-urgencia-por-parcimonia-10102022. Acesso em: 1 maio 2023.

MUKHERJEE, Supantha; CHEE, Foo Yun; COULTER, Martin. EU proposes new copyright rules for generative AI. *Reuters*, 28 abr. 2023. Disponível em: www.reuters.com/technology/eu-lawmakers-committee-reaches-deal-artificial-intelligence-act-2023-04-27. Acesso em: 1 maio 2023.

PACHECO recebe relatório da comissão de juristas sobre inteligência artificial. *Agência Senado*, 6 dez. 2022. Disponível em: www12.senado.leg.br/noticias/materias/2022/12/06/pacheco-recebe-relatorio-da-comissao-de-juristas-sobre-inteligencia-artificial?_gl=1*4kr3sg*_ga*MTkxMDcxODU0LjE2ODI3NzYzMTA.*_ga_CW3ZH25XMK*MTY4Mjc5NDU0OC4xLjEuMTY4Mjc5NTU1MS4wLjAuMA. Acesso em: 1 maio 2023.

SENADO FEDERAL. *Comissão de Juristas responsável por subsidiar elaboração de substitutivo sobre inteligência artificial no Brasil.* Disponível em: https://legis.senado.leg.br/comissoes/mnas?codcol=2504&tp=4. Acesso em: 17 abr. 2023.

SENADO FEDERAL. *Projeto de Lei do Senado nº 5051/2019*. Disponível em: www25.senado.leg.br/web/atividade/materias/-/materia/138790. Acesso em: 1 maio 2023.

SENADO FEDERAL. *Projeto de Lei do Senado nº 872/2021*. Disponível em: www25.senado.leg.br/web/atividade/materias/-/materia/147434. Acesso em: 1 maio 2023.

SILVA, Paula Guedes Fernandes da; GARROTE, Marina Gonçalves. Insuficiência dos princípios éticos para normatização da inteligência artificial. *Politics*, set. 2022. Disponível em: https://politics.org.br/edicoes/insuficiência-dos-princípios-éticos-para-normatização-da-inteligência-artificial-o. Acesso em: 1 maio 2023.

THATCHER, Jim. Living on Fumes: Digital footprints, Data Fumes, and the Limitations Of Spatial Big Data. *International Journal of Communication*, n. 8, p. 1765-1783, 2014. Disponível em: https://ijoc.org/index.php/ijoc/article/viewFile/2174/1158. Acesso em: 19 jul. 2023.

Informação bibliográfica deste texto, conforme a NBR 6023:2018 da Associação Brasileira de Normas Técnicas (ABNT):

CUNHA, Leandro Reinaldo da; MENDONÇA, Júlia Fernandes de. Reflexões entre morte real e a vida digital: um ensaio sobre o uso de sistemas de inteligência artificial que buscam substituir pessoas que morreram e suas implicações no direito brasileiro. *In*: EHRHARDT JÚNIOR, Marcos; CATALAN, Marcos; NUNES, Cláudia Ribeiro Pereira (Coord.). *Inteligência artificial e relações privadas*: relações existenciais e a proteção da pessoa humana. Belo Horizonte: Fórum, 2023. v. 2. p. 149-166. ISBN 978-65-5518-577-5.

POSSÍVEIS IMPLICAÇÕES DE MEMÓRIAS AFETIVAS FALSAS A PARTIR DE IMAGENS PRODUZIDAS POR INTELIGÊNCIA ARTIFICIAL

SÉRGIO COUTINHO DOS SANTOS

1 Introdução

Não é fácil analisar uma tecnologia em construção, cujos fundamentos mudam em poucos meses e surgem, em diversas versões de cada aplicativo por ano, novas aplicações que antes não seriam sequer imagináveis.

Por essa razão, não partirei (e sim, será preciso usar a primeira pessoa nesta reflexão) de algum *software* em particular, como *ChatGPT*,[1] para a geração de texto, ou ainda *Midjourney* e *Dall-E*, para a produção de imagens. Serão examinadas aplicações como tecnologias sociais, com consequentes implicações no nosso cotidiano contemporâneo.

O apelo que decorre das situações hipotéticas fáceis de ser reproduzidas por usuários da tecnologia tem consequência rápida: o risco de falsas memórias construindo um imaginário particular e social manipulável por nós mesmos ou por terceiros.

Veremos a construção histórica de tecnologias que nos permitiram registrar o mundo real mas a partir de vieses racistas. Em seguida,

---

[1] O *ChatGPT* (https://chat.openai.com) foi usado para a revisão gramatical e a sugestão de uma escrita mais clara do texto deste artigo. As seções foram copiadas para o *site* com o comando "encontre erros em:", tendo recebido sugestões de palavras e reorganização de frases para maior clareza de ideias.

consideraremos aplicações que atribuem imagens ao nosso imaginário social, tornando-as mais vivas do que quaisquer estudos exploratórios apontariam. O uso da tecnologia para substituir atletas ou artistas em espetáculos pode substituir nossas lembranças sobre a interação com celebridades do mesmo modo que nossas memórias e a autoimagem poderiam ser alteradas a partir de inteligência artificial.

Será examinado como há limitações na legislação vigente e os problemas jurídicos mais evidentes que são despertados por considerarmos razoável nos vermos de outra forma na nossa aparência digital.

2 Pressupostos tecnológicos da representação que impõe padrões

Há décadas, a tecnologia fotográfica tem limitações para que as pessoas apareçam como são. Pode parecer, à primeira vista, que os antigos rolos de filmes para fotografias não teriam o mesmo problema que surge com filtros de imagens em redes sociais, mas os "cartões Shirley" mostram algo distinto.

Os rolos não registravam a pele branca do mesmo modo que a pele negra das pessoas. Isso ocorria porque os cartões da Kodak para calibrar imagens usaram, desde os anos 1950 e durante as décadas seguintes, a imagem de uma modelo que deu nome à técnica para calibrar o tom de pele nas imagens. A indústria fotográfica reproduziu a iniciativa utilizando outros retratos de mulheres, mas sempre eram brancas. Não era difícil considerar que, nas máquinas de revelação, não era possível fotografar as pessoas negras com qualidade devido ao padrão de balanceamento de cor empregado. Portanto, era fácil que o contraste ficasse prejudicado em revelações e que fossem criados borrões ou imagens "estouradas" pela presença de diversidade racial no espaço, sempre que não se tratasse de imagens em preto e branco. As cores eram negadas para as pessoas cinicamente chamadas de "de cor" ou *coloured*, nos Estados Unidos.

Figura 1 – Cartões Shirley

Figure 1
Polaroid Shirley card (Printed with permission of Polaroid)

Figure 2
Traditional Kodak Shirley card (Printed with permission of Kodak)

Fonte: Roth, 2009 (p. 113).

Para todos verem: dois cartões usados como referência para calibrar fotografias analógicas. No cartão da esquerda, há uma modelo branca, jovem, loira, com cabelos longos e lisos e um vestido em diversas cores. O cenário é uma parede simulando granito. Consta o texto: *"Tirage et Eprèuves reperes. Polaroid Onefilm Printer Balancing Set"*, como legenda original designando a função do cartão. No cartão da direita, há uma modelo branca, jovem, com cabelos longos e castanhos, usando um vestido branco em um fundo semelhante.

Parece um problema distante, por lidarmos há significativo tempo apenas com fotografias digitais no cotidiano. Porém, o padrão do que seriam consideradas imagens bonitas segundo o comando "autocorrigir" de grande parte dos *smartphones* até hoje clareia a pele das pessoas, reduz linhas de expressões típicas da idade e elimina traços físicos de manchas e cicatrizes, padrões preestabelecidos de beleza em fabricantes asiáticos que não testaram seus produtos com pessoas de diferentes etnias, faixas etárias e históricos de vida. Tarcízio Silva (2020, p. 141) lembra que:

> Aplicativos como *FaceApp* têm sido denunciados por recursos que transformam *selfies* e fotos de pessoas em "mais jovens", "velhas", "gênero oposto" ou "mais belas" – nesta última categoria foi percebido que características fenotípicas eurocêntricas foram valorizadas e aplicadas indiscriminadamente, chegando ao paroxismo de clarear fotos de usuários de ascendência africana e indiana.

Enquanto em uma notícia de 2021 informava-se que os *smartphones* produzidos pela Google – a linha Pixel – teriam técnicas inclusivas de fotografia com *softwares* que reconheceriam as pessoas com tons de pele mais escuros, em 2022 foi de fato divulgada a atualização do aplicativo Google Fotos e, em fevereiro de 2023, há promessa de um *chip* que poderá reconhecer tons de pele escuros sem depender de ajustes manuais (FELIPE, 2021; ABREU, 2023).

Essas medidas são insuficientes para enfrentar uma padronização racial do mundo por meios digitais. Influenciadores digitais usam filtros em vídeos para o que consideram correções feitas em tempo real por recursos de inteligência artificial. Vendem procedimentos estéticos quando são patrocinados por clínicas ou fabricantes de produtos sem comprovação científica. Mesmo sem existir caráter comercial nos vídeos, torna-se um padrão de beleza pautado em filtros que podem ser aplicados a qualquer rede social com transmissão de vídeos em primeira pessoa.

Há projetos de lei na Câmara dos deputados brasileira para a regulamentação da profissão de influenciador digital, mas não abordam o uso de filtros digitais (CÂMARA DOS DEPUTADOS, 2020; 2022). Poderiam seguir o exemplo francês no parlamento brasileiro, em que se debate a regulamentação do uso comercial de filtros faciais.

É uma reflexão a partir do cotidiano que parece pequena, mas são milhões de pessoas usando quase diariamente seus celulares para registrar memórias sem que a imagem guarde semelhanças com a realidade. A memória faz isso, mas com parâmetros construídos individualmente a partir da bagagem cultural e histórica de cada um, reduzindo lembranças ruins que não tenham se constituído em traumas e expandindo o que mereça ser recordado. Talvez não seja mais assim nos próximos anos, com a substituição da produção orgânica das memórias pelo que queremos que seja deste ou daquele modo.

Parto de uma imagem falsa para examinar duas outras, cujas implicações são mais significativas. Serão analisadas uma imagem gerada por inteligência artificial para uma campanha publicitária (a empresa não será identificada) e uma possível imagem que eu criaria se conseguisse.

3 Sinais de uma falsa teologia que se torna verdade

Na última Páscoa, recebi como gesto afetivo por *WhatsApp* uma imagem. Produzida por inteligência artificial, simulava Jesus Cristo reunindo os apóstolos para uma *selfie*.[2] Nenhuma daquelas pessoas da imagem existia (sem questionamentos teológicos nessa afirmação). Foram produzidas por associação de um *software* entre rostos encontrados *online* e associados a pessoas de certa região em certa época e que poderiam ser identificadas com os personagens bíblicos. Para alguns, pode ser uma brincadeira de mau gosto, desrespeitando as próprias crenças; para outros, um gesto lúdico para aproximar o Messias de nossos hábitos mais triviais.

Figura 2 – *Selfie* produzida artificialmente

Fonte: Martins, 2023.

Para todos verem: Representação de Jesus Cristo e os doze apóstolos, sorridentes, olhando para o que seria uma câmera fazendo uma *selfie*. Vestem roupas tradicionais das representações bíblicas, aparentemente túnicas, todos com pele clara, barbudos e Jesus Cristo com cabelos longos castanhos. Os apóstolos estão com a cabeça coberta por um tecido longo.

Há muita preocupação em não descaracterizar a imagem do Cristo entre diferentes igrejas cristãs. Quando, por inteligência artificial, foi pedido que fosse criada uma *selfie* de Jesus com os apóstolos, havia milhares de reproduções de Jesus branco de olhos claros, um homem

[2] Posteriormente, pude encontrar a origem, tendo sido produzida a imagem pelo editor de filmes Duncan Thomsen usando a ferramenta Midjourney (MARTINS, 2023). É interessante conferir outras *selfies* simuladas por inteligência artificial que ele produziu, com Napoleão Bonaparte, Cleópatra, um grupo de australopitecos, entre outras imagens.

forte e alto, muito diferente da média da população árabe e do que permitiriam os padrões socioeconômicos do que provavelmente foi sua vida há mais de 2 mil anos.

Um padrão construído para que o Messias se assemelhasse àqueles que, na Idade Média, encomendavam os quadros torna-se ainda mais nítido e realista quando não há mais desenhos, mas fotografias reconstruídas pela inteligência artificial. Toda visão imperialista, colonial, anglófona de mundo deixa de ser hipotética para, por hiper-realismo do uso de imagens, tornar-se não mais apenas crença, mas o exemplo mais fácil para ser lembrado.

Se peço para uma imagem ser criada como eu gostaria que certos fatos tivessem ocorrido, entre fotos rasgadas com restauração pobre ou ausente e o melhor exemplo de fotografia profissional, não é difícil pensar em qual a minha memória confiaria em longo prazo. Todavia, seria necessário contar com uma nova narrativa.

Quando fazemos passeios guiados pelas cidades históricas de Minas Gerais, os guias turísticos esclarecem alguns aspectos sobre a história e a arte que chamam atenção. Parecem ser cidades muito religiosas, já que muitas vezes há uma capela em frente a outra na mesma rua. Ao mesmo tempo, alguns anjos são mais expressivos que outros em quadros e esculturas. O guia, anos atrás, disse para mim durante a viagem que, na época em que aquela cidade ainda era um povoado, era sinal de riqueza que a família construísse uma igreja. Quando outra família ascendia economicamente ou competia com a vizinhança, construía um segundo templo. Como nenhuma família detinha riquezas tão significativas, construíam várias capelas. Sem a narrativa de um guia-historiador, restaria à minha imaginação e à minha bagagem cultural do presente entender outro contexto. Do mesmo modo, o realismo maior ou menor entre imagens de anjos dependia do valor pago por quem encomendava a arte exigindo que seus filhos fossem reproduzidos naquelas obras.

Sem dinheiro, mas com meia hora de tempo livre para construir uma imagem de Cristo branco, sorridente, segurando um tripé e um celular para uma *selfie*, qualquer tentativa de um Jesus histórico com outros traços e uma liderança política local contra a opressão romana perde impacto emocional.

4 O *marketing* com representatividade ilusória

É uma conquista recente dos profissionais de publicidade que possam aparecer, em campanhas de produtos e serviços, modelos que replicam a diversidade da sociedade brasileira. Modelos com vitiligo em campanhas de cosméticos, acima da média de peso fazendo compras, pessoas pretas em quaisquer contextos, pessoas com deficiência sem ilustrarem programas assistenciais são alguns exemplos que apareceram há poucos anos. É sintomático, pelo tamanho do impacto, que existam iniciativas malsucedidas de embargo a marcas por mostrarem casais homoafetivos em suas campanhas. Há cinco anos, nada disso seria visto sem polêmica. Nos próximos cinco anos, talvez nada disso seja visto com pessoas reais.

Se o objetivo for construir visibilidade da diversidade em vez de representatividade, importará apenas transmitir uma mensagem, e não um exemplo de práticas da empresa. Por esse motivo, as redes sociais têm investigado as condições de trabalho das companhias que vendem imagem distinta do assédio moral/sexual e do trabalho análogo a escravo que por vezes sustentam.

Surgiram agências de publicidade no Brasil na última década especializadas em fornecer ao mercado modelos que não correspondam a um padrão europeu. Elas surgiram no mesmo período em que a oferta de mercadorias voltadas ao público negro e a busca por maior acessibilidade produziram maior exposição social e profissional de mulheres, pessoas pretas, com deficiência, entre outras condições que não apareciam nos televisores das famílias até os anos 1990.

Essas conquistas de lutas políticas de movimentos sociais após décadas de reivindicações podem ser superadas em minutos. Basta acessar um *software* e pedir uma campanha publicitária com um homem negro e uma mulher indígena brasileiros encaixando determinada marca e usando certas cores. Não apenas *designers* passam a ser revisores finais de arte, mas toda representatividade passaria a ser falsa, uma mensagem vazia transmitida enquanto modelos negros e indígenas se tornam desempregados.

Digamos que fosse feita a reserva de vagas, sendo garantido por lei que existissem pessoas reais nas imagens desde que correspondessem a determinadas características, como cotas para fotografias na publicidade. Assim como é difícil para indianos, asiáticos, latinos se encontrarem além da cota de visibilidade no cinema norte-americano, do mesmo modo que há um núcleo da família negra ou nordestina nas novelas da Rede Globo, nada iria além dos limites estabelecidos pela lei.

A discriminação algorítmica tem preocupado diversos pesquisadores sobre tecnologias sociais. Como explica Tarcízio Silva, aqueles que programam reproduzem relações de opressão construídas há gerações na sociedade brasileira. Não é possível pensar em desenvolvedores neutros, por surgirem de relações humanas que contaminam suas formas de representação. A construção de algoritmos que selecionam e cruzam conteúdos digitais em *softwares* de inteligência artificial é mais uma manifestação de como "o racismo estrutural impregna as tecnologias e os processos comunicacionais por elas engendrados". Não apenas por meio de novas normas jurídicas, mas com amplo debate em diversas categorias profissionais, nos processos culturais e educacionais, é preciso refletir sobre "o que é inovação desejável" (SILVA, 2021).

Podemos ter inovações antissociais, destruindo profissões e reduzindo o número de profissionais necessários para as mesmas rotinas. É preciso que aprendamos com as etapas anteriores da Revolução Industrial para não criar exércitos de seres humanos que apenas não se enquadram no mercado de trabalho. Há o risco de se considerarem socialmente descartáveis porque as diversas formas como poderiam se expressar já foram substituídas com eficiência.

Uma outra opção tecnológica seria que as pessoas cedessem os direitos de uso das suas imagens para empresas que gerenciam formas de inteligência artificial, garantindo assim que existisse representatividade com pessoas reais. Esse engano é enorme, pois apenas visa esconder grandes problemas. Há o risco permanente do aumento da objetificação de pessoas negras, latinas e mulheres, afinal estariam cedendo direitos como mercadorias para que outros usassem como bem entendessem em outros contextos. Não é pessimismo, como foi constatado por Fernanda Carrera ao estudar o sexismo e o racismo em bancos de imagens.

Quando Carrera estudou a representação de pessoas negras nos repositórios *Shutterstock*, *Stockphotos* e *Getty Images*, todos de ampla utilização pelo mercado publicitário, os resultados à busca genérica "família" mostravam apenas pessoas brancas (CARRERA, 2021).

Lembro da ficção científica em história em quadrinhos *American Flagg*, de Howard Chaykin (1990). Chaykin criou um mundo distópico nos anos 1980, em que policiais completavam a renda cedendo suas imagens para bancos de hologramas em que poderiam ser reproduzidos de qualquer forma. O protagonista é um temido policial que é uma lenda entre atores de filmes pornográficos sem que tenha tido qualquer contato físico com as atrizes, por terem sido homens e mulheres substituídos por avatares hiper-realistas.

A ficção científica tornou-se obsoleta sobre o tema. Atletas precisam se posicionar sobre o uso das suas imagens em jogos hiper-realistas em que campeonatos virtuais terão, por inteligência artificial, avatares com sua aparência e que usarão seus trejeitos em campo, suas principais jogadas como parte das memórias do que significa o atleta para todos que o admiram. Atores desempenham seus papéis, constroem personagens, para que os filmes possam guardar uma réplica da sua expressão facial e corporal para os personagens rejuvenescidos serem usados novamente. Não é o atleta quem se move no campo do jogo *online* nem o ator quem mantém viva a lembrança de personagens que antes interpretou.

Marcos Wachowicz e Gustavo Fortunato D'Amico (2022, p. 25) exemplificam esses processos com a exposição *Dalí Lives*, em que Salvador Dalí aparece recriado digitalmente interagindo com quem visita um museu com exposição das suas obras, quando se comemoravam os 115 anos do nascimento do pintor. A tecnologia, chamada *deepfake*, assim funciona:

> Sendo assim, no caso do Dalí, as *deepfakes* contam com uma rede neural que consegue, com base em análise de dados (imagens e vídeos), reproduzir, de forma quase perfeita, o comportamento, fala ou aparência de Dalí. Em seguida, esse material é cruzado com outro, no caso com a gravação do ator físico. Então, a máquina, com base nas informações coletadas, trabalha para substituir o rosto do ator pelo do pintor, Dalí.

Essas são expressões do fenômeno da "plataformização" da construção e economia, como explicado por Tarcízio Silva, concentrando as mediações de inúmeras relações humanas em determinados ambientes digitais. Empresas têm controle sobre os dados e diversas hipóteses do tratamento sobre corpo, fala e expressão de alguém. O controle concentrado sob determinada empresa e marca torna todo o fluxo de dados e a correspondente potencial conversão em valor econômico dependentes de métricas sem uma mediação daqueles que estão expressando ideias e imagens. Importam apenas os dados que produzem (SILVA, 2020).

Os bancos de imagens para fotografias de pessoas existem há muito tempo *online*. Com uma assinatura, qualquer pessoa poderá usar legalmente as imagens. O efeito mais marcante é a padronização com um homem negro norte-americano fotografado de terno há alguns anos sendo o padrão reproduzido em campanhas de diversos países, como se fossem todos iguais, sem reconhecer a diversidade real das pessoas. Nada diferente viria de bancos de imagens para inteligência artificial.

5 Uma foto de família não será mais a mesma

Venho de uma família grande, segundo minhas memórias de infância. Éramos dezenas de primos. Entre os adultos, havia meus pais e quatro casais de tios, sem contar segundos casamentos de dois deles e tios por afeto que se agregaram de forma espontânea. Todos ao redor da minha avó como matriarca unindo o grupo de parentes do lado materno.

Em minhas memórias de criança, nos anos 1970 e 1980, eram todos felizes e unidos. Conversei quando adulto com dois primos sobre a ausência de uma foto de família que unisse a todas e todos em uma só lembrança. Isso rendeu diálogos divertidos sobre os rumos tão distintos pelos quais a vida fez as duas gerações seguintes da família se espalhar e se afastar física e, às vezes, afetivamente, pois os esforços renderiam uma foto com igualmente grande esforço para que algumas pessoas mantivessem distância diplomática.

Devido a uma mudança de endereço dois anos atrás, pude conferir fotos de infância em grande número. Mesmo com muitos parentes, pude encontrar rapidamente ausências significativas em todos os álbuns amarelados. Alternavam-se ausências, entre pessoas não convidadas, que adoeceram, perderam a hora ou apenas não queriam aparecer na foto ou na festa. Nada disso seria dito para as crianças na época.

Lembro de um conto, *A foto*, de Luis Fernando Verissimo (1999). Uma família enorme se reúne preocupada, pois precisa de uma foto de família antes que o bisavô, de saúde frágil e idade muito avançada, morra. Durante os dilemas sobre como distribuir as fileiras de parentes na foto, se usarão ordem alfabética, hierárquica, de afinidade ao homenageado, enquanto brigam entre si por privilégios na imagem, o bisavô saiu da cadeira, foi até a câmera e fotografou a família. Questionado por que não apareceu, ele respondeu: "Eu fico implícito" e foi dormir.

O implícito das fotos de família desaparece se as imagens forem agrupadas aleatoriamente para que uma inteligência artificial reúna os parentes, crie um cenário, altere o figurino, corrija sorrisos e traços da idade na aparência individual. As fotos de famílias em gerações anteriores à minha tinham um traço de poder familiar evidente, com o pai sentado de terno com a esposa em pé à esquerda e os filhos ao redor de um modo que, mesmo em pé, dificilmente ficassem acima de quem tinha poder. Ninguém sorria, o ambiente era a sala da casa do modo mais neutro e austero possível. Na morte dessa disposição de pessoas em fotos está o quanto era implícito um padrão familiar que apenas pode ser compreendido quando aquelas pessoas relatam o que significava o ritual. Era simbólico preparar-se diante de um fotógrafo em ocasiões que fugiam do cotidiano, com austeridade evidente.

É, também, o implícito que está exposto no que dará sentido às imagens quando conferidas anos depois e houver narrativas para partilhar entre parentes da mesma idade ou para reviver compartilhando com quem não convivia com os personagens da imagem. Nada disso estará presente, sendo preciso forjar narrativas quando se forjam imagens. Assim como Stalin tentou fazer com seus inimigos políticos, apagando-os de fotos históricas soviéticas, torna-se fácil apagar lembranças, reduzir a relevância mudando a posição em fotos, tornar simpático alguém desagradável, ao deixar que a inteligência artificial altere imagens.

Pude encontrar um vídeo antigo preservado em meu canal no YouTube. São imagens de 30 anos atrás, resgatadas do que restou entre o mofo de uma fita VHS. Não está em perfeitas condições, como é possível perceber por um *frame*.

Figura 3 – Festa de família

Fonte: Acervo pessoal.

Para todos verem: festa infantil nos anos 1990 de 1 ano da minha irmã. Aparecem meus pais, irmãos, uma tia e primos. Tenho 11 anos na imagem, todos com pele clara, cabelos curtos, exceto uma tia ao fundo da imagem. A aniversariante está sendo carregada pela minha mãe, que veste uma roupa toda branca. Meu pai e as crianças usam camisas polo. Há uma parede aparentemente branca, mas o brilho "estourou" na reprodução e não é possível ter certeza.

Existe tecnologia em inteligência artificial hoje para que eu possa digitalizar aquela aparência, mudar cores de roupas e cenários, e os vídeos são os únicos registros que tenho daqueles períodos da vida, de acordo com o que pôde ser resgatado de fitas VHS com mofo. Se alguém perguntar sobre aquela festa, posso fazer comentários, mas não sei se seriam memórias minhas ou o produto de anos ouvindo parentes comentarem a festa.

Posso ter reconstruído a partir de narrativas o que lembro, aos 45 anos de idade, sobre um evento ocorrido 34 anos atrás. Seria possível, agora que as imagens estão digitalizadas, não mais apenas em meio analógico, restaurar o vídeo para uma melhor resolução, porém as referências para isso não seriam necessariamente verdadeiras. Qualquer edição com inteligência artificial será preservada na memória como uma edição afetiva das lembranças. Não há normas jurídicas que enfrentem esse fenômeno.

6 A insuficiência normativa para regulamentar os tratamentos de imagem

O arcabouço normativo que regulamentaria problemas relacionados ao uso de imagens por inteligência artificial é tão anacrônico que é melhor considerar que ele ainda não existe de modo sistemático. Contamos com duas leis que têm quase 30 anos: a Lei nº 9.609, conhecida como "lei do *software*", e a Lei nº 9.610, ambas promulgadas no mesmo dia de fevereiro de 1998. Ao menos, existem as condições gerais ditadas pela Lei Geral de Proteção de Dados (LGPD) correspondentes ao tratamento de dados de qualquer natureza e o especial cuidado com o dado pessoal sensível.

O tratamento de dados, regulamentado entre os arts. 7º e 10 da LGPD, precisa ter informações suficientes registradas e compartilhadas sobre o que será feito com aquelas informações e os objetivos do armazenamento, da edição e da transmissão (etapas do tratamento de dados). Além disso, todo consentimento pressupõe pleno acesso a informações para que o acesso aos dados seja autorizado.

Logo no art. 2º da LGPD, é expresso que um dos fundamentos da proteção de dados é, segundo o inciso IV, a "inviolabilidade da intimidade, da honra e da imagem" (BRASIL, 2018). Porém, é a única menção à imagem em toda a lei, que não se refere a vídeos nem fotografias em todo seu texto. É preciso, pois, considerá-la como critério geral de interpretação com diretrizes principiológicas.

O habitual uso de termos de cessão de imagem ganha novas obrigações contratuais quando é necessário prever o tratamento e o armazenamento de dados, bem como finalidades comerciais em *softwares* e plataformas que talvez ainda nem mesmo existam. A Lei nº 9.610/98, em seu art. 90, V, disciplina que o artista, intérprete ou executante, tem o direito de autorizar, seja pago ou não, ou proibir "qualquer outra modalidade de utilização de suas interpretações ou execuções" (BRASIL, 1998). Contudo, após transformações por tecnologia generativa, em que o aprendizado de máquina não traz o que o intérprete fez, mas o que poderia ter feito, restaria ao intérprete apenas decidir se seus dados personalíssimos (voz, imagem) estariam ou não em obras em que não houve sua *performance*.

> Desta forma, pela regra contida no art. 90 da LDA, temos então que ao artista, em tese, é permitido se opor à inserção de seu material no programa de *deep learning*, mas pode reivindicar a autoria do material criado pela inteligência artificial, uma vez que este não possui direitos sobre a obra nova (WACHOWICZ; D'AMICO, 2022, p. 27).

Não fica evidente se teríamos todas as etapas do tratamento como expressão de um direito personalíssimo respeitado como parte da personalidade, por se referir à imagem pessoal de alguém. As semelhanças possíveis quando um rosto é criado por inteligência artificial dependerão de quem digitou comandos, mas, também, de quem interpreta o resultado para atribuir a determinados modelos humanos. Ainda há muitos debates em aberto, acadêmicos e parlamentares, sobre a existência de domínio público sobre o resultado do que se pede para ferramentas de inteligência artificial gerar ou se os direitos pertenceriam exclusivamente à empresa que produz o *software* ou, solidariamente, àqueles que produziram os comandos.

O art. 7º da Lei de Direito Autoral garante a proteção como obras intelectuais do que seja criação "do espírito", "em qualquer suporte, tangível ou intangível, conhecido ou que se invente no futuro" (BRASIL, 1998). Apesar da descrição tão aberta, não é proteção suficiente, mas apenas uma prevenção tímida diante do que podem fazer avatares digitais com movimentação imprevista por quem os produziu.

Os limites legislativos ficam evidentes para Silva, Marques e Santos Jr. (2021) quando examinam juridicamente os *e-sports* utilizando o Direito Desportivo brasileiro. É possível pensar em cláusulas específicas para o uso de imagem dos atletas em sua versão digitalizada garantindo que recebam compensações financeiras análogas àquelas das próprias partidas desportivas. Mesmo assim, não será o desempenho do titular da voz e da imagem, mas o de atletas de esportes eletrônicos que decidirá como eles serão lembrados àqueles que assistiam às competições.

7 Considerações finais

Não é fácil analisar um fenômeno ainda em construção, cujas principais ferramentas ganham novas versões no mesmo ano, mais de uma vez e cujas utilizações profissionais ainda estão sendo descobertas. Apenas a partir da própria construção de ideias, pensamentos e lembranças é possível pensar em como funciona transferir ideias, pensamentos e lembranças para terceiros que automatizam o nosso imaginário.

Mais importante que tentar prever utopias ou distopias com uma nova tecnologia, como os condutores de charretes temendo os primeiros carros, é podermos contextualizar a tecnologia em nosso cotidiano. Somente assim poderemos considerá-las não como um tornado que muda as vidas, mas como novas tecnologias sociais que se incorporam à subjetividade.

O viés racista, sexista, entre outras possibilidades que possam surgir a partir do que se passa na gestão da programação de algoritmos alimentará a inteligência artificial para buscar imagens dentro de determinados padrões. Quando for confortável considerá-las aceitáveis, surgirá o risco de que possam se sobrepor à realidade.

É preciso que estejamos prontos para refletir sobre algumas grandes questões. O que acontece quando as imagens criadas por nossa imaginação são melhores que a reprodução direta, em fotografias ou vídeos, da realidade? Se prefiro o modo como lembro vagamente da minha infância para narrativas das minhas imagens, não seria mais vívido quando aquelas imagens estivessem restauradas por inteligência artificial segundo as narrativas que ouvi quando criança?

O viés afetivo torna preciso escolher o que é real, o que merece ser preservado, lembrado, revivido. A mesma inteligência artificial que há anos escolhe, entre fotos que eu tirei, qual ficou melhor para ser guardada agora pode criar a imagem em vez do registro de um momento real. Por quantos anos lembrarei que aquela imagem foi gerada assim? Quem além de mim saberá disso? Será que alguém se importará com o real se o vínculo emocional estiver preservado, independentemente das evidências em sentido contrário?

A regulamentação vigente sobre tratamento de dados ainda precisa ganhar novas interpretações e atualizações legislativas para suprir demandas sociais, psicológicas e culturais sobre o uso de imagens produzidas por inteligência artificial. A insuficiência dos projetos de lei que hoje podem ser encontrados na Câmara dos deputados brasileira demonstra que não há debates suficientes na política nacional sobre como nos vemos e como podemos nos ver com base em evidências amparadas na realidade.

Se isso pode ocorrer com imagens, devemos ter respostas para a inteligência artificial, que, compreendendo nossos hábitos de escrita, pode produzir cartas de amor mais apaixonadas pela pessoa querida que aquelas que nós mesmos escrevemos. As imagens apenas têm valor assim, como lembra o dito popular que afirma substituir mil palavras, como cartas guardadas no século XXI, quando há narrativas relevantes que possam ser extraídas do que se vê ou do que se quer ver.

Referências

ABREU, Thamyris. Novo sensor promete trazer "cor real" para fotos de smartphones. *Showmetech*, 28 fev. 2023. Disponível em: www.showmetech.com.br/novo-sensor-promete-cor-real-em-fotos. Acesso em: 10 abr. 2023.

ATINJA a beleza rápido, fácil e sem dores. [Rio de Janeiro: *s. n.*], 2023. 1 vídeo (14 min). Publicado pelo canal Meio. Disponível em: www.youtube.com/watch?v=AnNfYibFUUE. Acesso em: 22 abr.2023.

BRASIL. Câmara dos deputados. *Projeto de Lei n. 929/2020*. Dispõe sobre o exercício da profissão de blogueiro e vlogueiro e dá outras providências. Disponível em: www.camara.leg.br/proposicoesWeb/prop_mostrarintegra?codteor=1870172&filename=PL%20 929/2020. Acesso em: 22 abr. 2023.

BRASIL. Câmara dos deputados. *Projeto de Lei n. 2347/2022*. Dispõe sobre a regulamentação da atividade profissional de influenciador digital profissional no âmbito Federal. Disponível em: www.camara.leg.br/proposicoesWeb/fichadetramitacao/?idProposicao=2323549. Acesso em: 22 abr.2023.

BRASIL. *Lei n. 13.709, de 14 de agosto de 2018*. Lei Geral de Proteção de Dados (LGPD). Disponível em: www.planalto.gov.br/ccivil_03/_ato2015-2018/2018/lei/l13709.htm. Acesso em: 21 abr. 2023.

BRASIL. *Lei n. 9.609*, de 19 de fevereiro de 1998. Dispõe sobre a proteção da propriedade intelectual de programa de computador, sua comercialização no País e dá outras providências. Disponível em: www.planalto.gov.br/ccivil_03/leis/l9609.htm. Acesso em: 21 abr. 2023.

BRASIL. *Lei n. 9.610, de 19 de fevereiro de 1998*. Altera, atualiza e consolida a legislação sobre direitos autorais e dá outras providências. Disponível em: www.planalto.gov.br/ccivil_03/leis/l9610.htm. Acesso em: 21 abr. 2023.

CARRERA, Fernanda. Racismo e sexismo em bancos de imagens digitais: análise de resultados de busca e atribuição de relevância na dimensão financeira/profissional. *In*: SILVA, Tarcízio (Org.). *Comunidades, algoritmos e ativismos digitais*: olhares afrodiaspóricos. São Paulo: LiteraRUA, 2020. p. 147-166.

CHAYKIN, Howard. *American Flagg!*: tempos difíceis. São Paulo: Abril Jovem, 1990.

FELIPE, Carlos. Google trabalha em câmera mais inclusiva para diferentes tons de pele. *Mundo conectado*, 20 maio 2021. Disponível em: https://mundoconectado.com.br/noticias/v/18579/google-esta-produzindo-camera-mais-precisa-para-celulares-pixel. Acesso em: 10 abr. 2023.

GOOGLE Fotos lança tons de pele mais realistas para todos usuários. *Tecmundo*, 25 maio 2022. Disponível em: www.tecmundo.com.br/software/239217-google-fotos-lanca-tons-pele-realistas-usuarios.htm. Acesso em: 10 abr. 2023.

MARTINS, João Paulo. Britânico usa IA para criar "selfies" de personagens históricos, incluindo uma de Jesus na Santa Ceia. *Trendsbr*, 31 mar. 2023. Disponível em: www.trendsbr.com.br/cultura/britanico-usa-ia-para-criar-selfies-de-personagens-historicos-incluindo-uma-de-jesus-na-santa-ceia. Acesso em: 21 abr. 2023.

PROJETO de lei francês quer sinalização obrigatória em fotos com filtros ou retoques. *Glamour*, 30 mar 2023. Disponível em: https://glamour.globo.com/beleza/noticia/2023/03/projeto-de-lei-frances-quer-sinalizacao-obrigatoria-em-fotos-com-filtros-ou-retoques.ghtml. Acesso em: 22 abr. 2023.

ROTH, Lorna. Looking at Shirley, the ultimate norm: colour balance, image technologies, and cognitive equity. *Canadian Journal of Communication*, v. 34, p. 111-136, 2009.

SILVA, João Mário Estevam da; MARQUES, Erickson Gavazza; SANTOS JR., Walter Godoy dos. Breves reflexões acerca do uso de imagem de atleta profissional de futebol em jogos eletrônicos. *Revista de Direito, Inovação, Propriedade Intelectual e Concorrência*, v. 7, n. 2, p. 73-94, jul./dez. 2021.

SILVA, Tarcízio. Racismo algorítmico em plataformas digitais: microagressões e discriminação em código. *In*: SILVA, Tarcízio (Org.). *Comunidades, algoritmos e ativismos digitais*: olhares afrodiaspóricos. São Paulo: LiteraRUA, 2020.

SILVA, Tarcízio. *Racismo algorítmico*: inteligência artificial e discriminação nas redes digitais. São Paulo: Sesc, 2021. E-book.

VERISSIMO, Luís Fernando. A foto. *In*: VERISSIMO, Luís Fernando. *O suicida e o computador*. Porto Alegre: L&PM, 1999. p. 125-126.

WACHOWICZ, Marcos; D'AMICO, Gustavo Fortunato. As performances criadas por inteligência artificial: o reflexo dos algoritmos na ressurreição digital. *Revista Rede de Direito Digital, Intelectual & Sociedade*, Curitiba, v. 2, n. 3, p. 17-37, 2022. Disponível em: https://revista.ioda.org.br/index.php/rrddis/article/view/23/35. Acesso em: 23 abr. 2023.

Informação bibliográfica deste texto, conforme a NBR 6023:2018 da Associação Brasileira de Normas Técnicas (ABNT):

SANTOS, Sérgio Coutinho dos. Possíveis implicações de memórias afetivas falsas a partir de imagens produzidas por Inteligência artificial. *In*: EHRHARDT JÚNIOR, Marcos; CATALAN, Marcos; NUNES, Cláudia Ribeiro Pereira (Coord.). *Inteligência artificial e relações privadas*: relações existenciais e a proteção da pessoa humana. Belo Horizonte: Fórum, 2023. v. 2. p. 167-182. ISBN 978-65-5518-577-5.

PARTE III

A PROTEÇÃO DE CRIANÇAS E ADOLESCENTES E OS RISCOS DAS APLICAÇÕES DE INTELIGÊNCIA ARTIFICIAL POR PESSOAS VULNERÁVEIS

A SENSIBILIDADE QUE AS MÁQUINAS JAMAIS TERÃO PARA O TRATO DO DIREITO DE FAMÍLIA

CLAUDIA STEIN VIEIRA

LUIZA VERO FONTES

1 Introdução

Proceder-se-á a uma breve análise sobre a inteligência artificial (IA), apresentando exemplos práticos da sua aplicação no Direito brasileiro e no Direito estrangeiro, bem como os impactos gerados na área do Direito de Família, em que a sensibilidade é de extrema importância, pois se está diante de casos que envolvem grande dor, sobretudo quando em um litígio.

É certo que a IA poderá auxiliar a sociedade em uma série de situações, mas que possa substituir um ser humano, na matéria a que esse trabalho se circunscreve, é inimaginável.

2 Alguns aspectos da atualidade

Com o advento de novas tecnologias, as revoluções industriais marcaram a história pelo impacto econômico e social que acarretaram. E não foi diferente com a Quarta Revolução Industrial, quando se deu a criação de um modelo empresarial com o objetivo de utilizar as tecnologias atualmente disponíveis, para gerar conhecimento e produtividade.

No entendimento do sociólogo Zygmunt Bauman, a "*liquefação dos padrões de dependência e interação*" modificou o antigo conceito de sociedade estática e desenvolvimento procedimental, possibilitando a consolidação de situações voláteis, nas quais as mudanças de conceitos, padrões e paradigmas ocorrem rapidamente.[1]

Assim, os filmes de ficção, que, muitas vezes, apresentam o futuro com cenas compostas por robôs e máquinas, confundem-se com a atualidade, com a concretização da IA para além do mundo cinematográfico.

> A IA faz parte da nossa vida cotidiana. Acessamos sistemas inteligentes para programar o itinerário com o Waze, pesquisar no Google e receber da Netflix e do Spotify recomendações de filmes e músicas. A Amazon captura nossas preferências no fluxo de dados que coleta a partir das nossas interações com a plataforma. A Siri, da Apple, e a Alexa, da Amazon, são assistentes pessoais digitais inteligentes que nos ajudam a localizar informações úteis com acesso por meio de voz.[2]

Os algoritmos de IA começam a analisar e parametrizar as interações nas redes sociais, como a seleção do que será publicado e mostrado para os usuários, como ocorre, por exemplo, no *feed* do Instagram. Eles estão, igualmente, presentes nos diagnósticos médicos, nas plataformas utilizadas para vigilância, na prevenção a fraudes, nas análises de crédito, nas contratações de departamentos de recursos humanos, na gestão de investimento, no atendimento automatizado (*chatbot*),[3] nas pesquisas, na tradução de idiomas, no jornalismo automatizado, nos carros autônomos, entre tantos outros serviços atualmente utilizados.

Conforme leciona a professora Patrícia Sanches:

> O novo normal é digital, o que exige uma constante atualização. Os dispositivos de conexão à internet, como celulares, computadores, tablets, relógios, acessórios pessoais com IA, passaram a fazer parte da lista de compras e despesas das famílias, para se adaptarem aos avanços e exigências da tecnologia.

Por isso se faz necessário o estudo sobre o tema, já que, cada vez mais, a IA integra o "novo mundo", que de novo nada tem, quando

---

1 BAUMAN, Zygmunt. *Modernidade líquida*. Rio de Janeiro: Zahar, 2014. E-book.

2 KAUFMAN, Dora. *Desmistificando a inteligência artificial*. Belo Horizonte: Autêntica, 2022. E-book.

3 Um *chatbot* é um *software* que usa recursos de inteligência artificial (IA) e que pode simular uma conversa (ou *chat*) com um usuário em linguagem natural por meio de aplicativos de mensagens, *websites*, aplicativos móveis ou por telefone. Disponível em: https://4linux.com.br/o-que-e-chatbot. Acesso em: 3 maio 2023.

se está diante de *famílias* que se encontram em situação de dolorosos rompimentos. Esse estudo tem por objetivo a provocação de um raciocínio sobre as conclusões de a IA ser ou não aplicável à maioria dessas famílias, ao menos enquanto o julgador, pelo nosso ordenamento, dever analisar cada um dos grupos que se encontram em momento de ruptura de vida em comum, inclusive em casos de acordos, quando há menores e/ou incapazes envolvidos.[4]

2.1 Conceito de *machine learning* e o avanço tecnológico

Com os avanços tecnológicos, muito se estudou sobre a prática do *machine learning*, que consiste no treinamento da máquina para reproduzir o conhecimento inserido em seu sistema e com ele se desenvolver automaticamente, sem a necessidade de inserção de novos padrões, conforme leciona Ana Catarina de Alencar:

> O aprendizado de máquina é assim denominado porque recebe modelos de execução ideal para uma tarefa e é treinado por meio da repetição. À medida que o algoritmo executa aquela atividade, ele se torna cada vez mais eficaz, atingindo níveis maiores de acurácia. Trata-se, portanto, de um treinamento a partir da análise de exemplos dados ou da execução da própria tarefa em si – e não da realização de uma sequência de ações explicitamente programadas.[5]

Tal conceito nasceu da ideia consistente em as máquinas poderem ser ensinadas a repetir padrões e corrigir eventuais erros, sem qualquer intervenção externa, para auxílio em tarefas corriqueiras e otimização de tempo. Porém, a partir do momento que as máquinas não partem de modelos pré-editados pelo ser humano e começam a "aprender" por si mesmas, novos desafios éticos são lançados à sociedade.

Diferentemente da estrutura neurológica humana, quando as máquinas se limitam, apenas, à repetição e à solução de problemas encontrados ao longo da execução das tarefas designadas, poderá ser reproduzido algo discriminatório ou ilegal. Em razão disso, a mente

---

4 "Art. 178 O Ministério Público será intimado para, no prazo de 30 (trinta) dias, intervir como fiscal da ordem jurídica nas hipóteses previstas em lei ou na Constituição Federal e nos processos que envolvam: I – interesse público ou social; II – interesse de incapaz; III – litígios coletivos pela posse de terra rural ou urbana. Parágrafo único. A participação da Fazenda Pública não configura, por si só, hipótese de intervenção do Ministério Público."

5 ALENCAR, Ana Catarina de. *Inteligência artificial, ética e direito*: guia prático para entender o novo mundo. São Paulo: Expressa, 2022. E-book.

humana é de extrema importância para direcionar a possível abordagem para a máquina, podendo pará-la em caso de alguma irregularidade.

Todavia, para além do caráter ético, há o problema do uso da IA e a respectiva responsabilização civil, como, por exemplo, quando um *chatbot* programado para solucionar dúvidas e aprender com as questões formuladas ofender o interlocutor. Quem será responsabilizado?

Se, por um lado, há a necessidade de regulamentação para a utilização da máquina e seus resultados, por conta de questões éticas e sociais que são impactadas pela IA, por outro lado a regulamentação conservadora pode restringir o aperfeiçoamento dos sistemas integrados, privando-os de liberdade para crescimento.

No entendimento de Ana Catarina de Alencar,[6] o estágio atual de desenvolvimento da IA ainda faz que o ser humano seja necessário e mantenha a prerrogativa de controle sobre a máquina. Como não há como conceder a esses sistemas o *status* moral, ainda é preciso se atentar a reprodução de padrões discriminatórios.

São verificados, na atualidade, diversos sistemas e plataformas de IA aplicados ao Direito, tanto no exterior quanto no Brasil, que auxiliam o Poder Judiciário a diminuir o fluxo de processos, mas até que ponto, efetivamente, ajudam na realização da justiça?

3 A inteligência artificial e o Poder Judiciário brasileiro

No Brasil, ainda não são utilizados *softwares* que possam substituir um grande número de advogados, mas a IA é aplicada em diversas plataformas, para otimizar, por exemplo, o tempo dos serventuários da justiça, na análise de admissibilidade de recursos; dos advogados, a partir da jurimetria; entre outras tarefas.

Em 2021, sob a coordenação do Ministro Luis Felipe Salomão, do Superior Tribunal de Justiça (STJ), foi publicada uma pesquisa científica,[7] conduzida pelo Centro de Inovação, Administração e Pesquisa do Judiciário da Fundação Getulio Vargas, com dados acerca da utilização da IA no âmbito jurídico brasileiro.

---

6 ALENCAR. *Op. cit.*

7 SALOMÃO, Luís Felipe (Coord.); *et al*. *Inteligência artificial*: tecnologia aplicada à gestão dos conflitos no âmbito do Poder Judiciário brasileiro. São Paulo: FGV Conhecimento, 2021. Disponível em: https://ciapj.fgv.br/sites/ciapj.fgv.br/files/estudos_e_pesquisas_ia_1afase.pdf. Acesso em: 21 jul. 2023.

No Supremo Tribunal Federal, foi desenvolvido o sistema *VICTOR*, cuja funcionalidade é a comparação dos recursos interpostos aos temas mais recorrentes de repercussão geral e, em caso de compatibilidade, a devolução dos processos aos tribunais de origem, com a respectiva suspensão até que haja a manifestação, em caráter final, dos feitos eleitos para julgamento. Para a análise da admissibilidade recursal, o sistema utiliza as principais peças apresentadas no recurso interposto.

Enquanto o andamento dos processos fica mais célere, podem verificar-se, entretanto, diversas inconsistências nos resultados, em razão, por exemplo, da inexistência, nas petições, de palavras específicas, que se conectariam ou não às teses de repercussão geral.

Três sistemas merecer ser ressaltados, todos utilizando a IA para tornar mais eficiente o andamento dos processos no STJ.

O sistema *ATHOS* tem o objetivo de identificar – mesmo antes da distribuição aos ministros – processos que possam ser submetidos à afetação para julgamento sob o rito dos recursos repetitivos, monitorando e apontado processos com entendimentos convergentes ou divergentes entre os órgãos fracionários da Corte, casos com matéria de notória relevância e, ainda, possíveis distinções ou superações de precedentes qualificados.[8]

O *SÓCRATES 2.0* foi concebido uma plataforma que conta com (i) sistema de gerenciamento de normas, (ii) sistema de gerenciamento de controvérsias, (iii) sistema de gerenciamento de modelos, (iv) pesquisa automática de jurisprudência, (v) pesquisa automática de doutrina e (vi) sistema de gerenciamento de acervo por controvérsias. Para cada petição de recurso especial, há a seleção, para exibição, das trinta palavras mais frequentes da peça, de modo que o usuário tenha ideia do respectivo conteúdo, antes da leitura no todo. O objetivo é fornecer um espelho do recurso, com a tese, os fundamentos e as soluções, sem a necessidade de leitura da totalidade, fornecendo sugestões do caminho a ser trilhado pelo magistrado competente pelo julgamento.

O *SÓCRATES 2.0* também possibilita a redução do tempo gasto para a análise da admissibilidade recursal, pois indica a ausência de requisitos na interposição do recurso, reduzindo o tempo gasto na

---

8 EVOLUÇÃO tecnológica e desafios da pandemia marcaram gestão do ministro Noronha na presidência do STJ. *STJ*, 23 ago. 2020. Disponível em: www.stj.jus.br/sites/portalp/Paginas/Comunicacao/Noticias/23082020-Revolucao-tecnologica-e-desafios-da-pandemia-marcaram-gestao-do-ministro-Noronha-na-presidencia-do-STJ.aspx. Acesso em: 6 maio 2023.

atividade da respectiva admissibilidade. O sistema foi desenvolvido para ser a ferramenta de apoio na tarefa de minuta de decisão ou voto, e, nesse sentido, sua utilização permitirá a retroalimentação do serviço de IA.

O aprendizado da máquina será fomentado por quem detém o conhecimento de análise do recurso especial e de elaboração de minutas, sendo possível construir uma base de controvérsias jurídicas, classificadas pelo ramo do Direito e associadas aos dispositivos legais pertinentes, objetivando não apenas permitir a identificação das controvérsias nos processos em trâmite, mas também sugerir as soluções possíveis, por meio de ferramenta de IA, com amparo na jurisprudência da Corte.[9]

Já o sistema *E-JURIS* tem como principal função a extração das referências legislativas e jurisprudências citadas em acórdãos, para auxílio da tarefa de cadastro das que, efetivamente, embasaram os votos na respectiva composição e descarte das que foram meramente citadas, sendo destinado à Secretaria de Jurisprudência.

No Tribunal de Justiça do Estado de São Paulo, a plataforma *JUDI* é um *chatbot* que conta com o aprendizado de máquinas para auxiliar em questionamentos que podem ser dirimidos por meio dos Juizados Especiais Cíveis. Nasceu da constatação de que, no atual contexto de relações contratuais e de consumo mais complexas e dinâmicas, há cada vez mais dúvidas sobre as situações que podem ser solucionadas pelo Poder Judiciário.

Seu principal objetivo é garantir que o cidadão receba a informação correta de acordo com seu problema ou dúvida e, se for o caso, indicar a direção ao Juizado Especial Cível mais próximo, com a documentação necessária para o ajuizamento do competente processo.

Já o sistema *LEIA* sugere, de forma automatizada, com a convergência entre o conteúdo da petição inicial de um processo e uma matriz de entendimento de um tema de precedente, a respectiva vinculação. Foi criado com o objetivo de apoiar o trabalho intensivo em conhecimento de gabinetes para a identificação de convergência entre as características dos processos em tramitação nas respectivas unidades judiciais e as orientações de Tribunais Superiores em relação à vinculação aos temas – incluindo os *leading cases* –, já que a análise ainda é manual

---

[9] CHAVES, Guilherme Veiga; VEIGA, Elizabeth. A inteligência artificial na formação dos precedentes do STJ: Sistema Sócrates 2.0. *Migalhas*, 31 maio 2021. Disponível em: www.migalhas.com.br/depeso/346278/a-inteligencia-artificial-na-formacao-dos-precedentes-do-stj. Acesso em: 6 maio 2023.

e extremamente custosa em termos de tempo, pois existem mais de 3.700 temas e as unidades judiciais, geralmente, estão congestionadas.

Em outros termos, o *software* faz uma varredura no banco de dados do Tribunal de Justiça do Estado de São Paulo para comparar o caso em tela a decisões anteriormente proferidas e fornecer uma solução rápida e, em tese, eficaz.

O Conselho Nacional de Justiça também conta com o auxílio da IA para suas atividades por meio do *CODEX*,[10] ferramenta oficial de recepção de dados de processos judiciais eletrônicos que tramitam nos tribunais brasileiros, conforme a Resolução CNJ nº 446/22,[11] aprovada pelo plenário do Conselho.

A plataforma tem como principal função extrair e consolidar o conteúdo dos processos judiciais e de seus documentos nas bases dos sistemas eletrônicos dos tribunais. Também realiza a conversão e o tratamento dos dados, que são armazenados em nuvem como "texto puro", formato utilizado no desenvolvimento de diversas soluções tecnológicas, como no treinamento de modelos de IA.

Conforme apresentado pelo Conselho, os números da expansão do *CODEX* demonstram a grandeza do projeto, pois, com apenas dois anos de desenvolvimento, encontra-se implantado em 87 tribunais, com 146 fontes de dados integradas à plataforma. De acordo com o painel de acompanhamento do projeto, a nuvem armazena mais de 109 milhões de processos judiciais eletrônicos.

Por meio da jurimetria, conforme apresentado pela professora Ana Catarina,[12] advogados podem prever como os processos serão julgados, com base em "análise preditiva" ou estatística aplicada ao Direito. A jurimetria é fundamental para o correto entendimento da chance de êxito de determinadas demandas levadas ao Poder Judiciário. Essa aplicação de IA permite ao advogado identificar antecipadamente a possibilidade de sucesso daquela tese perante os tribunais.

---

10 LASALVIA, Raquel. Codex atinge mais de 100 milhões de processos judiciais armazenados. *Conselho Nacional de Justiça*, 22 nov. 2022. Disponível em: www.cnj.jus.br/codex-atinge-mais-de-100-milhoes-de-processos-judiciais-armazenados/#:~:text=Por%20isso%2C%20desde%20mar%C3%A7o%20deste,aprovada%20pelo%20plen%C3%A1rio%20do%20Conselho. Acesso em: 21 jul. 2023.

11 Portaria Nº 183 de 02/06/2022: Fixa prazo para a integração dos sistemas judiciais eletrônicos em funcionamento nos Tribunais à Plataforma Codex. Disponível em https://atos.cnj.jus.br/atos/detalhar/4570#:~:text=8o%20da%20Resolu%C3%A7%C3%A3o%20CNJ,30%20de%20junho%20de%202022. Acesso em: 9 abr. 2023.

12 ALENCAR. *Op. cit.*

Assim, atividades repetitivas, demoradas e burocráticas podem ser realizadas por algoritmos, em segundos. Ter-se-á um maior aproveitamento do tempo dos profissionais do Direito, que poderão se dedicar a tarefas mais criativas, complexas e estratégicas da profissão, enquanto as atividades táticas e operacionais são deixadas a cargo da IA.

Porém, é necessário ter em mente até que ponto a automatização total dos meios de pacificação social é benéfica para áreas que lidam com situações que demandam a sensibilidade do julgador para o caso, tal como o Direito de Família.

4 A inteligência artificial no Direito estrangeiro

Nos Estados Unidos, uma onda de *law techs* e *legal techs* tomou conta do mercado, de modo que vários escritórios de advocacia se tornaram automatizados. A utilização de *softwares* para revisão de contratos e a realização de *due dilligence* se torna, pouco a pouco, corriqueira.

Porém, há empresas que vão além da utilização da IA como ferramenta de trabalho e a utilizam como substituição da equipe. *DoNotpay*,[13] por exemplo, é um escritório de advocacia que utiliza somente a IA para dar início a processos relacionados a infrações de trânsito. Com seu *slogan "The world's first robot lawyer"*,[14] o programa foi temporariamente suspenso a requerimento de advogados e promotores da Corte americana.

Ainda no contexto norte-americano, na seara do Direito de Família – objeto deste trabalho –, diversas são as plataformas que preenchem um pedido de divórcio, ajuizando-o perante a Corte, conforme *ranking* elaborado pela revista *Forbes* em 23 de março de 2023.[15]

Na Austrália, a plataforma *AMICA*[16] tem como principal objetivo, como diz seu *slogan*,[17] assessorar casais por meio da conciliação e sem

---

[13] SCHULZ, Bailey. DoNotPay says it's pivoting from plans to argue speeding tickets in court with AI. *USA Today*, 13 fev. 2023. Disponível em: www.usatoday.com/story/tech/2023/01/09/first-ai-robot-lawyer-donotpay/11018060002. Acesso em: 21 jul. 2023.

[14] Em tradução livre: "O primeiro robô advogado do mundo".

[15] JOHNSON, Jeffrey. Best Online Divorce Services Of 2023. *Forbes*, 23 mar. 2023. Disponível em: www.forbes.com/advisor/legal/divorce/best-online-divorce-services. Acesso em: 30 abr. 2023.

[16] Disponível em: https://amica.gov.au/?gclid=Cj0KCQjw27mhBhC9ARIsAIFsETEbdglGxa_8wxc-96gXNIcISE_u7JEU7QAlOvM-pKDrC6injwe1BiQaAp2MEALw_wcB. Acesso em: 8 abr. 2023.

[17] *Helping you to separate smarter"; "amica is a simple, affordable and quick way for couples to agree on parenting, property and money issues when they separate"*. Tradução livre: "Ajudando

grande custo, finalizar o relacionamento, com as sugestões de separação patrimonial, e resolver questões financeiras e até da guarda dos filhos e regime de convivência.

Por meio de uma plataforma interativa *online*, o casal responde um extenso questionário e a *AMICA* utiliza a IA para sugerir a partilha dos bens e finanças. Há, também, um *webchat* para solucionar qualquer questão que apareça no caminho. O sítio acrescenta, ainda, que, no caso de concordância com a divisão sugerida pela plataforma, o casal pode escolher a forma de "pagamento" da quota-parte a que faz jus na partilha patrimonial, seja a respectiva venda e partilha do produto, seja com a divisão dos bens, de forma a se atingir o quinhão devido a cada um dos partícipes da relação.

Entretanto, na primeira parte do formulário, encontra-se o aviso sobre a utilização da *AMICA* se limitar a casais que busquem a dissolução de seu casamento ou união estável de maneira consensual, sem que existam situações complexas para resolver, inexistindo espaço para controvérsias. Ali também está claro que o outro cônjuge ou companheiro terá acesso a todas as informações apresentadas, por se tratar de uma forma consensual de término do relacionamento.

Há, também, questionamentos sobre a vida em comum, o que inclui declarar qualquer episódio de violência doméstica, que, em caso positivo, gera um desequilíbrio entre as partes incapaz de ser dirimido pela máquina.

Após adentrar os termos efetivos do divórcio ou da dissolução da união estável, seja sobre as questões financeiras, seja sobre a guarda dos filhos e a regulamentação do regime de convivência, é gerado um documento, que pode ser levado à homologação judicial.

No Canadá, um aplicativo similar, chamado *THISTOO*, que foi descontinuado, trazia formulários para preenchimento sobre a vida financeira do casal e fazia uma busca no banco de julgados para sugerir como o divórcio poderia se dar.

Entre os projetos que nascem e são descontinuados, verifica-se que o questionamento permanece: até que ponto a IA pode *substituir* o ser humano, na busca de melhores soluções na área do Direito de Família?

---

você a se separar de maneira mais inteligente"; "amica é uma maneira simples, acessível e rápida para os casais chegarem a um acordo sobre questões de parentalidade, propriedade e dinheiro quando se separam".

5 Os impactos da inteligência artificial no Direito de Família

A automação de processos e procedimentos pode ser eficaz em diversas áreas do Direito, visando à otimização do tempo de trabalho e a realização de tarefas diversas, algumas mais complexas, como análises de contratos, elaboração de relatórios de *due diligence* e trabalhos em que a máquina segue um padrão, a partir de modelos predeterminados, para a parametrização de fluxos organizacionais.

Conforme pesquisas realizadas pelo Conselho Nacional de Justiça, STJ e Tribunal de Justiça do Estado de São Paulo,[18] o aumento dos litígios deu azo à procura, pelo Poder Judiciário, de ferramentas para otimizar o trabalho e buscar maior praticidade na análise de questões que se repetem. A IA, por meio dos *softwares* já referidos, foi um grande passo para a automação de processos e procedimentos; mas equívocos podem ser cometidos.

Com o uso de *softwares* para, por exemplo, a verificação da presença dos requisitos de admissibilidade de recursos especiais e extraordinários, que, por um limite imposto pela tecnologia, prendem-se a padrões neles inseridos, deixa-se de examinar o caso concreto. Com

---

[18] "O Poder Judiciário concluiu 26,9 milhões de processos em 2021, uma expansão de 11,1% no número de casos solucionados em relação a 2020. No mesmo período registrou-se o ingresso de 27,7 milhões de novas ações – incluídas as que retornaram a tramitar –, revelando um crescimento de 10,4%. Desses processos, 97,2% chegaram à Justiça já em formato eletrônico, de acordo com o Relatório Justiça em Números 2022, divulgado nesta quinta-feira (1º/9) pelo Conselho Nacional de Justiça (CNJ), na sede do órgão, em Brasília" (MELO, Jeferson; BANDEIRA, Regina. Justiça em Números 2022: Judiciário julgou 26,9 milhões de processos em 2021. *Conselho Nacional de Justiça*, 1 set. 2022. Disponível em: www.cnj.jus.br/justica-em-numeros-2022-judiciario-julgou-269-milhoes-de-processos-em-2021/#:~:text=O%20Poder%20Judici%C3%A1rio%20concluiu%2026,crescimento%20de%2010%2C4%25. Acesso em: 12 abr. 2023).

"Em 2021, o STJ recebeu 408.770 processos (de todas as classes) e julgou 427.906. Apesar da redução do estoque nos últimos anos, a demanda alta prejudica o cumprimento da missão preponderante da corte" (STJ ultrapassa 2 milhões de recursos especiais em meio a esforço para resgatar sua missão constitucional. *STJ*, 7 ago. 2022. Disponível em: www.stj.jus.br/sites/portalp/paginas/comunicacao/noticias/07082022-stj-ultrapassa-2-milhoes-de-recursos-especiais-em-meio-a-esforco-para-resgatar-sua-missao-constitucional.aspx. Acesso em: 1 maio 2023).

"Eficiência é a prioridade do Tribunal de Justiça de São Paulo – e as estatísticas da atividade judiciária de 2022 mostram um ganho de produtividade em relação a 2021. O TJSP registrou, no último ano, mais de 5 milhões de processos julgados, somando as duas instâncias" (JUSTIÇA paulista supera marca de 5 milhões de processos julgados em 2022. *Tribunal de Justiça do Estado de São Paulo*, 9 fev. 2022. Disponível em: www.tjsp.jus.br/Noticias/Noticia?codigoNoticia=88726&pagina=1#:~:text=Efici%C3%AAncia%20%C3%A9%20a%20prioridade%20do,julgados%2C%20somando%20as%20duas%20inst%C3%A2ncias. Acesso em: 1 maio 2023).

isso, o que se apresenta, na atualidade, são "decisões-padrão" que não atendem o caso de forma individualizada, a maioria inadmitindo os recursos endereçados às Cortes Superiores.

Na tão delicada área do Direito de Família, que está ligada, quase umbilicalmente, à pisque humana, é inimaginável que o jargão "cada família é uma família" possa ser contemplado pelas respostas-padrão fornecidas pela IA.

As relações interpessoais são complexas e não seguem modelos preestabelecidos, como faz o robô, uma vez que a percepção de cada pessoa é única e influenciada por diversos fatores e situações, como, por exemplo, o meio em que está inserida, valores e crenças. A psique humana dita as relações e conexões das pessoas, ao coexistirem em um ou mais grupos de semelhanças.

A Constituição Federal de 1988 dispõe, em seu art. 226, que a "família, base da sociedade, tem especial proteção do Estado", cumprindo questionar, passados tantos anos, em que consiste a família. Sem sombra de dúvida, a modernidade fluida representa o cenário em que vivemos, com conceitos e padrões em constantes alterações, e as famílias, na atualidade, são constituídas de várias formas. A partir daí já se vê a dificuldade da máquina em decifrar se, em um caso a ela submetida, há ou não uma família.

No Direito de Família inexiste meio de conferir autonomia às máquinas, pois, para que o trabalho seja efetivo, conforme já aventado, a respectiva alimentação se dá a partir de padrões e procedimentos a serem seguidos. Porém, seguir padrões aplicados pela IA para todos os casos consiste em tratar os desiguais igualmente, tentando nivelá-los em um mesmo patamar.

As máquinas são incapazes de, por si próprias, fazer um julgamento sobre o que seria "certo" ou "errado", o que se deve às circunstâncias de tais definições decorrerem, apenas, de acordos sociais do que é aceitável ou não para a maior parte pertencente a um grupo. No entanto, a partir do momento em que uma pequena parcela conservadora, por exemplo, alimenta a máquina com padrões próprios, não há uma análise, por parte da IA, se isso seria limitador para o grupo como um todo. Assim, a simples reprodução de modelos pode acarretar insegurança jurídica pela fragilidade da origem da reprodução. Como se sabe, em uma família inexiste óbice à fixação da guarda compartilhada, enquanto em outra é imperiosa a guarda unilateral; o regime de convivência parental é um para uma família e outro para outra, e assim por diante.

Inexistem padrões preestabelecidos imutáveis que encaminhariam a máquina para um julgamento minimamente preciso, quiçá a automação do papel do advogado ao buscar os direitos de seu constituinte. A sensibilidade e a análise única das questões é imperiosa para que os direitos dos integrantes da família sejam assegurados.

As interações familiares são repletas de individualidade, particularidades próprias de cada núcleo relacional, e os conflitos, nessa área, normalmente são carregados de emoções e sentimentos. Felicity Bell salienta que "os clientes continuarão precisando e procurando advogados humanos para ajudá-los em questões de Direito de Família. Especialmente no caso de partes vulneráveis e crianças, a tecnologia pode não ser um substituto apropriado para advogados de família humanos".[19]

A especificidade do direito de família consiste, sobretudo, no olhar humano e atencioso dos envolvidos, sejam partes, advogados, serventuários da Justiça, magistrados, membros do Ministério Público, entre outros. As causas, que versam sobre as relações entre pessoas físicas, interseccionadas com a Psicologia, dificilmente têm um padrão de "certo" e "errado", sendo necessária a análise da situação concreta em relação aos padrões fixados pelo momento em que a sociedade se encontra e onde estão inseridos os partícipes dos relacionamentos.

A existência ou não de união estável e parentalidade socioafetiva são exemplos de situações fáticas que repousam em linhas tênues e que dependem de um vasto conjunto probatório para sua comprovação. Por mais que na legislação[20] haja a respectiva conceituação, não há um "modelo" a ser seguido para conferir ou não tal direito. Leciona Fernanda Tartuce que "em boa parte das causas familiares, o magistrado opera com princípios de conteúdo indeterminado",[21] destacando-se as que envolvem partes vulneráveis, tais como crianças, adolescentes e mulheres em situação de violência.

---

[19] Tradução livre de: "*However, clients will continue to need, and seek out, human lawyers to assist them in family law matters. Especially in the case of vulnerable parties and children, technology may not be an appropriate substitute for human family lawyers*" (BELL, Felicity. Family Law, Access to Justice, and Automation. *Macquarie Law Journal*, v. 19. Disponível em: www.mq.edu.au/__data/assets/pdf_file/0004/866290/Family-Law-Access-to-Justice-and-Automation.pdf. Acesso em: 21 jul. 2023).

[20] Art. 1.723 do Código Civil: "É reconhecida como entidade familiar a união estável entre o homem e a mulher, configurada na convivência pública, contínua e duradoura e estabelecida com o objetivo de constituição de família".
Provimento nº 83, de 14/08/2019: Altera a Seção II, que trata da Paternidade Socioafetiva, do Provimento 63, de 14 de novembro de 2017, da Corregedoria Nacional de Justiça.

[21] TARTUCE, Fernanda. *Processo civil no direito de família*: teoria e prática. 6. ed. Rio de Janeiro: Método, 2022. p. 3.

Assim, o direito de família tem de ser havido como área que exige competências diversas, que não são estritamente técnicas ou legais, podendo cair na categoria de "habilidades para a vida", alcançadas por meio de experiências diversas em vez de um treinamento formal. São situações que podem ser encontradas no seio de qualquer relação de afeto – seja positivo, como o amor, o carinho, o cuidado; ou negativo, como o ódio, a ira, a sede de vingança – e impactadas por fatores externos, como crenças, valores, meio ambiente e transtornos.

Nesse ponto, reitera-se, por conseguinte, o questionamento antes formulado, consistente no impacto da automatização no Direito de Família e o embate entre rápidas resoluções e sensibilidade. Para contribuir com a busca por uma resposta adequada, tem-se que a Resolução nº 332/20,[22] do Conselho Nacional de Justiça – cuja ementa assim transcreve: "Dispõe sobre a ética, a transparência e a governança na produção e no uso de IA no Poder Judiciário e dá outras providências" –, não prevê qualquer limitação ao uso da IA nas questões relacionadas ao Direito de Família, desde que respeitadas "sua compatibilidade com os Direitos Fundamentais, especialmente aqueles previstos na Constituição ou em tratados de que a República Federativa do Brasil seja parte".

Mesmo com as certezas que pairam sobre a importância da humanização dos processos envolvendo o direito de família, Felicity Bell apresenta a hipótese de que "certos aspectos do direito de família o tornam suscetível à automação, o primeiro sendo a economia e a acessibilidade, e o segundo, problemas de maior escala com a eficiência do sistema de direito de família". A autora refere os benefícios da aplicação da IA na seara do direito de família, como "aumentar o acesso a leis de família, informações precisas e serviços. A facilidade de acesso pode incluir evitar tribunais, mas também pode estender para evitar procedimentos formais de resolução de disputas".[23]

Se, por um lado, a tecnologia pode ser utilizada em favor das partes, por outro lado, a parametrização das situações nunca englobará a realidade das famílias que se encontram em situação de litígio. As máquinas funcionam com modelos predeterminados e incluídos

---

[22] CONSELHO NACIONAL DE JUSTIÇA. *Resolução nº 322, de 21 de agosto de 2020.* Brasília: Conselho Nacional de Justiça, 2020. Disponível em: https://atos.cnj.jus.br/files/original191707202008255f4563b35f8e8.pdf. Acesso em: 21 jul. 2023.

[23] Conforme original: "*Another benefit to automation might be to increase access to accurate family law information and services. Ease of access might include avoiding courts but could also extend to avoiding formal dispute resolution procedures*" (BELL. *Op. cit.*).

no sistema, de forma que fácil se faz a discriminação de situações únicas e pontuais. Por isso, a tecnologia utilizada como auxílio apenas secundário ao ser humano nos casos familiares é o melhor cenário para a resolução de controvérsias de forma mais precisa. Há de se considerar que, em muitas causas em que estão envolvidos os vínculos afetivos, há temores, queixas, mágoas e sentimentos confusos, e nem sempre a resposta judicial é apta para responder aos anseios daqueles que buscam muito mais resgatar danos emocionais do que propriamente obter o que reputam justo.

No entanto, para que divergências sejam dirimidas por meio de técnicas conciliatórias ou mediadoras, é necessário que haja paridade entre as partes da questão-problema. Casos como violência doméstica, por exemplo, não podem ser resolvidos nas esferas extrajudiciais em decorrência do sentimento de superioridade e dominação de uma parte em face da outra. Nessas situações, a utilização do Poder Judiciário e da sensibilidade humana é fundamental para a precisa análise do caso.

A plataforma *AMICA*, por exemplo, conforme já aventado, informa, de maneira expressa, que somente consegue auxiliar casais que concordem com uma dissolução consensual do relacionamento e que tenham espaço para buscar a resolução de forma amigável e por meio do diálogo.

É certo que, com o avanço tecnológico, poderá haver no Brasil soluções para os que busquem o divórcio ou a dissolução de união estável consensuais, mas como imaginar os aspectos que precisam ser examinados de acordo com o que vige no momento de tal ruptura, tais como a comunicabilidade de planos de previdência privada, Fundo de Garantia por Tempo de Serviço, diferenças entre o valor de aquisição do patrimônio e eventual sub-rogação? O que dizer, então, de ajustes que não se mostrem benéficos a filhos menores e/ou incapazes, em que será necessário o aconselhamento de profissionais que possam, com base na experiência, buscar que os genitores procedam a rearranjos? A complexidade do ser humano ainda é uma questão controversa ao avanço tecnológico.

6 Conclusão

Acredita-se que a IA pode ser utilizada como ferramenta de auxílio na celeridade processual e na resolução de controvérsias consensuais ou de pouca complexidade, ao contrário do que ocorre com o Direito de Família, em que os operadores que estejam ao lado dos partícipes do relacionamento deverão ter muita sensibilidade e delicadeza no trato da questão.

Cada situação é peculiar em sua existência e nunca será exatamente idêntica a outra, sobretudo em razão de a sociedade viver em constante aprimoramento e mudanças, sendo impossível prever e registrar todas as situações que podem se apresentar e as respectivas soluções.

A utilização da IA como contribuição às soluções de litígios nas relações familiares, embora possa parecer uma garantia do direito constitucional de acesso ao Poder Judiciário, é incapaz de assegurar uma decisão que se mostre equilibrada.

Referências

ALENCAR, Ana Catarina de. *Inteligência artificial, ética e direito*: guia prático para entender o novo mundo. São Paulo: Expressa, 2022. E-book.

BAUMAN, Zygmunt. *Modernidade líquida*. Rio de Janeiro: Zahar, 2014. E-book.

BELL, Felicity. Family Law, Access to Justice, and Automation. *Macquarie Law Journal*, v. 19. Disponível em: www.mq.edu.au/__data/assets/pdf_file/0004/866290/Family-Law-Access-to-Justice-and-Automation.pdf. Acesso em: 21 jul. 2023.

BOCK, Ana Mercês Bahia; TEIXEIRA, Maria de Lourdes Tassi; FURTADO, Odair. *Relações sociais e a vida coletiva*: aspectos psicológicos e desafios étnico-raciais. São Paulo: Expressa, 2021. E-book.

BRASIL. [Constituição (1988)]. *Constituição da República Federativa do Brasil de 1988*. Brasília, DF: Presidência da República, [2016]. Disponível em: www.planalto.gov.br/ccivil_03/constituicao/constituicao.htm Acesso em: 1 maio 2023.

CAIUBY, Celia (Coord.). *Família 4.0*: reflexões sobre a era da conectividade e tecnologia nas relações familiares. 1. ed. São Paulo: Revista dos Tribunais/Thomson Reuters Brasil, 2022. E-book.

CHAVES, Guilherme Veiga; VEIGA, Elizabeth. A inteligência artificial na formação dos precedentes do STJ: Sistema Sócrates 2.0. *Migalhas*, 31 maio 2021. Disponível em: www.migalhas.com.br/depeso/346278/a-inteligencia-artificial-na-formacao-dos-precedentes-do-stj. Acesso em: 6 maio 2023.

CONSELHO NACIONAL DE JUSTIÇA. *Portaria nº 183 de 02/06/2022*. Disponível em: https://atos.cnj.jus.br/atos/detalhar/4570#:~:text=8o%20da%20Resolu%C3%A7%C3%A3o%20CNJ,30%20de%20junho%20de%202022. Acesso em: 21 jul. 2023.

CONSELHO NACIONAL DE JUSTIÇA. *Resolução nº 322, de 21 de agosto de 2020*. Brasília: Conselho Nacional de Justiça, 2020. Disponível em: https://atos.cnj.jus.br/files/original191707202008255f4563b35f8e8.pdf. Acesso em: 21 jul. 2023.

FRAZÃO, Ana; MULHOLLAND, Caitlin (Coords.). *Inteligência artificial e direito*: ética, regulação e responsabilidade. São Paulo: Revista dos Tribunais/Thomson Reuters Brasil, 2019.

JOHNSON, Jeffrey. Best Online Divorce Services Of 2023. *Forbes*, 23 mar. 2023. Disponível em: www.forbes.com/advisor/legal/divorce/best-online-divorce-services. Acesso em: 30 abr. 2023.

JUSTIÇA paulista supera marca de 5 milhões de processos julgados em 2022. *Tribunal de Justiça do Estado de São Paulo*, 9 fev. 2022. Disponível em: www.tjsp.jus.br/Noticias/Noticia?codigoNoticia=88726&pagina=1#:~:text=Efici%C3%AAncia%20%C3%A9%20a%20prioridade%20do,julgados%2C%20somando%20as%20duas%20inst%C3%A2ncias. Acesso em: 1 maio 2023.

KAUFMAN, Dora. *Desmistificando a inteligência artificial*. Belo Horizonte: Autêntica, 2022. E-book.

LASALVIA, Raquel. Codex atinge mais de 100 milhões de processos judiciais armazenados. *Conselho Nacional de Justiça*, 22 nov. 2022. Disponível em: www.cnj.jus.br/codex-atinge-mais-de-100-milhoes-de-processos-judiciais-armazenados/#:~:text=Por%20isso%2C%20desde%20mar%C3%A7o%20deste,aprovada%20pelo%20plen%C3%A1rio%20do%20Conselho. Acesso em: 21 jul. 2023.

MELO, Jeferson; BANDEIRA, Regina. Justiça em Números 2022: Judiciário julgou 26,9 milhões de processos em 2021. *Conselho Nacional de Justiça*, 1 set. 2022. Disponível em: www.cnj.jus.br/justica-em-numeros-2022-judiciario-julgou-269-milhoes-de-processos-em-2021/#:~:text=O%20Poder%20Judici%C3%A1rio%20concluiu%2026,crescimento%20de%2010%2C4%25. Acesso em: 12 abr. 2023.

REVOLUÇÃO tecnológica e desafios da pandemia marcaram gestão do ministro Noronha na presidência do STJ. *STJ*, 23 ago. 2020. Disponível em: www.stj.jus.br/sites/portalp/Paginas/Comunicacao/Noticias/23082020-Revolucao-tecnologica-e-desafios-da-pandemia-marcaram-gestao-do-ministro-Noronha-na-presidencia-do-STJ.aspx. Acesso em: 6 maio 2023.

SALOMÃO, Luís Felipe (Coord.); *et al*. *Inteligência artificial*: tecnologia aplicada à gestão dos conflitos no âmbito do Poder Judiciário brasileiro. São Paulo: FGV Conhecimento, 2021. Disponível em: https://ciapj.fgv.br/sites/ciapj.fgv.br/files/estudos_e_pesquisas_ia_1afase.pdf. Acesso em: 21 jul. 2023.

SANCHES, Patrícia Corrêa (Coord.); PEREIRA, Rodrigo da Cunha; DIAS, Maria Berenice (Orgs.). *Direito das famílias e sucessões na era digital*. Belo Horizonte: Instituto Brasileiro de Direito de Família (IBDFAM), 2021.

SCHULZ, Bailey. DoNotPay says it's pivoting from plans to argue speeding tickets in court with AI. *USA Today*, 13 fev. 2023. Disponível em: www.usatoday.com/story/tech/2023/01/09/first-ai-robot-lawyer-donotpay/11018060002. Acesso em: 21 jul. 2023.

STJ ultrapassa 2 milhões de recursos especiais em meio a esforço para resgatar sua missão constitucional. *STJ*, 7 ago. 2022. Disponível em: www.stj.jus.br/sites/portalp/paginas/comunicacao/noticias/07082022-stj-ultrapassa-2-milhoes-de-recursos-especiais-em-meio-a-esforco-para-resgatar-sua-missao-constitucional.aspx. Acesso em: 1 maio 2023.

TARTUCE, Fernanda. *Processo civil no direito de família*: teoria e prática. 6. ed. Rio de Janeiro: Método, 2022. p. 3.

TARTUCE, Flávio. *Direito Civil*: Direito de Família. Forense, 2022. v. 5.

Informação bibliográfica deste texto, conforme a NBR 6023:2018 da Associação Brasileira de Normas Técnicas (ABNT):

VIEIRA, Claudia Stein; FONTES, Luiza Vero. A sensibilidade que as máquinas jamais terão para o trato do Direito de Família. *In*: EHRHARDT JÚNIOR, Marcos; CATALAN, Marcos; NUNES, Cláudia Ribeiro Pereira (Coord.). *Inteligência artificial e relações privadas*: relações existenciais e a proteção da pessoa humana. Belo Horizonte: Fórum, 2023. v. 2. p. 185-200. ISBN 978-65-5518-577-5.

INFÂNCIA HIPERCONECTADA: RASTROS E RISCOS DA INTELIGÊNCIA ARTIFICIAL

BRUNA LYRA DUQUE

1 Introdução

O ambiente digital é parte fundamental da rotina diária de adultos, jovens, adolescentes e crianças. Diante dessa realidade, consideráveis estruturas sociais, políticas e econômicas precisam conciliar os riscos, os desafios e as oportunidades trazidas pela inteligência artificial (IA), buscando proteger especialmente a infância de danos potenciais.

Alexa, aplicativos educacionais, reconhecimento facial, reconhecimento digital, uso de robótica, entre outros variados dispositivos digitais, estão à disposição do público infantil. Tais dispositivos permitem a emulação de determinada atividade de aprendizado, que supera a automação e, assim, pode ser compreendido como IA. Algumas plataformas que utilizam o reconhecimento facial e a mineração dos dados das crianças, inseridas no cenário familiar ou escolar, coletam dados sensíveis, bem como perpassam pela coleta de diretrizes comportamentais dotados de inteligência artificial e impactam seriamente na vida dos infantes.

O ambiente digital seguro[1] é fator imperativo para a proteção da infância. Nesse contexto, existe, desde 2019, uma diretriz delineada na Recomendação da Organização para a Cooperação e Desenvolvimento

---

[1] Disponível em: https://legalinstruments.oecd.org/en/instruments/OECD-LEGAL-0389. Acesso em: 21 abr. 2023.

Econômico (OCDE)[2] que busca essa segurança digital. Na mesma linha, em 2021, a Comissão Europeia publicou o Ato de Inteligência Artificial (*Artificial Intelligence Act* – AIA), proposta relevante e pioneira para a regulação da IA.

Por sua vez, no Brasil, o tema ainda é tratado sob as formas de projeto de lei[3] e de um potencial marco legal, ou seja, tudo incipiente e com raros casos de intervenções apropriadas, sendo a regulação específica a disciplinar o tema uma omissão de longa data.[4]

Nesse sentido, o estudo aponta as premissas que caracterizam a infância hiperconectada, inserida na manipulação dos seus dados pelos instrumentos da inteligência artificial, e assinala desafios e riscos que precisam ser minimizados. Por meio do método dedutivo, serão indicadas ferramentas para o enfrentamento do problema, visando à redução de danos e à tutela da infância.

2 Infância hiperconectada: rastros digitais e riscos

Os sujeitos inseridos em determinado meio social têm um núcleo de valores que se congregam por viverem em um mesmo ambiente em dado momento histórico. Nesse contexto, os vetores axiológicos de cada pessoa humana podem sofrer mutações.

No campo da tutela da infância, mediante o avanço da interseção das interações sociais e educacionais com o ambiente digital, é inimaginável pensar em afastar a interação das crianças dos recursos de inteligência artificial adotados, especialmente, no campo educacional. Entretanto, uma ampla rede protetiva deve acompanhar tal fenômeno, uma vez que é indiscutível a aplicação do superior interesse do menor.

A busca do equilíbrio para o preenchimento das questões lacunosas trazidas pelas novas demandas da IA representa um desafio, digno de atenção e, notadamente, rigor técnico, mormente na seara da responsabilidade parental e da regulação.

---

[2] BELCHIOR, Wilson Sales. Inteligência artificial, princípios e recomendações da OCDE. *Migalhas*, 22 jul. 2020. Disponível em: www.migalhas.com.br/depeso/330983/inteligencia-artificial--principios-e-recomendacoes-da-ocde. Acesso em: 21 abr. 2023.

[3] BRASIL. Câmara dos deputados. *Projeto de lei 21/2020*. Disponível em: www.camara.leg.br/propostas-legislativas/2236340. Acesso em: 21 abr. 2023.

[4] RODAS, Sérgio. Lei deve focar na prevenção a danos da IA, não só na responsabilização posterior. *Revista Consultor Jurídico*, 21 mar. 2023. Disponível em: www.conjur.com.br/2023-mar-21/lei-focar-prevencao-danos-ia-nao-responsabilizacao. Acesso em: 21 abr. 2023.

Os rastros digitais da infância hiperconectada são produzidos quando as informações que dizem respeito às crianças e que representam suas identidades estão disseminadas em bancos de dados nos mais diversos lugares do mundo. Esses rastros eletrônicos são constantemente acompanhados e guardados por empresas e grupos econômicos diversos para os mais variados fins comerciais.

Tais fins comerciais propagam efeitos imediatos e mediatos nas relações particulares nos planos individual homogêneo, coletivo e difuso. A economia pode orientar, estabelecer limites e critérios, ponderar avanços ou freios na estipulação de deveres fundamentais para o uso responsável da IA, uma vez que fatores econômicos exercem forte influência na ordem privada.[5] Por intermédio dos avanços tecnológicos, tornou-se plausível aumentar sobremaneira a capacidade de produção e circulação de bens e serviços, e tudo passa a ser realizado em larga escala e com repercussões difusas.

Os rastros, que podem ser entendidos como um "conjunto de dados gerados por todos os mecanismos algorítmicos utilizados para se fazer uma edição invisível voltada à customização da navegação *online*",[6] quando produzidos pelas crianças para a constituição dos denominados filtros e bolhas, precisam de urgente regulação e controle. A IA aumenta a capacidade de analisar os comportamentos e hábitos das crianças, o que pode levar ao risco de ser usada para violar as regras de proteção de dados.[7]

As pegadas digitais (*digital footprint*), em algumas situações, são deixadas antes mesmo do nascimento do infante, quando divulgadas pelos próprios pais.[8] Os limites das individualidades entre pais e filhos e, consequentemente, de seus direitos e deveres[9] fundamentais perpassam

---

[5] DUQUE, Bruna Lyra. *Causa do contrato*: entre direitos e deveres. Belo Horizonte: Conhecimento, 2018. p. 137.

[6] MAGRANI, Eduardo. *Democracia conectada*: a internet como ferramenta de engajamento político-democrático. Curitiba: Juruá, 2014. p. 117-118.

[7] MENEGOLA, Everton; *et al.* The proposal of the european regulation on artificial intelligence. *Sequência*, Florianópolis, v. 43, n. 91, p. 1-29, 2022.

[8] "They *are leaving scores of digital footprints online, which tell stories of their children's private lives. In many cases parents excessively share intimate details of their children and then this practice reaches a stage where sharenting is associated with oversharenting, e.g. by posting 100 of baby pictures or even more. (...) He parents created a digital footprint for their unborn child by posting a sonogram image (10.7%) or sharing photos of the expectant mother (8.3%)*" (BROSCH, Anna. When the child is born into the Internet: Sharenting as a Growing Trend among Parents on Facebook. *The New Education Review*. v. 43, p. 225-234, 2016. Disponível em: www.educationalrev.us.edu.pl/dok/volumes/43/a19.pdf. Acesso em: 22 abr. 2023).

[9] O STJ já se manifestou sobre os direitos e deveres distribuídos aos "(...) componentes de famílias redimensionadas" da seguinte forma: "diante dos complexos e intrincados arranjos

também pelo exercício do direito à privacidade da criança, pois os pais exercem controles das imagens dos filhos, "compartilhando determinados ângulos de sua vida que desejar".[10]

A privacidade, para Erick Lucena e Marcos Ehrhardt Júnior,[11] pode ser compreendida quando dividida em três dimensões distintas, porém complementares (decisional, informacional e espacial). Em cada uma dessas dimensões se podem identificar os problemas a elas relativos e, a partir daí, localizar o direito violado.

Desse modo, a efetivação plena dos deveres fundamentais permite outro olhar para questões privadas (privacidade das crianças) que se projetam nas questões públicas (regulamentação, princípios e boas práticas), uma vez que esses dois núcleos são interconectados. Em outras palavras, a tutela humana direcionada à infância hiperconectada é também uma preocupação social. Quanto mais os deveres são cumpridos, mais os direitos das crianças são efetivados.[12] Aplicações de IA e de mineração de dados, quando envolvem o tratamento de dados das crianças, precisam se pautar em valores éticos, além da "proteção aos direitos humanos inserida no desenho de todo o sistema".[13]

Existem princípios que devem nortear "toda e qualquer decisão ou concepção do Direito de Família brasileiro",[14] o que implica limites a serem observados no uso da IA voltada ao público infantil em diversos ambientes, como o educacional, o consumerista e o familiar. O risco identificado[15] não se concentra no fator conexo a danos patrimoniais,

---

familiares que se delineiam no universo jurídico ampliados pelo entrecruzar de interesses, direitos e deveres dos diversos componentes de famílias redimensionadas, deve o Juiz pautar-se, em todos os casos e circunstâncias, no princípio do melhor interesse da criança, exigindo dos pais biológicos e socioafetivos coerência de atitudes, a fim de promover maior harmonia familiar e consequente segurança às crianças introduzidas nessas inusitadas tessituras (...) (Recurso Especial 1.106.637 – SP 2008/0260892-8. Ministra Nancy Andrighi. Publicado em 01.07.00)".

[10] ABREU, Arthur Emanuel Leal. Nuances da privacidade na era digital. *In*: ALVES, Guilherme *et al.* (Orgs.). *Análises de uma juventude conectada*: governança da internet. [*S. l.*]: Youth Observatory, 2017. p. 74-80.

[11] PEIXOTO, Erick Lucena Campos; EHRHARDT JÚNIOR, Marcos. Breves notas sobre a ressignificação da privacidade. *Revista Brasileira de Direito Civil – RBDCivil*, Belo Horizonte, v. 16, p. 35-56, abr./jun. 2018.

[12] DUQUE. *Op. cit.*, p. 134.

[13] TEFFÉ, Chiara Spadaccini. Dados sensíveis de crianças e adolescentes: aplicação do melhor interesse e tutela integral. *In*: TEIXEIRA, Ana Carolina Brochado. *et. al*. *Infância, adolescência e tecnologia*: o Estatuto da Criança e do Adolescente na sociedade da informação. São Paulo: Foco, 2022. p. 321.

[14] PEREIRA, Rodrigo da Cunha. *Princípios fundamentais norteadores do Direito de Família.* 2. ed. São Paulo: Saraiva, 2012. p. 261.

[15] Ulrich Beck define o risco como as previsões e os controles das consequências futuras da ação humana e os efeitos não desejados pela modernidade radicalizada. Na economia globalizada,

mas se voltará às sociedades e aos entes que se organizam para cuidar de questões relacionadas aos avanços do consumo e das evoluções tecnológicas.

A função social instrumentaliza a solidariedade nas relações privadas e permite a imposição de deveres, previstos ou não, nas relações entabuladas pelas partes, posto que a eficácia dos deveres fundamentais se funda na noção de que um dever pode ser considerado em situações específicas e produzirá efeitos jurídicos, mesmo que o legislador não tenha ainda regulado determinado assunto.[16]

Diversos são os métodos de abordagem da funcionalização das relações privadas. Independentemente da linha adotada, as seguintes análises são as mais encontradas: prevenção e repressão do comportamento humano, distribuição de poderes entre os sujeitos envolvidos e distribuição de bens objetos de discussão. A função demarcatória da liberdade pode ser encontrada na responsabilidade civil, no sentido de estabelecer uma delimitação entre a liberdade de atuação e a outorga de proteção a determinados bens e interesses, na medida em que determinadas atuações livres podem originar certo grau de responsabilidade[17].

O perigo é a inexistência de ações e quando a sociedade tende a se estruturar em uma esfera denominada "irresponsabilidade organizada",[18] ou seja, a regulação passa a legitimar os infratores que causam danos à sociedade por meios reflexivos.

Na sociedade de risco, o indivíduo não mais utiliza os recursos digitais para interagir, trabalhar ou estudar; ao contrário, as pessoas vivem para consumir esses recursos digitais. A lógica da troca foi invertida por uma necessidade criada pelo mercado. Por isso mesmo, a regra da preservação da vontade nas relações privadas também foi invertida. As pessoas são convencidas a aumentar o grau de necessidade (ou mesmo satisfação) e, além disso, apreciam e se acostumam com tal necessidade. Assim, o que se identifica é um descontrole com os riscos manejáveis, legitimando-os diante da omissão da atuação estatal,[19] o que não se pode admitir junto ao público infantil.

---

em vista disso, há o enfraquecimento dos Estados e o fortalecimento dos mercados, propiciando a fusão de grandes empresas que concentram o poder econômico (BECK, Ulrich. *La sociedad del riesgo global*. Madri: Siglo XXI de Espanha Editores, 2002. p. 5-6).

[16] DUQUE. *Op. cit.*, p. 135.

[17] ROSENVALD, Nelson. *As funções da responsabilidade civil*: a reparação e a pena civil. São Paulo: Atlas, 2013. p. 65.

[18] BECK, Ulrich. *Sociedade de risco*: rumo a uma outra modernidade. Trad. Sebastião Nascimento. São Paulo: Editora 34, 2010. p. 85-86.

[19] BECK. *Op. cit.*, p. 85-86.

3 Manobras da inteligência artificial para o público infantil

A IA tem por objetivo o desenvolvimento de paradigmas ou algoritmos que demandem máquinas para realizar tarefas cognitivas, para as quais os humanos são melhores.[20] Por exemplo, técnicas de IA, especialmente aprendizado de máquina, têm sido utilizadas frequentemente e com sucesso na resolução de problemas reais, como acontece com o cruzamento de dados para diagnósticos na medicina ou na análise de dados de vendas de uma loja.[21]

O sistema de IA, segundo Simon Haykin,[22] deve ser capaz de armazenar conhecimento, aplicar o conhecimento armazenado para resolver problemas e adquirir novo conhecimento por meio da experiência.[23] O que se observa é que a observação das "características presentes em um conjunto de dados permite a descoberta de padrões e tendências que podem fornecer informações valiosas que ajudem a compreender o processo que gerou os dados".[24]

Na perspectiva do tema em análise, os padrões e as tendências, quando voltados ao público infantil, desembocam em padronizações de comportamentos. Chega-se ao ponto da doutrinação[25] da criança com um conteúdo que gira em torno dos interesses que foram inferidos pela IA, por meio da mineração de dados, formando-se praticamente uma bolha que inviabiliza o acesso a conteúdos diferentes, o que esbarra no livre desenvolvimento da própria personalidade do infante.

Pietro Perlingieri[26] considera que a personalidade é valor fundamental do ordenamento e se mostra incessantemente mutável, daí

---

[20] HAYKIN, Simon. *Redes neurais*: princípios e prática. Trad. Paulo Martins Engel. Porto Alegre: Bookman, 2001.

[21] FACELI, Katti; *et al*. *Inteligência artificial*: uma abordagem de aprendizado de máquina. Rio de Janeiro: LTC, 2019. p. 1-2.

[22] HAYKIN. *Op. cit*.

[23] Conhecimento é um termo para dados, adverte Haykin. O conhecimento pode ser declarativo ou procedimental. "Em uma representação declarativa, o conhecimento é representado como uma coleção estática de fatos, com um pequeno conjunto de procedimentos gerais utilizados para manipular os fatos". Já o conhecimento procedimental está atrelado a um "código executável que representa o significado do conhecimento" (HAYKIN. *Op. cit*.).

[24] FACELI. *Op. cit*., p. 12.

[25] PARISER, Eli. *O filtro invisível*: o que a internet está escondendo de você. Rio de Janeiro: Zahar, 2012.

[26] PERLINGIERI, Pietro. *Perfis do Direito Civil*: introdução ao Direito Civil constitucional. Trad. Maria Cristina De Cicco. 3. ed. Rio de Janeiro: Renovar, 2007. p. 155-156.

sua exigência de tutela. Maria Celina Bodin de Moraes,[27] no mesmo sentido, enfatiza que a personalidade é valor, um valor unitário e sem limitações. Não se poderá negar tutela a quem requeira garantia sobre "um aspecto de sua existência para o qual não haja previsão específica, pois aquele interesse tem relevância ao nível do ordenamento constitucional e, portanto, tutela também em via judicial".

Desse modo, como esclarecem Marcos Ehrhardt Júnior e Gabriela Buarque,[28] a solução "deve perpassar a tutela dos direitos de personalidade e a valorização da axiologia constitucional que alça a dignidade do ser humano como epicentro do sistema normativo".

Crianças são consumidores hipervulneráveis[29] e atraentes para as novas tecnologias e, ao mesmo tempo, sujeitos de direito em desenvolvimento que necessitam de tratamento diferenciado.[30] Assim, as crianças são mais vulneráveis, pois passam por um momento peculiar de desenvolvimento físico, cognitivo e psicossocial. A infância hiperconectada necessita de apoio para se desenvolver de forma sadia.

A capacidade de compreensão do ato praticado, isto é, o discernimento, acaba sendo o aspecto mais relevante no debate da liberdade ou da sua restrição dos atos praticados pelos menores. Ademais, as tensões nesse aspecto da vontade do menor também estão ligadas ao exercício da autoridade parental. Nenhum ato no exercício da autonomia e do discernimento a ser apurado no caso concreto e no ato praticado pelo menor, então, estará livre do exame axiológico cabível, diante de notório prejuízo aos sujeitos envolvidos e manipulados pela IA, e, no que tange à proteção dirigida à criança e ao adolescente, que

---

27 BODIN DE MORAES, Maria Celina. *Danos à pessoa humana*: uma leitura civil-constitucional dos danos morais. São Paulo: Renovar, 2007. p. 127.

28 EHRHARDT JÚNIOR, Marcos; SILVA, Gabriela Buarque Pereira. Pessoa e sujeito de direito: reflexões sobre a proposta europeia de personalidade jurídica eletrônica. *Revista Brasileira de Direito Civil – RBDCivil*, Belo Horizonte, v. 23, p. 57-79, jan./mar. 2020.

29 Marcos Catalan e Claudio Amato esclarecem sobre a relação entre a manipulação algorítmica e a vulnerabilidade nos contratos, o que pode ser transportado para o tema em estudo: "não se pode ignorar que em um sem-número de situações prospectadas haverá vulnerabilidades latentes e, aqui, talvez deva existir uma recomendação algorítmica prévia, normativamente calibrada, que impeça a formação do contrato. Tal intervenção valorizaria a liberdade ao enaltecer a sua dimensão negativa, afinal, a autonomia privada engloba, também, o poder de não contratar" (CATALAN, Marcos; AMATO, Claudio. Novos itinerários da contratação informática: do contrato inteligente ao contrato algorítmico. *Revista civilistica.com*, v. 11. n. 3, p. 1-37, 25 dez. 2022).

30 DADALTO, Luciana; PIMENTEL, Willian. Bioética e direito digital: uma ponte para o futuro da proteção dos menores. *In*: TEIXEIRA, Ana Carolina Brochado; *et. al. Infância, adolescência e tecnologia*: o Estatuto da Criança e do Adolescente na sociedade da informação. São Paulo: Foco, 2022. p. 123.

são vulneráveis merecedores de tutela especial, essa análise deve levar em conta a especial axiologia prevista na Constituição da República, no Código Civil e no Estatuto da Criança e do Adolescente.[31]

Por isso, as manobras da IA para o público infantil reclamam a adoção de princípios e boas práticas que não pode ser abreviada em meras discussões em projetos de lei ou para a possível implementação de um marco regulatório, como tem sido feito no Brasil, mas encaradas como proteção ao direito de personalidade da criança.

4 Adoção de princípios e boas práticas: um olhar para a experiência europeia

A Comissão Europeia, em 2019, publicou as chamadas "Diretrizes Éticas para Inteligência Artificial Confiável", reconhecendo como eixo normativo a centralidade no ser humano a partir de quatro princípios, a saber: respeito à autonomia humana; prevenção de danos; justiça; e explicabilidade. Em 2021, a Comissão Europeia publicou o Ato de Inteligência Artificial, uma proposta relevante e pioneira para a regulação da IA.

Por meio do ato europeu, observa-se que a regulamentação está ciente de que os elementos e as técnicas que causam benefícios socioeconômicos também podem significar riscos para as pessoas e a sociedade. O objetivo do ato é, portanto, salvaguardar o desenvolvimento tecnológico europeu em IA, consequentemente respeitando direitos fundamentais da União Europeia (UE) para que a tecnologia esteja a serviço das pessoas de forma segura.

Na mesma perspectiva, a OCDE instituiu "Princípios para Inteligência Artificial",[32] buscando apontar, mais detalhadamente, uma linha protetiva acentuada a partir da instituição de conceitos principais para a regulamentação do assunto, fundamentos, princípios e objetivos para o uso responsável da inteligência artificial, direitos e deveres dos envolvidos e diretrizes para a atuação do Estado.

---

[31] DUQUE, Bruna Lyra; VERMELHO, Schamyr Pancieri. Pequenos influenciadores, grandes desafios: administração de bens dos influenciadores mirins. *In*: TEIXEIRA, Ana Carolina Brochado; *et. al. Infância, adolescência e tecnologia*: o Estatuto da Criança e do Adolescente na sociedade da informação. São Paulo: Foco, 2022. p. 383-395.

[32] Disponível em: www.oecd.org/going-digital/ai/principles. Acesso em: 21 abr. 2023.

Na esfera dos direitos e deveres fundamentais,[33] cabe também observar a importância do dever de solidariedade aplicado à tutela da infância, inclusive como norma constitucional, de forma a permitir a individualização do papel e do fenômeno digital que ora se apresenta.[34] Como propõe Pietro Perlingieri,[35] o direito tem como ponto de referência o homem na sua evolução psicofísica e existencial, que se torna história na sua relação com os outros homens.

Vale ressaltar o Comentário Geral número 25 do Comitê dos Direitos da Criança da ONU,[36] que apresenta diretrizes interpretativas para os direitos das crianças no ambiente digital.

No livro *The rise of big data policing: surveillance, race, and the future of law enforcement*,[37] alguns questionamentos são apresentados para a utilização dos algoritmos e destaca-se a seguinte reflexão desse estudo para examinar quando uma IA será ou não aplicada: "é possível testar a tecnologia oferecendo *accountability* e alguma medida de transparência?".

A resposta deve ser sim ao problema apresentado. Seguindo a mesma linha conclusiva do AIA, a Comissão Europeia fez uma opção por uma regulação mais rígida, contendo, sobretudo, uma abordagem baseada em riscos. Com isso, o AIA impõe encargos regulatórios quando um sistema de IA é suscetível de apresentar riscos elevados aos

---

33 Sobre a necessidade de a sociedade se organizar a partir da conjugação dual de direitos e deveres, Carlos Alberto Gabriel Maino adverte: "*pensadores han advertido que no es posible organizar humanamente a la sociedad alrededor del concepto de derechos exclusivamente*". O mesmo autor, citando Danilo Castellano, esclarece que "*ha puesto el acento en que los derechos humanos son en realidad el ejercicio de los deberes del hombre, o derechos derivados de los deberes de otros, o aún derivados de la utilización de bienes que son fruto de actividades personales como, por ejemplo, el trabajo o la propiedad*" (MAINO, Carlos Alberto Gabriel. Derechos fundamentales y la necesidad de recuperar los deberes: aproximación a la luz del pensamiento de Francisco Puy. *In*: LEITE, George Salomão; SARLET, Ingo Wolfgang; CARBONELL, Miguel (Coords.). *Direitos, deveres e garantias fundamentais*. Salvador: Juspodivm, 2011. p. 36).

34 DUQUE, Bruna Lyra; PEDRA, Adriano Sant'Ana. Os deveres fundamentais e a solidariedade nas relações privadas. *Revista Direitos Fundamentais & Democracia*, v. 14, n. 1, p. 147-161, 2013. Disponível em: https://revistaeletronicardfd.unibrasil.com.br/index.php/rdfd/article/view/345. Acesso em: 22 abr. 2023.

35 "A complexidade da vida social implica que a determinação da relevância e do significado da existência deve ser efetuada como existência no âmbito social, ou seja, como 'coexistência'" (PERLINGIERI. *Op. cit.*, p. 1-2).

36 ORGANIZAÇÃO DAS NAÇÕES UNIDAS (ONU). Comitê dos Direitos da Criança. *General comment No. 25 (2021) on children's right in relation to the digital environment*. Nova York: Organização das Nações Unidas, 2020. Disponível em: https://criancaeconsumo.org.br/wp-content/uploads/2021/04/general-comment-n-25-2021.pdf. Acesso em: 22 abr. 2023.

37 FERGUSON, Andrew Guthrie. *The rise of big data policing*: surveillance, race, and the future of law enforcement. Nova York: New York University Press, 2017.

direitos fundamentais. O AIA, nessa linha, busca evitar o sufocamento da tecnologia, permitindo que se crie um ecossistema de IA na UE.[38]

Alguns princípios e boas práticas, pois, podem ser pensados nesse percurso de conjugação dos pontos positivos do uso da IA voltada ao público infantil e dos inevitáveis riscos daí decorrentes, pois aqui residem direitos e deveres fundamentais de um grupo de vulneráveis.

A AIA estabelece regras para o desenvolvimento e a utilização de produtos, serviços e sistemas baseados em IA na UE. O regulamento apresenta regras de IA que se aplicam a todos os setores, bem como apresenta uma estrutura de segurança do produto construída em torno de quatro grupos de risco, a saber: risco mínimo, risco limitado, risco alto e risco inaceitável. Assim, o grau de intensidade da regulação aumentará à medida que o risco crescer, podendo, por exemplo, resultar na exclusão de aplicativos que contêm risco inaceitável.[39]

Os critérios para essa classificação incluem a extensão da utilização da IA e sua finalidade, o número de pessoas potencialmente afetadas, a dependência do resultado, a irreversibilidade dos danos e as medidas eficazes para prevenir ou minimizar substancialmente esses riscos.[40]

Sem aplicações de ferramentas, diante das consequências nocivas que já se direcionam aos infantes, o relacionamento da sociedade, com as ameaças e os problemas produzidos por ela própria, pode se tornar um problema particular na área da ação política e da tomada de decisões.[41]

Os direitos fundamentais desse grupo de vulneráveis são compreendidos como resultado do processo de criação do direito objetivo, em uma visível conexão circular, sendo imediata a conexão entre a autonomia pública e a autonomia privada. No mesmo raciocínio de relação circular, inserem-se os deveres fundamentais e a solidariedade que perfazem uma conexão vital; em outras palavras, o núcleo fundante dos deveres está em vivê-los sob a lente solidária, necessitando-se, portanto, da utilização dos deveres fundamentais na temática ora analisada.

---

[38] MENEGOLA, Everton; *et. al.* The proposal of the european regulation on artificial intelligence. *Sequência*, Florianópolis, v. 43, n. 91, p. 1-29, 2022.

[39] MENEGOLA. *Op. cit.* Tradução livre.

[40] Disponível em: https://ec.europa.eu/commission/presscorner/detail/en/QANDA_21_1683. Acesso em: 21 abr. 2023.

[41] BECK, Ulrich; GIDDENS, Anthony; LASH, Scott. *Modernização reflexiva*: política, tradição e estética na ordem social moderna. Trad. Magda Lopes. São Paulo: Editora Unesp, 2012. p. 19-20.

Procedeu adequadamente o regulamento europeu ao aplicar, para os atores tanto do setor público como do privado, sejam eles provedores e/ou usuários de sistemas de IA, rígido controle do uso da tecnologia direcionada às pessoas de forma segura. Além disso, o regulamento se voltará para além dos contornos da UE devido ao seu âmbito extraterritorial, aplicando-se a fornecedores de outros países terceiros que prestam serviços e têm atividades comerciais com sistemas de IA na Europa e a fornecedores cujos sistemas de IA produzem resultados que são utilizados na UE.[42]

Além disso, no campo da responsabilidade civil, pode-se falar em ato ilícito quando a empresa usa algoritmo sem saber da sua repercussão; ou não toma as providências indispensáveis para, a partir do monitoramento dos resultados práticos da utilização dos algoritmos, evitar a colusão ou condutas anticoncorrenciais. Nesses casos, pode-se cogitar a responsabilidade tanto da pessoa jurídica como dos sócios.[43]

5 Considerações finais

O presente estudo identificou que, mediante o avanço da interseção das interações sociais e educacionais com o ambiente digital, no campo da tutela da infância, é inimaginável afastar a interação das crianças dos recursos de IA adotados, de maneira especial, no campo educacional. Todavia, uma ampla rede protetiva deve seguir tal fenômeno, uma vez que é indiscutível a aplicação do superior interesse do menor em quaisquer interações físicas ou digitais.

Por meio da IA, a análise das características presentes em um conjunto de dados permite a identificação de padrões e tendências que, consequentemente, apontarão informações valiosas que ajudem a compreender o processo que gerou os dados. Ligando esses padrões e tendências, voltados ao público infantil, padronizações de comportamentos começarão a alcançar as crianças, que, acima de tudo, são consumidores hipervulneráveis.

Diante disso, mecanismos devem ser desenvolvidos, como: diretrizes éticas, urgente regulamentação do assunto, fundamentos,

---

42 MENEGOLA. *Op. cit.*

43 FRAZÃO, Ana. Algoritmos e inteligência artificial: repercussões da sua utilização sobre a responsabilidade civil e punitiva das empresas. *Jota,* 15 maio 2018. Disponível em: www.jota.info/opiniao-e-analise/colunas/constituicao-empresa-e-mercado/algoritmos-e-inteligencia-artificial-16052018. Acesso em: 22 abr. 2023.

princípios e objetivos para o uso responsável da IA, direitos e deveres dos envolvidos e diretrizes para a atuação do Estado.

Aplicações de IA e de mineração de dados, quando envolvem o tratamento de dados das crianças, precisam utilizar como ponto de partida os valores éticos, além da proteção aos direitos humanos inserida na configuração de todo o sistema.

A efetivação plena dos deveres fundamentais permitirá outro olhar, atento e sensível, para as questões privadas (privacidade das crianças) que se projetam nas questões públicas (regulamentação, princípios e boas práticas), pois os dois núcleos são interconectados. A tutela da infância hiperconectada é uma preocupação social. Quanto mais os deveres são cumpridos, mais os direitos das crianças são efetivados.

Criar um sistema regulatório eficiente que proteja as crianças, mas não dispare um freio ao desenvolvimento da tecnologia é um desafio para a gestão pública. Liberdade de escolha dos riscos implica também aferir a repercussão coletiva de tal escolha. Os fins sociais e econômicos, diante dessa análise, são conjugados em uma proposta de releitura da hermenêutica da vontade dos particulares que lidam, manipulam e buscam manejar padrões e tendências dos rastros digitais das crianças.

O ambiente digital seguro é fator imperativo para a proteção da infância. As crianças são mais vulneráveis, pois passam por um momento peculiar de desenvolvimento físico, cognitivo e psicossocial. A infância hiperconectada necessita de apoio para se desenvolver de forma sadia. Tal premissa é indiscutível mesmo diante de quaisquer avanços tecnológicos.

Referências

ABREU, Arthur Emanuel Leal. Nuances da privacidade na era digital. *In*: ALVES, Guilherme *et al.* (Orgs.). *Análises de uma juventude conectada*: governança da internet. [*S. l.*]: Youth Observatory, 2017. p. 74-80.

BECK, Ulrich. *La sociedad del riesgo global*. Madri: Siglo XXI de Espanha Editores, 2002.

BECK, Ulrich. *Sociedade de risco:* rumo a uma outra modernidade. Trad. Sebastião Nascimento. São Paulo: Editora 34, 2010.

BECK, Ulrich; GIDDENS, Anthony; LASH, Scott. *Modernização reflexiva*: política, tradição e estética na ordem social moderna. Trad. Magda Lopes. São Paulo: Editora Unesp, 2012.

BELCHIOR, Wilson Sales. Inteligência artificial, princípios e recomendações da OCDE. *Migalhas*, 22 jul. 2020. Disponível em: www.migalhas.com.br/depeso/330983/inteligencia-artificial--principios-e-recomendacoes-da-ocde. Acesso em: 21 abr. 2023.

BODIN DE MORAES, Maria Celina. *Danos à pessoa humana*: uma leitura civil-constitucional dos danos morais. São Paulo: Renovar, 2007.

BRASIL. Câmara dos deputados. *Projeto de lei 21/2020*. Disponível em: www.camara.leg.br/propostas-legislativas/2236340. Acesso em: 21 abr. 2023.

BROSCH, Anna. When the child is born into the Internet: Sharenting as a Growing Trend among Parents on Facebook. *The New Education Review*. v. 43, p. 225-234, 2016. Disponível em: www.educationalrev.us.edu.pl/dok/volumes/43/a19.pdf. Acesso em: 22 abr. 2023.

CATALAN, Marcos; AMATO, Claudio. Novos itinerários da contratação informática: do contrato inteligente ao contrato algorítmico. *Revista civilistica.com*, v. 11. n. 3, p. 1-37, 25 dez. 2022.

DADALTO, Luciana; PIMENTEL, Willian. Bioética e direito digital: uma ponte para o futuro da proteção dos menores. *In*: TEIXEIRA, Ana Carolina Brochado; *et. al. Infância, adolescência e tecnologia*: o Estatuto da Criança e do Adolescente na sociedade da informação. São Paulo: Foco, 2022.

DUQUE, Bruna Lyra. *Causa do contrato*: entre direitos e deveres. Belo Horizonte: Conhecimento, 2018.

DUQUE, Bruna Lyra; VERMELHO, Schamyr Pancieri. Pequenos influenciadores, grandes desafios: administração de bens dos influenciadores mirins. *In*: TEIXEIRA, Ana Carolina Brochado; *et. al. Infância, adolescência e tecnologia*: o Estatuto da Criança e do Adolescente na sociedade da informação. São Paulo: Foco, 2022. p. 383-395.

DUQUE, Bruna Lyra; PEDRA, Adriano Sant'Ana. Os deveres fundamentais e a solidariedade nas relações privadas. *Revista Direitos Fundamentais & Democracia*, v. 14, n. 14.1, p. 147-161, 2013. Disponível em: https://revistaeletronicardfd.unibrasil.com.br/index.php/rdfd/article/view/345. Acesso em: 22 abr. 2023.

EHRHARDT JÚNIOR, Marcos; SILVA, Gabriela Buarque Pereira. Pessoa e sujeito de direito: reflexões sobre a proposta europeia de personalidade jurídica eletrônica. *Revista Brasileira de Direito Civil – RBDCivil*, Belo Horizonte, v. 23, p. 57-79, jan./mar. 2020.

FACELI, Katti; *et al. Inteligência artificial*: uma abordagem de aprendizado de máquina. Rio de Janeiro: LTC, 2019.

FERGUSON, Andrew Guthrie. *The rise of big data policing*: surveillance, race, and the future of law enforcement. Nova York: New York University Press, 2017.

FRAZÃO, Ana. Algoritmos e inteligência artificial: repercussões da sua utilização sobre a responsabilidade civil e punitiva das empresas. *Jota*, 15 maio 2018. Disponível em: www.jota.info/opiniao-e-analise/colunas/constituicao-empresa-e mercado/algoritmos-e-inteligencia- artificial-16052018. Acesso em: 22 abr. 2023.

HAYKIN, Simon. *Redes neurais*: princípios e prática. Trad. Paulo Martins Engel. Porto Alegre: Bookman, 2001.

MAGRANI, Eduardo. *Democracia conectada*: a internet como ferramenta de engajamento político-democrático. Curitiba: Juruá, 2014.

MAINO, Carlos Alberto Gabriel. Derechos fundamentales y la necesidad de recuperar los deberes: aproximación a la luz del pensamiento de Francisco Puy. *In*: LEITE, George Salomão; SARLET, Ingo Wolfgang; CARBONELL, Miguel (Coords.). *Direitos, deveres e garantias fundamentais*. Salvador: Juspodivm, 2011.

MENEGOLA, Everton; *et. al.* The proposal of the european regulation on artificial intelligence. *Sequência*, Florianópolis, v. 43, n. 91, p. 1-29, 2022.

ORGANIZAÇÃO DAS NAÇÕES UNIDAS (ONU). Comitê dos Direitos da Criança. *General comment No. 25 (2021) on children's right in relation to the digital environment*. Nova York: Organização das Nações Unidas, 2020. Disponível em: https://criancaeconsumo.org.br/wp-content/uploads/2021/04/general-comment-n-25-2021.pdf. Acesso em: 22 abr. 2023.

PARISER, Eli. *O filtro invisível*: o que a internet está escondendo de você. Rio de Janeiro: Zahar, 2012.

PEIXOTO, Erick Lucena Campos; EHRHARDT JÚNIOR, Marcos. Breves notas sobre a ressignificação da privacidade. *Revista Brasileira de Direito Civil – RBDCivil*, Belo Horizonte, v. 16, p. 35-56, abr./jun. 2018.

PEREIRA, Rodrigo da Cunha. *Princípios fundamentais norteadores do Direito de Família.* 2. ed. São Paulo: Saraiva, 2012.

PERLINGIERI, Pietro. *Perfis do Direito Civil*: introdução ao Direito Civil constitucional. Trad. Maria Cristina De Cicco. 3. ed. Rio de Janeiro: Renovar, 2007.

POR QUE crianças precisam de proteção especial contra a influência da Inteligência Artificial (IA). *MIT Technology Review*, 5 nov. 2020. Disponível em: https://mittechreview.com.br/por-que-criancas-precisam-de-protecao-especial-contra-a-influencia-da-inteligencia-artificial-ia. Acesso em: 21 abr. 2023.

RODAS, Sérgio. Lei deve focar na prevenção a danos da IA, não só na responsabilização posterior. *Revista Consultor Jurídico*, 21 mar. 2023. Disponível em: www.conjur.com.br/2023-mar-21/lei-focar-prevencao-danos-ia-nao-responsabilizacao. Acesso em: 21 abr. 2023.

ROSENVALD, Nelson. *As funções da responsabilidade civil*: a reparação e a pena civil. São Paulo: Atlas, 2013. p. 65.

TEFFÉ, Chiara Spadaccini. Dados sensíveis de crianças e adolescentes: aplicação do melhor interesse e tutela integral. *In*: TEIXEIRA, Ana Carolina Brochado. *et. al. Infância, adolescência e tecnologia*: o Estatuto da Criança e do Adolescente na sociedade da informação. São Paulo: Foco, 2022.

Informação bibliográfica deste texto, conforme a NBR 6023:2018 da Associação Brasileira de Normas Técnicas (ABNT):

DUQUE, Bruna Lyra. Infância hiperconectada: rastros e riscos da inteligência artificial. *In*: EHRHARDT JÚNIOR, Marcos; CATALAN, Marcos; NUNES, Cláudia Ribeiro Pereira (Coord.). *Inteligência artificial e relações privadas*: relações existenciais e a proteção da pessoa humana. Belo Horizonte: Fórum, 2023. v. 2. p. 201-214. ISBN 978-65-5518-577-5.

INTELIGÊNCIA ARTIFICIAL E OS RISCOS AOS DADOS PESSOAIS DE CRIANÇAS E ADOLESCENTES

ANA CAROLINA BROCHADO TEIXEIRA

ANNA CRISTINA DE CARVALHO RETTORE

1 Introdução

A inteligência artificial já está em todos os lugares, mesmo sem que as pessoas tenham consciência disso. Vive-se hoje uma realidade futurista, que só se imaginava em filmes ou livros, de que máquinas realizariam ações que eram tidas como exclusivas de humanos. A ideia de máquinas inteligentes que tomam decisões a partir de uma programação, de dados captados na internet e que se desenvolvem autonomamente pode ser encantadora e, ao mesmo tempo, perigosa. O desenvolvimento de algoritmos de aprendizagem de máquina (*machine learning*) tornou possível que computadores acumulassem conhecimento para que, a partir da própria experiência, pudessem se reprogramar e evoluir, trabalhando com volume cada vez maior de dados.

A partir desse desenvolvimento tecnológico e do *Big Data*, explodiram aplicações nos mais diversos setores da sociedade, que vão desde carros autônomos, reconhecimento de fala e imagem e diagnósticos de patologias a assistentes virtuais e *drones*, além de brinquedos conectados (*internet of toys*).[1] A inteligência artificial está presente em

[1] Estudos de Stanford apontam "áreas quentes" para o desenvolvimento da IA: aprendizagem por máquinas em larga escala, desenvolvimento de aprendizado profundo

vários setores e tende a melhorar o desempenho de inúmeros tipos de serviços. É clássica a menção a VICTOR, a inteligência artificial do Supremo Tribunal Federal, que gasta 5 segundos para executar o trabalho que um ser humano dispenderia 44 minutos para fazer.[2]

Tais evoluções motivaram sistemas de inteligência artificial que não são "total ou prioritariamente baseados em um modelo de regras prefixadas, mas que, porém, fossem alimentados com grandes quantidades de dados para que pudessem neles fundamentar suas decisões e mesmo formar seus padrões decisionais".[3] Assim, diante de todas essas novas possibilidades que o universo tecnológico apresenta, não é possível ignorar o impacto nas vidas humanas, principalmente naquelas que estão em fase de formação da sua personalidade, ou seja, crianças e adolescentes. O objetivo deste artigo é analisar os riscos da interação destes com sistemas de inteligência artificial com especial enfoque na proteção aos dados pessoais desse grupo vulnerável e formas de minimizar os riscos, na medida em que a inteligência artificial pode acabar por manipular os dados e provocar discriminações.

2 Inteligência artificial e suas implicações no universo infantojuvenil

A inteligência artificial (IA) é definida como "área da ciência da computação orientada ao entendimento, construção e validade de sistemas inteligentes".[4] Doutrina abalizada compreende a IA "a partir de características como autonomia, habilidade social e cooperação, proatividade e reatividade. Tais atributos põem-se a indicar, em síntese essencial, a aptidão de algoritmos à atuação sem (ou com diminuta) intervenção humana, em interação tanto reativa quanto proativa com o

---

e aprendizado por reforço para máquinas, robótica, visão computacional, processo natural de linguagem, sistemas colaborativos, internet das coisas etc. (ARTIFICIAL intelligence and life in 2030. Califórnia: Stanford University, 2016. p. 9. Disponível em: https://ai100.stanford.edu/sites/g/files/sbiybj18871/files/media/file/ai100report10032016fnl_singles.pdf. Acesso em: 24 jul. 2023).

2 Informação disponível em: www.stf.jus.br/portal/cms/verNoticiaDetalhe.asp?idConteudo=422699. Acesso em: 10 abr. 2023.

3 DONEDA, Danilo; SCHERTEL, Laura; SOUZA, Carlos Affonso Pereira de; ANDRADE, Norberto Nuno Gomes de. Considerações iniciais sobre inteligência artificial, ética e autonomia pessoal. *Pensar: Revista de Ciências Jurídicas*, Fortaleza, v. 23, n. 4, p. 3, out./dez. 2018.

4 RICH, Elaine; KNIGHT, Kevin. *Inteligência artificial*. 2. ed. São Paulo: Makron Books, 1994. p. 722.

ambiente e com outros agentes (humanos ou não)".[5] A IA tem desdobramentos nos mais diferentes setores da sociedade, mas estudos apontam grande impacto do desenvolvimento da IA em saúde e educação.[6]

Para o presente artigo, importa analisar os efeitos da IA no desenvolvimento infantojuvenil sob o viés da autoridade parental, de modo que cabe aos pais preparar e acompanhar os filhos nesse ambiente tecnológico e analisar os riscos que a IA gera para os dados pessoais de crianças e adolescentes.

No que se refere aos desdobramentos do exercício da autoridade parental, é necessário se pensar em deveres ativos, por meio dos quais os pais possam, além de bem navegar nesse ambiente tecnológico, ensinar seus filhos a fazê-lo com segurança, de modo que tenham seus dados resguardados.

A imaturidade, inerente ao universo infantojuvenil, posto serem pessoas em desenvolvimento, acaba deixando crianças e adolescentes em situação de vulnerabilidade, que os coloca em desigualdade nas relações jurídicas nas quais se inserem. É isso que faz carecer a atuação da autoridade parental, além de um aparato estatal e social que zele pelo crescimento saudável, pois crianças e adolescentes são protegidos de forma prioritária exatamente em virtude de serem pessoas em processo de amadurecimento.

Sabe-se que o uso de dados pessoais para alimentar novos sistemas de IA pode ter impacto direto sobre a pessoa que fornece os dados, ao acabar vinculando/restringindo suas opções e, por consequência, sua autonomia. É necessário refletir sobre "os efeitos que a utilização destes sistemas causarão para a pessoa e sua autonomia pessoal".[7]

A ideia é que não haja manipulação dos dados para a construção de novas programações de IA, pois é comum que gostos e preferências sejam alvos de algoritmos, de publicidade e de novas ofertas tecnológicas, criando, aos poucos, gostos e preferências nas redes que podem determinar um tipo de personalidade virtual moldada por algo externo à própria pessoa menor de idade. O que se verifica é que

---

5 TEPEDINO, Gustavo; SILVA, Rodrigo da Guia. Inteligência artificial e elementos da responsabilidade civil. *In:* FRAZÃO, Ana; MULHOLLAND, Caitlin (Coords). *Inteligência artificial e Direito*: ética, regulação e responsabilidade. São Paulo: Revista dos Tribunais/ Thomson Reuters, 2019. p. 294.

6 ARTIFICIAL intelligence and life in 2030. Califórnia: Stanford University, 2016. p. 9. Disponível em: https://ai100.stanford.edu/sites/g/files/sbiybj18871/files/media/file/ai-100report10032016fnl_singles.pdf. Acesso em: 24 jul. 2023.

7 DONEDA; SCHERTEL; SOUZA; ANDRADE. *Op. cit.*, p. 3.

"essas empresas e plataformas oferecem diversos tipos de ferramenta para aumentar o uso da internet: aplicativos para criar *playlists*; cortar, colar e editar imagens e sons; jogar *games*; fazer críticas estéticas, ou seja, comentar e avaliar todo tipo de bem ou serviço; além das redes sociais, que permitem estar em contato com o grupo de amigos, que também participam dessas atividades".[8]

Os grandes problemas são o controle dos dados dos indivíduos, a partir do mapeamento de suas preferências, do que acessa ou visualiza nas redes, das músicas que são pedidas para a assistente virtual, das imagens e dos sons que os brinquedos conectados captam nas residências. Isso porque a IA pode ser usada para prever fatos referentes a setores, populações, tendências, mas também para prever o comportamento individual. Será que essas previsões podem afetar a vida, fundamentar decisões sobre vidas, "seja no mercado, seja nas suas relações com o Estado, influenciando diretamente seu acesso aos bens, serviços e mesmo ao mercado de trabalho"?[9] Será que os dados captados por sistemas de IA podem gerar discriminações que podem influenciar de forma real na vida presente e futura de crianças e adolescentes?[10]

Já que os dados e informações pessoais que são colocados no ambiente virtual por crianças e adolescentes, tacitamente consentidos pelos pais, são formas de representação das pessoas perante diversos entes, isso pode impactar no presente e no futuro, pois pode ser determinante para a forma que a sociedade ou o Estado as consideram. Será que essa avaliação condiz com sua real personalidade, com o que elas realmente almejam para si e com o que traçam para seu projeto de vida que constrói paulatinamente?

---

[8] YUDICE, George. Reflexões sobre os estudos de uso das TIC. *In*: ALMEIDA, Fernando; TORREZAN, Gustavo; LIMA, Luciana; CATELLI, Rosana Elisa (Orgs.). *Cultura, educação e tecnologia em debate*. São Paulo: Sesc São Paulo, 2019. p. 32. v. 2. Disponível em: https://nic.br/media/docs/publicacoes/116363420191105/Cultura_educacao_e_tecnologias_em_debate_volume2.pdf. Acesso em: 30 abr. 2023.

[9] DONEDA; SCHERTEL; SOUZA; ANDRADE. *Op. cit.*, p. 4.

[10] "Vale ainda mencionar o recente exemplo de discriminação algorítmica, igualmente, com potencial de danos para toda a vida adulta, que se deu com o sistema de IA usado pelo Reino Unido, durante a pandemia, para avaliar e classificar jovens estudantes ao ingresso nas universidades daquele país. O sistema ignorou talentos individuais e considerou o coletivo das escolas, rebaixando as notas de estudantes excelentes de escolas de baixo desempenho. Com isso, estudantes de escolas privadas acabaram sendo beneficiados e estudantes mais pobres e negros, prejudicados. A utilização desse algoritmo motivou diversas manifestações contra o algoritmo usado – talvez as primeiras manifestações públicas contra um algoritmo!" (HENRIQUES, Isabella Vieira Machado; SAMPAIO, Inês Vitorino. Discriminação algorítmica e inclusão em sistemas de inteligência artificial – uma reflexão sob a ótica dos direitos da criança no ambiente digital. *RDP*, Brasília, v. 18, n. 100, 257, out./dez. 2021).

Os riscos de todo esse aparato tecnológico existem e precisam ser analisados, a fim de se refletir sobre seu impacto no desenvolvimento infantojuvenil.

3 Riscos da inteligência artificial aos dados de crianças e adolescentes

Rodeados por tecnologia desde o nascimento, crianças e adolescentes naturalizam o fato de que suas vidas estão e seguirão sempre conectadas à internet. Em razão dessa realidade cada vez mais inegável, a Unicef (Fundo das Nações Unidas para a Infância) se propôs a listar e estudar as áreas nas quais considerações éticas são mais necessárias para preservar direitos das crianças na era da IA, identificando, entre os riscos possíveis, o de roubo de identidades, exposição a conteúdo nocivo, detecção de localização, discriminação no acesso a serviços e a geração de problemas físicos e psicológicos como ansiedade, depressão e prejuízo do desenvolvimento de habilidades sociais.[11]

Nota-se que a maior parte dos riscos identificados está relacionada ao uso de dados pessoais das crianças e adolescentes, coletados quando usam a internet. A inovação tecnológica que causa essa ameaça, na verdade, não decorre do desenvolvimento dos algoritmos em si – pois estes há muito já existem –, mas sim da atual disponibilização maciça de dados *online* (*Big Data*) sobre os quais esses algoritmos atuam, o que inexistia anteriormente.[12] Assim, os sistemas de IA deixaram de ser prioritariamente baseados em modelos de regras pré-fixadas e passaram a poder fundamentar decisões e formar padrões com base na imensidão de dados coletados,[13] o chamado *machine learning*.[14]

---

[11] CHILDREN and AI: where are the opportunities and risks? Unicef/World Economic Forum, 201?. p. 1-3. Disponível em: www.unicef.org/innovation/sites/unicef.org.innovation/files/2018-11/Children%20and%20AI_Short%20Verson%20%283%29.pdf. Acesso em: 30 abr. 2023. Também nos estudos de Stanford levanta-se o questionamento acerca das consequências que podem ser causadas no desenvolvimento social de estudantes em razão do já reduzido contato social físico que vivenciam, pois têm priorizado a convivência virtual, o que poderá se agravar caso a educação passe a se dar cada vez mais de forma *online*. (ARTIFICIAL intelligence and life in 2030. Califórnia: Stanford University, 2016. p. 35. Disponível em: https://ai100.stanford.edu/sites/g/files/sbiybj18871/files/media/file/ai100report10032016fnl_singles.pdf. Acesso em: 24 jul. 2023).

[12] BONILLA, Mónica; CROVO, Álvaro. Congestión em la autopista de información. *In*: GARAVAGLIA, Lionel Ricardo Brossi; ROJAS, Tomás Dodds; PASSERON, Ezequiel; *et al*. (Coords.) *Inteligencia artificial y bienestar de las juventudes em América Latina*. Santiago: LOM, 2019. p. 103.

[13] DONEDA; SCHERTEL; SOUZA; ANDRADE. *Op. cit.*, p. 3.

[14] "O próprio daquilo a que chamamos *machine learning* é, em resumo, tornar diretamente possível a produção de hipótese a partir dos próprios dados" (ROUVROY, Antoinette;

A geração atual de crianças e adolescentes é a mais observada da história, tendo em média, aos cinco anos de idade, mais de mil fotografias suas postadas na internet. Essa ampla divulgação de informações pessoais e imagens muitas vezes praticadas pelos próprios pais – conhecida como *sharenting*, da junção do termo *parenting*, em inglês, com o verbo *to share*, compartilhar – facilita o armazenamento, desde cedo, de dados diversos de seus filhos na rede, assim permitindo, por exemplo, que o roubo de suas identidades aconteça e demore a ser detectado, já que crianças e adolescentes em geral não necessitam, por longo período, de emissão e renovação de documentos, criação de conta bancária ou obtenção de crédito financeiro.[15] Além disso, a exigência de concordância com verdadeiros contratos de adesão para uso de redes sociais, em sua maioria incompreendidos pelos usuários, facilita a disseminação e o mau uso dos dados.[16]

Afora a própria disponibilização voluntária de dados nas redes, existe ainda a possibilidade de captação de dados quando do uso, por crianças e adolescentes, de dispositivos conectados à internet, especialmente brinquedos e jogos (*internet of toys*, uma das muitas modalidades no campo da internet das coisas). Há fragilidades referentes à segurança e à privacidade dos usuários, já tendo sido identificados mesmo casos de captação de voz e dados sem prévio consentimento,[17] sendo que inexiste clareza, perante o usuário, com relação ao momento e à forma desse consentimento: ele se dá automaticamente quando da aquisição do brinquedo ou demanda contato posterior do fornecedor com os pais da criança ou adolescente?[18] "Juntas, Internet das Coisas, *Big Data*

BERNS, Thomas. Governamentalidade algorítmica e perspectivas de emancipação: o díspar como condição de individuação pela relação? *Revista Eco Pós*: Tecnopolíticas e Vigilância, v. 18, n. 2, p. 40, 2015).

15 "SHARENTING": por que a exposição dos filhos nas redes sociais não é necessariamente algo ruim. *BBC News*, 13 jan. 2020. Disponível em: https://g1.globo.com/economia/tecnologia/noticia/2020/01/13/sharenting-por-que-a-exposicao-dos-filhos-nas-redes-sociais-nao-e-necessariamente-algo-ruim.ghtml. Acesso em: 30 abr. 2023.

16 TEIXEIRA, Ana Carolina Brochado; RETTORE, Anna Cristina de Carvalho. A autoridade parental e o tratamento de dados pessoais de crianças e adolescentes. *In*: TEPEDINO, Gustavo; FRAZÃO, Ana; OLIVA, Milena Donato (Coords.). *Lei Geral de Proteção de Dados Pessoais e suas repercussões no Direito Brasileiro*. 1. ed. São Paulo: Revista dos Tribunais/Thomson Reuters, 2019. p. 505-530.

17 LEAL, Lívia Teixeira. Internet of toys: os brinquedos conectados à Internet e a necessária proteção da criança e do adolescente. *In*: TEIXEIRA, Ana Carolina Brochado; DADALTO, Luciana (Orgs.). *Autoridade parental*: dilemas e desafios contemporâneos. Indaiatuba (SP): Foco, 2019. p. 158.

18 LEAL. *Op. cit.*, p. 165.

e Inteligência Artificial permitem a coleta massiva de informações pessoais e, principalmente, inferências mais intrusivas a respeito dos cidadãos."[19]

A coleta de dados de usuários é muitas vezes justificada em razão de viabilizarem a personalização do conteúdo que lhes é oferecido *online*, segundo a identificação de suas escolhas e preferências, sendo, porém, passível de comprometer seu desenvolvimento, pois pode atingir a autonomia e a igualdade desses menores de idade. Como anotam Rouvroy e Berns, há razões suficientes para "temermos que os novos modos de filtragem da informação levem a formas de imunização informacionais favoráveis a uma radicalização das opiniões e ao desaparecimento da experiência comum",[20] em razão de um estímulo ao contato do indivíduo apenas com aquilo identificado com um estilo de vida ou pensamento, reduzindo as chances de conhecer ou experimentar o novo e o diferente, algo especialmente prejudicial no caso de crianças e adolescentes, em fase de formação.[21]

A IA viabiliza, como exposto, o *dataveillance* – a coleta e a conservação automatizada de uma enorme quantidade de dados. Percebe-se que isso reduz o sujeito a uma série de "dados", segmentados e retirados de contexto, passando essa a ser a forma como é visto e analisado no mundo virtual.[22]

Em seguida, ocorre o *datamining* – o tratamento de dados automatizado, que busca identificar correlações entre eles. Com base em traços digitais e trajetórias cotidianas, são detectados perfis genéricos de grupos de pessoas, nos quais serão "encaixados" os sujeitos a fim de, por probabilidade e fazendo uso das mencionadas correlações, viabilizar inferências sobre as preferências do indivíduo. Assim, a IA permite que pessoas deixem de ser vistas pelo que são, passando a sê-lo

---

[19] BIONI, Bruno Ricardo; LUCIANO, Maria. O princípio da precaução na regulação de inteligência artificial: seriam as leis de proteção de dados o seu portal de entrada? *In:* FRAZÃO, Ana; MULHOLLAND, Caitlin (Coords). *Inteligência artificial e Direito*: ética, regulação e responsabilidade. São Paulo: Revista dos Tribunais/Thomson Reuters, 2019. p. 216. Disponível em: https://brunobioni.com.br/blog/2019/09/06/707-2. Acesso em: 13 abr. 2023.

[20] ROUVROY; BERNS. *Op. cit.*, p. 38.

[21] "Em virtude dessa fase dinâmica de desenvolvimento em que crianças e adolescentes se encontram, seus rastros digitais provavelmente não serão sempre os mesmos; os interesses podem mudar – mais rapidamente que os dos adultos – pois estão numa época de curiosidade, de aprendizado, de experimentar novas experiências, gostos e possibilidades. Por isso, os vestígios digitais pretéritos podem não refletir o perfil contemporâneo da criança e adolescente, inserindo-os em 'catálogos de classificações' que não necessariamente reproduzirão seus dados futuros" (TEIXEIRA; RETTORE. *Op. cit.*, p. 516-517).

[22] ROUVROY; BERNS. *Op. cit.*, p. 39-40.

pelos múltiplos perfis em que se encaixam,[23] tornando necessário "zelar a partir de agora, essencialmente pelo conhecimento e reconhecimento da distância, da diferença entre essas representações estatísticas e o que constitui os indivíduos nos processos de individuação que são os seus".[24]

Nessa toada, preocupa o fato de que as pessoas estarão representadas perante as mais diversas instituições apenas por uma coletânea de dados pessoais, o que pode influir na geração de oportunidades, restringir sua autonomia, seja patrimonial, seja existencial, e violar direitos fundamentais,[25] o que, mais uma vez, apenas se acentua no caso de crianças e adolescentes, que se encontram entre as primeiras gerações cujos perfis vêm sendo construídos desde o nascimento.

Além disso, a IA apenas identifica correlações, sendo incapaz de identificar a presença ou a ausência de causalidade, com grande potencial de gerar injustiças. "Em outras palavras, em face da imensa quantidade de dados hoje disponível, é possível que se encontrem infinitas correlações estatísticas sobre os fatos de interesse dos tomadores de decisão, sem que tais informações tenham necessariamente qualquer relação de causa e efeito com a área em que a decisão será tomada. Dessa forma, uma decisão poderia ser tomada em relação a um determinado indivíduo com base em dados aleatórios, sem qualquer relação com o assunto objeto da decisão, com a simples justificativa de guardar uma correlação estatística – e não causal – com a informação buscada."[26]

Por fim, considerando-se que a realidade de acesso à informação é atualmente mediada, na grande maioria das vezes, por sistemas de IA guiados por *machine learning*, é necessário reconhecer como urgente a necessidade de que crianças e adolescentes desenvolvam habilidades

---

23 ROUVROY; BERNS. *Op. cit.*, p. 40-43.

24 ROUVROY; BERNS. *Op. cit.*, p. 47.

25 DONEDA; SCHERTEL; SOUZA; ANDRADE. *Op. cit.*, p. 4. "Uma das funções mais importantes do processamento de dados por meio de algoritmos é fornecer a base para decisões econômicas, de modo a contribuir para a mitigação de riscos nos negócios (...) sua relevância também está aumentando no setor privado como um todo, tendo em vista que o processamento de informações e dados por meio de algoritmos pode ser um meio de simplificar decisões econômicas, aumentar a eficiência e personalizar a produção, bem como ampliar as possibilidades de monetização de serviços digitais a partir da personalização do conteúdo e do marketing digital. (...) inúmeras decisões tomadas pelo Estado são efetuadas por meios automatizados, seja no auxílio ao combate à evasão fiscal e no combate ao terrorismo, seja na determinação das empresas que receberão licenças para funcionamento, das crianças que receberão assistência médica e dos passageiros que poderão embarcar em determinados voos. Percebe-se, a partir de tais exemplos, o potencial de violação aos direitos fundamentais das decisões automatizadas (...)."

26 DONEDA; SCHERTEL; SOUZA; ANDRADE. *Op. cit.*, p. 6.

críticas para avaliar a confiabilidade das informações disponibilizadas, seja informações com a finalidade de pesquisa e estudo, seja tudo o mais que é intermediado por IA, a exemplo de publicidade, produtos, notícias, trajetos, imagens e interações em redes sociais.

4 Tratamento de dados pessoais de crianças e adolescentes pelo ordenamento brasileiro

Da Constituição Federal, do Código Civil, do Código de Defesa do Consumidor e da Lei de Acesso à Informação já é "possível extrair princípios essenciais para a proteção de dados pessoais, que são de observância obrigatória, quais sejam: a minimização dos dados, finalidade, transparência, informação, qualidade dos dados, não discriminação, adequação, prevenção e segurança".[27] Além disso, também se prestam a essa proteção os princípios da proteção integral, do atendimento ao melhor interesse e as normas do Estatuto da Criança e do Adolescente (ECA),[28] competindo-nos, contudo, revisitar o conteúdo desses princípios sob o contexto do universo digital.

A rigor, preservar o melhor interesse desse grupo, que é protegido na fase de maturação e desenvolvimento, é agir de modo a lhes potencializar o exercício de seus direitos fundamentais, entre eles, principalmente, o direito à privacidade, entendido como a possibilidade – atual e futura – de ter o controle das próprias informações.[29] Entende-se que a privacidade integra o direito ao respeito, previsto expressamente no art. 227 do Texto Constitucional e no art. 17 do ECA, que afirma que esse direito "consiste na inviolabilidade da integridade

[27] GABRIEL, Anderson de Paiva; TEFFÉ, Chiara Spadaccini. Ferramentas tecnológicas e controle da pandemia: quais os limites para o emprego da tecnologia? *Jota*, 14 jun. 2020. Disponível em: www.jota.info/opiniao-e-analise/colunas/juiz-hermes/ferramentas-tecnologicas-e-controle-da-pandemia-14062020. Acesso em: 30 abr. 2023.

[28] Merece remissão expressa o direito ao respeito, previsto no art. 17 do ECA, já citado. É importante referir, aqui, o julgamento de grande relevância ocorrido em maio de 2020 no STF, das ADI nº 6.387, ADI nº 6.388, ADI nº 6.389, ADI nº 6.390 e ADI nº 6393, o qual suspendeu a eficácia da MP nº 954/2020, que previa o compartilhamento de dados de usuários de telefônicas com o IBGE, para produzir estatística oficial na pandemia da Covid-19. "Decidiu-se, assim, com um único voto vencido, do Ministro Marco Aurélio, que nem mesmo a gravíssima pandemia, que autoriza o isolamento social e a paralisação de grande parte das atividades econômicas, justificaria o afastamento das garantias fundamentais à privacidade e à proteção de dados pessoais de cada usuário" (TEPEDINO, Gustavo. O reconhecimento pelo STF do direito fundamental à proteção de dados. *Revista Brasileira de Direito Civil – RBDCivil*, v. 24, p. 11, abr./jun. 2020).

[29] RODOTÀ, Stefano. *A vida na sociedade de vigilância*: privacidade hoje. Trad. Danilo Doneda e Luciana Cabral Doneda. Rio de Janeiro: Renovar, 2008. p. 15.

física, psíquica e moral da criança e do adolescente, abrangendo a preservação da imagem, da identidade, da autonomia, dos valores, ideias e crenças, dos espaços e objetos pessoais".

Além disso, atender ao princípio do melhor interesse significa evitar que os dados das crianças e dos adolescentes acabem por funcionar como meio de classificação dos futuros adultos pelas suas preferências e modos de vida, aprofundando uma postura discriminatória que dificulte ainda mais uma igualdade de oportunidades segundo as competências, as habilidades reais e as condições pessoais, seja para contratar um plano de saúde ou buscar um emprego, por exemplo. Suas memórias digitais não podem se transformar em condicionantes da vida adulta, comandadas pelo mercado.

No entanto, além do arcabouço geral de regras e princípios do ordenamento brasileiro, o Marco Civil da Internet (Lei nº 12.965/14) e a Lei Geral de Proteção de Dados – LGPD (Lei nº 13.709/18) são as ferramentas mais direcionadas à minimização dos riscos postos aos dados pessoais de crianças e adolescentes pela IA. Isso porque, embora, em relação à IA no Brasil, até o presente momento inexista regulamentação específica,[30] boa parte dos riscos que ela carrega está relacionada à coleta, ao armazenamento e ao tratamento dos dados pessoais, questões diretamente abordadas pelo Marco Civil e pela LGPD.

O Marco Civil da Internet estabeleceu como princípios para o uso da internet no país a proteção à privacidade e aos dados pessoais – art. 3º, II e III –, bem como determinou regras para a coleta dos dados, entre elas a exigência do consentimento do titular para o uso e o tratamento das informações – art. 7º, VII a X, entre outros, com breve referência às crianças e adolescentes no art. 29, prevendo responsabilidade do Poder Público, da sociedade civil e dos provedores de conexão e de aplicações de internet por promover a educação e a inclusão digital desse público por meio de boas práticas, mediante controle parental.

Já a LGPD dedica-se ainda mais direta e detalhadamente à proteção e ao tratamento de dados pessoais, aí se incluindo, pela primeira

[30] Existe regulamentação sobre a internet das coisas: o Decreto nº 9.854/19, que instituiu o Plano Nacional de Internet das Coisas, prevê no art. 5°, III, seu uso para educação e capacitação profissional, e determina, no art. 1º, a observância de diretrizes de segurança da informação e proteção de dados pessoais. Acerca da IA em geral encontra-se em tramitação o PL nº 5051/19, que "estabelece os princípios para o uso da Inteligência Artificial no Brasil", o PL nº 5691/19, que "institui a Política Nacional de Inteligência Artificial" (ambos de autoria do Senador Styvenson Valentim – PODEMOS/RJ) e, na Câmara, o PL nº 21/20, que "estabelece princípios, direitos e deveres para o uso de inteligência artificial no Brasil, e dá outras providências", de autoria do deputado Eduardo Bismarck.

vez, dispositivos de aplicação específica a crianças e adolescentes (art. 14, *caput* e §1º a 6º).

Mostra-se necessário, todavia, mapear a atuação dos pais em face do consentimento que a LGPD exige que seja expresso de crianças, deixando de o exigir para adolescentes. Justifica-se uma proteção diferenciada para a criança e o adolescente em razão de sua presumida vulnerabilidade e por ainda não apresentarem amadurecimento cerebral completo,[31] razão pela qual podem não saber dimensionar os riscos e os efeitos do tratamento de dados – ou podem ter ainda menos condições de saber, se comparados com os adultos.[32] Por esse motivo, é muito importante que o exercício da autoridade parental seja funcionalizado ao princípio do melhor interesse das pessoas menores de idade.

O poder familiar pressupõe a condução do processo educacional dos filhos, a fim de guiá-los para uma vida autônoma e responsável. Trata-se de uma intervenção gradativa, em que os próprios filhos, na medida em que crescem e se desenvolvem, vão fazendo escolhas relativas à própria vida.

Juridicamente, o art. 1.634, VII, do Código Civil determina que cabe aos pais a representação até 16 anos e a assistência entre 16 e 18 anos.[33] No entanto, há uma dificuldade funcional com a representação e a assistência na prática de situações existenciais, em razão da sua

---

[31] "O fato de o córtex pré-frontal ter um desenvolvimento lento e, ao mesmo tempo, ser importante para o controle executivo sugere que o desenvolvimento do funcionamento executivo está intimamente relacionado ao amadurecimento do córtex pré-frontal. Uma implicação disso é que os desafios básicos do dia a dia como não brincar com um brinquedo proibido serão difíceis, mesmo para as crianças com um desenvolvimento normal" (KNAPP, Katie; MORTON, J. Bruce. Desenvolvimento do cérebro e funcionamento executivo. *Enciclopédia sobre o Desenvolvimento na Primeira Infância*, Canadá, jan. 2013. Disponível em: www.enciclopedia-crianca.com/funcoes-executivas/segundo-especialistas/desenvolvimento-do-cerebro-e-funcionamento-executivo. Acesso em: 24 jul. 2023).

[32] "Com efeito, a *bounded rationality* prescreve justamente que as habilidades cognitivas do ser humano são limitadas, minando a sua capacidade de absorver, memorizar e processar todas as informações relevantes para um processo de tomada de decisão. Já se faz impossível memorizar os inúmeros atores que compõem a referenciada rede social de publicidade, quanto mais compreender como os dados pessoais serão por eles tratados, já que cada um deles tem as suas respectivas políticas de privacidade. Soma-se, ainda, o complicador da compreensão de como a agregação dos dados pessoais desenrolar-se-á a ponto de extrair informações mais detalhadas sobre seus titulares" (BIONI, Bruno. *Proteção de dados pessoais*: a função e os limites do consentimento. Rio de Janeiro: Forense, 2019. p. 146-147; grifo nosso).

[33] Para uma crítica a tais categorias, RODRIGUES, Renata de Lima; TEIXEIRA, Ana Carolina Brochado. Regime das incapacidades e autoridade parental: qual o legado do estatuto da pessoa com deficiência para o Direito infantojuvenil? *In*: DADALTO, Luciana; TEIXEIRA, Ana Carolina Brochado (Coords.). *Autoridade parental*: dilemas e desafios contemporâneos. Indaiatuba (SP): Foco, 2019. p. 21-36.

própria natureza, em virtude da cisão entre titularidade e exercício por outrem.[34] Esses dois atributos deveriam estar sempre concentrados em uma mesma pessoa – pois o exercício não pode ser transferido para terceiros –, por estarem intimamente ligados à personalidade e a escolhas que reflitam a própria concepção de vida,[35] já que uma das formas de concretização da dignidade é por meio da liberdade.

Daí decorre que uma educação que se verte para potencializar a tomada de decisões com autonomia responsável pelos filhos é a que se espera dos pais ou responsáveis legais. No entanto, existem situações em que se faz necessária a deliberação, principalmente porque se trata de relevante problema teórico que, muitas vezes, não dialoga com o mundo da vida, já que nem sempre é possível admitir que o titular do direito da personalidade seja o único a poder exercitá-lo ou que, na impossibilidade de fazê-lo, ele apenas não o exercite.

Ao refletir sobre o tema, Thais Sêco propõe critério interessante: "Com atenção às dificuldades para se reconhecer a autonomia da criança e do adolescente em face da dúvida sobre o seu discernimento, e tendo em vista a percepção dinâmica de que se trata, de qualquer forma, de um indivíduo em desenvolvimento que tende para a plena autonomia, propõe-se a valoração das decisões existenciais com base nos critérios da reversibilidade ou irreversibilidade, e da adiabilidade ou inadiabialidade".[36]

Se a decisão for inadiável e irreversível, está-se diante daquelas hipóteses desafiadoras que colocam em xeque a dogmática dos direitos da personalidade, por impor a cisão entre titularidade e exercício.

---

34 RODRIGUES, Rafael Garcia. A pessoa e o ser humano no novo Código Civil. *In*: TEPEDINO, Gustavo (Coord.). *O Código Civil na perspectiva civil-constitucional*: parte geral. Rio de Janeiro: Renovar, 2003. p. 1-34; EBERLE, Simone. *A capacidade entre o fato e o direito*. Porto Alegre: Sergio Antonio Fabris, 2006; TEIXEIRA, Ana Carolina Brochado. Integridade psíquica e capacidade de exercício. *Revista Trimestral de Direito Civil*, Rio de Janeiro, n. 33, p. 3-36, jan./mar. 2008; MOUREIRA, Diogo Luna; SÁ, Maria de Fátima Freire de. *A capacidade dos incapazes*. Rio de Janeiro: Lumen Juris, 2011; RIBEIRO, Gustavo Pereira Leite. Personalidade e capacidade do ser humano a partir do novo Código Civil. *In*: TEIXEIRA, Ana Carolina Brochado; RIBEIRO, Gustavo Pereira Leite (Coords.). *Manual de teoria geral do direito civil*. Belo Horizonte: Del Rey, 2011. p. 117-213.

35 "Decisões existenciais, em geral, são dotadas de caráter personalíssimo. Mas há decisões que por seu conteúdo e por força do princípio da dignidade da pessoa humana se tornam ainda mais personalíssimas. São decisões que potencialmente podem ferir um bem moral relevante para o sujeito e que, dessa forma, só se legitimam por sua escolha pessoal" (SÊCO, Thaís. Por uma nova hermenêutica do direito da criança e do adolescente. *Civilistica.com*, Rio de Janeiro, ano 3, n. 2, jul. dez./2014. Disponível em: www.civilistica.com/por-uma--nova-hermeneutica-do-direito-da-crianca-e-do-adolescente. Acesso em: 27 abr. 2023).

36 SÊCO, Thaís. Por uma nova hermenêutica do direito da criança e do adolescente. *Civilistica.com*, Rio de Janeiro, ano 3, n. 2, p. 19, jul./dez. 2014. Disponível em: civilistica.com/por-uma-nova-hermeneutica-do-direito-da-crianca-e-do-adolescente. Acesso em: 30 abr. 2023.

Nesse parâmetro, está-se diante de um fato: crianças e adolescentes utilizam a internet, e seus dados são coletados durante todo o tempo. O que a lei faz é regulamentar, na tentativa de propor uma forma de tutela eficiente à população infantojuvenil. Cumpre verificar como a situação em estudo se enquadra na proposta da autora: (i) se fosse adiável, os menores deveriam aguardar até completar 18 anos para ter acesso à rede, o que não corresponde à realidade, tampouco atende ao seu melhor interesse, havendo proposta de emenda constitucional (PEC nº 47/2021) para acrescer a inclusão digital ao rol de direitos fundamentais – logo, trata-se de situação inadiável; (ii) também parece ser irreversível, já que, mesmo se os dados eventualmente forem anonimizados (isto é, se forem desvinculados da identificação direta do titular, extraindo-se a correlação do dado, por exemplo, com o nome completo ou a localização geográfica), "sempre existirá a possibilidade de uma base de dados anonimizada ser agregada a outra para a sua reidentificação".[37]

Sendo inadiável e, ao que tudo indica, também irreversível, chega-se à conclusão de que o exercício desse direito da personalidade deve ser viabilizado aos titulares crianças e adolescentes para que desde logo o exerçam, ainda que sempre mediante observação e participação dos pais, os quais devem atuar como elementos de mediação entre seus filhos e a internet.

A LGPD determina, em seu art. 7º, I, que o tratamento de dados pessoais de pessoas em geral só poderá ser realizado mediante o fornecimento de consentimento pelo titular. Ao tratar especificamente do tratamento de dados de crianças e adolescentes, embora o *caput* do art. 14 determine que deverá atender ao seu melhor interesse, o §1º da LGPD dita que apenas no caso de crianças se demandará "o consentimento específico e em destaque dado por ao menos um dos pais ou pelo responsável legal".

Portanto, no que diz respeito à exigência de consentimento, a LGPD trata diferentemente crianças (pessoas até 12 anos de idade incompletos, art. 2º do ECA) e adolescentes (pessoas entre 12 e 18 anos de idade), sendo a exigência para os últimos a mesma que para os adultos, qual seja, uma "manifestação livre, informada e inequívoca pela qual o titular concorda com o tratamento de seus dados pessoais para uma

[37] BIONI. *Op. cit.*, p. 74.

finalidade determinada" (art. 5º, XII, LGPD). São necessárias, então, algumas considerações.

A primeira delas diz respeito à forma do consentimento exigido, que é distinta para crianças e adolescentes, sendo para as primeiras um consentimento "específico" e para os segundos (e todos os adultos), "inequívoco".

Como ensina a doutrina, o consentimento específico demanda que o titular de dados pessoais indique assertivamente sua vontade quanto ao trânsito de seus dados, assim garantindo "(...) a carga máxima de participação do cidadão dentro da dinâmica da proteção dos dados pessoais baseada na acepção de que ele deveria seguir seus dados em todos os seus movimentos. Essa adjetivação potencializa ao extremo a concepção da autodeterminação informacional, diferenciando-se, qualitativamente, do qualificador 'inequívoco' e da locução 'para finalidade determinadas', na medida em que se afasta de qualquer tipo de autorização passiva, tácita ou implícita por parte do titular dos dados pessoais".[38]

Assim, no caso da expressão "consentimento inequívoco", usada pela Lei ao remeter àquele exigido para o tratamento de dados pessoais das pessoas em geral, incluindo-se adolescentes, não se impõe que tenha havido necessariamente uma ação afirmativa por parte do titular do dado, podendo o consentimento ser extraído do contexto de uma relação, admitindo-se que seja tácito e subentendido.[39]

A segunda consideração necessária diz respeito a quem poderá prestar esse consentimento. Como visto, o art. 14, §1º, da LGPD prevê que exclusivamente no caso de crianças o consentimento será prestado não pelos próprios titulares dos dados pessoais, mas por seus pais ou responsáveis legais. Não há referência aos adolescentes. Certo é, porém, que o Código Civil dispõe sobre o regime das incapacidades – pelo qual adolescentes devem ser assistidos ou representados a fim de que seus atos na vida civil tenham validade –, bem como prevê como poder-dever parental representar e assistir os filhos nos atos da vida civil.

Considerando a coexistência da LGPD e do Código Civil em nosso ordenamento, entende-se que, em termos de *forma*, teria andado

---

[38] BIONI, Bruno Ricardo. *Xeque-Mate*: o tripé da proteção de dados pessoais no jogo de xadrez das iniciativas legislativas do Brasil. São Paulo: GPoPAI/USP, 2015. Disponível em: www.researchgate.net/publication/328266374_Xeque-Mate_o_tripe_de_protecao_de_dados_pessoais_no_xadrez_das_iniciativas_legislativas_no_Brasil. Acesso em: 30 abr. 2023.

[39] BIONI. *Op. cit.*, 2015, p. 45.

melhor a LGPD se tivesse autorizado expressamente a prestação de consentimento direto por adolescentes para o tratamento de seus dados pessoais, a fim de estabelecer inequivocamente a validade desse consentimento sem representação ou assistência pelos pais ou responsáveis.

Todavia, na ausência de tal dispositivo, o que se tem é o fato de que a LGPD é lei especial e posterior ao Código Civil, a qual conta com o art. 7º, I – que dita que o consentimento será prestado diretamente pelo titular –, e com o art. 14, §1º – o qual escolhe excepcionar o art. 7º apenas para o caso de crianças, e não para o de adolescentes. Nota-se com isso que, quando o legislador faz essa escolha especificamente para crianças, e não para adolescentes, ele mantém estes últimos como sujeitos da previsão do art. 7º, I, assim criando uma capacidade específica para a prestação direta de consentimento por esse grupo, para fins de tratamento de seus dados pessoais.[40]

Afinal, não fosse a intenção excepcionar o regime das incapacidades para esse consentimento no caso do adolescente, bastaria nada prever nem para eles nem para as crianças, levando-se à inequívoca incidência do regime das incapacidades para ambos, com consentimento a ser prestado pelos pais de crianças e adolescentes até os 16 anos em seu lugar e junto a eles dos 16 aos 18 anos. Além disso, se aplicável o regime das incapacidades, ele o teria de ser por completo, e não em parte, tornando inescapável concluir pela exigência de consentimento parental conjunto com filhos também entre 16 e 18 anos, algo anacrônico, impraticável e contrário às melhores diretrizes internacionais.

A isso se soma a previsão do art. 11, I, da LGPD, pelo qual se determina que o tratamento dos dados *sensíveis* dependerá de consentimento específico e destacado do "titular *ou* seu responsável legal". Ora, nesse caso, o legislador inclui expressamente não só as crianças, mas também os adolescentes (entre outros), pois têm responsável legal. Com isso, autoriza expressamente que o consentimento seja prestado diretamente por ele, facultando que venha a ser prestado pelo responsável em seu lugar.[41]

Não se desconhece que diversos atos corriqueiros na vida civil de adolescentes são encarados como "comportamento socialmente típico",

---

[40] Tratar-se-ia de capacidade específica como outras presentes no ordenamento, a exemplo da capacidade para testar dos maiores de 16 anos (art. 1.860, parágrafo único, Código Civil).

[41] Isso não significa que crianças (também como pessoas com responsável legal) estariam autorizadas a prestar consentimento diretamente, já que o art. 14, §1º, impõe o consentimento pelos pais para o caso de *todos* os dados delas, aí então incluídos, evidentemente, os dados sensíveis.

prestando-lhes eficácia mesmo que sejam atos nulos, pois celebrados por incapazes. Tais atos – como pequenos contratos de transporte ou de compra e venda – são assim vistos porque, em geral, são simples e necessários ao livre trâmite social, adquirindo por isso legitimidade aos olhos da sociedade.[42] No entanto, dada a relevância que o consentimento para uso de dados tem para a vida de uma pessoa, não se trata de manifestação de vontade tão simples, por isso acredita-se não ser essa a razão para não aplicar o regime das incapacidades nesse caso.

É exatamente em virtude da relevância desse consentimento que vale admitir que a prestação de consentimento entre 13 e 18 anos de idade prescindindo abrupta e totalmente da participação parental deve ser repensada, por exemplo, em prol de uma transição mais branda que melhor atenderia ao interesse dos adolescentes, os quais naturalmente já operam com mais liberdade e têm mais acesso à internet que as crianças.

Afinal, se a adolescência é uma fase em que a pessoa adquire, gradualmente, a potencialidade para tomar decisões sobre si mesmo, mediante mediação e acompanhamento dos pais, e especialmente se considerada a dificuldade geral de compreensão sobre o possível alcance e resultados do tratamento de dados, não parece correto que, para autorizar o uso de uma projeção tão expressiva da personalidade como são os dados pessoais, os adolescentes devam poder fazê-lo desde sempre e prescindindo de qualquer acompanhamento – ou, ainda pior, que se admita o consentimento "inequívoco" (o qual, como visto, poderá ser um consentimento tácito).

Por outro lado, é também de se reconhecer que essa abrupta usurpação do poder-dever dos pais de participar da maturação filial para a tomada de importantes decisões em suas vidas, quando deveriam deixar de fazê-lo apenas gradativamente e segundo a evolução dos próprios filhos, contraria o interesse destes, que demandam orientação e acompanhamento na medida de seu desenvolvimento.

Por tal razão, entende-se que a LGPD, em tanto inspirada na legislação europeia, teria andado melhor – agora em termos de *conteúdo* – se houvesse exigido o consentimento pelos pais, representando ou ao menos assistindo os filhos, também de forma específica, até os 16

---

[42] SOUZA, Eduardo Nunes de. Perfil dinâmico da invalidade negocial. *In*: MENEZES, Joyceanne Bezerra de; RODRIGUES, Francisco Luciano Lima (Orgs.). *Pessoa e mercado sob a metodologia do direito civil-constitucional*. Santa Cruz do Sul (RS): Essere nel mondo, 2016. p. 85-86. Disponível em: www.esserenelmondo.com/pt/direito-pessoa-e-mercado-sob-a-metodologia-do-direito-civil-constitucional-ebook86.php:. Acesso em: 30 abr. 2023.

anos (e dispensando expressamente a assistência dos 16 aos 18), assim seguindo o padrão observado nas legislações de diversos outros países.[43]

Isso exposto, consigna-se como recomendação de boa prática a ser adotada pelos agentes de tratamento de dados atuantes no Brasil – em especial tratando de inteligência artificial – a exigência do consentimento parental específico também de adolescentes de 13 a 16 anos, coincidente com a idade em que o Código Civil prevê que a pessoa é relativamente capaz e com o padrão majoritariamente implementado por outros países.

Outras regulamentações decorrentes do consentimento previsto pelo mencionado §1º do art. 14 são vertidas somente às crianças pelos demais parágrafos do mesmo dispositivo. O tipo de dado coletado, a forma de sua utilização e os procedimentos para exercício dos direitos previstos pelo art. 18 (por exemplo, para exigir a eliminação de dados) são informações que devem ser mantidas públicas (§2º) e fornecidas de maneira simples, clara e acessível, para serem compreendidas pelos pais – e explicadas em linguagem acessível, pois "consentimento é muito mais do que um clique"[44] –, além de adequadas ao entendimento das próprias crianças – "consideradas as características físico-motoras, perceptivas, sensoriais, intelectuais e mentais do usuário, com uso de recursos audiovisuais quando adequado" (§6º).

---

[43] "Se, por um lado, a idade de 12 anos pode parecer muito baixa, desprotegendo jovens de 13 e 14 anos, talvez, por outro lado, seja irreal pensar que a coleta de dados de adolescentes de 17 anos se submeta ao consentimento dos pais. Daí a eleição pela norma europeia de um marco de 16 anos – exemplo que poderia ter sido seguido pelo legislador brasileiro" (SCHREIBER, Anderson. Proteção de dados no Brasil e na Europa. *Jornal Carta Forense*, 5 set. 2018. Disponível em: https://genjuridico.jusbrasil.com.br/artigos/632192493/protecao-de-dados-pessoais-no-brasil-e-na-europa. Acesso em: 27 abr. 2023). Nos Estados Unidos, O COPPA (Lei e regulamento de proteção à privacidade online da criança e do adolescente), que é editado pela FTC (Comissão Federal de Comércio americana), estabelece padrões de privacidade e obrigações para os provedores de serviços *online* com público-alvo de crianças até 13 anos ou público-alvo misto que sabidamente coletem dados de crianças até tal idade, exigindo a obtenção de consentimento parental para o processamento de dados. Conquanto se destine à proteção de dados de menores de 13 anos, a FTC encoraja também a proteção de dados de adolescentes acima dessa faixa etária (TOPELSON, Dalia; BAVITZ, Christopher; GUPTA, Ritu; OBERMAN, Irina. *Privacy and Children's Data – An Overview of the Children's Online Privacy Protection Act and the Family Educational Rights and Privacy Act*. Cambridge: Berkman Center for Internet & Society, 2013. p. 14. Disponível em: https://papers.ssrn.com/sol3/papers.cfm?abstract_id=2354339. Acesso em: 30 abr. 2023).

[44] CAPELAS, Bruno. "Consentimento é muito mais do que um clique", diz Bruno Bioni. *Estadão*, 4 dez. 2018. Disponível em: link.estadao.com.br/noticias/cultura-digital,consentimento-e-muito-mais-do-que-um-clique-diz-bruno-bioni,70002631258. Acesso em: 30 abr. 2023.

As únicas exceções previstas para a exigência do consentimento parental se dão no caso de necessidade de coleta "para contatar os pais ou o responsável" ou "para sua proteção", devendo o dado ser utilizado apenas uma vez, sem armazenamento e não repassado a terceiro (§3º) – merecendo censura, todavia, a expressão genérica de "proteção", tornando possíveis interpretações amplas pelos controladores dos dados.

Prevê-se, ainda, que a participação de crianças em jogos e aplicativos não pode ser condicionada ao fornecimento de informações que não sejam estritamente necessárias à atividade (§4º), pois, do contrário, consentir com o fornecimento de dados seria condição para o acesso de crianças a uma significativa seara da internet, não apenas essencial ao seu desenvolvimento como parte relevante de seu convívio social, o que terminaria por gerar uma assimetria de poder desarrazoada do controlador, esvaziando o poder parental de determinar livremente o uso e o fluxo desses dados.

Indo além, prevê o art. 14 que é de responsabilidade do controlador a garantia, por meio de todos os esforços razoáveis e consideradas as tecnologias disponíveis, de que o consentimento dado é de fato dos pais ou do responsável (§5º). Alguns aplicativos já têm exigido junto à prestação do consentimento, por exemplo, a resolução de uma conta matemática em nível de dificuldade superior ao da idade do participante, para assim assegurar que se trata de um adulto a prestá-lo.

O fato de a exigência do consentimento ser de apenas um dos pais da criança remete à indagação sobre a possibilidade de discordância entre os genitores, pois ambos têm o direito de participação nesse tipo de decisão referente ao filho comum. Nesse caso, aplica-se a regra geral do art. 1.631, parágrafo único, do Código Civil para divergência parental no exercício do poder familiar, assegurando-se a qualquer deles, em último caso, recorrer ao Poder Judiciário para solucionar o desacordo. Ressalta-se, em caso de pais separados, a importância do dever de supervisão do genitor não guardião ou mesmo daquele que, conquanto compartilhe a guarda, não tem a residência habitual com o filho.

É importante, ainda, observar que mesmo que prestado consentimento pelo adolescente ou pelos pais da criança nos moldes do art. 14 da LGPD, isso não muda a condição de vulnerabilidade desses sujeitos, autorizando que, prestado consentimento, sejam tratados como adultos, pois consentir não autoriza ao agente de tratamento de dados descuidar-se de demais diretrizes de proteção de dados de crianças e adolescentes.

5 Formas de minimizar os riscos ao desenvolvimento infantil

Por aplicação de tais normas, já é patente a obrigação de que empresas e políticas públicas zelem pela proteção infantojuvenil na internet como um todo e pela obtenção regular de consentimento para uso de seus dados, do que não foge a IA. Desde o *design* inicial de algoritmos que requeiram o uso de dados de crianças e adolescentes, é preciso que os desenvolvedores se atentem ao seu melhor interesse, com garantia de informações transparentes acerca do tratamento de dados.[45] Importa o "cumprimento de determinados parâmetros éticos e legais que assegurem a sua transparência e controle individual, a participação do indivíduo no âmbito do processo decisório, bem como a correção e atualização das informações que servem como *input* do algoritmo".[46]

Por certo, uma forma necessária e tendencialmente mais efetiva de zelar pelo seu desenvolvimento é por meio da educação digital, uma nova ramificação da autoridade parental, que engloba deveres de fiscalização e orientação dos filhos pelos pais. No entanto, não se pode olvidar que, para que esse acompanhamento possa ser feito de forma eficiente e segura, é necessário que os pais tenham o manejo da internet.[47]

Para minimizar os riscos, é importante que os pais se dediquem a conhecer as políticas de privacidade dos *sites*, aplicativos e programas utilizados, que se registrem, quando possível, para o recebimento de notificações acerca das informações pessoais que são publicadas,

---

[45] RUEDA, Juliana Rocha; ESPAÑOL, Armando Guío. El interés superior de los niños, niñas y adolescentes en el diseño de la inteligencia artificial. *In*: GARAVAGLIA, Lionel Ricardo Brossi; ROJAS, Tomás Dodds; PASSERON, Ezequiel; *et al.* (Coords.) *Inteligencia artificial y bienestar de las juventudes em América Latina.* Santiago: LOM, 2019. p. 77.

[46] DONEDA; SCHERTEL; SOUZA; ANDRADE. *Op. cit.*, p. 4. Especificamente, a LGPD determina, no art. 20: "O titular dos dados tem direito a solicitar a revisão de decisões tomadas unicamente com base em tratamento automatizado de dados pessoais que afetem seus interesses, incluídas as decisões destinadas a definir o seu perfil pessoal, profissional, de consumo e de crédito ou os aspectos de sua personalidade".

[47] "A capacidade de pais e responsáveis para facilitar efetivamente a aprendizagem em casa depende de uma variedade de fatores de interação, incluindo nível de educação, idioma nativo e disponibilidade de tempo. Compreender o letramento digital dos pais – que pode ser estimado a partir do ODS 4 Indicador 4.4.1 – é essencial para promover o apoio e o desenvolvimento das habilidades deles. Sem o suporte de adultos em casa em relação às TIC, é provável que crianças de famílias com baixa alfabetização digital sejam ainda mais prejudicadas" (MONTOYA, Silvia; BARBOSA, Alexandre. *A importância de monitorar e aprimorar o uso das TIC na educação pós isolamento.* Disponível em: https://nic.br/media/docs/publicacoes/1/20200602155525/a-importancia-de-monitorar-e-aprimorar-o-uso-das-tic-na-educacao-pos-isolamento.pdf. Acesso em: 30 abr. 2023).

que não compartilhem a localização em postagens[48] e, especialmente, que os filhos sempre participem do processo de tomada de decisões, estimulando que busquem aconselhamento parental e compreendam a relação existente entre seus dados pessoais, sua privacidade e sua liberdade.[49] Quanto à atuação dos filhos na internet, é necessário o exercício do dever de vigilância, sopesado com o respeito à privacidade.[50]

No que diz respeito ao uso da IA na educação, é importante a tomada de posição por professores e pedagogos a fim de que sejam participados no projeto, na implementação e na avaliação do uso desses sistemas no ensino. Afinal, como visto, será inevitavelmente necessária a tomada de decisões subjetivas acerca dos dados a serem utilizados, o que torna indispensável a participação de *experts* capazes de garantir que sejam dados importantes do ponto de vista pedagógico, bem como com suficiente diversidade de perfis de estudantes e formas de aprendizagem.[51]

Importa reconhecer, com urgência, que a inserção da IA na educação não é um problema exclusivamente tecnológico, mas sim humano e social, pois assim resta claro que se trata de uma incumbência de toda a sociedade – inclusive e especialmente daqueles que nutrem valores que importam ao aprendizado e daqueles que serão afetados pelos novos sistemas –, e não apenas dos profissionais letrados em tecnologia.[52]

Além disso, será importante que, quando do uso de sistemas de IA, professores se deem conta de que as decisões algorítmicas nunca serão "certas" ou "erradas", pois algoritmos oferecem respostas como resultados probabilísticos e a partir do uso de informação necessariamente imperfeita, tendendo, em razão disso, a cometer erros. Por isso, competirá aos utilizadores compreender quando essas respostas serão ou não confiáveis, fazendo escolhas, em cada caso, sobre deverem ser

---

[48] "SHARENTING": por que a exposição dos filhos nas redes sociais não é necessariamente algo ruim. *BBC News*, 13 jan. 2020. Disponível em: https://g1.globo.com/economia/tecnologia/noticia/2020/01/13/sharenting-por-que-a-exposicao-dos-filhos-nas-redes-sociais-nao-e-necessariamente-algo-ruim.ghtml. Acesso em: 30 abr. 2023.

[49] TEIXEIRA; RETTORE. *Op. cit.*, p. 528.

[50] Sobre o exercício do dever de vigilância, conferir: TEIXEIRA, Ana Carolina Brochado; NERY, Maria Carla Moutinho. Vulnerabilidade digital de crianças e adolescentes: a importância da autoridade parental para uma educação nas redes. *In*: EHRHARDT JÚNIOR, Marcos; LOBO, Fabíola (Orgs.). *Vulnerabilidade e sua compreensão no direito brasileiro*. Indaiatuba (SP): Foco, 2021. p. 133-147.

[51] ROWE, Michael. Shaping Our Algorithms Before They Shape Us. *Research Gate*, jun. 2019, p. 11. Disponível em: www.researchgate.net/publication/333767314. Acesso em: 30 abr. 2023.

[52] ROWE. *Op. cit.*, p. 14.

utilizadas ou não.[53] No mesmo sentido, será necessário desenvolver junto aos estudantes habilidades de compreensão profunda do funcionamento da IA, para que assim desenvolvam capacidade crítica acerca das implicações de seu uso em larga escala,[54] e da geração de relatórios e resultados a respeito de si mesmos (a se refletir, inclusive, sobre a inclusão dessa matéria em matrizes curriculares obrigatórias), sendo ainda "importante verificar se são garantidas aos alunos condições para que eles possam criticar os resultados produzidos pelos robôs, o que pressupõe a transparência do funcionamento e das capacidades dessas tecnologias".[55] Além disso, será preciso treino e desenvolvimento de habilidades de leitura online, a fim de que os estudantes saibam trabalhar com fontes de informação diversas processadas por sistemas de IA, integrando-as e bem discernindo as informações verdadeiras das falsas ou contaminadas por intenções comerciais, ideológicas ou sectárias, algo especialmente relevante tamanha a disseminação de fake news.

Não há dúvida, portanto, de que é essencial que "crianças e adolescentes compreendam a lógica de funcionamento da rede e dos algoritmos que a sustentam, para melhorar a qualidade do uso que dela fazem, assim como para reduzir os potenciais riscos associados. A literatura da área sustenta que quanto maior o uso, maiores as possibilidades de desenvolvimento de habilidades digitais e, em consequência, maiores também as possibilidades de desenvolvimento de competências para uma atuação *online* cidadã e crítica, que envolva, inclusive, o ambiente digital construído. Com a emergência de aplicativos baseados em IA, todavia, os desafios para a alfabetização comunicativa e informacional se tornam mais complexos".[56]

---

[53] ROWE. *Op. cit.*, p. 11.

[54] ROWE. *Op. cit.*

[55] ROCHA, Bruno Anunciação. Considerações sobre as implicações legais e éticas da utilização de robôs na educação. *Jota,* 10 maio 2020, p. 5. Disponível em: www.jota.info/opiniao-e-analise/artigos/consideracoes-sobre-as-implicacoes-legais-e-eticas-da-utilizacao-de-robos-na-educacao-10052020#respond. Acesso em: 30 abr. 2023.

[56] DINO, Luísa Adib; SENNE, Fabio. Plataformas digitales y aprendizaje: indicadores sobre el acceso, actividades y habilidades digitales de niños y adolescentes en Brasil. *In*: GARAVAGLIA, Lionel Ricardo Brossi; ROJAS, Tomás Dodds; PASSERON, Ezequiel; *et al.* (Coords.) *Inteligencia artificial y bienestar de las juventudes em América Latina*. Santiago: LOM, 2019. p. 153.

6 Considerações finais

Os desafios impostos pela IA já são um problema atual para a verdadeira e concreta tutela da pessoa humana, principalmente quando ela é vulnerável, como é o caso de crianças e adolescentes. A atuação conjunta dos pais – por meio do exercício da educação digital –, sociedade e Estado é a equação para que o desenvolvimento infantojuvenil não seja comprometido com um futuro em que direitos fundamentais, como igualdade e liberdade, possam ser exercidos pela população infantojuvenil, sem prejuízo de mapeamento e manipulação de seus dados.

É necessário que se desenvolvam mecanismos participativos – e, por isso, democráticos – de pais e pessoas que atuam no Ensino Infantil, Fundamental e Médio, para que a IA não enquadre a pessoa em modelos algorítmicos estanques, de modo que elas tenham sua capacidade limitada por uma imposição unívoca a partir de dados coletados durante a sua vida infantil e juvenil.

A IA deve ser pensada a partir de um *standard* do melhor interesse da criança e do adolescente, de modo que a tecnologia seja mais um suporte, um apoio para seu desenvolvimento multifacetado, a partir das mais variadas possibilidades que a vida lhe oferece – esteja ela no mundo físico ou virtual. A função da IA deve ser potencializar o desenvolvimento da pessoa menor de idade, em vez de limitá-lo. Se assim o fizer, deve ser rejeitada, pois não estará a serviço dos direitos fundamentais, mas de um viés manipulador e discriminatório, totalmente contrário aos valores constitucionais.

Referências

"SHARENTING": por que a exposição dos filhos nas redes sociais não é necessariamente algo ruim. *BBC News*, 13 jan. 2020. Disponível em: https://g1.globo.com/economia/tecnologia/noticia/2020/01/13/sharenting-por-que-a-exposicao-dos-filhos-nas-redes-sociais-nao-e-necessariamente-algo-ruim.ghtml. Acesso em: 30 abr. 2023.

ARTIFICIAL intelligence and life in 2030. Califórnia: Stanford University, 2016. Disponível em: https://ai100.stanford.edu/sites/g/files/sbiybj18871/files/media/file/ai100report10032016fnl_singles.pdf. Acesso em: 24 jul. 2023.

BIONI, Bruno Ricardo. *Xeque-Mate*: o tripé da proteção de dados pessoais no jogo de xadrez das iniciativas legislativas do Brasil. São Paulo: GPoPAI/USP, 2015. Disponível em: www.researchgate.net/publication/328266374_Xeque-Mate_o_tripe_de_protecao_de_dados_pessoais_no_xadrez_das_iniciativas_legislativas_no_Brasil. Acesso em: 30 abr. 2023.

BIONI, Bruno Ricardo; LUCIANO, Maria. O princípio da precaução na regulação de inteligência artificial: seriam as leis de proteção de dados o seu portal de entrada? *In:* FRAZÃO, Ana; MULHOLLAND, Caitlin (Coords.). *Inteligência artificial e Direito*: ética, regulação e responsabilidade. São Paulo: Revista dos Tribunais/Thomson Reuters, 2019. p. 207-232. Disponível em: https://brunobioni.com.br/blog/2019/09/06/707-2. Acesso em: 13 abr. 2023.

BIONI, Bruno. *Proteção de dados pessoais*: a função e os limites do consentimento. Rio de Janeiro: Forense, 2019. 314 p.

BONILLA, Mónica; CROVO, Álvaro. Congestión em la autopista de información. *In*: GARAVAGLIA, Lionel Ricardo Brossi; ROJAS, Tomás Dodds; PASSERON, Ezequiel; *et al.* (Coords.) *Inteligencia artificial y bienestar de las juventudes em América Latina.* Santiago: LOM, 2019. p. 95-104.

CAPELAS, Bruno. "Consentimento é muito mais do que um clique", diz Bruno Bioni. *Estadão,* 4 dez. 2018. Disponível em: link.estadao.com.br/noticias/cultura-digital,consentimento-e-muito-mais-do-que-um-clique-diz-bruno-bioni,70002631258. Acesso em: 30 abr. 2023.

CHANG, Richard. Artificial Intelligence to Grow 47.5% in Education Over Next 4 Years. *The Journal: transforming education through technology*, 24 mar. 2017. Disponível em: https://thejournal.com/articles/2017/03/24/ai-market-to-grow-47.5-percent-over-next-four-years.aspx. Acesso em: 30 abr. 2023.

CHILDREN and AI: where are the opportunities and risks? Unicef/World Economic Forum, 201?. Disponível em: www.unicef.org/innovation/sites/unicef.org.innovation/files/2018-11/Children%20and%20AI_Short%20Verson%20%283%29.pdf. Acesso em: 30 abr. 2023.

DINO, Luísa Adib; SENNE, Fabio. Plataformas digitales y aprendizaje: indicadores sobre el acceso, actividades y habilidades digitales de niños y adolescentes en Brasil. *In*: GARAVAGLIA, Lionel Ricardo Brossi; ROJAS, Tomás Dodds; PASSERON, Ezequiel; *et al.* (Coords.) *Inteligencia artificial y bienestar de las juventudes em América Latina.* Santiago: LOM, 2019. p. 149-164.

DOMENICI, Thiago. Laureate usa robôs no lugar de professores sem que alunos saibam. *Agência Pública,* 20 abr. 2020. Disponível em: https://apublica.org/2020/04/laureate-usa-robos-no-lugar-de-professores-sem-que-alunos-saibam. Acesso em: 30 abr. 2023.

DONEDA, Danilo; SCHERTEL, Laura; SOUZA, Carlos Affonso Pereira de; ANDRADE, Norberto Nuno Gomes de. Considerações iniciais sobre inteligência artificial, ética e autonomia pessoal. *Pensar: Revista de Ciências Jurídicas,* Fortaleza, v. 23, n. 4, p. 1-17, out./dez. 2018.

EBERLE, Simone. *A capacidade entre o fato e o direito.* Porto Alegre: Sergio Antonio Fabris, 2006. TEIXEIRA, Ana Carolina Brochado. Integridade psíquica e capacidade de exercício. *Revista Trimestral de Direito Civil,* Rio de Janeiro, n. 33, p. 3-36, jan./mar. 2008.

GABRIEL, Anderson de Paiva; TEFFÉ, Chiara Spadaccini. Ferramentas tecnológicas e controle da pandemia: quais os limites para o emprego da tecnologia? *Jota,* 14 jun. 2020. Disponível em: www.jota.info/opiniao-e-analise/colunas/juiz-hermes/ferramentas-tecnologicas-e-controle-da-pandemia-14062020. Acesso em: 30 abr. 2023.

HENRIQUES, Isabella Vieira Machado; SAMPAIO, Inês Vitorino. Discriminação algorítmica e inclusão em sistemas de inteligência artificial – uma reflexão sob a ótica dos direitos da criança no ambiente digital. *RDP,* Brasília, v. 18, n. 100, 257, out./dez. 2021.

KNAPP, Katie; MORTON, J. Bruce. Desenvolvimento do cérebro e funcionamento executivo. *Enciclopédia sobre o Desenvolvimento na Primeira Infância*, Canadá, jan. 2013. Disponível em: www.enciclopedia-crianca.com/funcoes-executivas/segundo-especialistas/desenvolvimento-do-cerebro-e-funcionamento-executivo. Acesso em: 24 jul. 2023.

LEAL, Lívia Teixeira. Internet of toys: os brinquedos conectados à Internet e a necessária proteção da criança e do adolescente. *In*: TEIXEIRA, Ana Carolina Brochado; DADALTO, Luciana (Orgs.). *Autoridade parental*: dilemas e desafios contemporâneos. Indaiatuba (SP): Foco, 2019. p. 155-168.

MASKEY, Sameer. AI's Potential In Education. *Forbes Technology Council*, 3 mar. 2020. Disponível em: www.forbes.com/sites/forbestechcouncil/2020/03/03/ais-potential-in-education/#599c54b05201. Acesso em: 30 abr. 2023.

MONTOYA, Silvia; BARBOSA, Alexandre. *A importância de monitorar e aprimorar o uso das TIC na educação pós isolamento*. Disponível em: https://nic.br/media/docs/publicacoes/1/20200602155525/a-importancia-de-monitorar-e-aprimorar-o-uso-das-tic-na-educacao-pos-isolamento.pdf. Acesso em: 30 abr. 2023

MOUREIRA, Diogo Luna; SÁ, Maria de Fátima Freire de. *A capacidade dos incapazes*. Rio de Janeiro: Lumen Juris, 2011; RIBEIRO, Gustavo Pereira Leite. Personalidade e capacidade do ser humano a partir do novo Código Civil. *In*: TEIXEIRA, Ana Carolina Brochado; RIBEIRO, Gustavo Pereira Leite (Coords.). *Manual de teoria geral do direito civil*. Belo Horizonte: Del Rey, 2011. p. 117-213.

RICH, Elaine; KNIGHT, Kevin. *Inteligência artificial*. 2. ed. São Paulo: Makron Books, 1994.

RIVERA, Laura Nathalie Hernández; VALENCIA, José Roberto Amaya. Lectura *online* para la promoción de capacidades y habilidades digitales en el ambiente virtual y automatizado. *In*: GARAVAGLIA, Lionel Ricardo Brossi; ROJAS, Tomás Dodds; PASSERON, Ezequiel; *et al*. (Coords.) *Inteligencia artificial y bienestar de las juventudes em América Latina*. Santiago: LOM, 2019. p. 165-176.

ROCHA, Bruno Anunciação. Considerações sobre as implicações legais e éticas da utilização de robôs na educação. *Jota*, 10 maio 2020. Disponível em: www.jota.info/opiniao-e-analise/artigos/consideracoes-sobre-as-implicacoes-legais-e-eticas-da-utilizacao-de-robos-na-educacao-10052020#respond. Acesso em: 30 abr. 2023.

RODOTÀ, Stefano. *A vida na sociedade de vigilância*: privacidade hoje. Trad. Danilo Doneda e Luciana Cabral Doneda. Rio de Janeiro: Renovar, 2008.

RODRIGUES, Rafael Garcia. A pessoa e o ser humano no novo Código Civil. *In*: TEPEDINO, Gustavo (Coord.). *O Código Civil na perspectiva civil-constitucional*: parte geral. Rio de Janeiro: Renovar, 2003. p. 1-34.

RODRIGUES, Renata de Lima; TEIXEIRA, Ana Carolina Brochado. Regime das incapacidades e autoridade parental: qual o legado do estatuto da pessoa com deficiência para o Direito infantojuvenil? *In*: DADALTO, Luciana; TEIXEIRA, Ana Carolina Brochado (Coords.). *Autoridade parental*: dilemas e desafios contemporâneos. Indaiatuba (SP): Foco, 2019.

ROUVROY, Antoinette; BERNS, Thomas. Governamentalidade algorítmica e perspectivas de emancipação: o díspar como condição de individuação pela relação? *Revista Eco Pós*: Tecnopolíticas e Vigilância, v. 18, n. 2, p. 36-56, 2015.

ROWE, Michael. Shaping Our Algorithms Before They Shape Us. *Research Gate*, jun. 2019, p. 11. Disponível em: www.researchgate.net/publication/333767314. Acesso em: 30 abr. 2023.

RUEDA, Juliana Rocha; ESPAÑOL, Armando Guío. El interés superior de los niños, niñas y adolescentes en el diseño de la inteligencia artificial. *In*: GARAVAGLIA, Lionel Ricardo Brossi; ROJAS, Tomás Dodds; PASSERON, Ezequiel; *et al*. (Coords.) *Inteligencia artificial y bienestar de las juventudes em América Latina*. Santiago: LOM, 2019. p. 71-82.

SCHREIBER, Anderson. Proteção de dados no Brasil e na Europa. *Jornal Carta Forense*, 5 set. 2018. Disponível em: https://genjuridico.jusbrasil.com.br/artigos/632192493/protecao-de-dados-pessoais-no-brasil-e-na-europa. Acesso em: 27 abr. 2023.

SÊCO, Thaís. Por uma nova hermenêutica do direito da criança e do adolescente. *Civilistica.com*, Rio de Janeiro, ano 3, n. 2, jul./dez. 2014. Disponível em: civilistica.com/por-uma-nova-hermeneutica-do-direito-da-crianca-e-do-adolescente. Acesso em: 30 abr. 2023.

SENADO FEDERAL. Atividade legislativa. *Proposta de Emenda à Constituição nº 47, de 2021*. Disponível em: www25.senado.leg.br/web/atividade/materias/-/materia/151308?. Acesso em: 30 abr. 2023.

SENNAAR, Kumba. The Artificial Intelligence Tutor: The current possibilities of smart virtual learning. *EMERJ: the AI research and advisory company*. Disponível em: https://emerj.com/ai-sector-overviews/artificial-intelligence-tutor-current-possibilities-smart-virtual-learning. Acesso em: 30 abr. 2023.

SOUZA, Eduardo Nunes de. Perfil dinâmico da invalidade negocial. *In*: MENEZES, Joyceanne Bezerra de; RODRIGUES, Francisco Luciano Lima (Orgs.). *Pessoa e mercado sob a metodologia do direito civil-constitucional*. Santa Cruz do Sul (RS): Essere nel mondo, 2016. p. 85-86. Disponível em: www.esserenelmondo.com/pt/direito-pessoa-e-mercado-sob-a-metodologia-do-direito-civil-constitucional-ebook86.php:. Acesso em: 30 abr. 2023.

TEIXEIRA, Ana Carolina Brochado; NERY, Maria Carla Moutinho. Vulnerabilidade digital de crianças e adolescentes: a importância da autoridade parental para uma educação nas redes. *In*: EHRHARDT JÚNIOR, Marcos; LOBO, Fabíola (Orgs.). *Vulnerabilidade e sua compreensão no direito brasileiro*. Indaiatuba (SP): Foco, 2021. p. 133-147.

TEIXEIRA, Ana Carolina Brochado; RETTORE, Anna Cristina de Carvalho. A autoridade parental e o tratamento de dados pessoais de crianças e adolescentes. *In*: TEPEDINO, Gustavo; FRAZÃO, Ana; OLIVA, Milena Donato (Coords.). *Lei Geral de Proteção de Dados Pessoais e suas repercussões no Direito Brasileiro*. 1. ed. São Paulo: Revista dos Tribunais/Thomson Reuters, 2019. p. 505-530.

TEPEDINO, Gustavo. O reconhecimento pelo STF do direito fundamental à proteção de dados. *Revista Brasileira de Direito Civil – RBDCivil*, v. 24, p. 11-13, abr./jun. 2020.

TEPEDINO, Gustavo; SILVA, Rodrigo da Guia. Inteligência artificial e elementos da responsabilidade civil. *In:* FRAZÃO, Ana; MULHOLLAND, Caitlin (Coords). *Inteligência artificial e Direito*: ética, regulação e responsabilidade. São Paulo: Revista dos Tribunais/Thomson Reuters, 2019. p. 293-323.

TEPEDINO, Gustavo; TEFFÉ, Chiara Spadaccini de. Consentimento e proteção de dados pessoais na LGPD. *In*: TEPEDINO, Gustavo; FRAZÃO, Ana; OLIVA, Milena Donato (Coords.). *Lei Geral de Proteção de Dados Pessoais e suas repercussões no Direito Brasileiro*. São Paulo: Revista dos Tribunais/Thomson Reuters, 2019. p. 287-322.

TOPELSON, Dalia; BAVITZ, Christopher; GUPTA, Ritu; OBERMAN, Irina. *Privacy and Children's Data – An Overview of the Children's Online Privacy Protection Act and the Family Educational Rights and Privacy Act*. Cambridge: Berkman Center for Internet & Society, 2013. p. 14. Disponível em: https://papers.ssrn.com/sol3/papers.cfm?abstract_id=2354339. Acesso em: 30 abr. 2023.

YUDICE, George. Reflexões sobre os estudos de uso das TIC. *In*: ALMEIDA, Fernando; TORREZAN, Gustavo; LIMA, Luciana; CATELLI, Rosana Elisa (Orgs.). *Cultura, educação e tecnologia em debate*. São Paulo: Sesc São Paulo, 2019. p. 30-35. v. 2. Disponível em: https://nic.br/media/docs/publicacoes/116363420191105/Cultura_educacao_e_tecnologias_em_debate_volume2.pdf. Acesso em: 30 abr. 2023.

Informação bibliográfica deste texto, conforme a NBR 6023:2018 da Associação Brasileira de Normas Técnicas (ABNT):

TEIXEIRA, Ana Carolina Brochado; RETTORE, Anna Cristina de Carvalho. Inteligência artificial e os riscos aos dados pessoais de crianças e adolescentes. *In*: EHRHARDT JÚNIOR, Marcos; CATALAN, Marcos; NUNES, Cláudia Ribeiro Pereira (Coord.). *Inteligência artificial e relações privadas*: relações existenciais e a proteção da pessoa humana. Belo Horizonte: Fórum, 2023. v. 2. p. 215-240. ISBN 978-65-5518-577-5.

ENTRE JOGOS VIRTUAIS E A NECESSÁRIA TUTELA DA INFÂNCIA: UM ESTUDO SOBRE O *POKÉMON GO*[1]

FERNANDA MELO SILVA

MARCOS CATALAN

1 Notas ligeiras a título de exórdio

Talvez nem todas as pessoas saibam, mas os primeiros jogos eletrônicos remontam à década de 40 do século passado, alcançando maior visibilidade e popularização trinta anos mais tarde, em meados de 1970,[2] ao que parece, com o surgimento do *Odyssey* e do Atari. Desde então, os números cresceram exponencialmente, sugerindo-se que em 2020 havia cerca de 2,77 bilhões de *gamers* e, em 2021, 2,8 bilhões,[3] quase 40% da população do planeta.

---

1 Este artigo foi produzido no acoplamento dos projetos de investigação científica *Proteção do consumidor à deriva: uma tentativa de aferição do estado da arte, na tutela jusconsumerista, no âmbito do Superior Tribunal de Justiça* (CNPq, 407142/2018-5) e *Disrupção tecnológica e proteção do consumidor*. Ambos os projetos são desenvolvidos na Universidade La Salle. Cabe salientar, ademais, o apoio da FAPERGS.
Registre-se, aqui, nosso especial agradecimento a Michele Martins e a Renata Oerle Kautzmann pela cuidadosa revisão dos originais, pela acertada crítica a algumas leituras tortuosas e pelas sugestões assertivas.

2 GUILABERT VIDAL, María Remedios. Menores y videojuegos: protección jurídica actual y responsabilidad civil frente a las conductas aditivas. *Revista de Derecho Privado*, Zaragoza, n. 2, p. 86, mar./abr. 2021.

3 QUAIS são os números relativos aos jogadores de vídeo game? Quantas pessoas jogam? Quem são os "gamers"? *WePlay Esports*, 201?. Disponível em: https://weplayholding.com/pt-br/blog/quantas-pessoas-jogam-video-game-no-mundo-quem-sao-os-gamers/#:~:text=Isso%20significa%20que%2C%20ao%20redor,apenas%22%202%2C5%20bilh%C3%B5es. Acesso em: 13 fev. 2023.

O acesso facilitado à tecnologia digital, em especial a contida nos *smartphones* comercializados nos últimos anos – ainda que não se possam ignorar os *consoles, tablets, notebooks* e *desktops* –, o aumento da velocidade e da qualidade de conexão com a internet, a *gratuidade* dos jogos eletrônicos existentes para *download* e, ainda, o potencial poder aditivo[4] de *projetos* intencionalmente criados visando capturar e manter a atenção dos usuários parecem justificar, em boa medida, números inegavelmente grandiloquentes, como revela a Tabela 1, mesmo quando se identifica que há jogadores que transitam por mais de uma plataforma.

Tabela 1

Principais jogos *online* e número de usuários cadastrados.

Jogo	**Usuários cadastrados**
PUBG	1 bilhão
Crossfire	1 bilhão
Dungeon Fighter Online	700 milhões
Speed Drifters	700 milhões
Minecraft	600 milhões
Candy Crush Saga	500 milhões
Among Us	500 milhões
Microsoft Solitaire	500 milhões
Fortnite	350 milhões

Fonte: *WePlay Esports*.[5]

[4] LA adicción a los videojuegos es ahora una enfermedad mental. *DW*, 15 fev. 2022. Disponível em: www.dw.com/es/la-oms-clasifica-la-adicci%C3%B3n-a-los-videojuegos-como-una-enfermedad-mental/a-60787737. Acesso em: 13 fev. 2023. "*La lista actualizada de enfermedades de la Organización Mundial de la Salud, que por primera vez incluye la adicción a los videojuegos en su apartado de desórdenes mentales, entró el viernes pasado (11.02.2022) en vigor al ser publicada por el organismo, tras aprobarla en su asamblea de mayo de 2021. La undécima Clasificación Internacional de Enfermedades de la OMS (ICD-11), que es utilizada por los profesionales de la salud para estandarizar su labor, codifica 1,6 millones de casos clínicos, y es la primera revisión de la lista en 30 años, por lo que la anterior pertenece a un tiempo en el que este trastorno apenas existía. La OMS busca con esta inclusión mejorar las estadísticas sobre adicción a los videojuegos en el planeta, ya que antes de esta estandarización los estudios han ofrecido cifras enormemente variables sobre la prevalencia de este trastorno, que oscilan desde el 1% de la población hasta incluso el 50 % (en Asia).*"

[5] QUAIS são os números relativos aos jogadores de vídeo game? Quantas pessoas jogam? Quem são os "gamers"? *WePlay Esports*, 201?. Disponível em: https://weplayholding.com/pt-br/blog/quantas-pessoas-jogam-video-game-no-mundo-quem-sao-os-gamers/#:~:text=Isso%20significa%20que%2C%20ao%20redor,apenas%22%202%2C5%20bilh%C3%B5es. Acesso em: 13 fev. 2023.

Sem negar a existência de aspectos positivos[6] vinculados ao uso moderado dos jogos eletrônicos – argumento que será pontualmente revisitado em momento oportuno –, este texto acabou sendo atraído pelos problemas a eles ligados: a dependência[7] – maior no Brasil que noutros países[8] – que afeta crianças, adolescentes e jovens[9] e que insiste em ocupar o lugar de outras atividades, como a escola e a vida social, está entre as principais preocupações percebidas na literatura revisitada ao largo desta pesquisa. Ainda observando o cenário macroscópico delineado ao redor do tema "jogos eletrônicos", tem-se que o sedentarismo, transtornos do sono e (ou) da alimentação, a possibilidade de contrair doenças oculares, sofrer lesões musculares e (ou) nas articulações – primordialmente, dedos e punhos, região lombar e coluna cervical – e mesmo, em casos mais raros, convulsões[10] são outras preocupações dignas de nota.

Há de se salientar, ademais, maior abertura ao consumo de drogas, tanto as lícitas como as ilícitas,[11] bem como maior exposição

---

6 SANS, Danilo. Adolescencia y consumo de videojuegos: una revisión narrativa del estado del arte. *Anuario de Investigaciones*, Buenos Aires, v. 26, p. 175-176, 2019.

7 ESPANHA. Observatorio Español de las Drogas y las Adicciones (OEDA). *Informe sobre adicciones comportamentales 2020*: juego con dinero, uso de videojuegos y uso compulsivo de internet en las encuestas de drogas y otras adicciones en España. Madrid: Ministerio de Sanidad, 2021. p. 60. Disponível em: https://pnsd.sanidad.gob.es/profesionales/sistemasInformacion/sistemaInformacion/pdf/2020_Informe_adicciones_comportamentales.pdf. Acesso em: 25 jul. 2023. "*El trastorno por uso de videojuegos se define, según la CIE-11, como un patrón de comportamiento de juego ("juego digital" o "videojuego") caracterizado por un control deficiente sobre el juego, aumentando la prioridad dada al juego sobre otras actividades en la medida en que el juego tiene prioridad sobre otros intereses y actividades diarias, junto a la continuación del juego a pesar de la ocurrencia de consecuencias negativas. Para que se diagnostique el trastorno por uso de videojuegos, el patrón de comportamiento debe ser lo suficientemente severo como para provocar un deterioro significativo en las áreas personales, familiares, sociales, educativas, ocupacionales u otras áreas importantes de funcionamiento y, normalmente, habría sido evidente durante al menos 12 meses.*"

8 CAMATTA, Bianca. Uso problemático de videogames entre jovens do Brasil é maior que a média de outros países. *Jornal da USP*, 18 jul. 2022. Disponível em: https://jornal.usp.br/ciencias/uso-problematico-de-video-games-entre-jovens-do-brasil-e-maior-que-a-media-de-outros-paises. Acesso em: 14 fev. 2023.

9 CHICHARRO MERAYO, Mar. Jóvenes, ficción televisiva y videojuegos: espectáculo, tensión y entretenimiento. Tendencias generales de consumo. *Revista de Estudios de Juventud*, Madri, n. 106, p. 77-91, 2014. *Revista de Estudios de Juventud*, Madri, n. 106, p. 77-91, 2014. p. 77. "*Todo parece indicar que, actualmente, la juventud lo es durante más tiempo. Se ha adelantado el momento de iniciación en algunas de sus prácticas identitarias – por ejemplo, la sexualidad, o el consumo de alcohol y drogas –, y al mismo tiempo, se ha retrasado su plena integración en el medio adulto.*"

10 GUILABERT VIDAL. *Op. cit.*, p. 87-89.

11 ESTÉVEZ, Ana; JÁUREGUI, Paula; AURREKOETXEA-CASAUS, Maite. Perfiles de personas jugadoras de videojuegos y coocurrencia de abuso de videojuegos, trastorno de juego y consumo de sustancias: análisis por tipo de videojuegos. *Revista Española*

ao *ciberbullying* e ao *childgrooming*,[12] situações que, muito embora não possam ser diretamente relacionadas aos jogos *online*, fluem através dos canais desenhados pelos arquitetos dos *softwares*, alimentando, ao menos em tese, a possibilidade de violação de deveres de proteção.[13]

Relate-se a existência de estudos associando, ainda, os jogos *online* ao déficit de atenção e de pesquisas relacionando jogos violentos à menor empatia e à maior hostilidade e tolerância à violência, bem como sugerindo aumento da tendência ao assédio sexual afeto aos jogos que estereotipam questões de gênero.[14] Enfim, não podem ser deixados de fora do rol das preocupações que interessam ao Direito – quiçá a futuras pesquisas – a proteção de dados pessoais, os micropagamentos intencionalmente presentes em muitos jogos eletrônicos, bem como o custo imanente ao acesso à internet[15] e ao *hardware* eleito pelo usuário.

Enfim, se ao menos em um primeiro momento é possível antecipar, não se sugere o banimento dos jogos eletrônicos, mas revela-se imperiosa a criação de ferramentas tecnológicas que viabilizem a

---

de Drogodependencias, v. 45, n. 4, p. 14, 2020. "*Los resultados mostraron un mayor nivel de trastorno de juego en el grupo de hombres y mayores niveles de abuso de videojuegos y sustancias en el grupo de repetidores de 2 cursos o más. En cuanto a la edad, a mayor edad se halló mayor uso de cartas y apuestas deportivas offline, lotería online, cocaína y a menor edad mayor uso de bebidas energéticas y mayor nivel de abuso de videojuegos, especialmente en el caso de los usuarios de Fortnite, en los que también se relacionó con el abuso de sustancias. En el caso de los usuarios de FIFA, se encontró una relación significativa del abuso de videojuegos con el trastorno de juego. En este grupo, el trastorno de juego y el abuso de sustancias mostraron una relación significativa con las apuestas deportivas.*"

12 GUILABERT VIDAL. *Op. cit.*, p. 87-89.

13 DE LAS HERAS BALLELL, Teresa Rodríguez. La contratación en plataformas electrónicas en el marco de la estrategia para un mercado único digital en la Unión Europea. *In*: CASTAÑOS CASTRO, Paula; CASTILLO PARRILLA, José Antonio (Dir.). *El mercado digital en la Unión Europea*. Madrid: Reus, 2019. p. 122. Existe "*una última categoría de deberes que exceden apreciablemente el perfil funcional del operador que dibujan las obligaciones que hasta ahora hemos trazado y que implicaría trasladar al operador una función de tutela de los usuarios. Ante la evidencia creíble de un daño inminente, el operador estaría obligado a adoptar las medidas preventivas adecuadas. La casuística es amplísima y nos presenta escenarios posibles de perfil muy diverso. En una plataforma que permite el alquiler entre particulares de vivienda para estancias cortas, se podría referir a la obligación de prevenir una agresión, en una plataforma para compartir vehículo, al riesgo de un accidente porque el conductor pudiera encontrarse bajo los efectos del alcohol, o en un mercado electrónico, a la venta de una pieza robada*". Ver, ainda, CATALAN, Marcos. *A morte da culpa na responsabilidade contratual*. Indaiatuba (SP): Foco, 2019.

14 SANS. *Op. cit.*, p. 176-177. Sugerindo impactos menores que os comumente identificados: HAROLD GERMÁN, Rodríguez Celis; SANDOVAL ESCOBAR, Marithza. Consumo de videojuegos y juegos para computador: influencias sobre la atención, memoria, rendimiento académico y problemas de conducta. *Suma Psicológica*, Bogotá, v. 18. n. 2, p. 99-110, 2011.

15 BARANOWSKI, Tom; LYONS, Elizabeth. Scoping review of Pokémon Go: comprehensive assessment of augmented reality for physical activity change. *Games for Health Journal*, v. 9, n. 2, p. 78, 2020.

adequada tutela da inocência, bem como de estratégias que promovam o bem-estar juvenil por meio de técnicas que fomentem o complexo processo de amadurecimento do ser humano.

O desafio é imenso, mormente porque, entre as muitas variáveis, é preciso atentar também para a existência de perfis que demandam níveis de proteção distintos tanto no que toca aos destinatários como no que diz respeito à especificidade de cada jogo.[16]

Muito do que foi descrito escancara a vulnerabilidade imanente à infância e à adolescência ao lado de preocupações legítimas com a juventude, fato que, por sua vez, atrai a normatividade que hermeneuticamente impõe a proteção integral daqueles que ainda não estão preparados, por conta da fase da vida que experimentam, aos desafios do mundo adulto, dando vazão a um texto que objetiva – a partir de um estudo de caso – explorar o funcionamento de jogos *online* na tentativa de identificar como reverberam no sistema jurídico.

Ante os limites intencionalmente impostos no esboço que metodologicamente guiou esta pesquisa, optou-se por analisar o *Pokémon Go* em razão da dinâmica que o jogo eletrônico propõe aos jogadores, dos espaços nos quais a realidade aumentada é vivenciada – interior das casas, escolas, cafés, *shopping centers* e, especialmente, parques, praças e ruas – e, ainda, em razão dos dados pessoais e equipamentos que são exigidos do usuário. O crescimento exponencial dos usuários, fato até então desconhecido pela indústria dos *games*, também influenciou a escolha empírica.

O problema de pesquisa está assentado na racionalidade que informa a sociedade de consumo. O sistema econômico capitalista – cujas práticas colonizam a infância e a juventude – busca saber como o Direito reage ao mecanismo de funcionamento do jogo avaliado: refuta-o ou naturaliza as práticas impostas por seus criadores e fornecedores? A construção desta resposta exige (i) revisitar, ainda que brevemente, a literatura que explora a relação havida entre a infância e os jogos virtuais *online* e (ii) analisar o *Pokémon Go* de modo a verificar se – e, se positiva a resposta, como – o mercado utiliza a inocência a seu favor e como o Direito percebe a referida relação econômica.

Tendo por método a revisão bibliográfica, seguido da observação do funcionamento do *Pokémon Go*, a escrita busca comprovar a hipótese de que há riscos para o público infantojuvenil que demandam a proteção

---

16 ESTÉVEZ; JÁUREGUI; AURREKOETXEA-CASAUS. *Op. cit.*, p. 14.

jurídica abstratamente existente no Brasil diante do uso de dados pessoais sem os quais ele não funciona.

É importante perceber que a coleta dos dados retrocitados expõe os usuários a situações que, ao menos em um primeiro momento, são contrárias ao Direito pátrio. De início, é preciso *fornecer dados pessoais* para cadastrar-se na plataforma. Na configuração original do jogo, os usuários precisariam deslocar-se até os monstros e, *por meio da câmera*, encontrá-los na tela do celular, que capta o cenário externo. Noutras palavras, para serem capturados, seria preciso acionar o mecanismo de fotografias e filmagens do *smartphone*,[17] que apreenderia o cenário que envolve a caça virtual. É preciso registrar que a referida exigência foi alterada, embora siga havendo estímulo para que o usuário use a câmera, por exemplo, para "acariciar" seu "companheiro Pokémon" e, com isso, ganhar doces.

Tudo isso faz pensar, enfim, que as crianças que acessam esse jogo *aparentemente* inofensivo – tentando capturar monstrinhos simpáticos desenhados com cores vibrantes e sorrisos simpáticos –, acreditando ser apenas uma brincadeira, são expostas em razão do uso de mecanismos de geolocalização, das câmeras de seus *smartphones* e, ainda, dos dados pessoais exigidos para que possam *brincar*.

2 Jogos virtuais: vigília e modulação do comportamento humano

A vigilância imposta pelo capitalismo contemporâneo se manifesta na vivência *online*, quando, por exemplo, fotos são publicadas nas redes sociais, deixando rastros digitais dos quais muitas informações podem ser pinçadas.[18] Tais aspectos, imanentes ao mundo virtual, podem alimentar a construção de perfis com inconteste perfeição, e estes, por sua vez, poderão ser usados para influenciar condutas no mundo real e, o que é mais grave, sem que boa parte das pessoas o perceba.[19]

---

[17] SODRÉ, Raquel. Pokémon Go expõe invasão de privacidade por aplicativos. *O Tempo*, 9 ago. 2016. Disponível em: www.otempo.com.br/interessa/pokemon-go-expoe-invasao-de-privacidade-por-aplicativos-1.1352100. Acesso em: 25 jul. 2023.

[18] ZUBOFF, Shoshana. *A era do capitalismo de vigilância*: a luta por um futuro humano na nova fronteira do poder. São Paulo: Intrínseca, 2021. p. 82.

[19] CAPITALISMO DE VIGILÂNCIA. [*S. l.*: *s. n.*], 2019. 1 vídeo (50 min). Publicado pelo canal VPRO Documentário. Disponível em: www.youtube.com/watch?v=hIXhnWUmMvw. Acesso em: 25 jul. 2023.

No capitalismo de vigilância, na sua versão original *online*, prevemos a taxa de visitas e vendemos isso ao anunciante, que paga para ter visitas no seu *site*. Agora, no mundo real, clientes empresariais pagaram à *Niantic Labs*, a empresa do *Pokémon Go*, pelo equivalente no mundo real das visitas, que se chama "passada". Trata-se de colocar seres humanos, com seus pés em negócios reais para que os pés passem por determinada loja, restaurante ou bar, de forma que comprem algo.[20]

O capitalismo de vigilância unilateralmente reivindica "a experiência humana" e a utiliza "como matéria prima gratuita" ao traduzi-la "em dados comportamentais". As estratégias são múltiplas e usualmente sutis, exsurgindo até mesmo na cena que faz que simpáticos monstrinhos apareçam, por meio da realidade aumentada, no interior de estabelecimentos comerciais, atraindo os jogadores para que, quiçá, além do *pokémon*, consumam também os produtos ofertados.[21]

Tudo isso revela ser quase impossível não perceber que o *Pokémon Go* faz parte do capitalismo de vigilância: um programa projetado para ser *jogado* no mundo real, ainda que recorra a uma tela, e no qual os jogadores precisam sair de suas casas e se aventurar através de áreas abertas em cidades, vilas e subúrbios, em uma espécie de caça ao tesouro.[22]

Eis o relato de um usuário cujo codinome é *Spottiswoode*:

> Quando volto para casa de bicicleta, paro perto de um local que conferi antes, onde existe um portal inimigo fraco. Eu ataco usando a XM ("*exotic matter*"), desenvolvida para destruir a infraestrutura inimiga (...). No *chat* próprio do *Ingress*, um jogador chamado *Igashu* elogia o meu feito. "Bom trabalho, *Spottiswoode*", diz ele. Eu me sinto orgulhoso e sigo adiante, planejando meu próximo assalto aos portais do inimigo.

O relato consta nas pesquisas de Shoshana Zuboff e vai ao encontro de um projeto que busca induzir os jogadores a mudar seu comportamento criando uma comunidade social de jogo baseada em ação no mundo real.[23] Ocorre que os jogadores podem ser levados a alterar seus trajetos enquanto caçam os monstrinhos no *game* por meio de uma dinâmica que induz ao consumo. A caça digital aos monstrinhos se torna parte da vida real e um produto de consumo que expõe a privacidade do jogador.

---

20 CAPITALISMO DE VIGILÂNCIA. [*S. l.*: *s. n.*], 2019. 1 vídeo (50 min). Publicado pelo canal VPRO Documentário. Disponível em: www.youtube.com/watch?v=hIXhnWUmMvw. Acesso em: 25 jul. 2023.

21 ZUBOFF. *Op. cit.*, p. 18.

22 ZUBOFF. *Op. cit.*, p. 375.

23 ZUBOFF. *Op. cit.*, p. 376.

Em tal contexto, os riscos associados ao jogo não deságuam apenas na exposição indevida de dados pessoais, explorando também a modulação comportamental da infância,[24] afinal, como há algum tempo foi demonstrado por Philippe Ariès, a infância precisa ser compreendida como construção social.[25] No limite, a modulação de comportamentos recorre a técnicas que criam vícios. O mercado recorre a recursos que alimentam a lógica behaviorista, que, no limite, produz adição. O viciado, nesse caso, o jogador – crianças, adolescentes, jovens –, gradualmente perde o contato com o mundo externo, afasta-se das pessoas reais e, quando muito, relaciona-se com avatares.[26]

3 O *Pokémon Go*: vícios e benefícios

Pokémon é o acrônimo de *Pocket Monsters*, franquia japonesa fundada em meados de 1990; o *Pokémon Go*, por sua vez, consiste em um *software* projetado para dispositivos iOS e Android – tecnologia dos *smartphones* – lançado nos Estados Unidos, em julho de 2016, e que desde então correu o mundo. Uma das principais razões de seu sucesso, o jogo permite capturar a treinar mais de 300 avatares,[27] criaturas virtuais adoráveis inegavelmente criadas para seduzir os jogadores e, antes disso, os fãs da franquia.

O estudo desse jogo, em particular, para além das justificativas espalhadas por alguns dos parágrafos precedentes, igualmente se justifica no fato de que, por ocasião de seu lançamento, houve faturamento superior a 200 milhões de dólares, na época, algo próximo de 700 milhões de reais. O jogo foi instalado, ao longo de seus primeiros dias de existência, mais de cem milhões de vezes.

É oportuno registrar, ademais, que tais números foram superiores aos do *Tinder*, do *Facebook*,[28] do *Candy Crush Saga*, do *Viber*, do *LinkedIn* e do *Clash of Clans*[29] em termos de popularidade. Atualmente o jogo tem

---

[24] BARBER, Benjamin. *Consumido*: como o mercado corrompe crianças, infantiliza adultos e engole cidadãos. Trad. Bruno Casotti. Rio de Janeiro: Record, 2009. p. 98.

[25] ARIÈS, Philippe. *História social da criança e da família*. Rio de Janeiro: Guanabara, 1981.

[26] LANIER, Jaron. *Dez argumentos para você deletar agora suas redes sociais*. Trad. Bruno Casotti. Rio de Janeiro: Intrínseca, 2018. p. 9.

[27] BARANOWSKI; LYONS. *Op. cit.*, p. 72.

[28] POKÉMON Go preocupa pais e entidades de proteção à infância. *Exame*, 31 jul. 2016. Disponível em: https://exame.com/tecnologia/pokemon-go-preocupa-pais-e-entidades-de-protecao-a-infancia. Acesso em: 25 jul. 2023.

[29] ALVES, Paulo. E a febre continua: Pokémon Go já é mais usado que Netflix, Twitter e Spotify. *Tudocelular.com*, 14 jul. 2016. Disponível em: www.tudocelular.com/android/noticias/n74915/Pokemon-Go-mais-usado-que-netflix-spotify.html. Acesso em: 25 jul. 2023.

78 milhões de usuários ativos, número que, se não chama mais tanta atenção quanto outrora,[30] não é nada desprezível.

Cinco fatores, consoante aponta a literatura especializada, são responsáveis pelo sucesso do *Pokémon Go*: (i) a *nostalgia* havida no contato com personagens facilmente identificáveis, permitindo reviver a infância e, com ela, experiências positivas experimentadas outrora; (ii) a *gratuidade* imantada ao *download*, projetada como um não obstáculo na captura de novos usuários; (iii) *atualizações contínuas* que abarcam novos *pokémons*, novos modos de jogo, novas metas a serem alcançadas e eventos especiais; (iv) *dinâmica intuitiva e amigável*, com sessões curtas, recompensas virtuais e progressão contínua e que, ademais, permite a troca dos *pokémons* capturados – como se fossem figurinhas repetidas – e, enfim, (v) *micropagamentos* opcionais que se de um lado não apelam ao modelo pagar para vencer,[31] de outro demonstram que a *gratuidade* apontada nada tem de altruísta.

Enquanto jogo de realidade aumentada, começa logo ao ser instalado. Automaticamente, são solicitadas do jogador permissões de mídia e de arquivos do dispositivo e, uma vez feitos o cadastro e o *login*, o usuário cede ao aplicativo acesso total à conta do *Gmail*, autorização que inclui acesso aos *e-mails*, às fotos e à rede de contatos,[32] cessão de legalidade duvidosa à luz do Direito brasileiro.

O funcionamento do jogo, a seu turno, explora especialmente a vulnerabilidade dos usuários, como dito, composto majoritariamente da comunidade infantojuvenil: enquanto elas caçam amigáveis bichinhos, o mercado captura seus dados.

As informações coletadas por meio do *Pokémon Go* são: (i) informações de conta, tais como endereço de *e-mail* e configurações de privacidade do *Google*, *Facebook* ou *Pokémon*; (ii) informações de jogo, como nome de usuário e país onde reside; (iii) informações pelo uso de

---

30 GOGONI, Ronaldo. Pokémon Go preocupa pais e entidades de proteção à infância. *Meio Bit*, 2023. Disponível em: https://meiobit.com/460668/pokemon-go-live-acesso-parque-publico-sem-pagar. Acesso em: 24 fev. 2023.

31 FLORES-FLORES, Adán Jacinto; ÁLVAREZ-HERRERA, Martiza. Pokémon Go y sus factores de éxito: diseño de un modelo teórico. *Estudios Gerenciales*, Cali, ano 3, n. 152, p. 325, 2019. Destaque-se, com os autores, que os pagamentos demandados não quebram o balanço do jogo, são atrativos para os usuários na medida em que poderão revisitar as *Poképaradas* quantas vezes queiram sem que tenham que pagar por isso. Basta que tenham paciência para esperar cinco minutos antes de recomeçar a caçada.

32 BENVENUTI, Patrícia. A CIA pode usar o jogo Pokémon Go para monitorar cidadãos comuns? *UOL*, 28 jul. 2016. Disponível em: https://operamundi.uol.com.br/politica-e-economia/44804/a-cia-pode-usar-o-jogo-pokemon-go-para-monitorar-cidadaos-comuns. Acesso em: 25. jul. 2023.

cookies e *web beacons*; (iv) informações relativas ao uso dos serviços, que permite identificar, por exemplo, endereço de IP, tipo de navegador, sistema operacional, páginas visitadas antes de acessar o *Pokémon Go*, termos de busca e tempo de gasto em páginas relativas ao próprio sistema do jogo; (v) informações operacionais enviadas pelo dispositivo; e (vi) informações de localização, ou seja, a exemplo do que já acontece com aplicativos como o *Waze* e o próprio *Google*, o jogo faz que se tenha acesso à informação de onde o usuário se encontra, o que, aliás, se autoriza desde a instalação.[33]

Ao recorrer à realidade aumentada, a arquitetura do jogo permite sobrepor cenários virtuais e ambientes reais. A busca, a captura e o treinamento dos *pokémons* espalhados pelo mundo combina bastante bem ambos os espaços.[34] Em verdade, as criaturas *aparecem* na tela do *smartphone* como se estivessem presentes no mundo fenomênico, por exemplo, no quintal de alguém que não tenha ideia sobre a existência do jogo, em uma rua aleatória em uma cidade qualquer, um parque, uma pizzaria, uma farmácia,[35] como sugere a Figura 1.

Figura 1 – Imagem ilustrativa: utilização do *game*.

Fonte: Oficina da Net.

Nada disso parece, entretanto, ser aleatório. No que toca, pontualmente, aos locais habitados pelos *pokémons*, a fenomenologia sugere haver aí mais uma fonte potencial de renda e (ou) um mecanismo de

[33] REQUIÃO, Maurício. Política de privacidade no Pokémon Go: é ele que captura você! *Conjur*, 2016. Disponível em: www.conjur.com.br/2016-ago-08/direito-civil-autal-politica-privacidade-pokemon-go-ele-captura-voce. Acesso em: 5 jun. 2022.

[34] FLORES-FLORES; ÁLVAREZ-HERRERA. *Op. cit.*, p. 322.

[35] ZUBOFF. *Op. cit.*, p. 375.

modulação de comportamentos:[36] a franquia de *fast food* do McDonald's, por exemplo, usou o *Pokémon Go* para atrair clientes até seus restaurantes transformando-os em *Poképaradas* ou *Pokémon Gyms*. Paralelamente, mais de 7 mil estabelecimentos do *Starbucks* foram convertidos em espaços virtuais apenas nos Estados Unidos, incluindo o *Pokémon Go Frappuccino* em seu cardápio. Isso é possível graças ao sistema de geolocalização usado pelo *software*, que indica ao usuário onde poderá encontrar as amáveis criaturas virtuais que caça, bem como a distância a ser percorrida para tentar capturá-las.[37]

Hodiernamente, jogadores habilidosos o suficiente para levar seus *pokémons* a níveis bastante avançados também têm essa prerrogativa, técnica que revela bem conhecer os mecanismos de biopoder. Em tal contexto, chegando ao nível quarenta, poderão sugerir *Poképaradas* ou *Pokémon Gyms*, faculdades que, como antedito, permitem identificar o elevado *status* do usuário.

É preciso esclarecer, ainda, que, ao capturar o *pokémon*, o jogador é recompensado com doces usados para alimentar os bichinhos, que, por sua vez, são utilizados para promover seu *upgrade* e, ainda, com poeira estelar, usados para combater outros jogadores. A aquisição de pontos de experiência revela-se, como em tantos outros jogos eletrônicos, sob a forma de espiral com potencial poder viciante. Ao alcançarem o nível cinco, por exemplo, os jogadores podem se unir a uma equipe e realizar batalhas em locais chamados *gyms*.[38]

Nessas batalhas, os prêmios são moedas virtuais que servem para comprar itens que retroalimentam o jogo, os quais também poderão ser comprados com moeda corrente, salvo melhor juízo, mediante o uso de cartões de crédito ou débito.

As referidas estratégias devem ser identificadas como mecanismos de reforço e recompensa,[39] que atuam mediante a liberação de dopamina, hormônio responsável pela sensação de prazer.[40] Elas exponenciam, em algumas situações pontuais que não podem ser

---

36 OERLE KAUTZMANN, Renata. Deleuze e os game studies: primeiras reflexões. *In*: CATALAN, Marcos (Org.). *Direito e consumo*: discussões contemporâneas. Londrina: Thoth, 2023. No prelo.

37 FLORES-FLORES; ÁLVAREZ-HERRERA. *Op. cit.*, p. 322, 325.

38 ZUBOFF. *Op. cit.*, p. 375.

39 GUILABERT VIDAL. *Op. cit.*, p. 89.

40 CATALAN, Marcos; PITOL, Yasmine Uequed. Primeiras linhas acerca do tratamento jurídico do assédio de consumo no Brasil. *Revista Portuguesa de Direito do Consumo*, Curitiba, v. 87, p. 107-130, 2016.

desprezadas face à normatividade que emana do *princípio da inocência*, o risco de adição, além de atuarem em uma preocupante espiral que exige doses cada vez maiores. Em paralelo, não se pode ignorar que os micropagamentos são uma ferramenta deveras sofisticada para alcançar o lucro, embora se deva questionar tanto seu uso em jogos que atraem primordialmente crianças e adolescentes, consoante outrora aventado, como o fato de servirem à sociedade de consumo, mediante a modulação de comportamentos notoriamente sonhados pelo mercado: para que o esforço quando se pode comprar o que se deseja?[41]

É preciso atentar, também, ao menos conforme a arquitetura originalmente projetada, que a caçada de *pokémons* pressupunha fazer fotografias e conceder permissões, no jogo, para que os referidos arquivos sejam salvos[42] em um banco de dados de titularidade da *Niantic*, prática que, por ocasião da redação deste texto, parece ter se tornado facultativa.

No mais, mesmo ciente de que o jogo estimula a socialização,[43] auxilia no combate ao déficit de atenção[44] e, ainda, induz o convívio familiar e a prática de exercícios físicos[45] – comportamentos que poderiam

---

[41] BARBER. *Op. cit.*

[42] SCOLA, Álvaro. Como utilizar o modo de fotografia do Pokémon GO, 2019. Disponível em: https://olhardigital.com.br/2019/02/21/dicas-e-tutoriais/como-utilizar-o-modo-de-fotografia-do-pokemon-go. Acesso em: 25 jul. 2023.

[43] INGE WANG, Alf; SKJERVOLD, Audun. Health and social impacts of playing Pokémon Go on various player groups. *Entertainment Computing*, v. 39, p. 6, 2021. "*The sources for social activity related to the game were 47% friends, 19% family, and 34% strangers. In addition, 81% of the respondents reported they had talked to a person they otherwise would not have talked to because of the game, and 31% said they had made new friends by playing the game. Further, the results showed that Pokémon Go improved existing relationships with friends (38% of the respondents), family (17% of the respondents), and the significant other (19% of the respondents). Comments made included playing the game for playing it together with their children, and that Pokémon Go was a great way of finding new friends or hanging out with existing friends and family at Pokéstops or gyms.*" Ver, ainda, VELLA, Kellie; *et al.* A sense of belonging: Pokémon GO and social connectedness. *Games and Culture*, v. 14, n. 6, p. 600, 2019. "*PGO, as a successful AR game, provides indications of how to motivate social connectedness through play in the real world and what form it might take. Specifically, players experienced a sense of belonging, the novelty of commencing conversations with strangers, and strengthened ties with family and friends. This was due to the use of readily accessible technology, enabling players to easily integrate PGO into their everyday lives, as well as their shared passion for the game, and game mechanics that required players to play outside.*"

[44] TATENO, Masaru; *et al.* New game software (Pokémon Go) may help youth with severe social withdrawal, hikikomori. *Psychiatry Research*, v. 246, p. 848-849, 2016.

[45] KOGAN, Lori; *et al.* A pilot investigation of the physical and psychological benefits of playing Pokémon Go for dog owners. *Computers in Human Behavior*, v. 76, p. 431-437, 2017; GRAELLS-GARRIDO, Eduardo; FERRES, Leo; BRAVO, Loreto. The effect of Pokémon Go on the pulse of the city: a natural experiment. *EPJ Data Science*, Nova York, v. 6, p. 1-19, 2017.

ser explorados por meio de políticas públicas[46] –, a preocupação central desta pesquisa consiste em mapear práticas situadas além dos umbrais do interesse superior das crianças, adolescentes e, por que não, dos jovens usuários.

A exposição de dados – o que inclui dados sensíveis – afeta a rotina do *Pokémon Go* e é algo latente. Enquanto os jogadores caçam, suas informações são compartilhadas por meio do uso de geolocalizadores[47] e, eventualmente, das câmeras dos *smartphones*[48] que usam. O signo *eventualmente* foi intencionalmente grafado, pois a pesquisa revelou que as configurações mais recentes do jogo da *Niantic* são menos agressivas que as que foram originalmente projetadas quando se pensa, pontualmente, a captura de imagens do entorno do jogo.

Ademais, qualquer observação primária acerca de como a *Play Store* oferece o *Pokémon Go* permite identificar que este tem classificação livre, fato que, por si só, não seria problema. Uma primeira questão a ser explorada está cravada na exigência de criação de um perfil no *Facebook* ou no *Google* e diz respeito à aparente ausência de controle sobre a veracidade das informações prestadas especialmente por crianças e entre as quais pode ser listada a concernente à própria idade. Eis que há limites etários impostos por ambas as *big techs* para acesso aos seus serviços.

De outra banda, ululam o descaso com a proteção de dados pessoais e a correlata violação, em tese, da Lei Geral de Proteção de Dados afeta ao desprezo ao comando que dita que "os controladores não deverão condicionar a participação" de crianças e adolescentes "em jogos, aplicações de internet ou outras atividades ao fornecimento de informações pessoais além das estritamente necessárias à atividade".[49]

---

[46] VELLA. *Op. cit.* "*Finding that shared passion was at times due to a nostalgic connection to the franchise suggests the value of other fields' collaboration with the games industry, as associations with established game franchises and narratives could be used to motivate the mass adoption of other information or behaviors, such as in a public health intervention.*"

[47] POKÉMON Go preocupa pais e entidades de proteção à infância. *Exame*, 31 jul. 2016. Disponível em: https://exame.com/tecnologia/pokemon-go-preocupa-pais-e-entidades-de-protecao-a-infancia. Acesso em: 25 jul. 2023.

[48] BIDDLE, Sam. CEO de Pokémon Go já era mestre em capturar seus dados muito antes do jogo. *Intercept Brasil*, 9 ago. 2016. Disponível em: www.intercept.com.br/2016/08/09/ceo-de-pokemon-go-ja-era-mestre-em-capturar-seus-dados-muito-antes-do-jogo. Acesso em: 25 jul. 2023.

[49] BRASIL. *Lei nº 13.709, de 14 de agosto de 2018*. Lei Geral de Proteção de Dados Pessoais (LGPD).
"Art. 14. O tratamento de dados pessoais de crianças e de adolescentes deverá ser realizado em seu melhor interesse, nos termos deste artigo e da legislação pertinente.

A situação é agravada pela gratuidade *pseudoimanente* ao jogo, exponenciando, parece factível supor, o risco de exposição de dados pessoais dos usuários, bem como de terceiros que venham, porventura, a ser capturados pelas câmeras postas em movimento, pois, mesmo que hodiernamente essa seja uma faculdade, isso pode vir a acontecer.

Explicite-se, outrossim, que o recurso proposital ao signo *pseudoimanente* justifica-se tanto por conta da função atribuída pelos arquitetos do *software* aos micropagamentos[50] (ver Figura 2) como pela modulação de comportamentos sutilmente promovida.[51]

---

§1º O tratamento de dados pessoais de crianças deverá ser realizado com o consentimento específico e em destaque dado por pelo menos um dos pais ou pelo responsável legal.
§2º No tratamento de dados de que trata o §1º deste artigo, os controladores deverão manter pública a informação sobre os tipos de dados coletados, a forma de sua utilização e os procedimentos para o exercício dos direitos a que se refere o art. 18 desta Lei.
§3º Poderão ser coletados dados pessoais de crianças sem o consentimento a que se refere o §1º deste artigo quando a coleta for necessária para contatar os pais ou o responsável legal, utilizados uma única vez e sem armazenamento, ou para sua proteção, e em nenhum caso poderão ser repassados a terceiro sem o consentimento de que trata o §1º deste artigo.
§4º Os controladores não deverão condicionar a participação dos titulares de que trata o §1º deste artigo em jogos, aplicações de internet ou outras atividades ao fornecimento de informações pessoais além das estritamente necessárias à atividade.
§5º O controlador deve realizar todos os esforços razoáveis para verificar que o consentimento a que se refere o §1º deste artigo foi dado pelo responsável pela criança, consideradas as tecnologias disponíveis.
§6º As informações sobre o tratamento de dados referidas neste artigo deverão ser fornecidas de maneira simples, clara e acessível, consideradas as características físico-motoras, perceptivas, sensoriais, intelectuais e mentais do usuário, com uso de recursos audiovisuais quando adequado, de forma a proporcionar a informação necessária aos pais ou ao responsável legal e adequada ao entendimento da criança."

[50] GUILABERT VIDAL. *Op. cit.*, p. 93. A autora sugere que os micropagamentos são a principal fonte de renda da indústria dos videojogos.

[51] BARBER. *Op. cit.*, p. 98.

Figura 2 – *Pokécoins*: equivalente econômico em reais.

Fonte: IGN Brasil.

Antes de descerrar as cortinas que involucram estas reflexões, é preciso enfatizar os dados colhidos em algumas pesquisas realizadas, pontualmente, com os usuários do *Pokémon Go*.

A primeira, publicada pela *SimilarWeb*, dá conta de que nos Estados Unidos os jogadores gastavam, em média, 43 minutos por dia no *game*, tempo maior que o dedicado ao *WhatsApp*, *Snapchat*, *Facebook* e *Messenger*.[52] A maior preocupação concerne à constatação de que o uso excessivo da internet pode causar transtornos de ansiedade.[53]

---

52 ALVES. *Op. cit*.

53 TEIXEIRA, Ana Carolina Brochado; NERY, Maria Carla Moutinho. Vulnerabilidade digital de crianças e do adolescente: a importância da autoridade parental para uma educação

A segunda, mais ampla, sugere negligência ao sono, alimentação insuficiente e má hidratação. Ademais, alguns entrevistados afirmaram ter vivenciado situações perigosas. Além disso, 4% sofreram acidentes, alguns deles por jogarem enquanto dirigiam o carro ou a bicicleta. A maioria dos incidentes foi considerada leve (97%) e inclui colisão com placas, postes, carros estacionados, varandas e bancos baixos e, ainda, coisas chutadas.[54]

Não se podem olvidar, finalmente, relatos de jogadores expostos em áreas com elevado índice de criminalidade[55] – dado que, em países como o Brasil, é digno de preocupação – e expostos a doenças transmitidas por mosquitos[56] ou ao contágio de doenças infecciosas nas competições coletivas,[57] preocupações que merecem ser compartilhadas.

4 A provisoriedade de uma conclusão

É difícil não perceber, à luz de todo o exposto, as muitas situações nas quais a arquitetura projetada pelo *Pokémon Go* produz condutas que, quando não ultrapassam as cercanias impostas pelo direito pátrio, caminham por sobre seus umbrais. Nunca é demais lembrar que a tutelar da infância e da juventude deve prevalecer à lógica de consumo e à exploração imposta pelo sistema econômico capitalista, afirmativa lastreada na imperiosa proteção da inocência encravada no art. 227 da Constituição Federal.

A redução de exposição de crianças, adolescentes e jovens aos riscos expostos ao longo desta pesquisa é imperiosa. Atribuir-lhe densidade transita, entretanto, pelo uso de ferramentas de reconhecimento facial em favor da infância – para controlar o acesso daqueles que são pequenos demais – e, quiçá, pelo bloqueio de acesso ao jogo após o decurso do tempo[58] que a ciência demonstre não ser prejudicial a cada instante de desenvolvimento humano; o que parece

---

nas redes. *In*: EHRHARDT JÚNIOR, Marcos; LOBO, Fabiola (Orgs.). *Vulnerabilidade e sua compreensão no direito brasileiro*. Indaiatuba (SP): Foco, 2021. p. 133-147. v. 1.

54 INGE WANG; SKJERVOLD. *Op. cit.*, p. 6.

55 SERINO, Maeve; *et al*. Pokémon Go and augmented virtual reality games: a cautionary commentary for parents and pediatricians. *Current Opinion in Pediatrics*, v. 28, p. 673-677, 2016.

56 OIDTMAN, Rachel; *et al*. Pokémon Go and exposure to mosquito-borne diseases: how not to catch 'em all. *PLOS Currents*, v. 8, nov. 2016.

57 TANNEMAAT, Martijn; AZIZ, Ahmad. Creating dynamic virtual quarantines using "Pokémon Go" to limit infectious diseases spread. *Medical Hypotheses*, v. 99, p. 76-77, 2017.

58 GUILABERT VIDAL. *Op. cit.*, p. 91.

exigir a edificação de leis que cominem a observação de tais condutas, eis que é pouco crível que o mercado irá se autorregular de forma a tutelar adequadamente seres sujo comportamento busca modular.

Talvez se possa, ainda, aprender com leis carinhosamente denominadas *Cinderela*, cujos comandos flutuam ao sabor de tensões sociais de matiz e intensidade distintas no extremo leste da Ásia[59] e que, em termos gerais, se propõem a controlar o tempo de exposição às telas.

Enfim, resta patente que a tecnologia hodiernamente desenvolvida – também graças aos inexoráveis avanços no campo da inteligência artificial – revela deter a possibilidade técnica do uso de ferramentas distintas para atribuir densidade a deveres afetos à segurança e à proteção dos usuários – o que inclui a proteção de dados pessoais e ferramentas que talvez tornassem as rotinas do jogo menos agradáveis. Sinais sonoros emitidos a partir do mapeamento do entorno no qual o jogo é vivenciado e, como apontado, o bloqueio automático do jogo estão entre elas.

Referências

ALVES, Paulo. E a febre continua: Pokémon Go já é mais usado que Netflix, Twitter e Spotify. *Tudocelular.com*, 14 jul. 2016. Disponível em: www.tudocelular.com/android/noticias/n74915/Pokemon-Go-mais-usado-que-netflix-spotify.html. Acesso em: 25 jul. 2023.

[59] MALO, Eduardo. China controla y reduce el tiempo de juego de los niños. *MC*, 31 ago. 2021. Disponível em: www.muycomputer.com/2021/08/31/china-controla-tiempo-juego-ninos. Acesso em: 17 fev. 2023. *"Las plataformas como Tencent [...] sólo podrán ofrecer juegos a los niños menores de 18 años entre las 08:00 y las 21:00 los viernes, fines de semana y días festivos. Se trata así de una reducción muy significativa frente a la ya restrictiva regla anterior, que limitaba el acceso a 1,5 horas por día, en vigor desde 2019"*; UNA ley antigamers: la ley de la "Cenicienta" se despide de Corea del Sur. *SPORT*, 26 ago. 2021. Disponível em: www.sport.es/es/noticias/tecnologia/ley-antigamers-ley-cenicienta-despide-12018936. Acesso em: 17 fev. 2023. *"Los jugadores menores de 16 años en Corea del Sur tienen un motivo para celebrar hoy: el país planea poner fin a su ley de cierre (también conocida como la Ley de la Cenicienta), que impedía que los jugadores menores de edad jugaran entre la medianoche y las seis de la mañana, al menos así lo ha confirmado el medio norteamericano Engadget. Cuando se introdujo en 2011, la ley estaba destinada a prevenir la adicción a los juegos. Al menos permitía que los jóvenes tuvieran un margen de seis horas para dormir un poco. El Ministerio de Cultura, Deportes y Turismo de Corea del Sur, así como el Ministerio de Igualdad de Género y Familia, dicen que están poniendo fin a la ley para respetar los derechos de los niños y fomentar la educación en el hogar. El país tiene como objetivo derogar la ley antes de fin de año cuando revise su Ley de Protección de la Juventud. Sin embargo, la noticia no significa que los jugadores menores de edad estarán completamente libres de responsabilidades. En cambio, el juego excesivo será administrado por el sistema de "permisos de elección" del país, que permite a los padres y tutores programar horarios de juego aprobados. Aun así, eso suena más permisivo que el toque de queda de juegos de China, que prohíbe a los jugadores menores de 18 jugar entre las 10 p.m. y las 8 a.m. Además, están limitados a 90 minutos de tiempo de juego durante la semana y a tres horas los fines de semana y festivos."*

AMATO, Claudio; CATALAN, Marcos. Novos itinerários da contratação informática: do contrato inteligente ao contrato algorítmico. *Civilistica.com*, Rio de Janeiro, v. 11, p. 1-37, 2022.

ARIÈS, Philippe. *História social da criança e da família*. Rio de Janeiro: Guanabara, 1981.

BARANOWSKI, Tom; LYONS, Elizabeth. Scoping review of Pokémon Go: comprehensive assessment of augmented reality for physical activity change. *Games for Health Journal*, v. 9, n. 2, p. 71-84, 2020.

BARBER, Benjamin. *Consumido*: como o mercado corrompe crianças, infantiliza adultos e engole cidadãos. Trad. Bruno Casotti. Rio de Janeiro: Record, 2009.

BENVENUTI, Patrícia. A CIA pode usar o jogo Pokémon Go para monitorar cidadãos comuns? *UOL*, 28 jul. 2016. Disponível em: https://operamundi.uol.com.br/politica-e-economia/44804/a-cia-pode-usar-o-jogo-pokemon-go-para-monitorar-cidadaos-comuns. Acesso em: 25. jul. 2023.

BIDDLE, Sam. CEO de Pokémon Go já era mestre em capturar seus dados muito antes do jogo. *Intercept Brasil*, 9 ago. 2016. Disponível em: www.intercept.com.br/2016/08/09/ceo-de-pokemon-go-ja-era-mestre-em-capturar-seus-dados-muito-antes-do-jogo. Acesso em: 25 jul. 2023.

CAMATTA, Bianca. Uso problemático de videogames entre jovens do Brasil é maior que a média de outros países. *Jornal da USP*, 18 jul. 2022. Disponível em: https://jornal.usp.br/ciencias/uso-problematico-de-video-games-entre-jovens-do-brasil-e-maior-que-a-media-de-outros-paises. Acesso em: 14 fev. 2023.

CAPITALISMO DE VIGILÂNCIA. [*S. l.*: *s. n.*], 2019. 1 vídeo (50 min). Publicado pelo canal VPRO Documentário. Disponível em: www.youtube.com/watch?v=hIXhnWUmMvw. Acesso em: 25 jul. 2023.

CATALAN, Marcos. *A morte da culpa na responsabilidade contratual*. Indaiatuba (SP): Foco, 2019.

CATALAN, Marcos. Inteligências artificialmente moldadas e a necessária proteção do consumidor no direito brasileiro: singelas rubricas inspiradas em Janus. *Revista Iberoamericana de Derecho Privado*, Buenos Aires, v. 15, 2022.

CATALAN, Marcos; PITOL, Yasmine Uequed. Primeiras linhas acerca do tratamento jurídico do assédio de consumo no Brasil. *Revista Portuguesa de Direito do Consumo*, Curitiba, v. 87, p. 107-130, 2016.

CHICHARRO MERAYO, Mar. Jóvenes, ficción televisiva y videojuegos: espectáculo, tensión y entretenimiento. Tendencias generales de consumo. *Revista de Estudios de Juventud*, Madri, n. 106, p. 77-91, 2014.

DE LAS HERAS BALLELL, Teresa Rodríguez. La contratación en plataformas electrónicas en el marco de la estrategia para un mercado único digital en la Unión Europea. *In*: CASTAÑOS CASTRO, Paula; CASTILLO PARRILLA, José Antonio (Dir.). *El mercado digital en la Unión Europea*. Madrid: Reus, 2019.

ESPANHA. Observatorio Español de las Drogas y las Adicciones (OEDA). *Informe sobre adicciones comportamentales 2020*: juego con dinero, uso de videojuegos y uso compulsivo de internet en las encuestas de drogas y otras adicciones en España. Madrid: Ministerio de Sanidad, 2021. Disponível em: https://pnsd.sanidad.gob.es/profesionales/sistemasInformacion/sistemaInformacion/pdf/2020_Informe_adicciones_comportamentales.pdf. Acesso em: 25 jul. 2023.

ESTÉVEZ, Ana; JÁUREGUI, Paula; AURREKOETXEA-CASAUS, Maite. Perfiles de personas jugadoras de videojuegos y coocurrencia de abuso de videojuegos, trastorno de juego y consumo de sustancias: análisis por tipo de videojuegos. *Revista Española de Drogodependencias*, v. 45, n. 4, p. 14-28, 2020.

FLORES-FLORES, Adán Jacinto; ÁLVAREZ-HERRERA, Martiza. Pokémon Go y sus factores de éxito: diseño de un modelo teórico. *Estudios Gerenciales*, Cali, ano 3, n. 152, p. 321-330, 2019.

GOGONI, Ronaldo. Pokémon Go preocupa pais e entidades de proteção à infância. *Meio Bit*, 2023. Disponível em: https://meiobit.com/460668/pokemon-go-live-acesso-parque-publico-sem-pagar. Acesso em: 24 fev. 2023.

GRAELLS-GARRIDO, Eduardo; FERRES, Leo; BRAVO, Loreto. The effect of Pokémon Go on the pulse of the city: a natural experiment. *EPJ Data Science*, Nova York, v. 6, p. 1-19, 2017.

GUILABERT VIDAL, María Remedios. Menores y videojuegos: protección jurídica actual y responsabilidad civil frente a las conductas aditivas. *Revista de Derecho Privado*, Zaragoza, n. 2, p. 85-118, mar./abr. 2021.

HAROLD GERMÁN, Rodríguez Celis; SANDOVAL ESCOBAR, Marithza. Consumo de videojuegos y juegos para computador: influencias sobre la atención, memoria, rendimiento académico y problemas de conducta. *Suma Psicológica*, Bogotá, v. 18. n. 2, p. 99-110, 2011.

INGE WANG, Alf; SKJERVOLD, Audun. Health and social impacts of playing Pokémon Go on various player groups. *Entertainment Computing*, v. 39, p. 1-12, 2021.

KOGAN, Lori; *et al.* A pilot investigation of the physical and psychological benefits of playing Pokémon Go for dog owners. *Computers in Human Behavior*, v. 76, p. 431-437, 2017.

LA adicción a los videojuegos es ahora una enfermedad mental. *DW*, 15 fev. 2022. Disponível em: www.dw.com/es/la-oms-clasifica-la-adicci%C3%B3n-a-los-videojuegos-como-una-enfermedad-mental/a-60787737. Acesso em: 13 fev. 2023.

LANIER, Jaron. *Dez argumentos para você deletar agora suas redes sociais*. Trad. Bruno Casotti. Rio de Janeiro: Intrínseca, 2018.

MALO, Eduardo. China controla y reduce el tiempo de juego de los niños. *MC*, 31 ago. 2021. Disponível em: www.muycomputer.com/2021/08/31/china-controla-tiempo-juego-ninos. Acesso em: 17 fev. 2023.

OERLE KAUTZMANN, Renata. Deleuze e os game studies: primeiras reflexões. *In*: CATALAN, Marcos (Org.). *Direito e consumo*: discussões contemporâneas. Londrina: Thoth, 2023.

OIDTMAN, Rachel; *et al.* Pokémon Go and exposure to mosquito-borne diseases: how not to catch 'em all. *PLOS Currents*, v. 8, nov. 2016.

POKÉMON Go preocupa pais e entidades de proteção à infância. *Exame*, 31 jul. 2016. Disponível em: https://exame.com/tecnologia/pokemon-go-preocupa-pais-e-entidades-de-protecao-a-infancia. Acesso em: 25 jul. 2023.

QUAIS são os números relativos aos jogadores de vídeo game? Quantas pessoas jogam? Quem são os "gamers"? *WePlay Esports*, 201?. Disponível em: https://weplayholding.com/pt-br/blog/quantas-pessoas-jogam-video-game-no-mundo-quem-sao-os-gamers/#:~:text=Isso%20significa%20que%2C%20ao%20redor,apenas%22%202%2C5%20bilh%C3%B5es. Acesso em: 13 fev. 2023.

REQUIÃO, Maurício. Política de privacidade no Pokémon Go: é ele que captura você! *Conjur*, 2016. Disponível em: www.conjur.com.br/2016-ago-08/direito-civil-autal-politica-privacidade-pokemon-go-ele-captura-voce. Acesso em: 5 jun. 2022.

SANS, Danilo. Adolescencia y consumo de videojuegos: una revisión narrativa del estado del arte. *Anuario de Investigaciones*, Buenos Aires, v. 26, p. 171-181, 2019.

SCOLA, Álvaro. Como utilizar o modo de fotografia do Pokémon GO, 2019. Disponível em: https://olhardigital.com.br/2019/02/21/dicas-e-tutoriais/como-utilizar-o-modo-de-fotografia-do-pokemon-go. Acesso em: 25 jul. 2023.

SERINO, Maeve; *et al*. Pokémon Go and augmented virtual reality games: a cautionary commentary for parents and pediatricians. *Current Opinion in Pediatrics*, v. 28, p. 673-677, 2016.

SODRÉ, Raquel. Pokémon Go expõe invasão de privacidade por aplicativos. *O Tempo*, 9 ago. 2016. Disponível em: www.otempo.com.br/interessa/pokemon-go-expoe-invasao-de-privacidade-por-aplicativos-1.1352100. Acesso em: 25 jul. 2023.

TANNEMAAT, Martijn; AZIZ, Ahmad. Creating dynamic virtual quarantines using "Pokémon Go" to limit infectious diseases spread. *Medical Hypotheses*, v. 99, p. 76-77, 2017.

TATENO, Masaru; *et al*. New game software (Pokémon Go) may help youth with severe social withdrawal, hikikomori. *Psychiatry Research*, v. 246, p. 848-849, 2016.

TEIXEIRA, Ana Carolina Brochado; NERY, Maria Carla Moutinho. Vulnerabilidade digital de crianças e do adolescente: a importância da autoridade parental para uma educação nas redes. *In*: EHRHARDT JÚNIOR, Marcos; LOBO, Fabiola (Orgs.). *Vulnerabilidade e sua compreensão no direito brasileiro*. Indaiatuba (SP): Foco, 2021. v. 1.

UNA ley antigamers: la ley de la "Cenicienta" se despide de Corea del Sur. *SPORT*, 26 ago. 2021. Disponível em: www.sport.es/es/noticias/tecnologia/ley-antigamers-ley-cenicienta-despide-12018936. Acesso em: 17 fev. 2023.

VAZ, Marcela. Como fazer um e-mail: escolha o melhor serviço gratuito. *Techtudo*, 23 set. 2022. Disponível em: www.techtudo.com.br/noticias/2013/11/como-fazer-um-e-mail-escolha-o-melhor-servico-gratuito-para-mensagens.ghtml. Acesso em: 25 jul. 2023.

VELLA, Kellie; *et al*. A sense of belonging: Pokémon GO and social connectedness. *Games and Culture*, v. 14, n. 6, p. 583-603, 2019.

ZUBOFF, Shoshana. *A era do capitalismo de vigilância*: a luta por um futuro humano na nova fronteira do poder. São Paulo: Intrínseca, 2021.

Informação bibliográfica deste texto, conforme a NBR 6023:2018 da Associação Brasileira de Normas Técnicas (ABNT):

SILVA, Fernanda Melo; CATALAN, Marcos. Entre jogos virtuais e a necessária tutela da infância: um estudo sobre o *Pokémon Go*. *In*: EHRHARDT JÚNIOR, Marcos; CATALAN, Marcos; NUNES, Cláudia Ribeiro Pereira (Coord.). *Inteligência artificial e relações privadas*: relações existenciais e a proteção da pessoa humana. Belo Horizonte: Fórum, 2023. v. 2. p. 241-260. ISBN 978-65-5518-577-5.

A VIOLÊNCIA SEXUAL DE CRIANÇAS E ADOLESCENTES POR MEIO DA INTELIGÊNCIA ARTIFICIAL: UMA ABORDAGEM A PARTIR DA PERSONAGEM KARINA, DA NOVELA *TRAVESSIA*

ACÁCIA GARDÊNIA SANTOS LELIS

TATIANE GONÇALVES MIRANDA GOLDHAR

1 Introdução

O presente artigo objetiva analisar a prática da violência sexual contra crianças e adolescentes por meio das redes sociais, a partir da trama da novela *Travessia*, escrita por Glória Perez e exibida pela Rede Globo.

A história da personagem Karina (interpretada pela atriz Danielle Olímpia) é narrada na novela quando ela interage com um pedófilo que se passa por atriz utilizando-se da inteligência artificial e é por ele sugestionada a posar para fotos e vídeos sem roupas. Ao final, é por ele chantageada a expor o corpo, o que tipifica a prática do estupro virtual.

A teledramaturgia trazida pela escritora Glória Perez, no horário nobre da Rede Globo, de forma pioneira aborda a ciberpedofilia vivenciada por uma adolescente e as consequências dramáticas daí decorrentes. Crianças e adolescentes estão cada vez mais cedo tendo acesso à área digital e, em face disso, estão frequentemente mais vulneráveis aos riscos que esse espaço pode oferecer.

A Inteligência artificial (IA) tem oportunizado que criminosos se utilizem de ferramentas, a exemplo da *deepfake*,[1] para o cometimento de vários tipos de violência contra crianças e adolescentes e, no caso da trama a ser abordada no presente trabalho, a violência sexual, situação muitas vezes ignorada e desconhecida pelos pais e responsáveis.

Em razão disso, a abordagem do tema mostra-se cada vez mais necessária, pois oportuniza dar visibilidade jurídica ao problema, face às inovações tecnológicas que permitem a prática de crimes ainda não albergados pelo Direito Penal, entendendo que o ordenamento jurídico e a rede de proteção voltada a esse público se mostram insuficientes para responsabilizar os criminosos e assegurar proteção integral a crianças e adolescentes.

Diante de todo esse enredo, o trabalho analisa a importância da abordagem do tema pela teledramaturgia como mecanismo de enfrentamento à violência sexual contra crianças e adolescentes no mundo digital e virtual contemporâneo, à luz dos princípios da proteção integral esculpidos na Constituição Federal e no Estatuto da Criança e do Adolescente (ECA).

2 A violência sexual e psicológica sofrida por Karina, em *Travessia*

Inicialmente, vale destacar a importância de se analisar o Direito por meio da arte. No dizer de Chaves e Arnaud Neto (2016, p. 1.062), há uma verdadeira simbiose entre o Direito e Arte, ao afirmarem que:

> A interseção entre Direito, Arte e Cultura pode se revelar das mais diversas formas. O estudo integrado de formações socioculturais fundamentais como direito, filosofia, sociologia, psicologia, psicanálise, cinema, literatura, pintura, música e manifestações artísticas em geral, é um campo pautado pela interdisciplinaridade, em franca e vertiginosa ascensão.

Os autores defendem a ideia da interseção entre Direito, Arte e Cultura, que se mostram, na atualidade, em franca ascensão, visto que são tidos como ramificação mais recente de gêneros acadêmicos interdisciplinares. Ressaltam, por fim, que os diálogos e as influências recíprocas entre Direito e Arte podem ser exploradas em vários níveis.

---

[1] *Deepfake* usa inteligência artificial para trocar o rosto de pessoas em vídeos e sincronizar movimentos labiais, expressões e demais detalhes.

Esse novo ramo do Direito tem ganhado adeptos, quando a comunidade acadêmica se volta a interpretar o Direito por meio de expressões da música, contos, poesias, filmes, entre outros, que retratam os acontecimentos e valores atuais da sociedade, o que permite compreender melhor o fenômeno social por meio de outros saberes, resultando em uma análise a partir de múltiplas perspectivas.

Nessa tendência de análise interdisciplinar, buscar-se-á compreender uma nova modalidade de violência sexual perpetrada contra crianças e adolescentes, trazida na novela de Glória Perez, por ser um meio de cultura popular de vasto alcance social e caráter pedagógico. É por meio dessa abordagem televisiva ampla que as pessoas passam a entender melhor seus direitos e as condutas necessárias para inibir violações e abusos dessa natureza.

Há que se destacar que a novela aborda várias temáticas relacionadas ao uso das tecnologias digitais, entre eles a criação de um "*shopping* metaverso", a precarização do trabalho em razão da automatização, além da abordagem do uso do *deepfake*, o qual tornou a protagonista da novela uma sequestradora de bebês, além da dependência digital de um adolescente, assuntos inerentes a muitas famílias na atualidade.

Ainda que a novela apresente questões jurídicas questionáveis – em especial no que se refere às questões éticas de advogados que patrocinam as causas e não guardam o sigilo das causas que patrocinam e das decisões judiciais no âmbito do Direito de Família, como, por exemplo, desconstituir sumariamente a maternidade, sem observância do contraditório e da ampla defesa, contrário às normas processuais e materiais e em sentido oposto as recentes decisões dos tribunais –, é premente aproveitar a abordagem televisiva da problemática para compreender que os direitos das crianças e dos adolescentes no mundo virtual ainda estão aquém da proteção jurídica merecida à luz de todas as conquistas que o sistema jurídico logrou materializar em seus mais variados dispositivos e estatutos.

Nesse aspecto do tratamento da questão jurídica dos profissionais envolvidos, a novela se revela como desserviço à sociedade por apresentar informações equivocadas e inconsistentes, alijadas das normas e dos princípios processuais que garantem um acesso justo à defesa processual. Por outro lado, não há que se negar a importância da novela por alertar a população dos riscos do mau uso da inteligência artificial, em especial o que será abordado no presente trabalho.

Ressalta-se que o presente estudo não tem qualquer pretensão de desprestigiar a inteligência artificial; ao contrário, evidencia-se sua importância, porém se entende a necessidade de evidenciar o lado negativo inerente aos avanços tecnológicos que, obviamente, não existe *per se*, mas é produto do uso indevido ou do abuso por parte do ser humano na relação com o outro.

O enredo da adolescente Karina, na trama de *Travessia* – que se mostrava, no início da novela, uma menina alegre, divertida, amiga, boa filha –, provoca no telespectador empatia em razão de seu sofrimento. A adolescente é vítima de um pedófilo, interpretado por Cláudio Tovar, que, por meio do uso de *deepfake* ao vivo, se passa por uma atriz, Bruna Schuler (Giullia Buscacio), e conversa com Karina.

Fonte: Globo.com.

Ao acreditar que conversa com a atriz, a qual se diz sua amiga e que quer ajudá-la a se preparar para fazer um teste para um filme, Karina é induzida a fazer fotos e vídeos com poucas roupas, como desculpa para pedir à menina que tire as roupas, "avaliando" suas medidas, conforme se vê a seguir:

Fonte: Globo.com.

Depois que conseguiu vídeos e fotos da menina com roupas íntimas, o pedófilo se revela e começa a fazer chantagem com Karina, ameaçando espalhar para os colegas e professores as fotos que já possui dela, caso não continue a se despir para ele por meio de videochamadas. A menina, desesperada, começa a ceder às chantagens e faz tudo que ele manda, gravando-se ao se despir, para satisfação da lascívia do pedófilo.

A menina demonstra grande sofrimento, deprimida, e não conta nada para a família e os amigos, ficando reclusa em seu quarto. Muda completamente o comportamento, não quer mais se divertir e chora a todo o tempo. Começa a usar roupas com mangas longas para esconder as marcas da automutilação, e seus familiares não entendem a mudança de comportamento abrupta.

O sofrimento de Karina é comovente, estando à mercê de um pedófilo, não pede ajuda a ninguém e se sente infeliz e impotente diante do agressor. Há um abalo emocional, psicológico, uma violência de proporção devastadora, com danos irreparáveis e irreversíveis.

Fonte: Globo.com.

As cenas da atriz na novela são comoventes, em especial a acima retratada, em que a menina chora copiosamente nos braços da mãe, que não sabe o que causa tanto sofrimento à filha. Segundo o *site* da Rede Globo, as cenas provocaram reação do público, que tem se manifestado nas redes sociais. Uma internauta postou em suas redes sociais: "que aflição essa cena de Karina com mãe.... toda essa abordagem tem sido forte mas necessária, causa um incômodo mas um alerta também. Danielle Olímpia e Flávia Reis dera show #Travessia" (*sic*) (GSHOW. COM, 2023).

Entre tantos outros comentários elogiando o trabalho das atrizes, são ressaltados, ainda, o sofrimento da adolescente e a importância do alerta sobre esse grande risco atual e iminente oferecido pelas redes sociais. O destino da menina na trama ainda é desconhecido, mas fatalmente ela ainda irá sofrer muito até que o pedófilo seja preso.

Infelizmente essa é uma realidade presente, e a novela exerce uma função importante, que é a de alertar famílias e toda a sociedade sobre o problema para que se possam adotar medidas preventivas e educativas do uso das tecnologias.

3 A violência sexual no contexto da inteligência artificial e a configuração do estupro virtual

O fenômeno da violência contra crianças e adolescentes, no dizer de Esber (2009), está conectado a práticas sócio-historicamente constituídas em relação a crianças, adolescentes e mulheres. A questão cultural, como se verá a seguir, decorre de que esse tipo de violência provém de uma cultura machista, em que a mulher é vista como objeto de satisfação do desejo do homem e lhe serve como diversão sexual.

A violência sexual de crianças e adolescentes abordada na novela *Travessia* consiste em uma das formas de violência mais graves do mundo atual, que ocorre de diversas formas e também no espaço virtual. Esse tipo de violência atinge a integridade física, moral e psicológica da vítima. Para Martins (2010, p. 52),

> A violência sexual é uma das mais graves manifestações de violência de gênero, é um crime universal, clandestino e subnotificado, praticado contra a liberdade sexual de uma pessoa. Pode ser definido como um ato sexual não consentido que ocorre com ou sem penetração genital, oral ou anal, por parte do agressor. De todas as formas de violência contra a mulher, crianças e adolescentes, a violência sexual é uma das mais frequentes.

A internet, conforme afirma Fortes (2015), é um campo de atuação dos pedófilos ou pedossexuais. A pedofilia, na perspectiva da psicologia jurídica trazida por Trindade (2014, p. 154) é uma das parafilias, assim definida como qualquer interesse sexual maior ou igual a interesses sexuais normofílicos (DSM-5, 2014, p. 685). Nesse caso, a pedofilia é caracterizada pela predileção de adultos pela prática do ato sexual com crianças e adolescentes pré-púberes ou semipúberes. Já a Organização Internacional do Trabalho (2004) entende que:

> A ênfase da pedofilia é na assimetria de poder entre abusador e abusado (pela diferença de idade, experiência, posição social etc.) e nos danos físicos, psicológicos e sociais às vítimas, acreditando-se que estes, de algum modo, permanecem sob a forma de graves sequelas para toda a vida. O abuso pode ser por uso de força, promessas, ameaças, coação, manipulação emocional, enganos ou pressão.

Essa prática por meio da rede mundial de computadores, e segundo a ANDI (2012), conta com as seguintes modalidades:

(i) *Sexting* é uma expressão recente de abuso sexual, no qual adolescentes, jovens ou adultos usam celulares, *e-mail*, salas de bate-papo, comunicadores instantâneos e *sites* de relacionamento para enviar fotos sensuais, mensagens de texto eróticas ou convites para práticas sexuais.

(ii) *Sexcasting* consiste na troca de mensagens sexuais em serviços de conversas instantâneas.
(iii) *Sextosión* se configura a partir do *sexting*. É a prática de chantagens com fotografias ou vídeos de crianças ou adolescentes sem roupa ou em relações íntimas que foram compartilhadas por *sexting*, com fins de exploração sexual.
(iv) *Grooming* é a ação de um adulto ao se aproximar de crianças ou adolescentes via internet, por meio de *chats* ou redes sociais, com o objetivo de praticar abuso ou exploração sexual.

Destaca-se que no art. 227, §4º, da Constituição Federal, o tema da violência sexual é destacado ao estabelecer a necessidade de seu enfrentamento.

> Art. 227. É dever da família, da sociedade e do Estado assegurar à criança, ao adolescente e ao jovem, com absoluta prioridade, o direito à vida, à saúde, à alimentação, à educação, ao lazer, à profissionalização, à cultura, à dignidade, ao respeito, à liberdade e à convivência familiar e comunitária, além de colocá-los a salvo de toda forma de negligência, discriminação, exploração, violência, crueldade e opressão. (Redação dada Pela Emenda Constitucional nº 65, de 2010)
>
> (...)
>
> §4º A lei punirá severamente o abuso, a violência e a exploração sexual da criança e do adolescente.

Percebe-se, assim, que o Brasil dialoga em perfeita sintonia com a legislação internacional, materializando o compromisso assumido ao ratificar convenções internacionais de proteção à infância e, com o objetivo de efetivar essas normas, instituindo por meio de normas infraconstitucionais outros dispositivos a fim de enfrentar a violência sexual perpetrada contra crianças e adolescentes.

Na ordem infraconstitucional, a proteção legal contra esse tipo de violência é enumerada, além do ECA (com suas alterações), por meio do Código Penal Brasileiro (com suas alterações) e da Lei de Crimes Hediondos e de tortura.

No entanto, pode-se afirmar, sobre essas novas modalidades de violência sexual por meio das redes sociais, que a legislação existente para a prevenção, o combate e a responsabilização ainda é muito incipiente, pois muito ainda há que avançar. Sobre essa forma de violência aqui explanada, a ciberpedofilia, Penido (2020, p. 103) afirma que:

> Nesse sentido, a adequação da legislação é a chave transformadora para o combate à cyberpedofilia. A legislação brasileira está se adequando a essas condutas ilícitas que advêm da internet, mas não abrange ainda por completo essas condutas. A alteração do Estatuto da Criança e do Adolescente (ECA), por meio da Lei nº 11.829 (25 de novembro de 2008), preencheu algumas lacunas antes existentes e conferiu certa modernidade ao texto do ECA quanto à cyberpedofilia. Em contrapartida, os pedófilos virtuais ainda são raramente identificados e, consequentemente, não são devidamente responsabilizados por seus atos e cercados por medidas que ajudem a evitar que esse crime volte a acontecer.

A pedofilia existe tanto no mundo real como no mundo virtual, porém a utilização massiva e intensa das redes sociais e dos aplicativos de conversas e interação, sem o controle de idade devido e sem a autorização dos responsáveis, culminou em uma escala maior ao problema, pois, segundo Breier (2006):

> O meio mais utilizado por essas organizações é a rede mundial de computadores, que disponibiliza na internet uma série de materiais pornográficos envolvendo cenas de abuso sexual contra crianças, a diversos preços. A entrada aos sites é altamente restrita, com inúmeros códigos de acesso para o ingresso na rede. Há, portanto, um alto grau de segurança destes sites, o que dificulta as investigações policiais e a captura dos pedófilos virtuais. As redes são verdadeiras organizações criminosas: há pedófilos atores que abusam sexualmente de crianças para a produção do material pornográfico, pessoas que selecionam as crianças que serão usadas e agentes técnicos que divulgam o material na internet.

Os direitos sexuais de crianças e adolescentes, segundo Piovesan (2017), encontram amparo de forma genérica no que dispõe o ECA em seus arts. 3º, 5º, 15, 17 e 18, que contemplam preceitos relativos ao respeito à integridade física e moral da criança e do adolescente. Ressalta a autora que o art. 18 do ECA impõe como dever de todos velar pela dignidade da criança e do adolescente, pondo-os a salvo de tratamento desumano, violência, constrangimentos etc.

Com o objetivo de assegurar a proteção integral de crianças e adolescentes, materializando os postulados valorativos dos documentos internacionais sobre o tema, a legislação nacional e internacional, em face da ausência de autonomia e da capacidade de consentir para crianças e adolescentes, estabeleceu uma idade mínima para o exercício de suas sexualidades. Lowenkron (2016, p. 10) define essa incapacidade de consentir como minoria sexual:

> *Por eso, en este texto, abordo el principal modo jurídico de regular la conducta sexual de acuerdo con la edad, analizando la manipulación de dispositivos legales que definen aquello que opté por denominar "menoría sexual", también llamada como "edad del consentimiento". Entiendo la noción de "menoría sexual" de acuerdo con la definición de Vianna (1999, p. 168), "no como atributo relativo a la edad y sí como instrumento que jerarquiza los derechos", esto es, como categoría relacional de subordinación que evoca la 'mayoría de edad' en cuanto contraparte y enfatiza la posición de determinados individuos en términos legales o de autoridad. Según la autora, "menores" son aquellas personas comprendidas como incapaces (o relativamente incapaces) de responder legalmente por sus actos de forma integral.*[2]

Extrai-se desse raciocínio que a incapacidade civil desses sujeitos de direitos, fruto da incompetência de maturidade intelectual e de experiência de vida mesmo, é o principal motivo pelo qual não podem decidir sobre práticas sexuais com a liberdade e a igualdade que o assunto demanda, além de não conseguirem, nessa fase etária, assumir as consequências de seus atos sexuais, dada a complexidade de emoções e situações que o exercício da sexualidade acarreta, sendo a gravidez indesejada um dos mais leves exemplos.

Mesmo diante desse cenário assustador, não se olvide o significativo avanço na legislação brasileira em relação aos crimes sexuais cometidos contra a infância, em razão de uma legislação que retratava aspectos machistas e conservadores acerca da sexualidade.

As mudanças iniciaram-se com a Lei nº 10.764/03, ao acrescentar no ECA o tipo de atividade fotográfica ou de qualquer outro meio visual e a qualificação vexatória como alternativa à natureza pornográfica ou sexo explícito, que, segundo Piovesan (2017), tornou mais complexo o tipo penal e com maior número de hipóteses de inclusão no tipo

---

[2] Portanto, neste texto, abordo a principal forma legal de regular o comportamento sexual de acordo com a idade, analisando a manipulação de dispositivos legais que definem o que eu escolhi chamar de "minoria sexual", também chamada de "idade de consentimento". Entendo a noção de "minoria sexual" de acordo com a definição de Vianna (1999, p.168), "não como um atributo relacionado à idade e como um instrumento que hierarquiza os direitos", ou seja, como uma categoria relacional de subordinação que evoca a "vinda de idade" como contraparte e enfatiza a posição de certos indivíduos em termos legais ou de autoridade. Segundo o autor, "menores" são aquelas pessoas que são entendidas como incapazes (ou relativamente incapazes) de responder legalmente aos seus atos de maneira integral. (tradução livre)

de atos contrários à preservação de crianças e adolescentes contra a exploração sexual.

Apesar de as várias mudanças introduzidas no ECA por essa lei – com o fito de preservar a criança e o adolescente da exposição de cenas pornográficas ou obscenas – significarem grande avanço, para Piovesan (2017, p. 471) "o Estatuto da Criança e do Adolescente é tímido com relação aos direitos sexuais e reprodutivos, sobretudo se considerada a importância que a vida sexual adquire com o advento da adolescência, os reflexos que esse período da vida tem sobre a idade adulta".

Outro avanço no ordenamento jurídico brasileiro foi a alteração de nomenclatura do Título VI do Código Penal Brasileiro, anteriormente intitulado "Dos Crimes contra os Costumes" e, por meio da Lei nº 12.015/09, passando a ser "Dos Crimes contra a Dignidade Sexual". Essa mudança foi bastante significativa, pois rompe com uma visão da sexualidade relacionada a valores morais vigentes à época da criação do Código Penal brasileiro e incorpora os valores e fundamentos da Constituição Federal, que abriga como primado a dignidade da pessoa humana e os valores supremos da liberdade e da igualdade.

Na atualidade, os critérios que validam as relações sexuais, em conformidade com a legislação vigente, consideram não só a autonomia da vontade, mas principalmente a maturidade biológica e sexual das pessoas, que as autoriza a exercer livremente sua sexualidade. Assim, a legislação nacional estabelece a idade mínima de 14 anos para o consentimento para as relações sexuais, quando estabelece no art. 217-A, incluído em 2019:

> Art. 217-A Ter conjunção carnal ou praticar outro ato libidinoso com menor de 14 (catorze) anos:
>
> Pena – reclusão, de 8 (oito) a 15 (quinze) anos.
>
> §1º Incorre na mesma pena quem pratica as ações descritas no caput com alguém que, por enfermidade ou deficiência mental, não tem o necessário discernimento para a prática do ato, ou que, por qualquer outra causa, não pode oferecer resistência.
>
> §2º (VETADO)
>
> §3º Se da conduta resulta lesão corporal de natureza grave:
>
> Pena – reclusão, de 10 (dez) a 20 (vinte) anos.
>
> §4º Se da conduta resulta morte:
>
> Pena – reclusão, de 12 (doze) a 30 (trinta) anos.
>
> §5º As penas previstas no caput e nos §1º, 3º e 4º deste artigo aplicam-se independentemente do consentimento da vítima ou do fato de ela ter mantido relações sexuais anteriormente ao crime.

A conduta aí descrita é o estupro de vulnerável, que pode ser praticado por pessoas de ambos os sexos, e de igual forma a vítima pode ser menino ou menina. Como afirma Fortes (2014, p. 305), "não se trata de proteção à liberdade sexual, que ainda não pode ser plenamente exercida nessa idade, mas de proteção de todos os seus direitos mais básicos, além de sua evolução sexual saudável e natural".

A vulnerabilidade é a razão que fundamenta o tipo penal, para privar crianças e adolescentes da autonomia da vontade, pois, segundo afirmam Gueiros e Japiassú (2018, p. 831), "a tutela penal no campo sexual projeta-se, com maior atenção e cuidado, para o grupo de pessoas, que não podem expressar, adequadamente, seu consenso para a prática sexual (pessoas vulneráveis), em especial os menores de 14 anos de idade".

Essa alteração da legislação penal, estabelecendo a conduta como estupro de vulnerável, foi construída após longos debates acerca do que anteriormente era previsto acerca no art. 224 do Código Penal, que estabelecia a presunção de violência. Apesar de o dispositivo estabelecer que configurasse crime de estupro presumido o ato sexual (conjunção carnal ou ato libidinoso) com menores de 14 anos, alguns entendiam que deveria aplicar como presunção absoluta ou relativa, de acordo com o nível de maturidade da vítima, adaptando a norma ao contexto atual. Ressaltam Gueiros e Japiassú (2018, p. 831), acerca dessa mudança, que "a lei penal busca, com esse tipo, a defesa da intangibilidade sexual a um grupo de pessoas, por sua condição de fragilidade, salvando-as de um 'ingresso precoce ou abusivo na vida sexual".

Na atualidade, esse tipo de crime é considerado hediondo, em conformidade com o que dispõe o art. 1º, V, da Lei nº 8. 072/90, disposto a seguir:

> Art. 1º São considerados hediondos os seguintes crimes, todos tipificados no Decreto-Lei nº 2.848, de 7 de dezembro de 1940 – Código Penal, consumados ou tentados:
>
> (...)
>
> V – estupro (art. 213, *caput*, e §1º e 2º);
>
> VI – estupro de vulnerável (art. 217-A, *caput*, e §1º, 2º, 3º e 4º);
>
> (...)

Para a prática do tipo penal em estudo, o entendimento consagrado na atualidade é a de que não prescinde do contato físico para a configuração do estupro, desde que sejam preenchidos todos os requisitos obrigatórios descritos no art. 213 do Código Penal.

Assim é o entendimento do STJ quando julgou:

> HABEAS CORPUS. ESTUPRO DE VULNERÁVEL. QUALQUER ATO DE LIBIDINAGEM. CONTATO FÍSICO DIRETO. PRESCINDIBILIDADE. CONTEMPLAÇÃO LASCIVA POR MEIO VIRTUAL. SUFICIÊNCIA. ORDEM DENEGADA. 1. É pacífica a compreensão, portanto, de que o estupro de vulnerável se consuma com a prática de qualquer ato de libidinagem ofensivo à dignidade sexual da vítima, conforme já consolidado por esta Corte Nacional. 2. Doutrina e jurisprudência sustentam a prescindibilidade do contato físico direto do réu com a vítima, a fim de priorizar o nexo causal entre o ato praticado pelo acusado, destinado à satisfação da sua lascívia, e o efetivo dano à dignidade sexual sofrido pela ofendida. 3. No caso, ficou devidamente comprovado que o paciente agiu mediante nítido poder de controle psicológico sobre as outras duas agentes, dado o vínculo afetivo entre eles estabelecido. Assim, as incitou à prática dos atos de estupro contra as infantes (uma de 3 meses de idade e outra de 2 anos e 11 meses de idade), com o envio das respectivas imagens via aplicativo virtual, as quais permitiram a referida contemplação lasciva e a consequente adequação da conduta ao tipo do art. 217-A do Código Penal. 4. Ordem denegada. (STJ – HC: 478310 PA 2018/0297641-8, Relator: Ministro ROGERIO SCHIETTI CRUZ, Data de Julgamento: 09.02.21, T6 – SEXTA TURMA, Data de Publicação: DJe 18.02.21)

Entende-se que esse posicionamento visa suprir lacunas legislativas frente às novas modalidades encontradas por pedófilos para a prática do estupro, como a ciberpedofilia, evidenciando-se a necessidade urgente de tipificação dessas novas infrações cometidas no espaço virtual, visando a maior segurança jurídica para as crianças e adolescentes.

4 O papel da teledramaturgia na abordagem do estupro virtual à luz dos princípios constitucionais aplicáveis

Os princípios de um sistema jurídico servem como normas-eixo, como pilares da estrutura do arcabouço normativo de um país, de uma sociedade. Eles consagram os valores fundantes de uma sociedade, em uma visão estática, e consagram de igual forma as metas axiológicas que o jurista e o legislador devem alcançar para regular a própria sociedade, em uma visão mais dinâmica.

Os princípios são a causa, o meio e o fim do sistema jurídico. Eles oxigenam verdadeiramente as normas mais pragmáticas, porquanto são normas deontológicas por meio das quais o sistema evolui ao adotar os novos valores sociais exprimidos nos mais variados acontecimentos da vida cotidiana e merece compreender a distinção entre normas e princípios. No entender de Alexy (2011, p. 87),

> Tanto regras quanto princípios são normas, porque ambos dizem o que deve ser. Ambos podem ser formulados por meio das expressões deônticas básicas do dever, da permissão e da proibição. Princípios são, tanto quanto as regras, razões para juízos concretos de dever-ser, ainda que de espécie muito diferente. A distinção entre regras e princípios é, portanto, uma distinção entre duas espécies de normas.

É por isso que se deve buscar analisar os fatos sociais à luz dos princípios constitucionais, que são os metaprincípios, e dos princípios dos sistemas jurídicos específicos, nesse caso do tema abordado, a partir dos postulados deontológicos previstos no ECA.

> Art. 5º Nenhuma criança ou adolescente será objeto de qualquer forma de negligência, discriminação, exploração, violência, crueldade e opressão, punido na forma da lei qualquer atentado, por ação ou omissão, aos seus direitos fundamentais.

A pedofilia virtual é um fato social recente, mas não é novo. O que muda é o espaço da prática sexual doentia e violadora de direitos de vulneráveis. Os espaços virtuais são apanágio de relações igualmente virtuais, mas com efeitos materiais, ou seja, tangíveis, concretos e nefastos, como é o caso do estupro virtual envolvendo crianças e adolescentes. Atenta contra a dignidade humana e o respeito à imaturidade própria dessa fase da vida, e não necessariamente contra a liberdade sexual, como visto acima.

As relações virtuais são um novo elemento de preocupação de pais e responsáveis, porque, ao contrário das relações presenciais ou físicas, as virtuais podem ser tranquilamente ocultadas ou mascaradas, como ocorre no fenômeno do *deepfake*, já introduzido. Esse mecanismo de ocultação do indivíduo é uma das causas que facilita as violações no âmbito das relações virtuais, sobretudo jovens e crianças, que são mais ingênuos, desprovidos de maldade e acabam por acreditar mais facilmente nos perfis falsos criados diuturnamente na internet por malfeitores.

A história da personagem Karina evidencia tudo isso: a vulnerabilidade da jovem, decorrente da falta de discernimento completo dos riscos que envolvem as redes sociais; a imaturidade de lidar com a situação de violência; a ingenuidade de confiar no perfil virtual; enfim, a total e absoluta impossibilidade de se defender da situação. A bem da verdade, quando se trata de relações digitais, adultos, jovens e crianças estão frequentemente no mesmo barco da ignorância digital, por ser ainda algo novo e suscetível de ilusões e superficialidades, que podem confundir as mentes mais argutas, imagine-se jovens e crianças. O *deepfake* acomete todo tipo de usuário, já que fica impossível saber quem está por trás da imagem selecionada e que interage com o internauta.

Nesse passo, como já trabalhado no tópico anterior, em que pese existir legislação que pode ser utilizada para abarcar tais violações, a prática de estupro virtual ainda merece o devido enfrentamento pelo legislador e pelos juristas. Realidades novas demandam novas regras com mecanismos de proteção mais efetivos. Todavia, os princípios são os mesmos, porquanto são valores que norteiam a realidade material e servem às relações jurídicas virtuais.

O primeiro e mais pujante princípio que envolve o tema é o princípio da Proteção Integral (art. 227, Constituição Federal, e art. 4º, 110, parágrafo único, II, do ECA), pois é nele que está inserido o dever da família, da sociedade e do Estado, com absoluta prioridade, assegurar à criança e ao adolescente o respeito e a integridade física, psíquica e emocional.

Esse princípio é um comando ativo e permanente a todos da sociedade para prevenir comportamentos que causem dor e sofrimento aos jovens e crianças. É princípio atemporal que nos leva a atuar preventiva e repressivamente nos casos envolvendo crianças e adolescentes, por serem sujeitos em construção e indefesos frente às normas, casos estes que apresentam formas de abuso e violência virtuais com a globalização da internet.

Proteger deve ser entendido tanto no aspecto preventivo, e principalmente nessa dimensão, quando no aspecto repressivo, quando já há dano e lesão, porque, diante da vulnerabilidade das crianças e adolescentes, a lesão tanto acontece quanto permanece com graves prejuízos para a sociedade.

A novela, portanto, por meio do drama de Karina, demonstra que o Estado deve dar suporte material e psicológico às famílias com vítimas de violência virtual, com maior ênfase aos casos de estupro virtual.

Decorre do princípio acima, o princípio da Prioridade Absoluta, que rege as condutas dos sujeitos responsáveis pelos direitos das crianças e adolescentes, de modo a legislar, aplicar e operacionalizar célere e efetivamente as condições e comunicações que favorecem a proteção dos direitos. Esse princípio é de importância primacial, pois dá o comando do tempo e do modo na proteção dos envolvidos, com base na fundamentalidade do dever de assegurar proteção a esse grupo de vulneráveis diante de tantas necessidades da sociedade e tantos objetivos a alcançar e realizar; tudo aquilo que se refere à criança e ao adolescente deve ser urgente para as autoridades públicas e entidades privadas.

A anunciação principiológica naturalmente cria os direitos fundamentais das crianças e dos adolescentes, atraindo o dever do Estado, em todas as esferas e instâncias, da sociedade, enquanto comunidade e coletividade, e da família, núcleo mais próximo do indivíduo de prevenção e de reparação, com prioridade do bem-estar integral da criança.

Ao analisar as demandas de crianças e adolescentes, e a necessidade de tratá-las com urgência, dados os precípuos interesses e direitos envolvidos, adverte Oliveira (2000, p. 429):

> Essas circunstâncias bem demonstram, na base de tais remédios jurídicos, a presença de direitos essencialmente vinculados a valores não traduzíveis em pecúnia, expressões de momentos de liberdade – formal ou substancial –, ou, ainda, destinados a atender necessidades primárias. Fácil é compreender, por isso mesmo, que a não satisfação antecipada de tais pretensões acarretaria, por hipótese, prejuízo irreparável, revelando-se quase sempre impossível ou inadequado o ressarcimento mediante equivalente monetário. Vale dizer, portanto, que tais pretensões serão mais bem atendidas mediante uma tutela de tipo preventivo do que reparatório.

A violência sexual virtual é desses casos que devem ser priorizados pelos atores responsáveis por realizar o princípio da prioridade absoluta, em que pesem os vários entraves e desafios a que se assiste todos os dias nas Varas da Infância e da Juventude pelo país. Seja no âmbito da elaboração das normas, seja na fiscalização de seu cumprimento ou, ainda e principalmente, na condução dos processos judiciais, a prioridade absoluta é uma meta a ser cumprida e desafio a ser superado diante de tantos entraves e despreparo das redes de proteção infantojuvenil.

O princípio do melhor interesse também respalda as condutas que precisam ser adotadas para impedir a pedofilia no meio desprotegido que é a internet, e uma das condutas mais urgentes nesse aspecto é a imposição de regras claras aos provedores e aplicativos de uso infantil de fiscalização dos dados pessoais do usuário do programa, a fim de evitar perfis falsos e a utilização indevida de imagens ou avatares que confundam crianças e jovens na interação virtual.

E não se diga que o princípio do melhor interesse é apenas um critério hermenêutico, pois sua condição principiológica constitucional é reconhecida:

> Razoável, por conseguinte, afirmar-se que a doutrina da proteção integral, de maior abrangência, não só ratificou o princípio do melhor interesse da criança como critério hermenêutico como também lhe conferiu natureza constitucional, como cláusula genérica que em parte se traduz através dos direitos fundamentais da criança e do adolescente expressos no texto da Constituição Federal. (BARBOZA, 2000, p. 206)

Atenta às dificuldades que a interpretação desse princípio ainda causa, Pereira (2000, p. 230) pondera:

> Embora o princípio do "melhor interesse" envolva uma ideia vaga, mas fundamental, nesta nova estrutura de proteção da infância e juventude em nosso país, é necessário redefinir seus parâmetros, assim como fixar as diretrizes em face dos demais princípios legais. Desafia-nos a identificação, no Direito brasileiro, deste princípio através das regras de interpretação e das normas de Direito positivo. As dificuldades que se apresentam no que concerne à interpretação do Estatuto da Criança e do Adolescente desafiam também o intérprete quanto ao princípio do melhor interesse da criança.

Nessa toada, o Estado deve materializar o melhor interesse da criança e do adolescente fornecendo o atendimento preferencial nos serviços públicos ou de relevância pública quando se trata de violência sexual contra os incapazes civilmente, priorizando a formação e execução de políticas sociais públicas voltadas a educação e o esclarecimento das formas e práticas de violência virtual em desfavor de jovens e crianças, com ênfase na atuação nas escolas públicas e privadas, e destinar recursos públicos para as áreas voltadas à proteção da infância e da juventude, com prioridade no combate às práticas violentas em desfavor desse público ainda órfão do amparo efetivo.

Quando todas essas imposições normativas não funcionam, como relata a trama da novela da Rede Globo, e a violência se instaurou na vida da jovem, é necessário reconhecer e reparar, com absoluta prioridade e rapidez, os danos vivenciados, de ordem física, moral, emocional e espiritual, afinal, conforme afirma Barboza (2000, p. 221), "a doutrina e a jurisprudência reconhecem à criança e ao adolescente a titularidade de direitos da personalidade e, desta forma, justificam a possibilidade de indenização por danos morais sempre que sofrerem lesões a estes".

A Lei nº 12.965/14, denominada Marco Civil da Internet, visa estabelecer princípios, garantias, direitos e deveres para o uso da internet no Brasil e dispõe, em seu art. 3º, sobre os princípios que devem ser observados em sua utilização. No entanto, não existe qualquer previsão nesse dispositivo legal que trate do compartilhamento de quaisquer tipos de imagens ou vídeos, de caráter íntimo ou sexual, conseguidos ilicitamente.

Em 12 de abril de 2023, o Brasil aliou-se a países comprometidos em combater o cibercrime e garantir a segurança cibernética global, tornando-se signatário da Convenção sobre o Crime Cibernético, com a promulgação do Decreto nº 11.491/23. O Brasil firma o compromisso de adotar medidas para assegurar a segurança e a privacidade dos indivíduos e garantir a cooperação internacional em investigações relacionadas a esse tipo de crime.

5 Considerações finais

A importância da inteligência artificial é inquestionável para o mundo contemporâneo. Sua contribuição em diversas áreas em prol da sociedade é inegável, seja na área da saúde, do comércio, da economia, dos meios de comunicação, entre outras. No entanto, igualmente tem-se o reconhecimento da necessária utilização dessa tecnologia de forma racional e com a devida atenção de seus destinatários.

A novela *Travessia*, ao retratar a estória de Karina, propõe evidenciar os riscos que o mundo virtual oferece, em especial a exposição de crianças e adolescentes ao abuso de pedófilos. A teledramaturgia presta um serviço público essencial à população, ao evidenciar o problema social tanto para a família como para a sociedade e para o Estado.

Faz-se necessário reconhecer que crianças e adolescentes são sujeitos merecedores de atenção especial, e, no campo virtual, mostra-se ainda a necessidade de maior atenção em face de se tornarem mais vulneráveis.

A compreensão dos fenômenos sociais, observada por meio de outros saberes, como a teledramaturgia, contribui para a transformação do Direito. Conclui-se, assim, que cabe ao Estado adotar medidas e políticas que possam regulamentar especificamente os casos que envolvem a violência digital em decorrência dos crimes cibernéticos, com foco na proteção das crianças e dos adolescentes brasileiros.

Referências

ALEXY, Robert. *Teoria dos direitos fundamentais*. 2. ed. São Paulo: Malheiros, 2011.

AMERICAN PSYCHIATRIC ASSOCIATION. *Manual diagnóstico e estatístico de transtornos mentais* (DSM-5). Trad. Maria Inês Corrêa Nascimento *et al*. 5. ed. Porto Alegre: Artmed, 2014. Disponível em: www.institutopebioetica.com.br/documentos/manual-diagnostico-e-estatistico-de-transtornos-mentais-dsm-5.pdf. Acesso em: 26 jul. 2023.

ANDI – Comunicações e direitos. *Direitos da infância e direito à comunicação*: fortalecendo convergências nos marcos legais e nas políticas públicas. Brasília: ANDI – Comunicações e direitos, 2012.

BARBOZA, Heloisa Helena. O princípio do melhor interesse da criança e do adolescente. *In*: II CONGRESSO BRASILEIRO DE DIREITO DA FAMÍLIA, 2000, Belo Horizonte. *Anais* (...). Belo Horizonte: IBDFAM, 2000. p. 201-213.

BREIER, Ricardo. O atuar pedófilo: crime individual ou uma organização criminosa? *Revista Jurídica Logos*, n. 2, 2006. Disponível em: https://vlex.com.br/vid/atuar-crime-criminosa-criminal-300417638. Acesso em: 26 jul. 2023.

CHAVES, Marianna; ARNAUD NETO, Raphael Carneiro. Direito e Arte: uma simbiose necessária para uma construção mais humanista e crítica dos juristas. *Revista Direito UNIFACS*, n. 191, 2016.

ESBER, Karen Michel. *Autores de violência sexual contra crianças e adolescentes*. Goiânia: Cânone, 2009.

FIGUEIREDO, Karina. *Violência sexual*: um fenômeno complexo. Brasília: Unicef, 2010.

FORTES, Casé. *Todos contra a pedofilia*. 1. ed. Belo Horizonte: Arraes, 2015.

TRAVESSIA: Marineide descobre que Karina se automutila. *Gshow*, 19 abr. 2023. Disponível em: https://gshow.globo.com/novelas/travessia/vem-por-ai/noticia/travessia-marineide-descobre-que-karina-se-automutila.ghtml. Acesso em: 1 ago. 2023.

GUEIROS, Artur; JAPIASSÚ, Carlos Eduardo. *Direito Penal*: parte especial. São Paulo: Atlas, 2018.

LEAL, Maria Lúcia Pinto. A exploração sexual comercial de meninos, meninas e adolescentes na América Latina e Caribe (Relatório final-Brasil). Brasília: CECRIA, 1999.

LOWENKRON, Laura. Abuso sexual infantil, exploração sexual de crianças, pedofilia: diferentes nomes, diferentes problemas? *Revista Latinoamericana*, n. 5, p. 9-29, 2010.

LOWENKRON, Laura. Niña o muchacha? Menoría y consentimiento sexual. *Desidades: Revista Científica da Infância*, n. 10, ano 4, p. 9-18, 2016. Disponível em: https://dialnet.unirioja.es/servlet/articulo?codigo=5507519. Acesso em: 26 jul. 2023.

MARTINS, Rosimeire de Carvalho. *Jovens mulheres vitimadas*: abuso sexual, sofrimento e resiliência. Curitiba: Juruá, 2010.

OLIVEIRA, Carlos Alberto Álvaro de. A urgência e o direito de família (as chamadas medidas provisionais do artigo 888 do CPC). *In*: II CONGRESSO BRASILEIRO DE DIREITO DA FAMÍLIA, 2000, Belo Horizonte. *Anais* (...). Belo Horizonte: IBDFAM, 2000. p. 427-437.

ORGANIZAÇÃO INTERNACIONAL DO TRABALHO (OIT). *Exploração sexual de crianças e adolescentes de A a Z (relatório). Infância e adolescência prevenida da exploração sexual na tríplice fronteira Argentina-Brasil-Paraguai.* Genebra: Organização Internacional do Trabalho, 2004.

PENIDO, Isabela Fernandes. Cyberpedofilia: um crime invisível em um mundo globalizado. *In*: CONGRESSO INTERNACIONAL DE DIREITO E INTELIGÊNCIA ARTIFICIAL, 2020, Belo Horizonte. Anais (...). Belo Horizonte: Skema Business School, 2020.

PEREIRA, Tânia da Silva. O princípio do melhor interesse da criança: da teoria à prática. *In*: II CONGRESSO BRASILEIRO DE DIREITO DA FAMÍLIA, 2000, Belo Horizonte. *Anais* (...). Belo Horizonte: IBDFAM, 2000.

PIOVESAN, Flávia. *Temas de Direitos Humanos*. 10. ed. São Paulo: Saraiva, 2017.

TRINDADE, Jorge. *Manual de Psicologia Jurídica*. 7. ed. Porto Alegre: Livraria do Advogado, 2014.

Informação bibliográfica deste texto, conforme a NBR 6023:2018 da Associação Brasileira de Normas Técnicas (ABNT):

LELIS, Acácia Gardênia Santos; GOLDHAR, Tatiane Gonçalves Miranda. A violência sexual de crianças e adolescentes por meio da inteligência artificial: uma abordagem a partir da personagem Karina, da novela *Travessia*. *In*: EHRHARDT JÚNIOR, Marcos; CATALAN, Marcos; NUNES, Cláudia Ribeiro Pereira (Coord.). *Inteligência artificial e relações privadas*: relações existenciais e a proteção da pessoa humana. Belo Horizonte: Fórum, 2023. v. 2. p. 261-280. ISBN 978-65-5518-577-5.

AUTONOMIA INFANTOJUVENIL E DANOS NA INCLUSÃO DIGITAL

MARIA RITA DE HOLANDA

1 Notas introdutórias

O estudo sobre a autonomia nas relações privadas, sejam estas de natureza existencial ou relacionadas à exploração da atividade econômica e patrimonial, é de fundamental importância. Um dos temas mais centrais sobre autonomia é saber qual a medida do exercício de sobreposição da autoridade política estatal às liberdades individuais.

Com base constitucional no princípio da liberdade, o exercício da autonomia nas relações civis traz desdobramentos pessoais e patrimoniais que precisam ser ressignificados e/ou redirecionados no contexto de uma cultura digital.

As relações civis sofrem profundas e constantes modificações decorrentes dos avanços da tecnologia, que impulsiona a necessidade de novas regulamentações e/ou interpretações que proponham conexão entre dois ambientes reais para o ser humano: o presencial e o digital.

Sem demonização ou divinização, é fato que as relações humanas já não podem prescindir dos mecanismos digitais para o seu agir-comunicativo, e tais mecanismos ora cumprem papel e finalidade instrumentais facilitadores, ora invadem reservas de segurança que precisam ser garantidas, como as afetas aos direitos de personalidade.

Há na atualidade bens jurídicos a serem protegidos que extrapolam a clássica elaboração do direito civil e que precisam ser analisados na perspectiva e velocidade do mundo digital, cujas condutas são identificáveis em uma linguagem cibernética própria. Não são dois mundos, na medida em que o que se faz em um pode repercutir no outro, mas sim duas ambiências que devem se voltar sempre em prol do melhor para a humanidade.

Em tais relações, há que se considerar as vulnerabilidades e a necessidade da segurança cibernética de suas existências, mediante a proteção dos dados, enquanto direitos fundamentais.

Por essa razão, é importante que haja permanente reflexão sobre o exercício de uma autonomia digital em conexão com a autonomia privada no contexto de um estado social e democrático de direito.

O termo *autonomia*, na esfera do Direito privado, sofreu uma série de variações conceituais que terminou por adjetivá-lo ora como autonomia da própria vontade máxime em um contexto de estado liberal, ora como os limites e a vigilância impostos pela norma jurídica em um contexto de estado social. Não obstante a igualdade formal entre as partes, o estado social estabeleceu preocupações de proteção de equilíbrio nas relações em que há verdadeira desigualdade material.

Há duas claras correntes hoje na doutrina civilista sobre o exercício de uma autonomia. Uma delas defende uma autonomia da vontade no âmbito das relações existenciais que permitiria aos particulares tecerem as próprias regras em suas relações, sem que houvesse qualquer intervenção determinativa ou supostamente protetiva do Estado.[1] De outro lado, e em um contexto de desigualdades sociais diversas, reconhece-se que a intervenção protetiva do Estado será absolutamente necessária aos particulares em suas mais diversas relações, constituindo-se, assim, a necessidade de um direito privado com regras de ordem pública, razão pela qual não há que se falar de uma autonomia da vontade, mas sim de uma autonomia privada.[2]

Sobretudo para as relações existenciais, há que se reconhecer uma autonomia híbrida que poder-se-ia chamar de autonomia existencial, uma vez que combina esferas de uma autonomia da vontade quando se está a invocar um direito a autodeterminação, mas também pode prescindir de uma intervenção estatal protetiva em havendo repercussão em outras esferas relacionais.

E como desenvolver essa lógica na ambiência digital?

Se há sujeitos que são definidos pela norma jurídica como vulneráveis, seja pela incapacidade jurídica, seja pela condição histórica

---

[1] SARMENTO, Daniel. *Direitos Fundamentais e Relações Privadas*. Rio de Janeiro: Lumen Juris, 2004. p. 173.

[2] PERLINGIERI, Pietro. *Perfis de Direito Civil*. 2. ed. Rio de Janeiro: Renovar, 2002. p. 18-19.

a que foram submetidos na sociedade, deverá haver na ambiência digital proteção idêntica à proposta pelo estado social. Tal ambiência, no entanto, tem particularidades que facilitam a fuga ao controle dos agentes responsáveis à proteção, como o tipo e a intensidade da oferta dos bens, serviços e entretenimentos e a forma para o seu acesso.

A primeira fragilidade na proteção decorre da própria inevitabilidade do seu uso para o exercício dos mais variados direitos subjetivos ou patrimoniais na atualidade. Nesse viés, todos os usuários tornam-se reféns e vulneráveis porque já não há mais escolha a ser feita, senão um único caminho para a sua existência civil em uma sociedade conectada.

Trata-se de um *regime capitalista da informação* a que todos hoje estão submetidos e que confronta permanentemente um regime democrático, porque termina empoderando excessivamente aqueles que administram de forma monopolizada os dados, visando à vigilância, ao controle, ao prognóstico de comportamentos e a lucros.[3]

Nesse regime, o indivíduo se autoidentifica como um ser livre, e esse sentimento paradoxalmente assegura a dominação que existe sobre ele, porque esta se faz *no momento em que liberdade e vigilância coincidem, na medida em que o presídio digital é transparente, mas não a dominação.*[4]

O sistema é favorecido também por passar despercebido nas sociedades de intensa desigualdade social, onde há necessidades reais de sobrevivência orgânica e educacional, mas não há grandes dificuldades sobre o acesso digital. Nessa sociedade, todos os agires comunicativos viabilizados pela tecnologia são vistos e percebidos como facilitadores de uma inclusão social que nunca ocorre pela conveniência dos monopolizadores e dominadores dessa tecnologia e das classes mais privilegiadas. Por essa razão, a inclusão digital termina se tornando interesse dos dominadores e potencializa, ao contrário do prometido, a exclusão social.

Houve, assim, uma ruptura na forma de dominação em massa, que, por sua vez, não é necessariamente ligada a qualquer ideologia sociopolítica, senão àquela que sutilmente impõe evidência à forma de comunicação e visibilidade para uma existência própria e na sociedade.

A partir daí, a instrumentalidade digital passou a ser um grande "aliado" para a geração de conhecimento, condicionando em massa o indivíduo a um jeito de ser que não dispensa a conexão e a transferência de dados.

---

3 HAN, Byung-Chul. *Infocracia*: digitalização e a crise da democracia. Trad. Gabriel S. Philipson. Petrópolis: Vozes, 2022. p. 8.

4 HAN. *Op. cit.*, p. 13.

A crença de que se está a exercer uma liberdade e a resiliência aos imperativos da comunicabilidade digital são os principais fatores para a submissão do indivíduo a esse intenso e constante controle.

O Brasil estabeleceu tutela jurídica específica aos dados em 2022, por meio da Emenda Constitucional nº 115, inserindo a proteção de dados pessoais entre os direitos e as garantias fundamentais, e esse foi o reconhecimento da importância do sistema informacional e das ambiências inevitáveis para as novas relações econômicas e pessoais.

O início da transformação pelo sistema jurídico brasileiro veio com o Marco Civil da Internet, em 2014 (Lei nº 12.965), e, posteriormente, com a Lei Geral De Proteção De Dados (Lei nº 13.709), em 2018.

Para além dos dados, no entanto, é preciso se preocupar com a proteção à pessoa e a inerência de todas essas informações à própria configuração da personalidade e seus atributos.

Nesse aspecto, cresce, por exemplo, o conhecimento sobre a neurotecnologia e a inteligência artificial na medida em que os dados cerebrais, os chamados *neurodados*, já são estudados em uma ciência própria e vêm sendo afetados por um número crescente de dispositivos que monitoram a atividade cerebral para diversos propósitos.[5]

A Agência Espanhola de Proteção de dados (AEPD) reconhece que já há no mercado de consumo, pelas grandes companhias (Snap, Valve, Meta, Apple, Samsung), uma incorporação em seus produtos de tecnologia e dispositivos para a captura de *neurodados*.

A autonomia digital é exercida de forma mais larga e intensa pelos sujeitos, não obstante a tentativa de regulação protetiva dos sistemas jurídicos.

É possível a cumulação de vulnerabilidades, na medida em que junto a essa vulnerabilidade maciça do sujeito hodierno há vulnerabilidades específicas, como as decorrentes de idade, gênero, raça e deficiência.

A comunidade infantojuvenil será especificamente tratada neste ensaio, por sua incapacidade e vulnerabilidade presumidas. Crianças e adolescentes em formação de personalidade têm proteção integral elaborada pela Constituição Federal de 1988 e pelo Estatuto da Criança e do Adolescente, que confere responsabilidade trinária a agentes destinados aos seus cuidados: a família, o estado e a sociedade.

---

[5] ESPANHA. Agencia Española de Protección de Datos. *Neurodatos y neurotecnología: privacidad y protección de datos personales*. Disponível em: www.aepd.es/es/prensa-y-comunicacion/blog/neurodatos-y-neurotecnologia-privacidad-y-proteccion-de-datos-personales?fbclid=IwAR1TAUm02e-x_3Mo7fREbTtAXxbAs9A9HNMoCSlkt4olsC8lsvh34uo54n8. Acesso em: 9 abr. 2023.

A comunidade infantojuvenil hoje é constituída por uma geração híbrida, cuja existência transita integralmente entre o presencial e o digital.

A Cetic.br, em 2019, divulgou que 89% das crianças e adolescentes de 9 a 17 anos usam a internet, o equivalente a 24 milhões de crianças e adolescentes conectados. Nessa faixa etária, 83% baixaram aplicativos e assistiram a filmes e vídeos, programas ou séries *online*; 82% ouviram música *online*; 60% jogaram *online*, não conectados com outros jogadores. Quanto ao perfil em redes sociais, 58% das crianças de 9 a 10 anos e 70% de 11 a 12 anos têm perfil próprio. O percentual sobe para 88% quando se trata de adolescentes de 13 e 14 anos, chegando a 97% na faixa etária de 15 a 17 anos.[6]

A pesquisa demonstra uma significativa inclusão digital de crianças e adolescentes em diversas atividades que lhe proporcionam acessos desmedidos e, por vezes, geram *adição.*

A incapacidade e/ou a vulnerabilidade dos sujeitos não impedem sua inserção digital em largas medidas e a acessibilidade promovida pelos sistemas garante uma igualdade formal, mas não uma igualdade material, e isso, ao contrário do que se anuncia e propõe, pode inverter a promessa de uma inclusão e, pior, pode gerar danos irreparáveis cuja responsabilidade é difusa.

Visando refletir sobre os limites de uma autonomia digital para a comunidade infantojuvenil, partir-se-á da reflexão sobre o sistema de incapacidade no Brasil e as esferas de autonomia já admitidas por lei, visando transportá-la ao meio digital, que tem velocidade e tipicidade distinta; com base em vicissitudes detectadas na realidade social, partir-se-á do seguinte problema: os mecanismos legais protetivos no Brasil tem sido eficazes para prevenir e reparar danos provenientes de uma inclusão digital considerada legítima?

2 Capacidade, vulnerabilidade e dimensões da autonomia infantojuvenil

O Brasil, no art. 2º da Lei Civil, estabelece que todas as pessoas são capazes de direitos e deveres na vida civil, com a ressalva de que

---

[6] CRIANÇAS e adolescentes conectados ajudam os pais a usar a Internet, revela TIK Kids Online Brasil. *Cetic.br*, 23 jun. 2020. Disponível em: https://cetic.br/pt/noticia/criancas-e-adolescentes-conectados-ajudam-os-pais-a-usar-a-internet-revela-tic-kids-online-brasil/#:~:text=A%20TIC%20Kids%20Online%20Brasil,de%20crian%C3%A7as%20e%20adolescentes%20conectados. Acesso em: 27 jul. 2023.

a personalidade ou a pessoa natural juridicamente considerada seria apenas aquela que nasce com vida, e com isso adota a teoria *natalista*.

Apesar disso, a lei também estabelece a proteção ao *nascituro*, enquanto ser humano expectativo, reconhecendo-lhe a possibilidade de ser titular de direitos. A esse respeito registre-se, por exemplo, sua capacidade sucessória e sua legitimidade ativa para promover a investigatória de paternidade, os alimentos gravídicos, entre outros direitos.[7]

Há também outras elaborações acerca do sujeito de direitos que aqui não se pretende adentrar, como a do embrião criopreservado. Sua natureza jurídica no Brasil ainda é controversa, mas pode-se dizer que esse ser também pode vir a ser vitimizado com possível vazamento de seus dados genéticos, por exemplo.

Conforme já anunciado, a presente reflexão está restrita à capacidade e à autonomia daqueles que, por lei, já são consideradas pessoas, especificamente a comunidade infantojuvenil.

A pessoa humana e natural tem uma espécie de personalidade objetiva e detém proteção de um conjunto de atributos próprios que lhe são exclusivos, como a integridade psicofísica, a honra, a imagem, a privacidade, os dados, entre outros.

Partindo-se da premissa legal sobre a concepção da *pessoa natural* no Brasil, será importante também relembrar a distinção entre a capacidade de fato e a capacidade de direito. A pessoa ora poderá exercer seus direitos pessoalmente, ora necessitará de outra que o represente ou o assista no exercício desse direito, daí a clássica distinção entre capacidade de direito e capacidade de fato. A capacidade de direito se identifica mais com a personalidade, na medida em que se reconhece a toda pessoa humana a possibilidade de contrair direitos e obrigações, mas ainda assim há uma distinção formulada no sentido de que *a personalidade seria a aptidão para exercer tais direitos e a capacidade seria a aptidão para adquirir e exercê-los por si ou por outrem.*[8]

Já a capacidade de fato seria a possibilidade concreta de exercer por si tais direitos, independentemente de representação ou assistência de outrem. Assim, toda pessoa humana que nasce com vida tem personalidade e capacidade de direito, mas nem todas teriam capacidade de fato ou de exercício, entre elas as menores de idade abaixo dos 18 anos – em gradações distintas se abaixo dos 16 anos de idade ou se a

---

7 SCHREIBER, Anderson. *Manual de direito civil contemporâneo*. São Paulo: Saraiva, 2018. p. 98.

8 SCHREIBER. *Op. cit.*, p. 107.

menoridade se dá entre 16 e 18 anos –, além das pessoas enumeradas no art. 4º da Lei Civil.

Portanto, há níveis de incapacidade na medida em que as pessoas abaixo dos 16 anos de idade devem ser representadas para o exercício de seus direitos, enquanto as demais devem ser assistidas, gerando assim o que se denomina incapacidade absoluta e incapacidade relativa, respectivamente.

A incapacidade relativa autoriza às pessoas a prática de alguns atos, independentemente da participação de seu representante legal, a exemplo do direito ao voto, ainda que esteja sob o poder familiar; já outros atos só podem ser praticados com assistência dos representantes legais para garantir, inclusive, sua validade. Assistência e representação se distinguem, portanto, em razão de a segunda equivaler à verdadeira substituição formal do ato que beneficiará o absolutamente incapaz, enquanto a primeira não dispensa a participação do sujeito relativamente incapaz, mas seu exercício só será válido se seu representante legal o assistir ou acompanhar, em que pese a existência de atos específicos que dispensam essa assistência.

Na ambiência presencial, já se reconhece certa autonomia de sujeitos absolutamente incapazes, quando se exige seu consentimento para a validação de uma relação jurídica, a exemplo da adoção ou da constituição extrajudicial de filiação socioafetiva. Na adoção para menores que já contam com 12 anos de idade, será necessário seu consentimento para a efetivação do ato da mesma forma que no reconhecimento extrajudicial da filiação socioafetiva previsto pelo Provimento nº 83/2019 do Conselho Nacional de Justiça (CNJ).[9]

Outro exemplo de autonomia encontra-se nos efeitos patrimoniais do poder familiar, em que há a possibilidade de o menor a partir dos 16 anos de idade ser administrador dos bens adquiridos por ele em atividade profissional própria. O autossustento do menor é pressuposto para sua emancipação, mas, se esta não ocorre, ainda assim há reconhecimento de autonomia na administração de seus bens, afastando-se os pais do usufruto legal, inclusive, conforme preceitua o art. 1.693, III, do Código Civil Brasileiro, para os adolescentes.[10]

---

[9] Conselho Nacional de Justiça. Provimento nº 83, de 14 de agosto de 2019. Disponível em: https://atos.cnj.jus.br/atos/detalhar/2975. Acesso em: 28 abr. 2023.

[10] BRASIL. *Lei nº 10.406, de 10 de janeiro de 2002*. Código Civil Brasileiro. Disponível em: www.planalto.gov.br/ccivil_03/LEIS/2002/L10406.htm. Acesso em: 9 abr. 2023.
Art. 1.693. Excluem-se do usufruto e da administração dos pais: I – os bens adquiridos pelo filho havido fora do casamento, antes do reconhecimento; II – os valores auferidos

A distinção na idade cronológica de quem seria considerado criança e quem seria considerado adolescente (até 12 anos é criança, e dos 12 aos 18 anos é adolescente) se faz útil hoje e é expressamente admitida na concepção de que tais pessoas têm maturidades distintas, calcadas nas fases de puberdade.

Há que se considerar autonomias distintas a serem exercidas pelos absolutamente incapazes. Os incapazes até os 12 anos não têm qualquer autonomia jurídica, mas as pessoas entre 12 e 18 anos têm alguma autonomia, não obstante sua incapacidade.

O Estatuto da Criança e do Adolescente prevê que a comunidade infantojuvenil tem direito à liberdade, ao respeito e à dignidade enquanto seres em formação e também como sujeitos de direitos civis, humanos e sociais.

Em seu art. 16, especificamente, o Estatuto enumera uma série de condutas de liberdade, como a de ir e vir em logradouros públicos e espaços comunitários, opinião, expressão, crença, brincar e divertir-se, participar da vida familiar e comunitária, entre outras.

Percebe-se que tais liberdades na atualidade podem estar se referindo a espaços não mais restritos ao corpo físico, já que a vida em comunidade também ocorre ao mesmo tempo nos meios digitais.

De qualquer forma, o Estado deve garantir sua integridade, inclusive física, psíquica e moral, preservando sua imagem, identidade, autonomia, valores, ideias, espaços e objetos pessoais, em todos os ambientes.

O marco cronológico da idade para o consentimento do menor em atos existenciais é 12 anos. Trata-se de uma ficção legal abstrata em que se presume considerar esse adolescente com certa maturidade que é coincidente com a puberdade. Decerto, a presunção é *iuris tantum*, de forma que há situações concretas em que esse sujeito poderá ser ouvido antes ou mesmo que sua ouvida possa ser ineficaz pela ausência de discernimento.

Por essa razão, há críticas doutrinárias quanto à fixação legal presumida da idade de 12 anos como sendo marco temporal definidor da maturidade, em todos os casos.[11]

---

pelo filho maior de dezesseis anos, no exercício de atividade profissional e os bens com tais recursos adquiridos; III – os bens deixados ou doados ao filho, sob a condição de não serem usufruídos, ou administrados, pelos pais; IV – os bens que aos filhos couberem na herança, quando os pais forem excluídos da sucessão.

[11] TEIXEIRA, Ana Carolina Brochado; RODRIGUES, Renata de Lima. *O direito das famílias*: entre a norma e a realidade. São Paulo: Atlas, 2010. p. 48.

Para as crianças abaixo dos 12 anos de idade, só resta a ouvida mediante perícia psicossocial, que não se confunde com o consentimento, embora possa influir em decisões que lhe digam respeito.

Embora para a prática do ato jurídico do casamento se exija a autorização dos representantes legais do menor entre 16 e 18 anos de idade, o consentimento jamais será dispensado tendo em vista a qualidade existencial do ato. Por essa razão, ainda que haja autorização dos representantes legais, o casamento não ocorrerá se o adolescente não der seu consentimento. A autorização, seja dos representantes legais, seja por suprimento judicial, é requisito de regularidade do ato e, se ausente, poderá torná-lo anulável, mas não se confunde com o consentimento. A falta de consentimento do nubente relativamente incapaz importará na inexistência do ato.

Questão controvertida na esfera das *conjugalidades* é a isonomia entre casamento e união estável nesse quesito. A união estável, que tem natureza jurídica fática, termina por concretizar um consentimento pela simples conduta convivencial, ressalvadas as hipóteses que sujeitam o incapaz ao crime de violência presumida pela idade. Há a tipificação do crime de estupro de vulnerável na convivência e conjunção carnal com pessoas menores abaixo de 14 anos de idade.

Decerto, a proibição do casamento para menores abaixo de 16 anos de idade, introduzida em 2019 pela Lei nº 13.811/19, estende-se à união estável, muito embora os efeitos sejam distintos, caso ocorra esse casamento ou se inicie essa união. Tal proibição retira o consentimento do menor nessa idade como algo essencial ou considerável para a validação, existência ou proteção do ato.

É importante também identificar que os deveres impostos aos pais no exercício do poder familiar sujeitam a criança e o adolescente à sua supervisão e/ou permissão. É o caso acima mencionado da autorização para o casamento, mas não apenas isso. O "ir e vir", por exemplo, garantido pelo Estatuto, está condicionado a autorizações quando se fala principalmente de viagem para o exterior.

O poder familiar, exercido apenas pelos pais, assume um formato único de proteção tanto para crianças quanto para adolescentes e estabelece muito mais deveres que direitos.

De qualquer forma, a possibilidade de não só conceder algumas autorizações como de negar-lhes consentimento para a prática de determinados atos, por si só, demonstra que a vontade da pessoa menor de idade poderá ser tolhida, em nome de sua proteção.

De acordo com o que preceitua o art. 1.634 do Código Civil, a criança ou adolescente não poderá viajar ao exterior, ainda que sua vontade se expresse em ir; deverá atender ao regime de guarda e de convivência com os pais, que lhe foi fixado judicialmente, embora pessoalmente possa ter condições de resistir, sobretudo na adolescência; não poderá mudar sua residência ou domicílio para outro município de forma permanente, ainda que manifeste vontade; não opinará sobre eventual e futuro tutor que venha a assumir a responsabilidade consigo próprio, por declaração dos pais; estará sujeito aos valores de criação e educação direcionados pelos pais, devendo obediência a estes, razão pela qual suas escolhas ou crenças a esse respeito devem ser tolhidas pela decisão dos pais, que, por óbvio, deverá atender ao melhor interesse do menor. Esse interesse, até pela modulação de seu discernimento, não poderá corresponder ao seu simples desejo e vontade.

Capacidade e vulnerabilidade se distinguem na medida em que todo incapaz é presumidamente vulnerável, mas nem todo vulnerável é incapaz. A vulnerabilidade, repita-se, também tem a ver com um estado da pessoa que pode advir de discriminações históricas como as decorrentes de gênero, orientação sexual, raça ou mesmo de uma condição inerente, a exemplo da idade ou deficiência que possa retirar da pessoa o exato discernimento na prática de atos jurídicos.

O controle presencial para manter os cuidados por meio do poder familiar sempre foi muito claro e admitido em seu exercício pelos pais e também sempre reclamou a intervenção de terceiros, como a do próprio Estado, a partir do Ministério Público.

A análise remete a como se daria o exercício das liberdades desses incapazes na ambiência digital. Especificamente, há que se refletir sobre níveis inevitáveis de autonomia digital por esse sujeito, alguns deles promovidos pelo próprio Estado e outros viabilizados pela própria realidade digital.

Proteger, promover e defender direitos da criança e do adolescente, seres em formação dotados de personalidade, mas de capacidades relativizadas, é a função primordial do Estatuto da Criança e do Adolescente, que também se responsabiliza pelas garantias de acesso à educação por meio da inclusão digital.

As transformações decorrentes da revolução tecnológica já eram anunciadas, mas a pandemia de Covid-19 acelerou esse processo e muitas etapas de amadurecimento foram atropeladas. Com o isolamento, a educação teve que ser minimamente garantida por meios digitais, e a chamada *indústria 4.0* ofertou mecanismos e ferramentas voltados ao ensino-aprendizagem, propondo uma educação formativa e inclusiva, acompanhando as diversas fases da evolução tecnológica (descoberta, inovação, imersão, transformação e transição). O acesso a direitos fundamentais passou a depender dessas ferramentas.

Os novos paradigmas apontaram a necessidade de proteção daquilo que veio a aderir aos direitos de personalidade: os dados, que hoje detêm proteção garantida enquanto direito fundamental.

A Lei Geral de Proteção de Dados (LGPD) – Lei nº 13.709/18 –, anterior à Emenda Constitucional, tentou não descuidar da proteção das crianças e adolescentes ao prever, em seu art. 14, que o tratamento de seus dados pessoais deverá ser realizado em seu melhor interesse e desde que haja consentimento específico por ao menos um dos pais ou responsável legal.

Tal consentimento dos pais seria dispensado quando a coleta se fizesse necessária para contatar os pais ou responsáveis, mas sem a possibilidade de armazenamento ou transferência a terceiros. Seria também responsabilidade dos controladores a não condicionante ao fornecimento dos dados para a participação desses usuários em jogos ou outras atividades da internet, assim como a aferição quanto à autenticidade do consentimento, além do fornecimento de informações de forma simples e acessível, adequado ao entendimento da criança sobre o tratamento de tais dados.

Em sendo a proteção constitucional posterior à LGPD, há que se analisar se a lei ordinária realmente contempla a proteção desses seres e de seus direitos fundamentais relativos aos dados.

Reconhecer que há uma autonomia diferenciada para os incapazes no acesso de ferramentas digitais é inevitável. Restringir a compreensão desse acesso apenas aos mecanismos voltados à educação é hipocrisia, principalmente se a própria lei garante a esse sujeito uma série de liberdades, conforme adiante se verá.

Há uma espacialidade de fluxos de atuação dos seres humanos que foi facilitada pelas tecnologias da comunicação, que fomentam práticas sociais simultâneas a distância, cujo alcance em rede é inegável, não obstante sua maior ou menor intensidade possa depender de estágios de desenvolvimento de uma sociedade.

Para Castells, "o processo global de urbanização que estamos vivenciando no início do século XXI é caracterizado por uma nova arquitetura espacial constituída de redes globais que conectam grandes regiões metropolitanas e suas áreas de influência".[12]

---

[12] CASTELLS, Manuel. *A sociedade em rede*. 14. ed. Rio de Janeiro: Paz e Terra, 2022. p. 25.

Segundo o autor, ainda, "essa nova região metropolitana espacial da sociedade, inclui áreas urbanizadas e terras agrícolas, espaços abertos e áreas residenciais com altíssima densidade populacional e a sua principal característica é a conexão em rede entre o local e o global".

Em uma sociedade em rede, o *tempo também é atemporal*, porque decorre de uma perturbação sistêmica na sequência usual das práticas sociais, que passam a ser realizadas de forma simultânea, impulsionando uma ubiquidade.[13]

Esse *tempo atemporal* coexiste com o tempo biológico que nos acorrenta ao ritmo do corpo e da mente e determina a sequência de vida e morte. Ambos – o tempo biológico e o tempo atemporal – travam *uma luta fundamental entre a domesticação das forças tecnológicas desencadeadas pela engenhosidade humana e a nossa submissão coletiva ao autômato que fugiu do controle de seus criadores.*

Conforme visto, definiu-se na ambiência real que o tempo biológico da criança e do adolescente requer intervenção protetiva pela sua incapacidade presumida ao mesmo tempo que se deve estimular sua inserção nessa nova e inegável ambiência para fins de formação de sua personalidade e onde o tempo é atemporal.

Desde a revolução tecnológica mais intensa, pôde-se perceber as diferenças entre gerações na acessibilidade de outros ambientes, facilitada pela conexão imposta e que torna os seres humanos existencialmente híbridos, vivendo em duas simultâneas dimensões.

Diante disso, há uma necessidade de se rever o sistema de incapacidades, mormente diante do exercício de uma certa autonomia digital por crianças e adolescentes, permitida e utilizada socialmente em termos práticos e que supostamente seriam voltadas apenas para a sua educação, mas que, em verdade, trata-se de um acesso muito mais amplo, gerando a possibilidade de comprometimento de direitos fundamentais e danos que podem repercutir na esfera de sua personalidade, autorizando-o, inclusive, a transpor fronteiras sem que os representantes tenham sequer conhecimento.

Não se pode mais, assim, dissociar a pessoa humana física de seu corpo eletrônico, pois este seria um novo aspecto da pessoa natural. A escolha de uma identidade virtual na internet, por exemplo, vem sendo

---

[13] CASTELLS. *Op. cit.*, p. 33.

considerada elemento essencial do desenvolvimento da personalidade porque habita verdadeira nação.[14]

A maioria das comunidades virtuais, a exemplo do *Facebook e Instagram*, entre outras, exige que o usuário tenha ao menos 13 anos de idade, afastando a possibilidade de crianças, nos termos da lei, e incluindo adolescentes na elaboração de seu corpo eletrônico. Dessa forma, o meio digital proporciona uma autonomia diferenciada da autonomia física, e isso inclui a possibilidade, em certa medida, de autodeterminação informativa pelo usuário.

Os limites de permissão parentais estabelecidos pela LGPD podem ser ineficazes se não houver, por parte dos pais, uma vigilância permanente do acesso de seu filho menor às redes sociais que também não implique a promoção de sua exclusão ou invasão de privacidade.

Todavia, sendo a proteção da comunidade infantojuvenil de ordem pública e considerando a inevitável conectividade, a responsabilidade pelo extravio da finalidade dos dados pessoais não é apenas dos pais, mas também das plataformas e desses digitais, bem como do próprio Estado.

Seria possível, a partir da acessibilidade, reconhecer certa capacidade de fato ao adolescente a partir dos 12 anos de idade, já que pode dominar seu acesso em algumas redes, o que não lhe retira a vulnerabilidade e a necessidade protetiva, já que sua autonomia estaria também limitada pela lei e pela necessidade de consentimento de seus representantes legais para o fornecimento de dados, *quiçá* para a autorização de acessos.

No meio digital, todo o controle pensado e estabelecido para a saída do menor do território nacional parece ser inútil. Isso porque o menor transpõe fronteiras e se submete a outros riscos, que podem ser iguais ou piores do que estaria sujeito se fisicamente se deslocasse, sem consentimento, para outro país. A espacialidade do mundo digital está sendo desconsiderada e exige ressignificação dos deveres parentais, mas, como já mencionado, essa não é uma responsabilidade apenas dos pais, mas também do Estado e da sociedade.

A intenção de inserir progressiva autonomia para os filhos na assunção de responsabilidades em suas vidas propõe a formação de uma personalidade autônoma e capaz de se autossustentar pessoal

[14] FALEIROS, José Luiz de Moura; COLOMBO, Cristiano. A tutela jurídica do corpo eletrônico: alguns conceitos introdutórios. *In*: COLOMBO, Cristiano; *et al.* (Coord.) *Tutela jurídica do corpo eletrônico*: novos desafios ao direito digital. Indaiatuba (SP): Foco, 2022. p. 20.

e patrimonialmente ao atingir a maioridade e a capacidade jurídica plenas. De outro lado, a incapacidade presumida pela idade considera também uma imaturidade presumida para o discernimento e a consciência das consequências de seus atos.

Assim, quando a lei se refere à proteção da opinião da criança, não está admitindo o livre exercício de sua vontade para ir e vir, seja no mundo real, seja no mundo digital.

Se a humanidade civilmente capaz se encontra capturada em uma sociedade de vigilância e sujeita a danos a partir da apropriação inadequada de seus dados pessoais nas diversas relações civis, muito mais aquela que por lei é considerada incapaz ou mesmo vulnerável.

Importante lembrar o art. 21 do Código Civil, que estabelece que *vida privada da pessoa natural é inviolável, e o juiz, a requerimento do interessado, adotará as providências necessárias para impedir ou fazer cessar ato contrário a esta norma*. A referida regra, inclusive, teve uma interpretação pormenorizada conferida pelo Enunciado nº 404 da V Jornada de Direito Civil do Conselho Federal de Justiça, que assim dispôs:

> 404. A tutela da privacidade da pessoa humana compreende os controles espacial, contextual e temporal dos próprios dados, sendo necessário seu expresso consentimento para tratamento de informações que versem especialmente o estado de saúde, a condição sexual, a origem racial ou étnica, as convicções religiosas, filosóficas e políticas.

Se ao incapaz o consentimento é importante, mas é restrito, os responsáveis pela sua proteção deverão agir, sobretudo, no campo de sua educação doméstica e social visando investigar, prevenir e coibir inclusões digitais que comprometam sua privacidade.

3 Inclusão digital dos incapazes e possíveis danos

Recentemente foi veiculada notícia sobre plataformas educacionais que teriam monitorado e armazenado dados de seus alunos.

O relatório mundial Human Rights Watch aponta que no Brasil, em termos de educação, tanto o estado de Minas Gerais como o de são Paulo autorizaram produtos inseguros de aprendizado *online* durante a pandemia. Segundo o relatório, nove produtos monitoraram crianças *online*, fora do horário escolar, e transmitiram seus dados para empresas de tecnologia de publicidade, permitindo-lhes rastrear e direcionar crianças na internet. Até outubro de 2022, nenhum dos estados havia agido para proteger a privacidade das crianças.[15]

Houve a descoberta de sete *sites* educacionais que extraíram e enviaram dados de crianças para empresas terceirizadas usando tecnologias de rastreamento projetadas para publicidade. São eles: Estude em casa; Centro de Mídias da Educação de São Paulo; Descomplica; Escola Mais; Explicaê; MangaHigh; e Stoodi.

Segundo a pesquisadora Hye Jung Han, defensora de direitos e tecnologia da criança, *em vez de proteger as crianças, os governos estaduais permitem deliberadamente que qualquer pessoa as vigie e colete suas informações pessoais* online.[16]

Entre esses *sites*, o relatório afirma que quatro rastreiam crianças com mais intensidade que adultos.

A partir daí, e por meio de plataformas legitimadas pelo Poder Público, verifica-se a possibilidade de danos irreparáveis e riscos concretos à comunidade infantojuvenil, o que demonstra uma fragilidade inserta a um capitalismo monopolizado pelos grandes investidores da tecnologia e a ineficácia da LGPD na proteção desse ser.

A posse dos dados pessoais pode incluir mesmo os pensamentos, os desejos e as emoções e monopolizar, mais que uma suposta vontade, o próprio cérebro. Essa possibilidade já vem sendo reconhecida a partir do desenvolvimento exponencial de uma *neurotecnologia* que pode comprometer a liberdade cognitiva (retirando a opção pelo uso ou não de uma tecnologia neural), a privacidade mental (que pode ser captada por um reconhecimento facial, por exemplo) e a integridade mental (ninguém pode ser prejudicado pela neurotecnologia que possa subverter nossos processos decisórios) e mesmo a continuidade psicológica (direito de ser protegido de sua alteração cognitiva que incorpora sua personalidade), como bem adverte Marcello Ienca.[17]

Decerto, é um poder incalculável que precisa ser monitorado e urgentemente obstaculizado em muitos casos, com o cuidado de também não haver retrocessos a um autoritarismo extremo nas liberdades individuais.

---

15 BRAZIL: Events of 2022. *Human Rights Watch*, 2022. Disponível em: www.hrw.org/world-report/2023/country-chapters/brazil#de7a22. Acesso em: 3 abr. 2023.

16 BRAZIL: Events of 2022. *Human Rights Watch*, 2022. Disponível em: www.hrw.org/world-report/2023/country-chapters/brazil#de7a22. Acesso em: 3 abr. 2023.

17 IENCA, Marcello. We must expand human rights to cover neurotechnology. *ETH zürich*, 7 out. 2021. Disponível em: https://ethz.ch/en/news-and-events/eth-news/news/2021/10/marcello-ienca-we-must-expand-human-rights-to-cover-neurotechnology.html. Acesso em: 9 abr. 2023.

Serão gerações e gerações facilmente conduzíveis aos interesses de uma minoria detentora desse conhecimento e instrumental. A simples captação desses dados das crianças por meio de um sistema "educativo" já anuncia grandes riscos, bem como a impotência e a fragilidade da proteção estatal. Para além disso, o próprio exercício fático de uma autonomia do corpo eletrônico no uso das redes sociais pelo adolescente já o expõe de forma inexorável a tais riscos.

O acesso autorizado a dados cerebrais, mesmo que seja supostamente apresentado como sendo para a proteção, possibilita uma manipulação não ética. Por essa razão, o desenvolvimento de uma neuroética deve acompanhar o desenvolvimento de uma neurotecnologia.

Há também riscos na indústria do entretenimento, como os *video games*, especialmente voltados ao público infantojuvenil. De forma ativa ou passiva se controla a atividade cerebral com o propósito de controlar os *avatares* nos jogos, e, segundo especialistas, isso pode impactar na forma com que atuamos na vida real, levando a *gamificar* a vida ao extremo e promovendo na atividade diária um macroespaço lúdico onde se torna cada vez mais difícil diferenciar as ambiências digitais e reais.

Traduzir uma intenção como verdadeira e legítima a partir de uma conduta torna-se extremamente árduo para o direito, uma vez que essa conduta foi realizada mediante uma intenção manipulada. Por essa razão, haverá desdobramentos éticos a serem considerados e classificados, como uma ética dos dados, que envolve como estes são adquiridos, tratados e armazenados; uma ética algorítmica, que envolve como uma inteligência artificial interpreta os dados; e uma ética das práticas por meio de códigos de boas práticas para profissionais dessa ciência.[18]

Ana Frazão e Caitlin Mulholland trazem inúmeros exemplos ocorridos na China, entre eles o caso em que as crianças em uma escola usavam fones de ouvidos para serem detectadas em sua concentração nas atividades escolares. Tais dados seriam armazenados pelos professores para fins de possíveis avaliações de participação. Como crianças, recebem esses equipamentos sem se opor e sofrem inibição inconsciente a um direito próprio à dispersão.

Isso colide com um direito ao livre desenvolvimento da personalidade mencionada pela própria LGPD. Pensar na possibilidade de um artefato que retira um livre-arbítrio é admitir a possibilidade de certa vulnerabilidade neural.

---

[18] IENCA. *Op. cit.*

Além disso, esse tipo de intervenção, ainda que tolha o livre-arbítrio, pode trazer potencialidades consideradas benéficas que terminam por comprometer a igualdade e a democracia. Que diferenças isso geraria entre crianças potencializadas por essa manipulação e aquelas que não tiveram acesso aos mesmos meios?

A Constituição chilena, em recente modificação, incluiu a necessidade de regulação de tecnologia na incursão da atividade cerebral e alerta para a necessidade de proteção dos *neurodados*.

A moção da reforma foi sancionada em 25 de outubro de 2021, convertendo-se na Lei nº 21.383, que *modificou a Carta Fundamental para estabelecer o desenvolvimento científico e tecnológico ao serviço das pessoas.* Tal lei consta de um artigo único que modifica o número 1 do art. 19 da Constituição política da República do Chile, na seguinte forma:

> (...) O desenvolvimento científico e tecnológico estará ao serviço das pessoas e será realizado com respeito à vida e à integridade física e psíquica. A lei regulará os requisitos, condições e restrições para sua utilização nas pessoas, *devendo resguardar especialmente a atividade cerebral,* assim como a informação dela proveniente (...)[19]

Por fim, na análise dos riscos de possíveis danos às crianças e aos adolescentes, para além das falhas no sistema educacional remoto e da possibilidade de captura de neurodados e maior afetação na esfera do desenvolvimento da personalidade dos seres em formação, há que se considerar os impactos de uma inteligência artificial a exemplo do *ChatGPT*.

O GPT – *generative pre-trained transformer* – é um robô desenvolvido pela OpenAI – laboratório de pesquisa em inteligência artificial estadunidense – que fornece respostas próprias a partir de dados já armazenados e arrecadados de outras fontes.

O *ChatGPT* é uma ferramenta de inteligência artificial – assistente virtual – que consegue escrever textos e responder a questionamentos de forma criativa. Trata-se de uma tecnologia de linguagem natural. São várias as utilidades do *ChatGPT* para a otimização de funcionamento de empresas e empreendimentos, podendo, inclusive, superar barreiras linguísticas em conteúdos originais.

[19] PLAZA, María Isabel Cornejo. Neurodireitos no Chile: consagração constitucional e regulação das neurotecnologias. *Somos Ibero-América,* 1 fev. 2023. Disponível em: www.somosiberoamerica.org/pt-br/tribunas/neurodireitos-no-chile-consagracao-constitucional-e-regulacao-das-neurotecnologias. Acesso em: 10 abr. 2023.

Mas há várias interferências possíveis do direito aqui, entre elas a questão da proteção de dados e dos direitos autorais, e a possível responsabilidade civil dos conteúdos desenvolvidos.

O *ChatGPT* apresenta-se como uma nova geração de assistentes virtuais, como as preexistentes *Siri*, *Alexa* e o *Google assistent*, por exemplo. O *ChatGPT* tem condições de inclusive melhorar seu funcionamento partir de uma capacidade própria de aprendizagem. Há uma capacidade computacional maior que os demais anteriores porque aprende com base nas respostas que são dadas.

Os impactos são grandes na possibilidade de automação de tarefas, trazendo resultados mais positivos, de forma mais fácil e rápida, inclusive incentivando novas oportunidades de negócios, na medida em que é capaz de aferir, pelos dados, as maiores demandas.

Mas o que o *ChatGPT* pode representar para as crianças e adolescentes em formação? É possível que cause inibição de um raciocínio crítico natural da inteligência humana, no redimensionamento da formação dos coeficientes de inteligência. Já há uma geração menos inteligente que a geração de seus pais pela imobilização da capacidade crítica da produção do conhecimento, o que pode gerar possível *déficit* cognitivo.

Há respostas dadas que retiram a capacidade de raciocinar e podem ser fornecidas a partir de falsas representações, por exemplo.

A automação do conhecimento promovido por *chatbots* como o *ChatGPT*, que "cria" textos e orientações a partir de milhões de dados coletados, admite uma realidade que pode ser construída em falsas premissas. Embora possa definir valores éticos, a inteligência artificial calca-se na lógica e nos dados a serem buscados na provocação direcionada pelo usuário em prol de seus interesses e curiosidades. A partir daí, é factível a possibilidade de estímulo a valores contrários a um humanismo construído pelas sociedades democráticas, o que torna as futuras gerações um perigo para a própria humanidade.

As futuras gerações estariam sujeitas à possível manipulação que negligencia a história e a ciência, por exemplo, se essa inteligência se desenvolvesse e fosse construída a partir de dados amealhados de fatos que não ocorreram ou pior, se fossem calcadas em um valor positivo de condutas preconceituosas e discriminatórias que alimentam uma cultura do ódio. A capacidade de alcance dessa inteligência é fornecida pelos novos jogadores do mercado e o poder econômico controla democracias.

É fascinante o tipo de auxílio que o *ChatGPT* pode fornecer, mas, se não houver uma inteligência crítica capaz de filtrar as informações quanto à sua fidedignidade sobre a própria história e ciência, poderá comprometer a cognição de várias gerações.

Talvez por essa razão, e já vislumbrando um possível descontrole dessa inteligência artificial, agora não mais como uma ficção científica, mas uma realidade, a Itália anunciou restrições até que a ferramenta respeite os regulamentos do país europeu.[20]

Em movimento recente também, centenas de especialistas elaboraram um abaixo-assinado propondo uma pausa nos estudos de desenvolvimento da inteligência artificial, tendo em vista a possibilidade de que esta possa vir a superar os humanos. Trata-se de uma carta aberta lançada pelo grupo *Future of Life Institute*, composto de empresários, acadêmicos e pesquisadores, conclamando laboratórios de inteligência artificial a pausar os trabalhos por ao menos seis meses para um esforço conjunto de se estabelecer rigorosos protocolos de segurança.[21]

A pausa pode ser benéfica, apesar de poder encobrir outros propósitos não éticos e estritamente de interesse econômico.

4 Notas conclusivas

A autonomia, juridicamente considerada, precisa ser revisitada e repensada a partir das dimensões reais, presenciais e digitais, vivenciadas pelo ser humano.

Há, independentemente do mundo digital, um campo de atuação do incapaz que lhe confere, previamente, legitimidade para a validação de alguns atos jurídicos que lhe dizem respeito, flexibilizando ou relativizando possível anulabilidade ou nulidade do ato, pela incapacidade jurídica.

A tecnologia encontra-se ligada de forma irremediável à existência humana em sociedade, que se tornou refém de um modelo delineado por uma sociedade da informação. O acesso a bens, serviços e entretenimentos permitidos pelas redes e plataformas a partir dos 13 anos de idade e mesmo as autorizadas pelos pais e Estado, antes dessa idade, nas medidas educacionais do ensino remoto, coloca o menor incapaz

---

[20] ITÁLIA decide banir robô de conversas ChatGPT do país; entenda. *Tilt UOL*, 31 mar. 2023. Disponível em: www.uol.com.br/tilt/noticias/redacao/2023/03/31/italia-decide-banir-robo-de-conversas-chatgpt-do-pais-entenda.htm. Acesso em: 10 abr. 2023.

[21] JULIBONI, Márcio. ChatGPT é vilão? Veja a íntegra da carta em que Musk, Wozniak e mais de 1 mil pedem pausa nas pesquisas de IA. *Money Times*, 29 mar. 2023. Disponível em: www.moneytimes.com.br/chatgpt-e-vilao-veja-a-integra-da-carta-em-que-musk-wozniak-e-mais-de-1-mil-pedem-pausa-nas-pesquisas-de-ia. Acesso em: 10 abr. 2023.

no exercício de uma autonomia quase plena sobre os próprios dados, não obstante os limites legais estabelecidos, sem que haja o controle devido sobre a transferência e o armazenamento de tais dados.

Embora muitas plataformas "assegurem" que o acesso seja limitado, o fato é que há total fragilidade de controle pelas pessoas, órgãos e agentes legalmente responsáveis pela integridade física e mental da criança e do adolescente.

O sistema jurídico de incapacidades no Brasil e os deveres parentais descritos para o poder familiar tornam-se insuficientes para abordar as situações existenciais possíveis e comprometedoras da formação de personalidade da comunidade infantojuvenil.

A tecnologia entusiasma e traz otimização para diversas atuações e vertentes, cumprindo com seu papel instrumental, mas, ao mesmo tempo, fragiliza e pode trazer repercussões questionáveis aos valores humanistas construídos pelas democracias, porque submete, condiciona e imobiliza um pensamento crítico possível, o que é devastador para o sujeito que se encontra em formação de sua personalidade.

A autonomia do incapaz deverá ser reescrita na dimensão digital a partir da realidade de acessibilidade pelas grandes plataformas e na revisão do controle estatal e familiar para a elaboração de novos deveres parentais que possam interferir no meio educacional doméstico e social, no sentido de incentivar a pesquisa e a formação do pensamento crítico mediante a utilização de recursos que promovam uma avaliação humana crítica dos resultados a serem alcançados. Por essa razão, a revolução tecnológica só será positiva à humanidade se pautada por valores éticos e bioéticos já consolidados, sem os quais não há que se legitimar qualquer resultado.

A comunidade infantojuvenil é o futuro da humanidade, e sua proteção integral é resultado de uma construção histórica que o coloca no centro de importância da família e da sociedade. Negligenciar esse sujeito, em nome dos avanços tecnológicos, compromete de forma irremediável o futuro da humanidade.

Referências

ASTOBIZA, Aníbal Monasterio; AUSÍN, Txetxu; TOBOSO, Mario; FERRER, Ricardo Morte; PAYÁ, Manuel Aparício; LÓPEZ, Daniel. Traducir el pensamiento en acción: Interfaces cerebro-máquina y el problema ético de la agencia. *Revista de Bioética y Derecho*, n. 46, 2019. Disponível em: https://revistes.ub.edu/index.php/RBD/article/view/26862/29234. Acesso em: 27 jul. 2023.

BRASIL. Constituição da República Federativa do Brasil (1988). Disponível em: www.planalto.gov.br/ccivil_03/constituicao/Constituicao.htm#art5lxxix. Acesso em: 10 abr. 2023.

BRASIL. *Lei nº 10.406, de 10 de janeiro de 2002*. Código Civil Brasileiro. Disponível em: www.planalto.gov.br/ccivil_03/LEIS/2002/L10406.htm. Acesso em: 9 abr. 2023.

BRASIL. *Lei nº 13.708, de 14 de agosto de 2018*. Lei Geral de Proteção de Dados. Disponível em: www.planalto.gov.br/ccivil_03/_ato2015-2018/2018/lei/l13709.htm. Acesso em: 2 abr. 2023.

BRAZIL: Events of 2022. *Human Rights Watch*, 2022. Disponível em: www.hrw.org/world-report/2023/country-chapters/brazil#de7a22. Acesso em: 3 abr. 2023.

BRAZIL: Online Learning Tools Harvest Children's Data. *Human Rights Watch*, 3 abr. 2023. Disponível em: www.hrw.org/news/2023/04/03/brazil-online-learning-tools-harvest-childrens-data. Acesso em: 9 abr. 2023.

CASTELLS, Manuel. *A sociedade em rede*. 14. ed. Rio de Janeiro: Paz e Terra, 2022.

CRIANÇAS e adolescentes conectados ajudam os pais a usar a Internet, revela TIK Kids Online Brasil. *Cetic.br*, 23 jun. 2020. Disponível em: https://cetic.br/pt/noticia/criancas-e-adolescentes-conectados-ajudam-os-pais-a-usar-a-internet-revela-tic-kids-online-brasil/#:~:text=A%20TIC%20Kids%20Online%20Brasil,de%20crian%C3%A7as%20e%20adolescentes%20conectados. Acesso em: 27 jul. 2023.

ESPANHA. Agencia Española de Protección de Datos. *Neurodatos y neurotecnología: privacidad y protección de datos personales*. Disponível em: www.aepd.es/es/prensa-y-comunicacion/blog/neurodatos-y-neurotecnologia-privacidad-y-proteccion-de-datos-personales?fbclid=IwAR1TAUm02e-x_3Mo7fREbTtAXxbAs9A9HNMoCSlkt4olsC8lsvh34uo54n8. Acesso em: 9 abr. 2023.

FALEIROS, José Luiz de Moura; COLOMBO, Cristiano. A tutela jurídica do corpo eletrônico: alguns conceitos introdutórios. *In*: COLOMBO, Cristiano; *et al.* (Coord.) *Tutela jurídica do corpo eletrônico*: novos desafios ao direito digital. Indaiatuba (SP): Foco, 2022.

HAN, Byung-Chul. *Infocracia*: digitalização e a crise da democracia. Trad. Gabriel S. Philipson. Petrópolis: Vozes, 2022.

HOLANDA, Maria Rita de. *Parentalidade*: entre a realidade social e o direito. Belo Horizonte: Fórum, 2021.

IENCA, Marcello. We must expand human rights to cover neurotechnology. *ETH zürich*, 7 out. 2021. Disponível em: https://ethz.ch/en/news-and-events/eth-news/news/2021/10/marcello-ienca-we-must-expand-human-rights-to-cover-neurotechnology.html. Acesso em: 9 abr. 2023.

ITÁLIA decide banir robô de conversas ChatGPT do país; entenda. *Tilt UOL*, 31 mar. 2023. Disponível em: www.uol.com.br/tilt/noticias/redacao/2023/03/31/italia-decide-banir-robo-de-conversas-chatgpt-do-pais-entenda.htm. Acesso em: 10 abr. 2023.

JULIBONI, Márcio. ChatGPT é vilão? Veja a íntegra da carta em que Musk, Wozniak e mais de 1 mil pedem pausa nas pesquisas de IA. *Money Times*, 29 mar. 2023. Disponível em: www.moneytimes.com.br/chatgpt-e-vilao-veja-a-integra-da-carta-em-que-musk-wozniak-e-mais-de-1-mil-pedem-pausa-nas-pesquisas-de-ia. Acesso em: 10 abr. 2023.

PERLINGIERI, Pietro. *Perfis de Direito Civil*. 2. ed. Rio de Janeiro: Renovar, 2002.

PLAZA, María Isabel Cornejo. Neurodireitos no Chile: consagração constitucional e regulação das neurotecnologias. *Somos Ibero-América*, 1 fev. 2023. Disponível em: www.somosiberoamerica.org/pt-br/tribunas/neurodireitos-no-chile-consagracao-constitucional-e-regulacao-das-neurotecnologias. Acesso em: 10 abr. 2023.

PODCAST 21: Neurodireitos. [Locução de]: Ana Frazão e Caitlin Mulholland. [*S. l.*]: Direito digital, 1 mar. 2023. Disponível em: https://open.spotify.com/episode/0jWoGBcjcisQ13LNT2vQZM. Acesso em: 28 abr. 2023.

SARMENTO, Daniel. *Direitos Fundamentais e Relações Privadas*. Rio de Janeiro: Lumen Juris, 2004.

SCHREIBER, Anderson. *Manual de direito civil contemporâneo*. São Paulo: Saraiva, 2018.

TEIXEIRA, Ana Carolina Brochado; RODRIGUES, Renata de Lima. *O direito das famílias*: entre a norma e a realidade. São Paulo: Atlas, 2010.

VERONESE, Josiane Rose Petry; ROSSETO, Geralda Magelia de Faria. O Estatuto da Criança e do Adolescente trinta e um anos depois: a inclusão 4.0. *In*: TEIXEIRA, Ana Carolina Brochado; *et al.* (Coords.). *Infância, adolescência e tecnologia*: o estatuto da Criança e do adolescente na sociedade de informação. Indaiatuba (SP): Foco, 2022.

Informação bibliográfica deste texto, conforme a NBR 6023:2018 da Associação Brasileira de Normas Técnicas (ABNT):

HOLANDA, Maria Rita de. Autonomia infantojuvenil e danos na inclusão digital. *In*: EHRHARDT JÚNIOR, Marcos; CATALAN, Marcos; NUNES, Cláudia Ribeiro Pereira (Coord.). *Inteligência artificial e relações privadas*: relações existenciais e a proteção da pessoa humana. Belo Horizonte: Fórum, 2023. v. 2. p. 281-302. ISBN 978-65-5518-577-5.

"ISSO É TÃO *BLACK MIRROR*!": A DISTOPIA DE "*ARKANGEL*" E OS LIMITES AO EXERCÍCIO DA AUTORIDADE PARENTAL

MILTON PEREIRA DE FRANÇA NETTO

PATRÍCIA FERREIRA ROCHA

1 Introdução

"Isso é tão *Black Mirror*!" Comum em rodas de conversa que tratam de assuntos futuristas, a frase sintetiza o habitual espanto com a velocidade dos avanços tecnológicos, ao aludir à série britânica concebida pela rede de televisão pública Channel 4 e atualmente exibida na plataforma de *streaming* da *Netflix*.

Ao longo de 22 episódios e do filme interativo "*Bandersnatch*", a produção adota o formato de uma antologia composta pelo que se costuma denominar "*cautionary tales*" – ou seja, contos de advertência sobre os perigos do ímpeto modernizador humano, em que situações distópicas encontram-se assustadoramente próximas da realidade.

Nesse contexto, por meio da metodologia dedutiva, aliada à revisão bibliográfica e à pesquisa documental, o presente artigo destina-se a promover uma análise crítica de "*Arkangel*", o segundo episódio da quarta temporada de *Black Mirror*, sob a ótica do monitoramento excessivo de crianças e adolescentes, e da fixação de limites ao exercício da autoridade parental.

Almeja-se, a princípio, estabelecer os contornos narrativos da trama, a partir das interconexões entre três personagens centrais – a mãe,

Marie (Rosemarie DeWitt); a filha, Sara (Aniya Hodge/Brenna Harding); e o amigo, Trick (Owen Teague) – para, em seguida, identificar os elementos de linguagem cinematográfica empregados para retratar uma atmosfera de vigilância digital ininterrupta do público infantojuvenil.

Mais à frente, a partir do resgate histórico das teorizações acerca da relação entre homem e máquina, o trabalho busca delinear a atual conjuntura de neocolonialismo de dados e examinar a crescente expansão das soluções de inteligência artificial (IA), ao destacar os paralelos entre os usos ficcionais da tecnologia e as aplicações práticas em desenvolvimento ou funcionamento.

Ao final, diante da contemporânea configuração do instituto familiar, o texto pretende sublinhar os limites ao exercício da autoridade parental e a possibilidade de configuração de abuso do direito inseridas na produção artística em apreço, sob a perspectiva de resguardo aos direitos relacionados à dignidade, à educação, à intimidade, à privacidade e ao livre planejamento familiar.

2 "*Arkangel*" e o monitoramento parental abusivo

Produzida pela rede televisa britânica Channel 4 e atualmente disponibilizada no acervo de *streaming* da Netflix, a série *Black Mirror*[1] adota o formato antológico para apresentar uma série de fábulas modernas inspiradas pelas conexões entre o homem e a tecnologia.[2] Evocando um ambiente de distopia e mistério, a obra ilustra, de forma crítica e provocativa, os perigos que orbitam a digitalização da vida em sociedade.

Sob a direção de Jodie Foster e com roteiro de Charlie Brooker, "*Arkangel*",[3] o segundo episódio de sua quarta temporada, explora a temática da "criação-helicóptero" (*helicopter parenting*), em meio ao atual contexto de cibervigilância. A superproteção simboliza essa

---

[1] BLACK MIRROR. Criação: Charlie Brooker. Produção: Annabel Jones e Charlie Brooker. Reino Unido: *House of Tomorrow*, 2014. *Streaming*, son., color.

[2] Conforme apontado pelo criador da série, Charlie Brooker, o título "Black Mirror" remete ao reflexo que a tela de aparelho eletrônico (celular, *tablet* ou computador) produz sobre o usuário quando desligada, que se assemelha à configuração de um "espelho escuro". BACHMAN, Mara. Black Mirror: What The Show's Ominous Title Really Means. *Screen Rant*, 3 set. 2020. Disponível em: https://screenrant.com/black-mirror-show-title-meaning-explained. Acesso em: 28 fev. 2023.

[3] ARKANGEL (temporada 4, episódio 2). *Black Mirror*. Direção: Jodie Foster. Produção: Annabel Jones e Charlie Brooker. Reino Unido: House of Tomorrow, 2017. *Streaming* (52 min), son., color.

modalidade de gestão familiar, em que as figuras materna e/ou paterna microgerenciam os diversos aspectos que orbitam a existência da criança ou do adolescente, significativamente impactando seu desenvolvimento físico e emocional.[4]

Já em sua cena de abertura, a produção sugestiona a origem do controle exercido pela protagonista, Marie, sobre a filha, Sara, ao retratar a angústia da progenitora com possíveis complicações pós-parto da recém-nascida, que se mostrariam infundadas. O laço umbilical, alegoricamente presente nas engrenagens da vigilância ininterrupta (*i. e.* nos cabos de fibra óptica), nunca se mostrou verdadeiramente rompido.

Tal como na jornada de Alice no "País das Maravilhas", o périplo de Sara se inicia em um momento de lazer em um parque, onde resolve perseguir um animal que circulava pelas redondezas. Distraída pela conversa de uma amiga, Marie perde a criança de três anos de vista e imediatamente ingressa em um estado de desespero, apenas sanado com o auxílio de um transeunte que resgataria a menina nas imediações.

Como consequência desse evento traumático, a mãe decide visitar a empresa *high tech* Arkangel, voltada ao segmento de monitoramento infantil – aqui viabilizado pelo uso de implantes cerebrais. Em meio a suas modernas instalações, permeadas por telões ostentando lemas de proteção e segurança, a anestesista emerge com as orientações para a iniciação do sistema e a tranquiliza perante potenciais efeitos adversos, frisando que a coleta de *feedback* dos clientes apenas se destinaria à identificação das funções mais utilizadas da ferramenta.

Enquanto assiste a um desenho infantil, em uma cena que ironicamente espelha o cotidiano de milhares de famílias conectadas à *Netflix*, Sara não esboça qualquer reação à agulha inserida na lateral de seu crânio, responsável pelo irreversível alojamento do *chip* em seu cérebro. Dali em diante, a silenciosa invasão de seu corpo se repetiria por muitas vezes, representando a tônica da relação materno-filial em comento.

Inspirada pela entidade bíblica de quem empresta o nome, a organização futurista retratada oferece a ininterrupta vigília da criança por meio do dispositivo, que se mostra capaz de fornecer a sua geolocalização, a métrica de seus sinais vitais e a transmissão audiovisual daquilo por ela sensorialmente captado. Todas as

[4] GARCÍA, Carolina. "Pais-helicóptero" criam filhos incapazes e dependentes. *El País*, Madri, 22 jun. 2018. Disponível em: https://brasil.elpais.com/brasil/2018/06/20/actualidad/1529486353_430587.html. Acesso em: 28 fev. 2023.

informações são exibidas na tela de um *tablet*, que confere acesso à central de controle, o "cubo parental".

Entre as opções disponibilizadas pelo instrumento, a instalação de um filtro de moderação de conteúdo emerge como a mais controversa. Em cenários de elevação do nível de cortisol – usualmente motivados por circunstâncias de estresse e/ou violência –, o aparelho borra a captação visual e muta a arguição sonora da criança, sob o pretexto de a resguardar do perigo. Os encontros com o feroz cão dos vizinhos, tornado opaco aos olhos e ouvidos de Sara, exemplificam a aplicação do artifício no episódio.

Ao longo de seu ato inicial, focado no estágio da primeira infância, as benesses da ferramenta acabam acentuadas. Ciente das reduzidas taxas sanguíneas de ferro de Sara, a mãe promove sua suplementação alimentar. Mais à frente, notificações via celular disparadas pelo sistema alertam para o desmaio do avô, Russ – registrado pelo *chip* da neta –, e possibilitam seu rápido atendimento médico.

A personagem representa uma peça-chave à discussão estimulada pela narrativa, pregando o modelo de criação livre, em que "crianças poderiam ser crianças", junto à Marie. Por sua vez, ao rememorar um acidente sofrido em meio a tal estilo de paternidade, esta reforça a justificativa para o firme controle que exerce sobre seu rebento.[5]

Parece que a resposta ideal se situa no equilíbrio dos pais ou responsáveis legais ao pendularem em meio a tais perspectivas, consoante as necessidades da criança – como no vaivém de Sara no balanço do jardim de sua casa, que engenhosamente marca sua transição para a idade de nove anos.

Nessa fase, a menina passa a ser tratada com estranheza pelos colegas de escola, que a apelidam de "cabeça de *chip*", em virtude das limitações parentais já descritas. O anseio pelo pertencimento social e a típica curiosidade infantil movimentam a trama, aproximando-a de Trick,[6] um aluno mais velho e fascinado por conteúdos de violência – por ele exibidos, com entusiasmo, a todos no pátio do colégio, com exceção de uma inquieta Sara.

---

[5] Ao longo do diálogo, Russ mostra-se reticente à informação de que a implantação do *chip* e a utilização dos serviços relacionados ao cubo parental fizeram parte de um período de avaliação grátis (*free trial*).

[6] Do ponto de vista semiótico, a escolha pelo apelido "Trick" não se revela coincidência, dado que o termo se traduz, no português, como "armadilha". Por meio de tal referência, o roteirista consegue, de forma hábil, antecipar a cizânia em torno da personagem.

Dessarte, a frustração pela incapacidade de visualizar algo tão simples quanto o sangue humano – mesmo sob a forma de desenho – conduz a criança a mutilar-se com um lápis, em uma tentativa desesperada de transpor essa barreira ótica (e, ao mesmo tempo, social). Quando Marie se oferece para estancar o ferimento, é recebida com um violento tapa, que desencadeia a procura pelo aconselhamento de um terapeuta.

A desconexão de Sara com a realidade é simbolizada pela cena seguinte, em que o profissional lhe apresenta uma gravura de duas pessoas em conflito e questiona o que observa. Diante da resposta de que elas apenas estariam conversando e do diagnóstico negativo para o transtorno de espectro de autismo, Marie é orientada a desligar o filtro censurador da filha, para que esta passe a lidar de maneira independente com as situações de estresse inerentes ao cotidiano e essenciais ao seu pleno desenvolvimento.[7]

Como consequência, a normalidade – até então excepcional – passa a reger sua adolescência, com o salto temporal para os 15 anos sendo ilustrado no caminhar pela vizinhança, onde o cão, que antes a intimidava, agora se torna objeto de sua afeição.[8] Munida de maior autonomia e inserida nos círculos sociais colegiais, a jovem constrói uma relação de aparente confiança com a mãe, colocada à prova na sequência.

Apesar de inicialmente reticente, Sara aceita o convite de amigos para um passeio no lago local, alegando que participaria de uma "noite de filmes" na casa de Riley. Após não conseguir contatar a jovem pelo telefone e perceber que o evento inexistira, Marie cede aos anseios controladores e religa o cubo parental, retomando o poder de onisciência a longo adormecido. Primeiro, visualiza a real localização da filha. Em seguida, ativa a transmissão ao vivo do *chip* e a flagra em meio a uma relação sexual com Trick.

Nos dias seguintes, a matriarca mantém a vigilância silenciosa e flagra o consumo de entorpecentes pela dupla, após a notificação de "aumento de batimentos cardíacos" ser exibida no *tablet*. Decidida a

---

[7] Durante a sessão, o terapeuta comenta que o sistema de monitoramento infantil oferecido pela empresa "Arkangel" já teria sido banido na Europa e estaria próximo de ser descontinuado no local onde se passa o episódio, levando Marie a se questionar sobre os verdadeiros benefícios do produto.

[8] Diante da máxima de que "uma imagem vale mais que mil palavras", uma importante escolha de fotografia no episódio merece atenção. Ao se abaixar para interagir com o (agora dócil) cão dos vizinhos, a adolescente Sara é enquadrada por trás das grades que contém o animal – o que simboliza, sutilmente, a prisão invisível em que ela se encontra.

pôr fim ao relacionamento dos jovens, Marie realiza uma captura de tela de Trick a partir das gravações e promove a varredura do rosto em um *site* especializado de busca, que revela seu nome verdadeiro e a empresa onde trabalha.

Ao confrontá-lo no local, ela exibe o vídeo do supracitado momento íntimo no celular e pede ao rapaz que pare de ver Sara, sob a ameaça de denunciá-lo às autoridades. Indagada acerca da retomada do uso do sistema vigilante às escondidas, sem a ciência da filha, a personagem não oferece resposta.

O que se segue é o afastamento de Trick – característico do fenômeno de *ghosting*, em que uma das partes de um relacionamento passa, voluntariamente, a ignorar a outra – e o rompimento do casal, intercalado por um novo alerta do cubo parental. Valendo-se do recurso de roteiro da elipse, o episódio veicula a visita de Marie à farmácia e a preparação de uma vitamina para Sara com a adição do medicamento adquirido, para evidenciar a sua gravidez e a interrupção desta pela ingestão (involuntária) de um contraceptivo.

De maneira chocante, a ciência de tais fatos pela adolescente apenas ocorre por intermédio da enfermeira da escola, com os exames de testagem em relação aos sintomas de náusea que sentia. Ainda confusa pela notícia, Sara retorna para casa, encontrando a embalagem do remédio no lixo e o *tablet* no quarto de Marie. Ao acessar o histórico de visualizações do aparelho, depara-se com suas cenas de intimidade com Trick.

Chega-se, assim, ao clímax de "*Arkangel*", marcado pelo confronto entre mãe e filha. Inflamada pela apresentação da justificativa de que o monitoramento excessivo até então exercido garantiria sua proteção, Sara utiliza o aparelho para desferir poderosos golpes sobre Marie, ativando o filtro de censura para situações de estresse. Quando as imagens e os sons são finalmente retomados, Sara percebe a gravidade de seus atos e abandona a mãe inconsciente ao lado de um cubo parental inutilizável.

Em uma interessante rima narrativa, ao acordar, Marie revive angústia semelhante àquela ocasionada pelo desaparecimento da filha no início do episódio, mas agora sem qualquer possibilidade de rastreamento – quem está perdida, na verdade, é a própria mãe. Por sua vez, Sara começar a se encontrar, lançando-se em uma jornada de autodescoberta para longe de casa, onde finalmente seria capaz de desfrutar de liberdade e independência.

Sob a roupagem de um conto acerca da maternidade superprotetora, "*Arkangel*" sinaliza a miríade de riscos de uma vigilância digital ininterrupta, marcada pela incessante captura de dados. Várias das aplicações apresentadas já guardam paralelos na realidade, o que torna a distopia ficcional cada vez mais atual e demanda a compreensão de como se deu a consolidação dessa estrutura panóptica, regida pela IA. É o que se faz a seguir.

3 O futuro está aqui: a distopia de controle se torna real

As revoluções tecnológicas empreendidas no transcorrer dos dois últimos séculos ocuparam as mentes de grandes expoentes da Sociologia, da Filosofia e do Direito. Não obstante os sequenciais ciclos de inovação durante o período serem tratados, sob a lente econômica, como positivos, por propiciarem riquezas de maneira longeva, é inegável que dos movimentos também se depreendem graves prejuízos aos grupos mais vulneráveis, usualmente ignorados por aqueles beneficiados e/ou em posição de domínio.

Dessarte, a conjuração das reflexões interdisciplinares produzidas em tal ínterim auxilia a demarcação de seus principais acontecimentos – mais notadamente os recentes apogeus da internet e da IA –, assim como viabiliza a compreensão crítica de seus aspectos problemáticos e a antecipação dos passos seguintes.

Já no pós-Segunda Guerra Mundial, Jacques Ellul rechaçava o ímpeto mecanizador ao exprimir a advertência: "Deixe que a máquina tenha uma cabeça e ela derrubará tudo que não pode suportar seu enorme peso".[9] Contudo, aos olhos do pensador, o real fardo não residiria nessa manifestação física, mas sim na emancipação de sua fonte abstrata, a técnica. Tida como peça-chave ao progresso e resposta universal às aflições do homem, esta acabaria por subjugá-lo por meio de um blefe discursivo, mascarador de seus reais intentos nocivos de manipulação.[10]

Nas décadas seguintes, Marshall McLuhan e Manuel Castells abordaram pontos de inflexão tecnológica sob a ótica da comunicação. Partindo da metáfora da "galáxia de Gutenberg", que remetia aos

---

9 ELLUL, Jacques. *The Technological Society*. Trad. John Wilkinson. Nova York: Vintage Books, 1964. p. 42.

10 BARRIENTOS-PARRA, Jorge. Revisitando o pensamento de Jacques Ellul na sociedade do século XXI. *Scientiae Studia*, v. 13, n. 2, abr. 2015. Disponível em: https://repositorio.unesp.br/bitstream/handle/11449/158249/S1678-31662015000200425.pdf?sequence=1&isAllowed=y. Acesso em: 28 jul. 2023.

eventos que circundaram a invenção da prensa móvel, McLuhan detalhou como a transição das formas de interação (oral, textual e elétrica) modificou a organização do tecido social e sacramentou o regresso às nuances tribais, contribuindo com a formação de uma aldeia global assentada nos veículos audiovisuais do rádio e da televisão.[11]

Quase em tom premonitório, seus aforismos anteviram os desdobramentos da virada do milênio e, como consequência, acabaram por influenciar a concepção de "galáxia da internet" de Castells. Nela, instaurou-se, "pela primeira vez, a comunicação de muitos com muitos, em um momento escolhido, [e] em escala global", que delineou a ascensão da sociedade em rede.[12]

Imersos ao contemporâneo prisma digital, Alexandre Pimentel, José de Morais e Paloma Saldanha revisitam as lições acima ao examinarem o fenômeno do tecnopoder, encarado como uma inédita técnica de controle social, viabilizada pelo monitoramento e pela vigilância dos usuários, de forma sutil e ininterrupta. Em meio à profusão informacional do *Big Data* e à inércia regulatória, os autores pontuam a emergência do neocolonialismo, marcado pela forçosa adesão das pessoas aos termos e condições fixados para a fruição de serviços *online*, que, em contrapartida, fortalece o controle exercido por instituições governamentais e *big techs*.[13]

Nesse sentido, a economia digital – construída sob a égide neoliberal sedimentada no Consenso de Washington, acentuadamente favorável a tais empresas – transforma os dados pessoais em novas *commodities*, coletadas, tratadas e interpretadas para a previsão e a prescrição de comportamentos.[14]

---

11 MCLUHAN, Marshall. *La Galaxia Gutenberg*: génesis del "homo typographicus". Trad. Juan Novella. [*S. l.*]: Libre, 2014. p. 35-51.

12 Ao delimitar as ambições de sua obra, Castells reverbera, de forma cristalina, a contínua tensão entre os preceitos inovadores e protetivos, ao afirmar que "espero ainda que isso ajude a iluminar o caminho para melhorar nossa sociedade e estabilizar nossa economia – uma vez que *a volatilidade, a insegurança, a desigualdade e a exclusão social andam de mãos dadas com a criatividade, a inovação, a produtividade e a criação de riqueza nesses primeiros passos do mundo baseado na Internet*" (grifos nossos) (CASTELLS, Manuel. *A Galáxia da Internet*: reflexões sobre a Internet, os negócios e a sociedade. Trad. Maria Luíza X. de A. Borges. Zahar: Rio de Janeiro, 2015. p. 9).

13 PIMENTEL, Alexandre; MORAIS, José Luís Bolzan de; SALDANHA, Paloma Mendes. Estado de Direito e Tecnopoder. *Justiça do Direito*, v. 35, n. 3, set./dez. 2021, p. 6-43. Disponível em: https://bit.ly/3XVMy1N. Acesso em: 13 jan. 2023.

14 PIMENTEL, Alexandre; NUNES, Juliana Montarroyo Lima. O problema da proteção da privacidade diante da vulnerabilidade dos dados pessoais digitais: diagnóstico sobre o poder da governança algorítmica e os vieses cognitivos. *Revista Humanidades & Inovação*, v. 8, n. 48, p. 161-174. Disponível em: https://revista.unitins.br/index.php/humanidadeseinovacao/article/view/5688. Acesso em: 28 jul. 2023.

De maneira paralela, Éric Sadin sublinha o avanço da "siliconização do mundo", presente na voluntária importação dos mantras do Vale do Silício em países corrompidos pela demagogia dos *players* privados (*e.g.*, industriais e economistas) e pela complacência de autoridades públicas (*e.g.*, legisladores e administradores).[15]

Situado em meio à conjuntura descrita, "*Arkangel*" apresenta uma série de pontos de intersecção com a realidade. Ao permitir que a homônima empresa efetue o tratamento dos dados de Sara – de maneira lesiva a uma infinidade de preceitos éticos na área de proteção de dados pessoais –, Marie acaba selando o destino de ambas. Em um nível macro, a estrutura que instrumentaliza o monitoramento da criança permite o controle da própria mãe, revelando seus padrões de comportamento vigilante e suas preferências.

Como bem aponta o documentário "O Dilema das Redes",[16] também disponível na *Netflix*, quando o produto e/ou serviço digital é gratuitamente oferecido – tal como no período de *free trial* usufruído por Marie –, o verdadeiro item comercializado é o usuário. Embora não se atenha demasiadamente ao aspecto comercial, o episódio de *Black Mirror* também serve como alegoria para as plataformas de mídias sociais (*e.g.*, *Instagram, Twitter, Facebook* e *TikTok*), custeadas por anunciantes interessados em manter pessoas "reféns" das telas de aparelhos eletrônicos, como silentes espectadoras da vida alheia, pelo máximo de tempo possível.

As engrenagens desses ambientes virtuais são representadas pelos algoritmos de inteligência artificial, cujas soluções permeiam a narrativa aqui abordada. Originada na metade do século passado, com o fito de espelhar tarefas específicas associadas ao intelecto humano, a IA tem o condão de realizar análises, classificações e predições, e a capacidade de extrair e moldar conhecimento.[17]

Hoje, predominam as aplicações de aprendizado de máquina (*machine learning*), caracterizadas pela assimilação a partir de exemplos anteriores: ao serem alimentadas com dados, elas buscam a melhor

---

15 SADIN, Éric. *La silicolonizzazione del monde*: l'irresistible expansione del liberismo digitale. Trad. Daniele Petruccioli. Turim: Giulio Einaiudi, 2018. p. 18-22.

16 O DILEMA DAS REDES. Direção: Jeff Orlowski. Produção: Larissa Rhodes. Estados Unidos: Netflix, 2020. *Streaming*, son., color.

17 BORGESIUS, Frederik Zuiderveen. *Discrimination, artificial intelligence, and algorithmic decision-making*. Estrasburgo: Council of Europe, Directorate General of Democracy, 2018. Disponível em: https://rm.coe.int/discrimination-artificial-intelligence-and-algorithmic-decision-making/1680925d73. Acesso em: 10 abr. 2023; SILVA, Fabrício Machado da; *et al. Inteligência artificial*. Porto Alegre: SAGAH, 2019. p. 17.

forma de se chegar a determinado resultado, sem terem sido programadas especificamente para tanto. Dessarte, são capazes de revelar a solução otimizada para um problema, permitindo a futura difusão desta para tantos outros.[18]

A implementação da técnica de *machine learning* é visualizada no início da trama, quando Sara se mostra entretida por um desenho infantil exibido nas instalações da *Arkangel*. A fixação do público mirim por esse tipo de conteúdo, hospedado em serviços de *streaming* (*e.g.*, *Amazon Prime* e *Disney Plus*) e *video apps* (*e.g.*, *YouTube Kids*), é fruto de uma criteriosa curadoria executada por meio de algoritmos de recomendação, fortemente influenciados pela lógica comercial mencionada.

Outrossim, o monitoramento viabilizado pelo *chip* e gerenciado por meio do cubo parental ficcional não se mostra tão distante. A função de geolocalização está ao alcance de um clique, em aplicativos como *Uber*, *Waze* e *WhatsApp*. Universidades unem forças para impulsionar os avanços na área médica, com soluções inteligentes que permitem a precisa aferição dos batimentos cardíacos de bebês prematuros[19] e da pressão arterial de adultos[20] – remotamente, a partir de gravações em vídeo –, colhendo bons resultados.

Até mesmo o perturbador atributo de captar o que uma pessoa enxerga, símbolo da jornada orwelliana de Sara, começa a se tornar factível. O algoritmo de IA generativa *Stable Diffusion*, com funcionamento similar às ferramentas de conversão de texto em imagem (*e.g.*, *Midjourney* e *DALL-E* 2), revela-se capaz de ler escaneamentos cerebrais e reproduzir, com notável fidelidade, imagens previamente visualizadas pelos usuários. Em oposição ao tom soturno da série, cientistas conjecturam acerca do emprego benéfico de tal aptidão, como na melhoria da comunicação de pessoas com paralisia cerebral.[21]

Em seu ato derradeiro, o episódio aborda outras áreas de aplicação da inteligência artificial. Durante a descoberta da identidade

---

[18] HOFFMAN-RIEM, Wolfgang. *Teoria geral do direito digital*: transformação digital: desafios para o direito. Rio de Janeiro: Forense, 2021. p. 35-37.

[19] INTELIGÊNCIA ARTIFICIAL monitora sinais de vida de bebês prematuros. *Estadão*, 18 out. 2021. Disponível em: https://summitsaude.estadao.com.br/tecnologia/inteligencia-artificial-monitora-sinais-vitais-de-bebe-prematuro. Acesso em: 25 abr. 2023.

[20] FRAGA JÚNIOR, Rubens de. Inteligência artificial e câmeras para medir a pressão arterial. *Medicina S/A*, 2 jan. 2023. Disponível em: https://medicinasa.com.br/ia-e-pressao-arterial. Acesso em: 25 abr. 2023.

[21] NAHAS, Kamal. AI re-creates what people see by reading their brain scans. *Science*, 7 mar. 2023. Disponível em: www.science.org/content/article/ai-re-creates-what-people-see-reading-their-brain-scans. Acesso em: 26 abr. 2023.

de Trick e de seu local de trabalho, Marie acessa o *website* "*Face Seeker*", idêntico a instrumentos de reconhecimento facial, como o *PimEyes* e o *Google Lens*, facilmente encontrados.[22]

O ambiente escolar, central para o desenrolar da história, também representa um fértil terreno para soluções do tipo. No recente evento "*ASU+GSV Summit 2023*", voltado ao segmento do aprendizado digital, Bill Gates opinou que IAs como o *ChatGPT* serão capazes, no decorrer dos próximos 18 meses, de se igualar ao papel de tutores humanos em atividades de ensino como a leitura, a escrita e a matemática.[23]

Por fim, vê-se, na detecção precoce da gravidez de Sara, um fragmento do poderio da IA na geração de prognósticos. A análise preditiva de consumidoras gestantes, executada pela varejista *Target* a partir dos hábitos de compra de suas clientes, tornou-se um dos casos mais controversos na última década.[24] Já sob um prisma positivo, soluções de *machine learning* vêm sendo empregadas para antecipar possíveis riscos de complicações no parto, com base em dados coletados nos exames cervicais rotineiros que são executados junto às progenitoras.[25]

Delinear tais paralelos entre ficção e realidade faz-se essencial à compreensão de que as soluções tecnológicas apresentadas em "*Arkangel*", notadamente direcionadas ao exercício abusivo do controle, não podem ser encaradas como meros elementos de uma longínqua narrativa distópica.

Do ponto de vista protetivo, a regulação da pletora de aplicações da IA, cada vez mais enraizadas ao cotidiano, torna-se indispensável. Ainda infante quanto ao disciplinamento de certos domínios – como evidenciado pelo rebento composto do Marco Civil da Internet (2014), da Lei Geral de Proteção de Dados Pessoais (2018) e do Marco Legal das *Startups* (2021) –, o Brasil se movimenta em tal direção.

---

22 EDWARDS, Wagner. PimEyes: 5 alternativas ao programa de reconhecimento facial. *Olhar Digital*, 13 mar. 2023. Disponível em: https://olhardigital.com.br/2023/03/13/internet-e-redes-sociais/pimeyes-5-alternativas-ao-programa-de-reconhecimento-facial. Acesso em: 25 abr. 2023.

23 SCHENDES, William. Bill Gates: IA ensinará crianças a ler e escrever. *Olhar Digital*, 26 abr. 2023. Disponível em: https://olhardigital.com.br/2023/04/26/pro/bill-gates-ia-ensinara-criancas-a-ler-e-escrever. Acesso em: 26 abr. 2023.

24 DUHIGG, Charles. How Companies Learn Your Secrets. *New York Times Magazine*, Nova York, 16 fev. 2022. Disponível em: https://www.nytimes.com/2012/02/19/magazine/shopping-habits.html. Acesso em: 26 abr. 2023.

25 BOVE, Tristan. Artificial intelligence is being used to accurately predict women's childbirth risks. *Fortune*, 2 set. 2022. Disponível em: https://fortune.com/2022/09/02/artificial-intelligence-used-to-predict-women-labor-outcomes-pregnancy. Acesso em: 25 abr. 2023.

Nesse sentido, merece destaque o trabalho promovido pela Comissão de Juristas Responsável por Subsidiar a Elaboração de Substitutivo sobre Inteligência Artificial no Brasil (CJSUBIA). O documento resultante desse valioso esforço coletivo sistematiza o disciplinamento da tecnologia de propósito geral, em meio à multiplicidade de propostas sobre a matéria (Projetos de Lei nº 5.051/19, 21/20 e 872/21).[26]

Convém, portanto, aguardar os desdobramentos futuros em relação a esse marco legal da IA, imbuído de importantes preceitos protetivos dos usuários e indispensável ao salutar desenvolvimento de suas variadas aplicações, e, no intervalo, analisar os balizamentos que circundam as manifestações da autoridade parental.

4 Limites ao exercício da autoridade parental na era digital

Quando o episódio "*Arkangel*" aborda a implantação permanente de um dispositivo de monitoramento no cérebro de uma criança pela própria mãe, isso nos faz questionar se cabe conferir exclusivamente aos pais a decisão sobre o modo de educar e criar os filhos, segundo as próprias concepções pessoais e valores que elegeram como prioritárias para a família, independentemente dos padrões sociais e jurídicos vigentes,[27] o que resulta em uma discussão sobre os limites ao exercício da autoridade parental.

Em razão das transformações ocorridas na própria concepção e estrutura da família contemporânea, hoje considerada local de afeto e ambiente de realização e promoção da dignidade de cada um dos seus membros, a autoridade dos pais sobre os filhos menores deixou de ser um poder absoluto e indiscriminado, exercido no interesse prioritário do chefe da família, para se converter em um múnus, em espaço delimitado e fundado em uma simples superioridade hierárquica, em que se ressaltam deveres e responsabilidades visando atender ao melhor interesse dos filhos. Compreende, pois, uma "autoridade temporária, exercida até a maioridade ou emancipação dos filhos",[28] com a finalidade de promover seu desenvolvimento como pessoa.

---

[26] BRASIL. Senado Federal. *Relatório Final Comissão de Juristas Responsável por Subsidiar a Elaboração de Substitutivo sobre Inteligência Artificial no Brasil*. Brasília (DF): Senado Federal, 6 dez. 2022.

[27] TEIXEIRA, Ana Carolina Brochado. Autoridade parental e o aspecto finalístico de promover o desenvolvimento e bem-estar da criança e do adolescente. *In*: MENEZES, Joyceane Bezerra de; MATOS, Ana Carla Harmatiuk. *Direito das famílias*: por juristas brasileiras. 2. ed. Indaiatuba (SP): Foco, 2022. p. 422.

[28] LÔBO, Paulo. *Direito Civil*: famílias. 10. ed. São Paulo: Saraiva, 2020. p. 310-311. v. 5.

Com efeito, em decorrência do reconhecimento do princípio da dignidade humana, a criança passou a ser vista como sujeito de direitos, e não mais como mero espectador do núcleo familiar, fato que influenciou na adoção do princípio do melhor interesse da criança em diversos tratados e constituições, os quais se atentam à situação de vulnerabilidade do ser humano em desenvolvimento.[29]

Nesse sentido, de acordo com o art. 3º da Lei nº 8.069/90, a criança e o adolescente gozam de "todos os direitos fundamentais inerentes à pessoa humana", sem prejuízo da sua proteção integral, a fim de lhes facultar o "desenvolvimento físico, mental, moral, espiritual e social, em condições de liberdade e de dignidade". Ademais, devem ter resguardado o "direito à liberdade, ao respeito e à dignidade como pessoas humanas em processo de desenvolvimento e como sujeitos de direitos civis" (art. 15), elucidando o legislador que o direito ao respeito "consiste na inviolabilidade da integridade física, psíquica e moral da criança e do adolescente, abrangendo a preservação da imagem, da identidade, da autonomia, dos valores, ideias e crenças, dos espaços e objetos pessoais" (art. 17). À criança e ao adolescente também assiste o direito de serem educados e cuidados (art. 18-A), obrigação que recai primariamente sobre os pais, como decorrência do princípio da parentalidade responsável. Por essa razão, o art. 22 da Lei nº 8.069/90 prescreve que incumbe aos pais "o dever de sustento, guarda e educação dos filhos menores".[30]

Acontece que o exercício desse dever de dirigir a educação e criação dos filhos (art. 1.634, I, Código Civil) deve estar funcionalizado aos interesses da criança e do adolescente e à formação de sua personalidade, abrangendo todas as medidas que permitam ao filho aprender a viver em sociedade. Cabe aos pais preparar o filho para a vida adulta, "repassando seus ideários de vida, de ética, valores morais, sociais e afetivos, com as correções de desvios porventura surgidos durante a caminhada para a maturidade e boa formação humana",[31] mas sempre levando em consideração a proteção da criança e do adolescente,

---

[29] QUADRA, Ana Laura Vidal; MAZZO, Anna Carolina Aguero; SALME, Raiane de Lima. O exercício responsável da autoridade parental à luz do melhor interesse da criança. *In*: PEREIRA, Rodrigo da Cunha (Coord.). *Direito das famílias e sucessões*: concurso de artigos. Belo Horizonte: IBDFAM, 2017. p. 284

[30] BRASIL. *Lei nº 8.069, de 13 de julho de 1990*. Disponível em: www.planalto.gov.br/ccivil_03/leis/L8069.htm. Acesso em: 28 jul. 2023.

[31] MADALENO, Rolf. *Direito de família*. 7. ed. rev., atual. e ampl. Rio de Janeiro: Forense, 2017. p. 694.

posto que suscetíveis de vulneração, em razão de suas circunstâncias individuais, além do respeito às suas inclinações naturais e aspirações.

A autoridade parental, portanto, deve ter por escopo "a promoção das potencialidades criativas e humanas dos filhos", proporcionando-lhe "um crescimento biopsiquicamente saudável, para que possa se estruturar como sujeito, dotado de autonomia responsável",[32] ou seja, deve funcionar como "veículo propulsor de paulatina aquisição de discernimento e maturidade"[33] daqueles.

Ocorre que nem sempre os pais, no exercício da autoridade parental, agem em conformidade com os interesses dos filhos, o que pode implicar abuso do direito. Nessa perspectiva, Rafael da Silva Rocha define o abuso do direito como "o exercício contrário ao fundamento axiológico-material do direito, que existe ao lado da sua estrutura formal definidora", fazendo que o direito seja apenas "aparente se exercido de modo contrário aos princípios que contêm os valores fundamentais do ordenamento".[34] Assim, segundo o citado autor, o ato é abusivo se o sujeito excede os limites internos do direito, compreendidos como "o fim social ou econômico de um direito considerado elemento de sua própria natureza". Por essa razão, qualquer ato dos pais que atinja a esfera jurídica dos filhos menores "somente será merecedor de tutela se for adequado para realizar a dignidade do titular em uma relação de meio e fim".[35]

No caso do episódio "*Arkangel*", a mãe, no afã de assegurar segurança e proteger a filha de informações e cenas que considera inapropriadas ou perturbadoras, acaba por cometer abuso no exercício da autoridade parental, em face do controle excessivo executado por meio do cubo parental, pois a implantação não consentida do *chip* cerebral lhe permite monitorar todos os movimentos e restringir o que a filha pode ver e experimentar, limitando sua capacidade de aprender a tomar decisões independentes e lidar com riscos e desafios, ou seja, impedindo-a de desenvolver a própria visão de mundo. Em outras palavras, a mãe achava

---

32 TEIXEIRA. *Op. cit.*, 2022. p. 429.

33 TEIXEIRA, Ana Carolina Brochado; RODRIGUES, Renata de Lima. Regime das incapacidades e autoridade parental: qual o legado do estatuto da pessoa com deficiência para o direito infantojuvenil. *In*: TEIXEIRA, Ana Carolina Brochado; DADALTO, Luciana. *Autoridade parental*: dilemas e desafios contemporâneos. Indaiatuba (SP): Foco, 2019. p. 27.

34 ROCHA, Rafael da Silva. Abuso do direito nas relações existenciais: uma adaptação conceitual. *In*: TEPEDINO, Gustavo (Org.). *Pensamento crítico do direito civil brasileiro*. Curitiba: Juruá, 2011. p. 181.

35 ROCHA. *Op. cit.*, p. 191.

que estava protegendo sua filha, mas, na verdade, estava privando-a da liberdade de explorar e crescer como indivíduo.

Sobre o assunto, Ana Carolina Brochado Teixeira ensina que "propiciar ao filho sua autonomia de forma responsável equivale exatamente a respeitar o processo de aquisição de discernimento e de maturação do menor, de modo que, paulatinamente, ele tenha condições de fazer suas escolhas sozinho",[36] como instrumento da concretização da sua dignidade. A dignidade, pois, tem como função limitar a atuação também da família em situações existenciais para que seja garantido tal espaço único de decisão pessoal.[37]

Acrescente-se que a atividade educativa também deve ser composta do "diálogo com o menor e [d]o confronto com sua individualidade, não sendo um processo unilateral de imposições e autoritarismos parentais".[38] Acontece que a filha é monitorada sem seu conhecimento ou consentimento. Nesse aspecto, a criança e o adolescente, mesmo sendo, presumidamente, considerados relativa ou absolutamente incapazes em razão da idade (arts. 3º e 4º, Código Civil), têm direito de manifestar oposição e exercer seus direitos em face de qualquer pessoa, inclusive de seus pais. É o que prescreve a Convenção sobre os Direitos das Crianças de 1989:

> Art. 12º
> 1. Os Estados Partes *garantem à criança com capacidade de discernimento o direito de exprimir livremente a sua opinião sobre as questões que lhe respeitem, sendo devidamente tomadas em consideração as opiniões da criança, de acordo com a sua idade e maturidade.*
> 2. Para este fim, *é assegurada à criança a oportunidade de ser ouvida nos processos judiciais e administrativos que lhe respeitem,* seja diretamente, seja através de representante ou de organismo adequado, segundo as modalidades previstas pelas regras de processo da legislação nacional. (*grifos nossos*)[39]

Para Paulo Leporé, negar a autonomia progressiva de crianças e adolescentes é ignorar a doutrina da proteção integral e o fato de,

---

36 TEIXEIRA. *Op. cit.*, 2022, p. 429.

37 TEIXEIRA, Ana Carolina Brochado. Autonomia existencial. *Revista brasileira de direito civil*, v. 16, p. 124, 2018.

38 TEIXEIRA. *Op. cit.*, 2022, p. 428.

39 ORGANIZAÇÃO DAS NAÇÕES UNIDAS. *Convenção sobre os Direitos da Criança.* Disponível em: www.unicef.pt/media/2766/unicef_convenc-a-o_dos_direitos_da_crianca.pdf. Acesso em: 28 jul. 2023.

especialmente, os adolescentes "serem pessoas em estágio peculiar de desenvolvimento que, progressivamente, vão ganhando amadurecimento e ganhando autonomia, posicionando-se como seres capazes e pensantes, inclusive arcando com as consequências de todos os seus atos".[40] Por esse motivo, nas situações existenciais, que se referem exclusivamente à personalidade da criança e do adolescente, sua vontade não pode mais ser ignorada nem tampouco o exercício de tais direitos atribuídos exclusivamente a seus pais, afinal, "a criança e o adolescente são sujeitos de direitos que não podem ser negados pelo exercício do poder familiar".[41]

Sobre o exercício gradual da autonomia por crianças e adolescentes, alerta Nelson Rosenvald acerca da necessidade de observação da regra da proporcionalidade, a fim de estabelecer parâmetros sobre quais pessoas e em quais condições e matérias a autonomia alcançará maior ou menor espaço de liberdade, sendo "a idade apenas mais uma pauta a ser considerada na ponderação, pois prevalecerá o conceito empírico e essencialmente mutável de maturidade suficiente para a prática do concreto ato". Explica o autor que, por consequência, "idades cronologicamente iguais não importarão em capacidades idênticas para os atos da vida civil", sendo imprescindível a "prévia escuta da criança ou adolescente nas questões que firam os seus atributos existenciais, sendo-lhes concedido um assistente sempre que depoente em um conflito de interesses com os seus pais". E arremata, afirmando que

> por mais que a opinião infantil não se mostre determinante, em função do peso que ela manifesta na formação do conceito do interesse superior da criança, caberá ao magistrado aportar argumentos de peso que justifiquem a manifestação em sentido diverso àquela colhida da pessoa mais interessada na decisão.[42]

---

[40] LEPORÁ, Paulo. Capacidade progressiva de crianças e adolescentes: o exercício pessoal de direitos antes da maioridade civil. *In*: PEREIRA, Rodrigo da Cunha; DIAS, Maria Berenice (Coords.). *Família e sucessões*: polêmicas, tendências e inovações. Belo Horizonte: IBDFAM, 2018. p. 270.

[41] MORAES, Maria Celina Bodin de. Capacidade e direitos dos filhos menores. *In*: MENEZES, Joyceane Bezerra de; DE CICCO, Maria Cristina; RODRIGUES, Francisco Luciano Lima (Coords.). *Direito Civil na legalidade constitucional*: algumas aplicações. Indaiatuba (SP): Foco, 2021. p. 220.

[42] ROSENVALD, Nelson. *Direito civil em movimento*: desafios contemporâneos. 2. ed. Salvador: Juspodivm, 2018. p. 120.

Esse exercício gradual da autonomia de crianças e adolescentes importará, por conseguinte, em uma gradação da autoridade parental, que deve ser "vista como processo",[43] no qual aos filhos é reconhecida uma "'liberdade orientada', cujo raio de amplitude de seu exercício aumenta à medida que aumenta seu discernimento".[44] Assim, no exercício da autoridade parental, não cabe mais aos pais simplesmente substituir a vontade dos filhos, subjugando-se um sujeito a outro, na medida em que às crianças deve ser reconhecido, como titulares de direitos existenciais e em prol da realização de seus próprios interesses, ao menos o direito a serem ouvidos, tornando-se "copartícipes das diretrizes da própria vida".[45]

Como o *chip* cerebral consegue captar dados, informações, falas e imagens a distância, sem conhecimento ou consentimento da filha quanto ao compartilhamento de suas informações pessoais com terceiros, ainda que seja sua mãe, isso também importa em violação à sua privacidade e intimidade. Nesse sentido, toda pessoa, incluindo a criança e o adolescente, possui duas dimensões: a social e a privada, sendo reconhecido, nessa segunda, "um espaço residual de não devassa da vida pessoal e particular do indivíduo, sem o que, como se viu, manca condição própria a seu desenvolvimento como e enquanto pessoa humana".[46]

Ainda que se reconheça aos pais um dever de fiscalização e vigilância no processo de criação e educação dos filhos menores, o exercício da autoridade parental deve ser contextualizado em conformidade às próprias condições pessoais do filho menor, o que permitiria uma maior ou menor relativização da esfera da privacidade e da intimidade de crianças e adolescentes. Não é possível admitir, contudo, a prerrogativa de, em qualquer circunstância, os pais promoverem violações desarrazoadas à privacidade e à intimidade dos filhos, pois a tutela dos direitos da personalidade é inerente à pessoa, independentemente de sua situação de capacidade para o exercício pleno e exclusivo dos atos da vida civil.

---

43 TEIXEIRA. *Op. cit.*, 2022, p. 437.

44 TEIXEIRA. *Op. cit.*, 2022, p. 429.

45 TEIXEIRA; RODRIGUES. *Op. cit.*, p. 28.

46 GODOY, Claudio Luiz Bueno de. Privacidade familiar entre cônjuges, pais e filhos. *In*: MARTINS, Ives Gandra da Silva; PEREIRA JÚNIOR, Antonio Jorge (Coords.). *Direito à privacidade*. Aparecida (SP): Ideias & Letras, 2005. p. 127.

Além de fatos do seu dia a dia, o monitoramento remoto acabou por violar o direito à privacidade sexual, que envolve o direito das pessoas de tomar decisões informadas sobre sua vida sexual e reprodutiva, sem a interferência indevida de terceiros, incluindo a família. Contrariando esse direito, a mãe teve acesso às imagens da primeira relação sexual da filha, impôs, por meio de chantagem ao namorado, o término do seu relacionamento amoroso e, ao tomar conhecimento de sua gravidez precoce, introduziu medicamento contraceptivo de emergência na sua vitamina matinal, impedindo a filha de tomar decisões informadas sobre a própria vida e corpo.

Sobre o assunto, alertam Marianna Chaves e Raphael Carneiro Arnaud Neto que os pais devem reconhecer a autonomia na organização da própria vida dos filhos, liberdade que "também deve estar presente no âmbito do desenvolvimento da sexualidade, desde que não coloque em risco a saúde ou a vida do adolescente", ressaltando que não se deve confundir "sexualidade com sexualização ou erotização precoce das crianças, que termina expondo-as a conteúdos para os quais ainda não possui capacidade de assimilação, já que não fazem parte daquela fase de desenvolvimento da pessoa".[47] Por essa razão, defendem os autores que "como, quando e com quem iniciar a vida sexual deve ser uma escolha pessoal de cada um, e não dos pais, dos parentes ou quaisquer outras pessoas",[48] acrescentando que

> O corpo pertence aos adolescentes e a sexualidade de cada um deve ser exercitada de acordo com as suas vontades e a sua autodeterminação, sem constrangimentos ou imposições por parte de terceiros, inclusive dos pais. Estes têm, no entanto, o dever de promover uma comunicação aberta, de maneira a orientar os filhos e estimular achegamento emocional, confiança e cumplicidade entre os adultos e os jovens.[49]

Ademais, a atitude materna acabou por vulnerar o direito ao livre planejamento familiar, uma vez que a decisão de ter ou não um filho é um direito que deve ser exercido pela própria pessoa, de forma consciente e responsável. Nesse aspecto, o documento intitulado "Cuidando de adolescentes: orientações básicas para a saúde sexual e

---

[47] CHAVES, Marianna; ARNAUD NETO, Raphael Carneiro. Autoridade parental e sexualidade das crianças e adolescentes. *In*: TEIXEIRA, Ana Carolina Brochado; DADALTO, Luciana. *Autoridade parental*: dilemas e desafios contemporâneos. Indaiatuba (SP): Foco, 2019. p. 190-192.

[48] CHAVES; ARNAUD NETO. *Op. cit.*, p. 199.

[49] CHAVES; ARNAUD NETO. *Op. cit.*, p. 199.

a saúde reprodutiva",[50] publicado em 2016 pelo Ministério da Saúde, coloca a adolescente gestante como protagonista no processo decisório, deixando os familiares como meros "apoiadores afetivos", com o papel de "acompanhar e dar afeto, e não ter a decisão final a respeito da condução do acompanhamento da gravidez",[51] até porque os adolescentes podem ser atendidos sem a presença destes, se assim preferirem. Somente em caso de interrupção voluntária da gravidez, nas situações admitidas na legislação brasileira e havendo indicação de sua realização, estabelece o documento a necessária presença de um dos pais ou responsáveis, excluindo-se as situações de urgência, quando há risco de vida iminente, e em casos de violência sexual.[52]

Em conclusão, é facultado aos pais a escolha da forma como pretendem viver e educar seus filhos, mas a autonomia da família não é absoluta, razão pela qual devem garantir o exercício dos direitos fundamentais das crianças e dos adolescentes, pessoas em desenvolvimento de sua personalidade e, por isso, vulneráveis, que merecem proteção diferenciada do Estado e interferência deste quando necessário.[53] Assim, "seja em meio físico ou digital, todos os comportamentos humanos devem se sujeitar ao controle não só de ilicitude, mas também à análise de merecimento de tutela conforme juízo de valor da conduta",[54] estando também o exercício da autoridade parental sujeita a essa adequação.

Por essa razão, a parentalidade responsável pode ser compatível com o uso da tecnologia, desde que de maneira adequada e consciente, permitindo o pleno desenvolvimento da personalidade da criança e do adolescente. O que se propõe, então, é sempre um equilíbrio entre a progressiva autonomia dos filhos e os limites necessários à sua proteção e educação, fazendo que os deveres de cuidar, proteger e educar sejam

---

50 BRASIL. Ministério da Saúde. Secretaria de Atenção à Saúde. *Cuidando de adolescentes*: orientações básicas para a saúde sexual e a saúde reprodutiva. Disponível em: https://bvsms.saude.gov.br/bvs/publicacoes/cuidando_adolescentes_saude_sexual_reprodutiva.pdf. Acesso em: 29 abr. 2023.

51 SCHIOCHET, Taysa; BARBOZA, Amanda Souza. Tutela do direito à intimidade de adolescentes nas consultas médicas. *In*: TEIXEIRA, Ana Carolina Brochado; DADALTO, Luciana. *Autoridade parental*: dilemas e desafios contemporâneos. Indaiatuba (SP): Foco, 2019. p. 210.

52 BRASIL. *Op. cit.*

53 TEIXEIRA. *Op. cit.*, 2022, p. 422-426.

54 SANTOS, Deborah Pereira Pinto dos. Vulnerabilidade existencial na internet. *In*: TEPEDINO, Gustavo; TEIXEIRA, Ana Carolina Brochado; ALMEIDA, Vitor (Coords.). *Da dogmática à efetividade do direito civil*: anais do Congresso Internacional de direito civil constitucional – IV Congresso do IBDCivil. 2. ed. Belo Horizonte: Fórum, 2019. p. 61.

conjugados com o respeito à intimidade e a dignidade da pessoa, sob o risco de serem causados danos físicos e psicológicos irreparáveis àqueles.

5 Conclusão

Conjecturar a respeito de desdobramentos tecnológicos futuros sempre constituiu o norte das obras de ficção científica. De forma ambivalente, visualizar a materialização desses prognósticos na realidade constitui uma oportunidade encantadora e assustadora. Desde sua concepção, em 2014, a produção britânica *Black Mirror* vem estimulando interessantes debates sobre a confluência entre homem e máquina, com elevadas taxas de acerto perante as situações que apresenta.

Nesse sentido, observa-se que o conto de advertência "*Arkangel*", centrado nos personagens Marie, Sara e Trick, deixa o território de uma distopia distante e cada vez mais se aproxima da realidade, com muitas das soluções de IA trazidas pelo programa já detendo aplicação prática.

Com sutileza ímpar, a diretora Jodie Foster se vale dos elementos do linguajar cinematográfico para ilustrar os perigos do monitoramento digital incessante em meio à relação materno-filial, imersa à conjuntura de tecnopoder e neocolonialismo capitaneada pelas *big techs* – interessadas em capturar a atenção de seus usuários para assim prever e prescrever comportamentos. A tragédia familiar do episódio expõe a necessidade de regulação dos avanços de tecnologias disruptivas como a IA, cujos debates vêm se acentuando no espaço legislativo brasileiro.

Sob a ótica da família contemporânea, tida como espaço de afeto e desenvolvimento de seus membros, a autoridade parental converte-se em um encargo moldado ao melhor interesse dos filhos. Percebe-se, no incessante monitoramento promovido por Marie, contudo, uma hipótese de abuso de direito, que acaba por frear o desenvolvimento pleno da jovem Sara.

Diante da proeminência axiológica da dignidade humana em cenários existenciais, parece acertada a concessão pelos pais de uma autonomia progressiva aos filhos, ajustada a seus níveis de maturidade e discernimento – que, por sua vez, são influenciados pelo aspecto etário, mas não por ele limitados.

Por conseguinte, o dever de dirigir a criação e a educação deve sempre sopesar a vontade e a crescente independência da criança ou adolescente, resguardando sua intimidade e privacidade – sobretudo em sua faceta sexual –, e o eventual exercício da liberdade de planejamento familiar em casos de gravidez.

De forma bastante elucidativa, "*Arkangel*" explicita os perigos de parentalidades superprotetoras, que, em última instância, resultam em gravosas consequências para os filhos. A incorporação de ferramentas tecnológicas à convivência familiar deve prezar pelo comedimento, estabelecendo-se um equilíbrio entre o florescer autônomo da prole e a fixação dos limites indispensáveis à sua proteção e educação pelos genitores.

Na relação dialética entre a vida mundana e a arte, absorver as lições deixadas por esse valioso episódio torna-se imperativo.

Referências

ALONSO, Felix Ruix. Conceitual: privacidade e antropologia. *In*: MARTINS, Ives Gandra da Silva; PEREIRA JÚNIOR, Antonio Jorge (Coords.). *Direito à privacidade*. Aparecida (SP): Ideias & Letras, 2005. p. 11-36.

ARKANGEL (temporada 4, episódio 2). *Black Mirror*. Direção: Jodie Foster. Produção: Annabel Jones e Charlie Brooker. Reino Unido: House of Tomorrow, 2017. *Streaming* (52 min), son., color.

BACHMAN, Mara. Black Mirror: What The Show's Ominous Title Really Means. *Screen Rant*, 3 set. 2020. Disponível em: https://screenrant.com/black-mirror-show-title-meaning-explained. Acesso em: 28 fev. 2023.

BARRIENTOS-PARRA, Jorge. Revisitando o pensamento de Jacques Ellul na sociedade do século XXI. *Scientiae Studia*, v. 13, n. 2, abr. 2015. Disponível em: https://repositorio.unesp.br/bitstream/handle/11449/158249/S1678-31662015000200425.pdf?sequence=1&isAllowed=y. Acesso em: 28 jul. 2023.

BLACK MIRROR. Criação: Charlie Brooker. Produção: Annabel Jones e Charlie Brooker. Reino Unido: *House of Tomorrow*, 2014. *Streaming*, son., color.

BORGESIUS, Frederik Zuiderveen. *Discrimination, artificial intelligence, and algorithmic decision-making*. Estrasburgo: Council of Europe, Directorate General of Democracy, 2018. Disponível em: https://rm.coe.int/discrimination-artificial-intelligence-and-algorithmic-decision-making/1680925d73. Acesso em: 10 abr. 2023.

BOVE, Tristan. Artificial intelligence is being used to accurately predict women's childbirth risks. *Fortune*, 2 set. 2022. Disponível em: https://fortune.com/2022/09/02/artificial-intelligence-used-to-predict-women-labor-outcomes-pregnancy. Acesso em: 25 abr. 2023.

BRASIL. *Lei nº 8.069, de 13 de julho de 1990*. Disponível em: www.planalto.gov.br/ccivil_03/leis/L8069.htm. Acesso em: 28 jul. 2023.

BRASIL. Ministério da Saúde. Secretaria de Atenção à Saúde. *Cuidando de adolescentes*: orientações básicas para a saúde sexual e a saúde reprodutiva. Disponível em: https://bvsms.saude.gov.br/bvs/publicacoes/cuidando_adolescentes_saude_sexual_reprodutiva.pdf. Acesso em: 29 abr. 2023.

BRASIL. Senado Federal. *Relatório Final Comissão de Juristas Responsável por Subsidiar a Elaboração de Substitutivo sobre Inteligência Artificial no Brasil*. Brasília (DF): Senado Federal, 6 dez. 2022. Disponível em: https://legis.senado.leg.br/sdleg-getter/documento/download/777129a2-e659-4053-bf2e-e4b53edc3a04. Acesso em: 25 abr. 2023.

CASTELLS, Manuel. *A Galáxia da Internet*: reflexões sobre a Internet, os negócios e a sociedade. Trad. Maria Luíza X. de A. Borges. Zahar: Rio de Janeiro, 2015.

CHAVES, Marianna; ARNAUD NETO, Raphael Carneiro. Autoridade parental e sexualidade das crianças e adolescentes. *In*: TEIXEIRA, Ana Carolina Brochado; DADALTO, Luciana. *Autoridade parental*: dilemas e desafios contemporâneos. Indaiatuba (SP): Foco, 2019. p. 187-202.

DUHIGG, Charles. How Companies Learn Your Secrets. *New York Times Magazine*, Nova York, 16 fev. 2022. Disponível em: www.nytimes.com/2012/02/19/magazine/shopping-habits.html. Acesso em: 26 abr. 2023.

EDWARDS, Wagner. PimEyes: 5 alternativas ao programa de reconhecimento facial. *Olhar Digital*, 13 mar. 2023. Disponível em: https://olhardigital.com.br/2023/03/13/internet-e-redes-sociais/pimeyes-5-alternativas-ao-programa-de-reconhecimento-facial. Acesso em: 25 abr. 2023.

ELLUL, Jacques. *The Technological Society*. Trad. John Wilkinson. Nova York: Vintage Books, 1964.

FRAGA JÚNIOR, Rubens de. Inteligência artificial e câmeras para medir a pressão arterial. *Medicina S/A*, 2 jan. 2023. Disponível em: https://medicinasa.com.br/ia-e-pressao-arterial. Acesso em: 25 abr. 2023.

GARCÍA, Carolina. "Pais-helicóptero" criam filhos incapazes e dependentes. *El País*, Madri, 22 jun. 2018. Disponível em: https://brasil.elpais.com/brasil/2018/06/20/actualidad/1529486353_430587.html. Acesso em: 28 fev. 2023.

GODOY, Claudio Luiz Bueno de. Privacidade familiar entre cônjuges, pais e filhos. *In*: MARTINS, Ives Gandra da Silva; PEREIRA JÚNIOR, Antonio Jorge (Coords.). *Direito à privacidade*. Aparecida (SP): Ideias & Letras, 2005. p. 119-148.

HOFFMAN-RIEM, Wolfgang. *Teoria geral do direito digital*: transformação digital: desafios para o direito. Rio de Janeiro: Forense, 2021.

INTELIGÊNCIA artificial monitora sinais de vida de bebês prematuros. *Estadão*, 18 out. 2021. Disponível em: https://summitsaude.estadao.com.br/tecnologia/inteligencia-artificial-monitora-sinais-vitais-de-bebe-prematuro. Acesso em: 25 abr. 2023.

LEPORÁ, Paulo. Capacidade progressiva de crianças e adolescentes: o exercício pessoal de direitos antes da maioridade civil. *In*: PEREIRA, Rodrigo da Cunha; DIAS, Maria Berenice (Coords.). *Família e sucessões*: polêmicas, tendências e inovações. Belo Horizonte: IBDFAM, 2018. p. 249-276.

LÔBO, Paulo. Direito à privacidade e sua autolimitação. In: EHRHARDT JÚNIOR, Marcos; LÔBO, Fabíola Albuquerque (Coords.). *Privacidade e sua compreensão no direito brasileiro*. Belo Horizonte: Fórum, 2019. p. 15-32.

LÔBO, Paulo. *Direito Civil*: famílias. 10. ed. São Paulo: Saraiva, 2020. v. 5.

MADALENO, Rolf. *Direito de família*. 7. ed. rev., atual. e ampl. Rio de Janeiro: Forense, 2017.

MCLUHAN, Marshall. *La Galaxia Gutenberg*: génesis del "homo typographicus". Trad. Juan Novella. [*S. l.*]: Libre, 2014. E-book.

MORAES, Maria Celina Bodin de. Capacidade e direitos dos filhos menores. *In*: MENEZES, Joyceane Bezerra de; DE CICCO, Maria Cristina; RODRIGUES, Francisco Luciano Lima (Coords.). *Direito Civil na legalidade constitucional*: algumas aplicações. Indaiatuba (SP): Foco, 2021. p. 219-240.

NAHAS, Kamal. AI re-creates what people see by reading their brain scans. *Science*, 7 mar. 2023. Disponível em: www.science.org/content/article/ai-re-creates-what-people-see-reading-their-brain-scans. Acesso em: 26 abr. 2023.

O DILEMA DAS REDES. Direção: Jeff Orlowski. Produção: Larissa Rhodes. Estados Unidos: Netflix, 2020. *Streaming*, son., color.

ORGANIZAÇÃO DAS NAÇÕES UNIDAS. *Convenção sobre os Direitos da Criança*. Disponível em: www.unicef.pt/media/2766/unicef_convenc-a-o_dos_direitos_da_crianca.pdf. Acesso em: 28 jul. 2023.

PIMENTEL, Alexandre; MORAIS, José Luís Bolzan de; SALDANHA, Paloma Mendes. Estado de Direito e tecnopoder. *Justiça do Direito*, v. 35, n. 3, p. 6-43, set./dez. 2021. Disponível em: https://bit.ly/3XVMy1N. Acesso em: 13 jan. 2023.

PIMENTEL, Alexandre; NUNES, Juliana Montarroyo Lima. O problema da proteção da privacidade diante da vulnerabilidade dos dados pessoais digitais: diagnóstico sobre o poder da governança algorítmica e os vieses cognitivos. *Revista Humanidades & Inovação*, v. 8, n. 48, p. 161-174. Disponível em: https://revista.unitins.br/index.php/humanidadeseinovacao/article/view/5688. Acesso em: 28 jul. 2023.

QUADRA, Ana Laura Vidal; MAZZO, Anna Carolina Aguero; SALME, Raiane de Lima. O exercício responsável da autoridade parental à luz do melhor interesse da criança. *In*: PEREIRA, Rodrigo da Cunha (Coord.). *Direito das famílias e sucessões*: concurso de artigos. Belo Horizonte: IBDFAM, 2017. p. 281-298.

ROCHA, Rafael da Silva. Abuso do direito nas relações existenciais: uma adaptação conceitual. *In*: TEPEDINO, Gustavo (Org.). *Pensamento crítico do direito civil brasileiro*. Curitiba: Juruá, 2011. p. 177-196.

ROSENVALD, Nelson. *Direito civil em movimento*: desafios contemporâneos. 2. ed. Salvador: Juspodivm, 2018.

SADIN, Éric. *La silicolonizzazione del monde*: l'irresistible expansione del liberismo digitale. Trad. Daniele Petruccioli. Torino: Giulio Einaiudi, 2018.

SANTOS, Deborah Pereira Pinto dos. Vulnerabilidade existencial na internet. *In*: TEPEDINO, Gustavo; TEIXEIRA, Ana Carolina Brochado; ALMEIDA, Vitor (Coords.). *Da dogmática à efetividade do direito civil*: anais do Congresso Internacional de direito civil constitucional – IV Congresso do IBDCivil. 2. ed. Belo Horizonte: Fórum, 2019. p. 57-72.

SCHENDES, William. Bill Gates: IA ensinará crianças a ler e escrever. *Olhar Digital*, 26 abr. 2023. Disponível em: https://olhardigital.com.br/2023/04/26/pro/bill-gates-ia-ensinara-criancas-a-ler-e-escrever. Acesso em: 26 abr. 2023.

SCHIOCHET, Taysa; BARBOZA, Amanda Souza. Tutela do direito à intimidade de adolescentes nas consultas médicas. *In*: TEIXEIRA, Ana Carolina Brochado; DADALTO, Luciana. *Autoridade parental*: dilemas e desafios contemporâneos. Indaiatuba (SP): Foco, 2019. p. 203-224.

SILVA, Fabrício Machado da; *et al*. *Inteligência artificial*. Porto Alegre: SAGAH, 2019.

TEIXEIRA, Ana Carolina Brochado. Autonomia existencial. *Revista brasileira de direito civil*, v. 16, p. 75-104, 2018.

TEIXEIRA, Ana Carolina Brochado. Autoridade parental e o aspecto finalístico de promover o desenvolvimento e bem-estar da criança e do adolescente. *In*: MENEZES, Joyceane Bezerra de; MATOS, Ana Carla Harmatiuk. *Direito das famílias*: por juristas brasileiras. 2. ed. Indaiatuba (SP): Foco, 2022. p. 421-438.

TEIXEIRA, Ana Carolina Brochado; RODRIGUES, Renata de Lima. Regime das incapacidades e autoridade parental: qual o legado do estatuto da pessoa com deficiência para o direito infantojuvenil. *In*: TEIXEIRA, Ana Carolina Brochado; DADALTO, Luciana. *Autoridade parental*: dilemas e desafios contemporâneos. Indaiatuba (SP): Foco, 2019.

Informação bibliográfica deste texto, conforme a NBR 6023:2018 da Associação Brasileira de Normas Técnicas (ABNT):

FRANÇA NETTO, Milton Pereira de; ROCHA, Patrícia Ferreira. "Isso é tão *Black Mirror*!": a distopia de "*Arkangel*" e os limites ao exercício da autoridade parental. *In*: EHRHARDT JÚNIOR, Marcos; CATALAN, Marcos; NUNES, Cláudia Ribeiro Pereira (Coord.). *Inteligência artificial e relações privadas*: relações existenciais e a proteção da pessoa humana. Belo Horizonte: Fórum, 2023. v. 2. p. 303. ISBN 978-65-5518-577-5.

PARTE IV

APLICAÇÕES DA INTELIGÊNCIA ARTIFICIAL NO CAMPO DO DIREITO À SAÚDE

ANÁLISE REGULATÓRIA E ÉTICA DA PROTEÇÃO DE DADOS E INTELIGÊNCIA ARTIFICIAL APLICADAS NA SAÚDE

CLÁUDIA RIBEIRO PEREIRA NUNES

CAMILA PINTO BARRETO DA SILVA

1 Introdução

Em orientação da Organização das Nações Unidas (ONU) emitida em março de 2020, o Escritório observou que a Inteligência Artificial (IA) e o *big data* podem melhorar o direito humano à saúde quando "novas tecnologias são projetadas de maneira responsável" e podem garantir que populações vulneráveis específicas tenham atendimento eficiente e individualizado, com dispositivos assistivos, aplicações ambientais integradas e robótica. O Escritório também observou, no entanto, que essas tecnologias podem (des)humanizar o atendimento, minar a autonomia e a independência dos idosos e representar riscos significativos à privacidade do paciente – tudo contrário à Lei Geral de Proteção de Dados (LGPD).

Constata-se que as organizações de direitos humanos interpretam e, quando necessário, adaptam aos padrões de direitos humanos existentes a aplicação da IA no setor da saúde. Os Estados Nacionais, como o Brasil, estão tentando regular a IA diante dos desafios e oportunidades associados a essa tecnologia. Porque os sistemas de aprendizado da IA podem promover os direitos humanos ou minar os principais padrões de direitos humanos, como permitir o vazamento de dados.

Nesse contexto, a pergunta-problema da pesquisa é se, com todas as modificações trazidas pela IA aplicada ao setor de saúde, os instrumentos regulatórios e os princípios éticos são suficientes no trato dos dados médicos que trafegam entre empresas médicas, administração pública, médicos e pacientes, seja para efetivar cuidados primários e intensivos, seja para realizar pesquisas relacionadas. O objetivo da pesquisa é estudar a regulação e os aspectos éticos da interseção da LGPD e IA aplicada no setor da saúde.

O método é o dedutivo e a metodologia, a documental histórica com análise de doutrina, projetos de leis e legislação internacional e nacional sobre a temática, além de relatórios de dados técnicos sobre IA.

2 Proteção de dados

Historicamente, os documentos demonstram que a primeira vez em que a preocupação chegou a alguma corte foi nos Estados Unidos, nos anos 60 do século passado. Contudo, uma década depois, foi criada a primeira lei na Alemanha (na província de Hessen), implementada em 1978. Nesse mesmo ano, França, Noruega, Suécia e Áustria decidiram proteger a privacidade de seus cidadãos. Em 1981, o Conselho da Europa unifica as normas para o tratamento automatizado de dados pessoais.[1]

A Constituição do Brasil menciona alguns pontos sobre proteção de dados em seu art. 5º, referente aos direitos e deveres dos cidadãos, estabelecendo a inviolabilidade da "intimidade, a vida privada, a honra e a imagem das pessoas, assegurado o direito à indenização pelo dano material ou moral decorrente de sua violação".

Nessa linha do tempo, o Código de Defesa do Consumidor (CDC), no art. 11, explica que "Os dados pessoais do consumidor serão preservados, mantidos em sigilo e utilizados exclusivamente para os fins do atendimento" e, no art. 13, estabelece que dificultar o acesso às próprias informações ou deixar de comunicar ao titular sobre o registro de seus dados são consideradas infrações.

Na Europa, a Diretiva 95/46/CE estabelece que cada país-membro deve ter um órgão ou profissional responsável pela supervisão e implementação das práticas e adequação de suas leis regionais. Em seguida, o Parlamento Europeu e o Conselho da União Europeia criam

---

[1] FLORIDI, Luciano. *The ethics of information*. Oxford: Oxford University Press, 2013.

um regulamento, o qual dispõe sobre os princípios como recolhimento de dados de acordo com uma finalidade específica, direito ao acesso dos dados por parte do consumidor e responsabilidade das empresas sobre a segurança das informações armazenadas.

Em 2013, o Marco Civil da Internet do Brasil foi, também, um importante marco para a privacidade *online* no Brasil. Foram introduzidos conceitos como a neutralidade de rede e a liberdade de expressão, e definidas quais são as obrigações dos órgãos públicos no fornecimento de internet.

Foi em 2016 que a União Europeia (UE) decidiu revisar suas regras de proteção de dados. Foi lançada a *General Data Protection Regulation* (GDPR), ou seja, o Regulamento Geral sobre a Proteção de Dados da União Europeia, em que se regulam a utilização e o comércio de informações pessoais. O GDPR obrigou empresas de todo o mundo a se ajustarem à forma como coletam e tratam dados e foi responsável por uma onda de novas leis similares no mundo todo, incluindo o Brasil.

2.1 Lei Geral de Proteção de Dados

O instrumento legal brasileiro influenciado pelos princípios da diretiva europeia foi promulgado em 2018 e entrou em vigor em 2020. A Lei Geral de Proteção de Dados (LGPD) precisa ser cumprida por todas as empresas que recolhem e tratam dados no território nacional ou cujo capital majoritário seja de cidadãos brasileiros, quando estabelecidas no estrangeiro. Alguns dos principais pontos da LGPD são: (i) direito para o titular acessar, editar ou solicitar a exclusão de seus dados; (ii) recolhimento autorizado (com exceção em casos específicos), maior cuidado com dados sensíveis; (iii) portabilidade de dados e sanções administrativas se houver descumprimento.

No âmbito da LGPD, o tratamento dos dados pessoais pode ser realizado por dois agentes de tratamento: (i) controlador; e (ii) operador. Além deles, há a figura do encarregado, que atua como canal de comunicação entre o controlador, o operador, os titulares dos dados e a Autoridade Nacional de Proteção de Dados (ANPD).

No setor da saúde, as tecnologias de informação e comunicação trouxeram aos pacientes questões relacionadas aos prontuários eletrônicos e aos diagnósticos de imagens que são disponibilizados tanto na internet quanto na intranet da rede hospitalar.

2.2 Dados protegidos do paciente: prontuários eletrônicos e diagnósticos por imagens

O Prontuário Eletrônico do Paciente (PEP) consolida todas as espécies de dados e informações envolvidos na assistência ou na prestação de serviços na área da saúde. O PEP registra dados e informações pessoais e sensíveis; portanto, todas as atividades envolvidas na assistência e na prestação de serviços em saúde que tenham Registro Eletrônico em Saúde (RES) devem respeitar as regras e os princípios estabelecidos na LGPD e as orientações da ANPD.[2]

No século XXI, a medicina tem assistido ao desenvolvimento de importantes avanços tecnológicos no campo do diagnóstico por imagem. Na prática diária do profissional de saúde, essas inovações técnicas têm melhores resultados que o diagnóstico baseado nos métodos convencionais.[3]

Os diagnósticos por imagens são arquivos digitais oriundos de exames realizados com avançada tecnologia e que deverão ser controlados por sistema especializado, o Gerenciamento Eletrônico de Documentos (GED), e que tenha, no mínimo, as seguintes características: (i) capacidade de utilizar base de dados adequada para o armazenamento dos arquivos digitalizados; (ii) método de indexação que permita criar um arquivamento organizado, possibilitando a pesquisa de maneira simples e eficiente; e (iii) obediência aos requisitos do Nível de Garantia de Segurança 2 (NGS2), o que exige o uso de assinatura digital, conforme estabelecido no Manual de Certificação para Sistemas de Registro Eletrônico em Saúde. Além disso, o paciente deve autorizar o uso de sistemas informatizados para a guarda e o manuseio de prontuários de pacientes e para a troca de informação identificada em saúde.

Os dados e informações registrados no PEP e nos diagnósticos por imagens têm natureza individual, e grande parte deles tem natureza sensível, pois são relacionados diretamente à saúde e à intimidade do paciente (arts. 5º, incisos I e II, e 11 da LGPD). Destacam-se: os fundamentos (art. 2º), os princípios (art. 6º), os requisitos aplicáveis

---

[2] FERNANDES, Márcia Santana. Prontuário eletrônico e a lei geral de proteção de dados. *Migalhas,* 12 fev. 2021. Disponível em: www.migalhas.com.br/coluna/migalhas-de-protecao-de-dados/340202/prontuario-eletronico-e-a-lei-geral-de-protecao-de-dados. Acesso em: 20 abr. 2023.

[3] HAUG, Charlotte J. Whose Data Are They Anyway? Can a Patient Perspective Advance the Data-Sharing Debate? *N Engl J Med.*, v. 376, n. 23, p. 2.203-2.205, 2017. Disponível em: https://pubmed.ncbi.nlm.nih.gov/28445103. Acesso em: 30 jul. 2023.

(art. 7º); a forma para o consentimento informado do paciente (art. 8º); a finalidade, a necessidade e o limite para organização e elaboração do PEP (art. 9º); a demonstração do legítimo interesse para o tratamento dos dados (art. 10); e, primordialmente, as exigências para o tratamento de dados pessoais sensíveis (art. 11).[4]

Em suma, a LGPD impõe aos profissionais e às instituições na área da saúde a necessidade de adequação organizacional e da cultura assistencial e de cuidado, para garantir a proteção de dados pessoais, a privacidade e a confidencialidade de pacientes, conjugada com a observância de normas deontológicas, os referenciais bioéticos e o respeito às exigências técnicas, de certificação conforme disposto no Manual de Certificação para Sistemas de Registro Eletrônico em Saúde, elaborado, conforme convênio, pelo Conselho Federal de Medicina e pela Sociedade Brasileira de Informática em Saúde.

Outrossim, salienta-se o papel das figuras do controlador, do operador e do encarregado (art. 5º, incisos VI, VII e VIII, LGPD) para o ajuste de políticas e culturas em prol da proteção de dados pessoais de pacientes. Em particular, ao controlador competem as decisões referentes ao tratamento de dados pessoais, e ele é quem deve exigir do operador a implementação de todas as medidas técnicas, de segurança e de certificação dos sistemas utilizados, e, do encarregado, a composição e a elaboração de políticas institucionais, educacionais e de assessoria, por meio de comissões específicas.[5]

Discute-se, também, se tecnologias digitais desenvolvidas no início da pandemia de Covid-19, uma vez que não atendiam a um padrão objetivo de eficácia, justificavam seu uso naquele momento. Porque a coleta de dados pessoais confidenciais ameaça potencialmente a privacidade, a igualdade e a justiça.[6]

Muito embora, durante a pandemia, os aplicativos Covid-19 fossem temporários, a implementação rápida de tecnologias de rastreamento põe em risco a criação de registros permanentes e vulneráveis

---

[4] SARLET, Gabrielle Bezerra Sales; CALDEIRA, Cristina. O consentimento informado e a proteção de dados pessoais de saúde na internet: uma análise das experiências legislativas de Portugal e do Brasil para a proteção integral da pessoa humana. *Civilistica.com*, n. 1, ano 8, 2019. Disponível em: http://civilistica.com/wp-content/uploads/2019/04/Sarlet-e-Caldeira-civilistica.com-a.8.n.1.2019.pdf. Acesso em: 12 abr. 2023.

[5] FERNANDES; GOLDIM. *Op. cit.*

[6] MORLEY, Jessica; *et al.* Ethical Guidelines for COVID-19 Tracing Apps. *Nature*, v. 582, n. 7810, p. 29-31, 2020. Disponível em: www.nature.com/articles/d41586-020-01578-0. Acesso em: 14 abr. 2023.

da saúde, movimentos e interações sociais das pessoas. Essas intervenções digitais têm um preço, como foi analisado pelo Supremo Tribunal Federal.

No Brasil, no início da pandemia de Covid-19, o Plenário do Supremo Tribunal Federal, por maioria, acatou medida cautelar em ações diretas de inconstitucionalidade, visando suspender a eficácia da Medida Provisória nº 954/20, que dispôs a respeito do compartilhamento de dados por empresas de telecomunicações prestadoras de Serviço Telefônico Fixo Comutado e de Serviço Móvel Pessoal com a Fundação Instituto Brasileiro de Geografia e Estatística, com a finalidade de dar suporte à produção de estatística oficial durante a emergência de saúde pública de importância internacional decorrente do coronavírus.[7]

Observa-se que, quando se trata de IA aplicada na saúde, também se presencia que são latentes os esforços para enumerar os direitos e deveres e tentar adotar instrumentos críticos de direitos humanos para estabelecer uma linha de base para a proteção e promoção da dignidade humana, conforme a Constituição e as legislações de direitos humanos ou mesmo as discussões em torno dos projetos de leis sobre IA no Brasil.

3 Possível regulação da inteligência artificial e a ética em sua aplicação

Os sistemas de IA foram incorporados na área da saúde em múltiplas perspectivas; vejamos alguns exemplos: (i) estão integrados em diagnósticos de imagem e tratamento de sintomas; (ii) estão presentes na área de comunicação para realizar interações de bases de dados robustas e *big data* e trazer inovações para o setor de saúde; (iii) potencializam o acesso a dados e informações, em especial facilitados pelas internet, permitindo o acesso de dados e informações processados por satélites que conectam grupos de pesquisa médica em todo o mundo; e (iv) estão incorporados nas áreas de planejamento, conhecimento e raciocínio, associando-se diretamente ao processo de tomada de decisão na área de saúde.[8] Essas múltiplas perspectivas demonstram o quanto

---

[7] RODRIGUES, Cristina Barbosa; SILVA, Camila Barreto Pinto. A Lei Geral de Proteção de Dados: uma análise do papel do poder público na proteção dos dados pessoais do cidadão. *In*: XXIX CONGRESSO NACIONAL DO COMPEDI BALNEÁRIO CAMBORIU – SC, 2020, Florianópolis. *Anais* (...). Florianópolis: CONPEDI, 2022. Disponível em: http://site.conpedi.org.br/publicacoes/906terzx/q4cc77h8/1Ir18YPD7Yk4q0l5.pdf. Acesso em: 24 abr. 2023.

[8] FERNANDES; GOLDIM. *Op. cit.*

é importante sua utilização regulada, obedecendo às diretrizes éticas. O silêncio normativo provoca dúvidas em relação às consequências que poderão emergir dessa omissão, em detrimento do exercício efetivo de direitos individuais e de liberdades positivas,[9] minando, em consequência, o princípio da autonomia da vontade que fundamenta o uso da IA aplicada na saúde.

3.1 No âmbito internacional

Há um consenso entre os Estados-membros da ONU de que se deve alcançar a cobertura universal de saúde até 2030, como parte dos Objetivos de Desenvolvimento Sustentável (ODS), devendo, assim, garantir: (i) acesso aos serviços de saúde; (ii) proteção financeira; e (iii) acesso à qualidade dos serviços de saúde.[10,11]

A Organização Mundial da Saúde (OMS) e a Organização para a Cooperação e o Desenvolvimento Econômico (OCDE) emitiram *Ethics & Governance of Artificial Intelligence for Health* e *Trustworthy artificial intelligence in health*, respectivamente.

Em seu relatório, a OMS trouxe princípios que visam conduzir seu trabalho futuro e garantir que todo o potencial da IA utilizada na área da saúde seja usado em benefício de todos, bem como limitar riscos e maximizar as oportunidades intrínsecas ao uso da IA na saúde. Eles são: (i) proteger a autonomia humana; (ii) promover o bem-estar e a segurança humana e o interesse público; (iii) garantir a transparência, a explicabilidade e a inteligibilidade; (iv) promover responsabilidade e prestação de contas; (v) garantir inclusão e equidade; e (vi) promover IA que seja responsiva e sustentável.[12]

---

9 CATALAN, Marcos; AMATO, Claudio. Novos itinerários da contratação informática: do contrato inteligente ao contrato algorítmico. *Civilistica.com*, n. 3, ano 11, 2022. Disponível em: https://civilistica.emnuvens.com.br/redc/article/view/805/651. Acesso em: 24 abr. 2023.

10 OECD/The World Bank. *Health at a Glance*: Latin America and the Caribbean 2020. Paris: OECD Publishing, 2020a. Disponível em: www.oecd.org/countries/antiguaandbarbuda/health-at-a-glance-latin-america-and-the-caribbean-2020-6089164f-en.htm. Acesso em: 24 abr. 2023.

11 OECD. *Recommendation of the Council Artificial Intelligence on OECD Legal Instruments*, 2021. Disponível em: https://legalinstruments.oecd.org/en/instruments/oecd-legal-0449#:~:text=a)AI%20actors%20should%20respect,and%20internationally%20recognised%20labour%20rights. Acesso em: 8 abr. 2023.

12 ORGANIZAÇÃO MUNDIAL DA SAÚDE. *Ethics and governance of artificial intelligence for health*. 2021. Disponível em: www.who.int/publications/i/item/9789240029200. Acesso em: 20 abr. 2023.

Com vistas a nortear os integrantes do G20, a OCDE elaborou o documento *Trustworthy artificial intelligence in health* para discutir as promessas e os perigos da IA na área da saúde e as principais políticas que os governos precisarão elaborar em um cenário de incertezas. O documento visou promover um entendimento compartilhado e um diálogo com o G20 a respeito das principais questões de uso da IA na área da saúde, gerenciando de maneira eficaz os riscos, sem que se limitem desnecessariamente as oportunidades. Indicou, ainda, uma série de aplicações de IA na área da saúde, destacando alguns desafios dos associados com *design*, uso e implementação da IA na área da saúde e considerando a pertinência dos princípios da IA do G20, no contexto da saúde.[13] Depois de larga discussão, a OCDE lançou uma *Recommendation of the Council Artificial Intelligence on OECD Legal Instruments* para auxiliar os países a entender os parâmetros internacionais para regulagem da aplicação da IA na sociedade.

Após os organismos mundiais lançarem suas propostas, o Parlamento Europeu, em 3 de maio de 2022, elaborou um relatório sobre a IA em que dá ênfase às limitações da aplicação da IA. A primeira limitação é que qualquer transição digital na União Europeia deve ser centrada no ser humano e, segundo, a aplicação deverá ser compatível com a Carta dos Direitos Fundamentais da União Europeia. Esse relatório é o principal resultado do trabalho do *Special Commission on Artificial Intelligence in the Digital Age* (AIDA), iniciado em setembro de 2020.[14]

Exemplos de questões éticas e legais dizem respeito ao uso ético da IA na pesquisa militar, em que seu uso tem potencial para transformar o sistema de guerra com o uso de armas autônomas e letais. O relatório também aborda a preocupação com o possível descumprimento dos direitos fundamentais, especialmente quanto aos direitos à privacidade e à proteção de dados, porque o uso de IA na segurança nacional tem potencial para a vigilância em massa e outras interferências ilegais, classificadas como restrição da liberdade de movimento

---

13 OECD. "Trustworthy artificial intelligence in health": Background paper for the G20 AI Dialogue, Digital Economy Task Force. Paris: OECD, 2020. Disponível em: www.oecd.org/health/trustworthy-artificial-intelligence-in-health.pdf. Acesso em: 18 abr. 2023.

14 LUPIÁÑEZ-VILLANUEVA, Francisco; GUNDERSON, Laura; VITIELLO, Simone; FEBRER, Nuria; FOLKVORD, Frans; CHABANIER, Loic; *et al. Study on health data, digital health and artificial intelligence in healthcare*. Luxemburgo: Publications Office of the European Union, 2022. Disponível em: https://op.europa.eu/en/publication-detail/-/publication/179e7382-b564-11ec-b6f4-01aa75ed71a1/language-en/format-PDF/source-search. Acesso em: 11 abr. 2023.

do cidadão.[15] Todas essas ações representam mais uma ameaça que um benefício.

3.2 No âmbito brasileiro

No Brasil, tem-se discutido muito a regulação do uso da IA na área da saúde. Recentemente, a Agência Nacional de Vigilância Sanitária (Anvisa) editou a Resolução RDC nº 657/22, que dispõe sobre a regularização de *software* como dispositivos médicos (*Software as a Medical Device* – SaMD). A regulação de SaMD internaliza as normas internacionais a respeito desse assunto, em especial nos seguintes pontos: (i) definição de entes regulados; (ii) procedimentos de validação e alterações pós-registro; (iii) rótulo e instruções de uso.

No Congresso Federal brasileiro, tramitam alguns Projetos de Lei (PL) que visam regular o uso da IA. Os Projetos de Lei hoje em trâmite são: PL nº 5.051/19; PL nº 21/20; e PL nº 872/21.

Ainda, foi composta uma Comissão de Juristas responsável por elaborar uma minuta de substitutivo para instruir a apreciação dos PL nº 5.051/19, 21/20 e 872/21, que têm como objetivo estabelecer princípios, regras, diretrizes e fundamentos para regular o desenvolvimento e a aplicação da IA no Brasil.

Até o momento, não há legislação em vigor que regule completamente o uso da IA no Brasil; mesmo assim, faz-se mister analisar os Projetos de Lei.

3.2.1 Projetos de Lei nº 5.051/19, 21/20 e 872/21

Da análise realizada nos Projetos de Lei nº 5.051/19, 21/20 e 872/21, pôde ser constatado que em dois deles há menção à responsabilização do desenvolvimentista e da empresa desenvolvedora.

No PL nº 5.051/19, em seu art. 4º, §2º, consta que "A responsabilidade civil por danos decorrentes da utilização de sistemas de Inteligência Artificial será de seu supervisor".

No PL nº 21/20, há menção à responsabilização em três artigos. No art. 5º, inciso VII, consta que na inovação há responsabilidade "pelos agentes que atuam na cadeia de desenvolvimento e operação de

---

[15] EUROPEAN PARLIAMENT. *Artificial intelligence in a digital age*: European Parliament resolution of 3 May 2022 on artificial intelligence in a digital age. Disponível em: www.europarl.europa.eu/doceo/document/TA-9-2022-0140_EN.pdf. Acesso em: 10 abr. 2023.

sistemas de inteligência artificial que estejam em uso, documentando seu processo interno de gestão e responsabilizando-se, nos limites de sua respectiva participação, do contexto e das tecnologias disponíveis, pelos resultados do funcionamento desses sistemas". No art. 6º, inciso VI, está disciplinado que "as normas sobre responsabilidade dos agentes que atuam na cadeia de desenvolvimento e operação de sistemas de inteligência artificial deverão, salvo disposição legal em contrário, pautar-se na responsabilidade subjetiva e levar em consideração a efetiva participação desses agentes, os danos específicos que se deseja evitar ou remediar e a forma como esses agentes podem demonstrar adequação às normas aplicáveis, por meio de esforços razoáveis compatíveis com os padrões internacionais e as melhores práticas de mercado". Por último, o art. 8º, inciso II, dispõe que "órgãos e entidades setoriais com competência técnica na matéria, deverão estabelecer direitos, deveres e responsabilidades". No PL nº 872/21, não há menção à responsabilidade.

Quando da análise de princípios aplicados à IA, é importante constatar a intersecção entre os de IA e os da LGPD. Entre os princípios que constam nas respectivas normas estão: a finalidade, a não discriminação, a transparência, a segurança, a responsabilização e a prestação de contas.

O princípio da finalidade consiste em que o tratamento de dados tem propósitos legítimos, específicos, explícitos e informados ao titular. Não haverá tratamento posterior de maneira incompatível com tais finalidades.

O princípio da não discriminação consiste na impossibilidade de realização de tratamento com fins discriminatórios, abusivos ou ilícitos.

O princípio da transparência consiste na garantia aos titulares de informações claras, precisas e de fácil acesso a respeito do tratamento e dos respectivos agentes de tratamento, observando-se os segredos comercial e industrial.

O princípio da segurança consiste na utilização de medidas técnicas e de administração aptas a proteger os dados pessoais de acessos que não possuam autorização ou que sejam objeto de acidentes ou destruição, perda, alteração, comunicação ou difusão.

O princípio da responsabilização e a prestação de contas consiste na demonstração, pelo agente, da adoção de medidas capazes e eficazes para comprovar a observância e o cumprimento das normas de proteção de dados pessoais e a eficácia de tais medidas.

Aqui cabe traçar uma distinção entre ética e princípio. Levando-se em conta o ponto de vista da ética, princípio é a fonte, é o suporte em que se funda a ação. Os princípios éticos são, enfim, fundamentos nos quais se edifica a ação humana deliberada para o bem.

A IA, com aplicação na área da saúde, tem sofrido grande evolução, principalmente em áreas de terapia, medicamentos e diagnóstico. Muito embora os princípios acima devam nortear o desenvolvimento do uso da IA na área da saúde, não se pode esquecer a importância da ética em tal desenvolvimento, daí a importância em se verificar se os PL mencionam ética.

3.2.2 A ética nos Projetos de Lei sobre inteligência artificial

Dos três Projetos de Lei referentes à regulação da IA, há menção da ética nos PL nº 21/20 e 872/21, nos seguintes termos, respectivamente: art. 3º, inciso III – o respeito à ética, aos direitos humanos e aos valores democráticos; e, quanto ao segundo, art. 3º, inciso I – o respeito à ética, aos direitos humanos e aos valores democráticos e à diversidade. Todavia, os PL não fazem menção aos tão necessários comitês que devem ter competência para lidar com os casos concretos da ética no uso da IA. Caldeira[16] explica que tendo o ser humano como foco central do uso da IA na área da saúde, fica claro que deve haver um comitê ético e/ou multidisciplinar para avaliar o uso dessa tecnologia em benefício do ser humano, pois a transformação digital pressiona o mundo a reinventar sistemas de saúde, mas motiva, por outro lado, o questionamento ético.

Há preocupação com o uso ético da IA, para que não haja vieses e disparidades nos cuidados de saúde, referentes às diversidades étnicas, de *status* social e econômico ou de gênero, como a IA que não detecta câncer de pele em afrodescendentes.[17]

Com relação a questões éticas no uso da IA, destacamos que os Projetos de Lei deveriam observar o relatório da OMS, *Ethics & Governance of Artificial Intelligence for Health*, que destaca alguns pontos

[16] CALDEIRA, Cristina Maria de Gouveia. O Impacto Ético e Jurídico da Aplicação da Inteligência Artificial no Sector da Saúde. *Cadernos do Programa de Pós-Graduação em Direito – PPGDir./UFRGS*, v. 16, n. 2, ano 2021. Disponível em: https://seer.ufrgs.br/index.php/ppgdir/article/view/121131. Acesso em: 14 abr. 2023.

[17] NAIK, Nithesh; *et al.* Legal and Ethical Consideration in Artificial Intelligence in Healthcare: Who Takes Responsibility? *Frontiers in Surgery*, v. 9, 2021. Disponível em: www.ncbi.nlm.nih.gov/pmc/articles/PMC8963864. Acesso em: 9 abr. 2023.

importante, como: (i) o risco no uso da IA, com estimativa não realista do que se pode alcançar com o seu uso; bem como (ii) a adoção de produtos e serviços que não foram submetidos a uma avaliação rigorosa quanto à sua segurança e eficácia.

A ideia de que a IA é a solução capaz de resolver problemas sociais, estruturais e barreiras econômicas e institucionais não é realista. A LGPD deve ser aplicada no algoritmo do *software* de IA aplicado na saúde, como apresentar-se-á a seguir.

4 Lei Geral de Proteção de Dados e a proteção dos dados dos pacientes na aplicação da IA na saúde

4.1 Transparência, princípio da autonomia da vontade e ética na saúde

Instrumentalizar a transparência dos algoritmos é necessário para que outros princípios-chave do uso da IA na saúde tenham eficácia: (i) a proteção da autonomia humana, para assegurar que os pacientes permaneçam no controle dos sistemas de saúde e das decisões médicas; (ii) os requisitos regulatórios de segurança e eficácia, que garantam que a IA não prejudique os pacientes e promova o bem-estar; (iii) a prestação de contas (*accountability*) no uso de tecnologias de IA; (iv) a busca de equidade, que promova a inclusão social e assegure que algoritmos não reproduzam qualquer tipo de preconceito e discriminação.[18]

A expressão de todos esses princípios pressupõe transparência dos sistemas de IA.[19] A transparência é o mecanismo para expressão algorítmica, bem como o direito à explicação (*right to explanation*) sobre as decisões automatizadas, considerados, ambos os elementos, fundamentais na regulação de algoritmos.[20]

O direito à explicação está se consolidando desde a elaboração do GDPR, em vigor desde maio de 2018.[21] O titular dos dados deve ter

---

[18] DOURADO, Daniel de Araujo; AITH, Fernando Mussa Abujamra. A regulação da inteligência artificial na saúde no Brasil começa com a Lei Geral de Proteção de Dados Pessoais. *Revista de Saúde Pública*, n. 56, p. 80, 2022. Disponível em: www.scielosp.org/pdf/rsp/2022.v56/80/pt. Acesso em: 19 abr. 2023.

[19] OECD. "Trustworthy artificial intelligence in health": Background paper for the G20 AI Dialogue, Digital Economy Task Force. Paris: OECD, 2020. Disponível em: www.oecd.org/health/trustworthy-artificial-intelligence-in-health.pdf. Acesso em: 18 abr. 2023.

[20] ORGANIZAÇÃO MUNDIAL DA SAÚDE. *Op. cit.*

[21] LUPIÁÑEZ-VILLANUEVA; GUNDERSON; VITIELLO; FEBRER; FOLKVORD; CHABANIER; *et al. Op. cit.*

"o direito de obter a intervenção humana, de manifestar seu ponto de vista, de obter uma explicação sobre a decisão tomada na sequência desta avaliação e de contestar a decisão". Ou seja, cria-se o direito à oportunidade de o paciente ser ouvido, de questionar e pedir revisão da decisão automatizada, porque esta afetará sua vida. O exercício desse direito está sendo apelidado como "devido processo algorítmico".[22]

Nessa mesma linha, a Lei nº 8.080/90 assegura, em seu art. 7º, inciso V, o "direito à informação, às pessoas assistidas, sobre sua saúde", ou seja, sugere que todos temos direito à explicação algorítmica e, no seu §3º, define como diretriz do Sistema Único de Saúde (SUS) a "preservação da autonomia das pessoas na defesa de sua integridade física e moral".

Ademais, no Brasil, à luz da LGPD, admite-se o tratamento de dados de saúde na medicina preventiva, diagnóstico médico, prestação de cuidados ou tratamentos médicos ou para gestão dos serviços de saúde e ensaios clínicos, desde que o tratamento desses dados seja efetuado por profissional de saúde sujeito a sigilo médico ou por outra pessoa obrigada a segredo profissional de saúde e desde que estejam garantidas medidas de segurança da informação. Ao abrigo da mesma proteção estão os bancos de tecidos humanos, enquanto procedimentos de "armazenamento, distribuição e aplicação de tecidos e células de origem humana", com especificidades e requisitos éticos próprios, que não constam das disposições do GDPR nem da LGPD, tal como devem ser salvaguardadas.[23]

4.2 Consentimento informado na aplicação da inteligência artificial na saúde

O comportamento humano foi, desde sempre, avaliado sob o ponto de vista do bem e do mal, do certo e do errado, o que é analisado caso a caso pela moral, de forma subjetiva e de ângulos distintos por cada membro da sociedade. Além dessa dualidade, que tem muitos matizes, a ética observa se determinada prática ou atividade é consentida ou denegada pelo sujeito passivo, ou seja, por aquele que sofrerá os efeitos de sua escolha. Como os atos praticados pelo ser humano são observados por diversos matizes, o consentimento informado é fruto da

[22] CALDEIRA. *Op. cit.*

[23] CALDEIRA. *Op. cit.*

utilização de prisioneiros nos campos de concentração em experiências médicas, entre outros agravos, "um genocídio para o bem da ciência"[24] que gerou uma nervura na história e conduziu à formulação do Código de Nuremberg (1947), que se constitui até hoje como o documento mais relevante da ética da investigação em seres humanos.[25]

A ética diz-nos não o que o homem pode fazer, mas o que o homem deve fazer, e as tecnologias de informação e comunicação mudaram profundamente os aspectos da natureza das relações sociais, produtivas e dos conflitos. Portanto, impulsionam os debates éticos contemporâneos. Privacidade, propriedade, liberdade de expressão, responsabilidade, determinismo tecnológico e exclusão digital são algumas questões prementes que caracterizam o discurso ético na sociedade da informação.[26]

Nos termos do nº 1 do art. 4º do GDPR, "O consentimento consiste em uma manifestação de vontade, livre, específica, informada e explícita, pela qual o titular dos dados aceita, mediante declaração ou ato positivo inequívoco, que os dados pessoais que lhe dizem respeito sejam objeto de tratamento". Pode-se ainda extrair do GDPR que: (i) o silêncio do paciente não constitui consentimento, e o consentimento explícito é necessário para o tratamento de dados sensíveis (art. 9º); (ii) o responsável pelo tratamento deve poder demonstrar que o titular dos dados pessoais deu o consentimento para o seu tratamento (art. 7º); (iii) e o titular dos dados deve ter a possibilidade de retirar seu consentimento a qualquer momento, que deve ser tão fácil de retirar como de consentir (art. 7º, alínea *b*). Observa-se que, pelo GDPR, o consentimento pode ser dado, validando uma opção ao visitar uma página na internet, selecionando os parâmetros técnicos para os serviços da sociedade de informação e mediante outra declaração ou conduta que indique claramente, nesse contexto, que aceita o tratamento proposto dos seus dados pessoais.[27]

Outro aspecto importante é que o consentimento do paciente só é válido se este, no momento em que o dá, tiver capacidade de decidir

---

[24] NUNES, Claudia Ribeiro Pereira; BOTIJA, Fernando Gonzales; PERALTA, Pedro D. Regulatory, legislative harmonization and regulatory convergence processes impact in the Brazilian Health Regulatory Agency on Sanitary Surveillance (ANVISA) as the International Public Policymaking system. *Estudios de derecho iberoamericano*, v. 1, p. 154-166, 2019. Disponível em: www.torrossa.com/en/resources/an/4496658. Acesso em: 30 jul. 2023.

[25] SARLET; CALDEIRA. *Op. cit.*

[26] FLORIDI. *Op. cit.*

[27] SARLET; CALDEIRA. *Op. cit.*

livremente, se estiver na posse da informação relevante e se for dado na ausência de coações físicas ou morais.[28]

A Constituição Federal abriga, em seu art. 5º, inciso XIV, textualmente, que "é assegurado a todos o acesso à informação". Sob o ponto de vista infraconstitucional, o CDC traz previsão sobre o dever de informação – tratado como um dos direitos básicos do consumidor ali previstos, em seu art. 3º, inciso III, o direito à "informação adequada e clara sobre os diferentes produtos e serviços, com especificação correta de quantidade, características, composição, qualidade e preço, bem como sobre os riscos que apresentem", noção complementada também nos arts. 8º e 9º, aplicáveis em virtude de a atividade disponibilizada pelo profissional de saúde, em que pese ser diferenciada e especial, ser legalmente classificada como serviço.

Também o consentimento informado, a partir da aplicação da LGPD, deve ser pleno e válido quando estabelecido em uma temporalidade restrita ao uso previamente informado e esclarecido ao paciente, o qual tenha sido ampla e livremente objeto de sua autonomia.[29] O paciente precisa ter capacidade e discernimento para assiná-lo. Ressalta-se que o consentimento informado deve ser inteligível para a adequação da qualidade e da quantidade de informação a ser prestada oral e previamente ao paciente, como pressuposto essencial da sua validade.[30] Logo, essa é a função do consentimento informado na aplicação da IA no setor de saúde.

Há exceções ao consentimento na LGPD. Os casos devem ser interpretados restritivamente e com certa cautela, pois a LGPD, quanto à necessidade das atividades de tratamento de dados pessoais, observa a boa-fé. Para Marcos Ehrhardt Júnior,[31] o dever geral de boa-fé é atendido quando as partes desempenham suas condutas de modo honesto, leal e correto, evitando causar danos ao outro (dever de proteção) e garantindo o conhecimento de todas as circunstâncias relevantes para

[28] FISH, Susan S. Informed consent: time for a national dialogue? *An Emerg Med.*, v. 43, n. 4, p. 449-451, 2004. Disponível em: https://pubmed.ncbi.nlm.nih.gov/15039686. Acesso em: 30 jul. 2023.

[29] NUNES; BOTIJA; PERALTA. *Op. cit.*

[30] NUNES, Claudia Ribeiro Pereira. The impact of the Brazilian General Data Protection Law to measure sustainable consumption. *Amazon's Research and Environmental Law*, v. 9, n. 1, p. 11-24, 2021. Disponível em: http://faar.edu.br/portal/revistas/ojs/index.php/arel-faar/article/view/398. Acesso em: 20 abr. 2023.

[31] EHRHARDT JÚNIOR, Marcos. *Responsabilidade civil pelo inadimplemento da boa-fé.* Belo Horizonte: Fórum, 2013. E-book.

a negociação (dever de informação) – comportamento que faz florescer laços de confiança entre os contratantes.

Por isso, exige-se que o médico repasse ao paciente informações sobre o tratamento dos seus dados, tanto no que se refere à finalidade e com quem serão compartilhados esses dados como ao fato de que os dados de saúde permanecerão anonimizados dentro da tecnologia cognitiva, a fim de aprimoramento profissional e pesquisas científicas.

5 Considerações finais

A IA aplicada à saúde tem evoluído, especialmente nas áreas de diagnóstico, terapêutica e medicamentosa; por isso, faz-se mister a proteção dos seus dados. Constata-se que, no Brasil, o marco inicial do controle da IA começa pela regulação da proteção dos dados pessoais, ou seja, pela LGPD.

Projetos de IA que se desenvolvem na área de saúde são os mais promissores na atualidade. O uso de IA tem potencial tanto para modificar a forma de prestação da assistência à saúde e o autocuidado quanto para influenciar a organização dos sistemas de saúde. Por isso, a regulação da IA na saúde e a ética do seu uso são temas emergentes e essenciais.

Também se entende, a partir do reconhecimento do direito à explicação e à revisão de decisões automatizadas, que ainda não estão completamente regulados pelas dificuldades que possuem. A LGPD já cuida da instrumentalização da transparência no uso da IA, inclusive na saúde, e dos limites atualmente existentes entre a aplicabilidade e a precisão dos sistemas automatizados.

A transparência, apresentada nos documentos da OECD e OMS, como o princípio ético mais frequentemente encontrado nos códigos de diretrizes éticas gerais para o uso da IA na saúde, enseja a necessidade de legislar o direito à explicação que diz respeito a um reconhecimento de que deve ser assegurado a todas as pessoas. O cidadão tem o direito de saber como são tomadas as decisões baseadas em IA quando estas afetam as suas vidas.

Outra questão ética e transversal precisa ser colocada quando se estuda a LGPD. Os dados da população mais pobre e marginalizada são mais difíceis de se obter, gerando dificuldade na disponibilização de serviços de saúde ou mesmo imprecisão em políticas públicas, por falta de dados – sem contar que muitos não têm *smartphone* ou internet para acessar os serviços de saúde no Brasil.

Consequentemente, essas distorções nos dados devem ser consideradas ao tratar da qualidade e da disponibilidade dos mesmos, uma vez que podem ser coletados sem critérios pela IA, acarretando distorções no desempenho do algoritmo e criando resultados imprecisos que podem, inclusive, causar danos ao paciente e responsabilidades ao hospital que usar a tecnologia.

Referências

BRASIL. *Lei n. 13.709, de 14 de agosto de 2018*. Lei Geral de Proteção de Dados Pessoais (LGPD), redação dada pela Lei nº 13.853, de 2019. Disponível em: www.planalto.gov.br/ccivil_03/_ato2015-2018/2018/lei/L13709compilado.htm. Acesso em: 12 abr. 2023.

CALDEIRA, Cristina Maria de Gouveia. O Impacto Ético e Jurídico da Aplicação da Inteligência Artificial no Sector da Saúde. *Cadernos do Programa de Pós-Graduação em Direito – PPGDir./UFRGS*, v. 16, n. 2, ano 2021. Disponível em: https://seer.ufrgs.br/index.php/ppgdir/article/view/121131. Acesso em: 14 abr. 2023.

CATALAN, Marcos; AMATO, Claudio. Novos itinerários da contratação informática: do contrato inteligente ao contrato algorítmico. *Civilistica.com*, n. 3, ano 11, 2022. Disponível em: https://civilistica.emnuvens.com.br/redc/article/view/805/651. Acesso em: 24 abr. 2023.

DOURADO, Daniel de Araujo; AITH, Fernando Mussa Abujamra. A regulação da inteligência artificial na saúde no Brasil começa com a Lei Geral de Proteção de Dados Pessoais. *Revista de Saúde Pública*, n. 56, p. 80, 2022. Disponível em: www.scielosp.org/pdf/rsp/2022.v56/80/pt. Acesso em: 19 abr. 2023.

EHRHARDT JÚNIOR, Marcos. *Responsabilidade civil pelo inadimplemento da boa-fé*. Belo Horizonte: Fórum, 2013. E-book.

EUROPEAN PARLIAMENT. *Artificial intelligence in a digital age European Parliament resolution of 3 May 2022 on artificial intelligence in a digital age* (2020/2266(INI)). Disponível em: www.europarl.europa.eu/doceo/document/TA-9-2022-0140_EN.pdf. Acesso em: 10 abr. 2023

FERNANDES, Márcia Santana. Prontuário eletrônico e a lei geral de proteção de dados. *Migalhas*, 12 fev. 2021. Disponível em: www.migalhas.com.br/coluna/migalhas-de-protecao-de-dados/340202/prontuario-eletronico-e-a-lei-geral-de-protecao-de-dados. Acesso em: 20 abr. 2023.

FERNANDES, Márcia Santana; GOLDIM, José Roberto. Brasil e a Inteligência Artificial na área da saúde – Parte I. *Migalhas*, 28 out. 2022. Disponível em: www.migalhas.com.br/coluna/migalhas-de-protecao-de-dados/376189/brasil-e-a-inteligencia-artificial-na-area-da-saude--parte-i. Acesso em: 10 abr. 2023.

FISH, Susan S. Informed consent: time for a national dialogue? *An Emerg Med.*, v. 43, n. 4, p. 449-451, 2004. Disponível em: https://pubmed.ncbi.nlm.nih.gov/15039686. Acesso em: 30 jul. 2023.

FLORIDI, Luciano. *The ethics of information*. Oxford: Oxford University Press, 2013.

HAUG, Charlotte J. Whose Data Are They Anyway? Can a Patient Perspective Advance the Data-Sharing Debate? *N Engl J Med.*, v. 376, n. 23, p. 2.203-2.205, 2017. Disponível em: https://pubmed.ncbi.nlm.nih.gov/28445103. Acesso em: 30 jul. 2023.

LUPIÁÑEZ-VILLANUEVA, Francisco; GUNDERSON, Laura; VITIELLO, Simone; FEBRER, Nuria; FOLKVORD, Frans; CHABANIER, Loic; *et al. Study on health data, digital health and artificial intelligence in healthcare.* Luxemburgo: Publications Office of the European Union, 2022. Disponível em: https://op.europa.eu/en/publication-detail/-/publication/179e7382-b564-11ec-b6f4-01aa75ed71a1/language-en/format-PDF/source-search. Acesso em: 11 abr. 2023.

NAIK, Nithesh; *et al.* Legal and Ethical Consideration in Artificial Intelligence in Healthcare: Who Takes Responsibility? *Frontiers in Surgery*, v. 9, 2021. Disponível em: www.ncbi.nlm.nih.gov/pmc/articles/PMC8963864. Acesso em: 9 abr. 2023.

NUNES, Claudia Ribeiro Pereira. The impact of the Brazilian General Data Protection Law to measure sustainable consumption. *Amazon's Research and Environmental Law*, v. 9, n. 1, p. 11-24, 2021. Disponível em: http://faar.edu.br/portal/revistas/ojs/index.php/arel-faar/article/view/398. Acesso em: 20 abr. 2023.

NUNES, Claudia Ribeiro Pereira; BOTIJA, Fernando Gonzales; PERALTA, Pedro D. Regulatory, legislative harmonization and regulatory convergence processes impact in the Brazilian Health Regulatory Agency on Sanitary Surveillance (ANVISA) as the International Public Policymaking system. *Estudios de derecho iberoamericano*, v. 1, p. 154-166, 2019. Disponível em: www.torrossa.com/en/resources/an/4496658. Acesso em: 30 jul. 2023.

OECD. "Trustworthy artificial intelligence in health": Background paper for the G20 AI Dialogue, Digital Economy Task Force. Paris: OECD, 2020. Disponível em: www.oecd.org/health/trustworthy-artificial-intelligence-in-health.pdf. Acesso em: 18 abr. 2023.

OECD. *Recommendation of the Council Artificial Intelligence on OECD Legal Instruments*, 2021. Disponível em: https://legalinstruments.oecd.org/en/instruments/oecd-legal-0449#:~:text=a)AI%20actors%20should%20respect,and%20internationally%20recognised%20labour%20rights. Acesso em: 8 abr. 2023.

OECD/The World Bank. *Health at a Glance*: Latin America and the Caribbean 2020. Paris: OECD Publishing, 2020a. Disponível em: www.oecd.org/countries/antiguaandbarbuda/health-at-a-glance-latin-america-and-the-caribbean-2020-6089164f-en.htm. Acesso em: 24 abr. 2023.

O'NEILL, Onora. Accountability, trust and informed consent in medical practice and research. *Clinical Medicine*, v. 4, n. 3, 2004. Disponível em: https://pubmed.ncbi.nlm.nih.gov/15244364. Acesso em: 8 abr. 2023.

ORGANIZAÇÃO MUNDIAL DA SAÚDE. *Ethics and governance of artificial intelligence for health.* 2021. Disponível em: www.who.int/publications/i/item/9789240029200. Acesso em: 20 abr. 2023.

ORGANIZAÇÃO MUNDIAL DA SAÚDE. *OMS publica primeiro relatório global sobre inteligência artificial na saúde e seis princípios orientadores para sua concepção e uso.* Disponível em: www.paho.org/pt/noticias/28-6-2021-oms-publica-primeiro-relatorio-global-sobre-inteligencia-artificial-na-saude-e. Acesso em: 19 abr. 2023.

RODRIGUES, Cristina Barbosa; SILVA, Camila Barreto Pinto. A Lei Geral de Proteção de Dados: uma análise do papel do poder público na proteção dos dados pessoais do cidadão. *In*: XXIX CONGRESSO NACIONAL DO COMPEDI BALNEÁRIO CAMBORIU

– SC, 2020, Florianópolis. *Anais* (...). Florianópolis: CONPEDI, 2022. Disponível em: http://site.conpedi.org.br/publicacoes/906terzx/q4cc77h8/1Ir18YPD7Yk4q0l5.pdf. Acesso em: 24 abr. 2023.

SARLET, Gabrielle Bezerra Sales; CALDEIRA, Cristina. O consentimento informado e a proteção de dados pessoais de saúde na internet: uma análise das experiências legislativas de Portugal e do Brasil para a proteção integral da pessoa humana. *Civilistica.com*, n. 1, ano 8, 2019. Disponível em: http://civilistica.com/wp-content/uploads/2019/04/Sarlet-e-Caldeira-civilistica.com-a.8.n.1.2019.pdf. Acesso em: 12 abr. 2023.

SARLET, Gabrielle Bezerra Sales; FERNANDES, M. S.; RUARO, R. L. A proteção de dados no setor de saúde em face do sistema normativo brasileiro atual. *In*: MENDES, Laura; DONEDA, Danilo; SARLET, Ingo W.; RODRIGUES JÚNIOR, Otávio (Coords.). *Tratado de proteção de dados pessoais*. Rio de Janeiro: Forense, 2021.

SUNARTI, Sri; *et al*. Artificial Intelligence in Healthcare: Opportunities and Risk for Future. *Gaceta Sanitaria*, v. 35, Suppl. 1, p. S67-S70, 2021. Disponível em: www.sciencedirect.com/science/article/pii/S0213911120302788?via%3Dihub. Acesso em: 30 jul. 2023.

Informação bibliográfica deste texto, conforme a NBR 6023:2018 da Associação Brasileira de Normas Técnicas (ABNT):

NUNES, Cláudia Ribeiro Pereira; SILVA, Camila Pinto Barreto da. Análise regulatória e ética da proteção de dados e inteligência artificial aplicadas na saúde. *In*: EHRHARDT JÚNIOR, Marcos; CATALAN, Marcos; NUNES, Cláudia Ribeiro Pereira (Coord.). *Inteligência artificial e relações privadas*: relações existenciais e a proteção da pessoa humana. Belo Horizonte: Fórum, 2023. v. 2. p. 329-347. ISBN 978-65-5518-577-5.

USO DE *HEALTHBOTS* PARA A TRIAGEM DE PACIENTES EM UNIDADES PÚBLICAS DE SAÚDE URGÊNCIA E EMERGÊNCIA: PENSAR ANTES DE IMPLANTAR

FERNANDA SCHAEFER

1 Introdução

As novas tecnologias de comunicação e informação (TIC) vêm revolucionando a forma como as pessoas se comunicam e interagem entre si. Não é diferente com a Medicina, que, a cada dia, cede novos espaços, antes destinados exclusivamente ao contato direto entre profissionais de saúde e pacientes.[1]

O uso das TICs permite o desenvolvimento de ferramentas que podem melhorar o acesso aos serviços de saúde e sua otimização. No entanto, não basta pensar em como incorporar ou aderir a essas novas ferramentas, é preciso refletir sobre as plataformas em que foram desenvolvidas e o contexto de uso (organizacional, profissional e usuário) em que serão implantadas, e é para essa última questão que o presente artigo volta seu olhar.

O uso de *softwares* de inteligência artificial, associados ou não a TICs, é crescente e maior ainda é seu apelo mercadológico. Apresentam-se

[1] Mais sobre o tema: SCHAEFER RIVABEM, Fernanda; FALEIROS JÚNIOR, José de Moura. Inovação, novas tecnologias e a relação médico-paciente: algumas perspectivas sobre telemedicina e desenvolvimento algorítmico. *In*: SÁ, Maria de Fátima Freire; ARAÚJO, Ana Thereza Meirelles; NOGUEIRA, Roberto Henrique Pôrto; SOUZA, Iara Antunes (Coords.). *Direito e medicina*: interseções científicas. Belo Horizonte: Conhecimento, 2022. p. 185-200.

seus atrativos e esperados benefícios, mas pouco se reflete sobre as realidades em que serão aplicados. Muitas vezes, acabam sendo incorporados em sistemas de saúde mais como mera resposta a pressões externas do que propriamente em decorrência da necessidade do serviço.

O presente artigo, a partir de pesquisa normativa e bibliográfica, discute a adoção de dispositivos de inteligência artificial para realização de triagem em serviços de urgência e emergência oferecidos pelo Sistema Único de Saúde (SUS), a partir da realidade organizacional e dos usuários desses serviços. Para tanto, iniciou-se contextualizando normativamente os serviços de urgência e emergência, passou-se à análise da triagem para acesso, para, a partir desses conceitos, apresentar os *healthbots*,[2] apontando seus benefícios, desafios e riscos de implementação na atual conjuntura brasileira.

2 Triagem de pacientes em serviços públicos de saúde de urgência e emergência

"Triagem" é palavra de origem francesa (*trier* = organizar; *triage* = classificar), associada ao processo de separar, categorizar, priorizar. Inserida nos serviços de saúde,[3] destina-se a classificar pacientes por gravidade, a fim de qualificar a assistência à saúde, garantindo o atendimento ao paciente no tempo adequado e de acordo com suas necessidades.

A triagem tem especial utilidade em serviços de urgência e emergência,[4] importantes componentes da assistência à saúde. A

---

[2] Assistentes virtuais de uso geral (como Alexa e Siri) ganham cada vez mais espaço em lares brasileiros e em diversas atividades empresariais fazem as vezes dos atendentes de *call centers*. Na área de saúde, durante a crise provocada pelo SARS-CoV-2, vários foram os *chatbots* desenvolvidos para oferecer orientações gerais sobre a Covid-19 e realizar o atendimento inicial, como, por exemplo, na Organização Mundial da Saúde (OMS); na Universidade de Stanford, com o *chatbot Woebot*; no Centro de Telessaúde do Hospital de Clínicas da Universidade Federal de Minas Gerais, com o *chatbot* Ana; e em diversas Secretarias Municipais de Saúde, como a de Curitiba.

[3] Noticia-se que os primeiros protocolos de triagem foram estabelecidos pelos militares durante as guerras napoleônicas para determinar a prioridade de atendimento entre os soldados feridos (CÂMARA, Rhamaia Ferreira; *et al.* O papel do enfermeiro no processo de classificação de risco na urgência: uma revisão. *Revista Humano Ser – UNIFACEX*, Natal, v. 1, n. 1, p. 99-114, 2015. Disponível em: https://periodicos.unifacex.com.br/humanoser/article/view/628/146. Acesso em: 16 abr. 2023).

[4] Segundo o Conselho Federal de Medicina, Resolução nº 1.451/95: Art. 1º. Os estabelecimentos de Prontos Socorros Públicos e Privados deverão ser estruturados para prestar atendimento a situações de urgência-emergência, devendo garantir todas as manobras de sustentação da vida e com condições de dar continuidade à assistência no local ou em

Triagem Classificatória de Risco apareceu na regulação brasileira, pela primeira vez, no Regulamento Técnico dos Sistemas Estaduais de Urgência e Emergência, do Ministério da Saúde[5] (Portaria GM/MS nº 2048/2002).[6] Em seu Capítulo III, determinou que Unidades Não Hospitalares de Atendimento às Urgências e Emergências (atualmente conhecidas como UPA 24 horas) devem ter espaços de acolhimento[7] nos quais se realize o protocolo de triagem.

> O processo de triagem classificatória deve ser realizado por *profissional de saúde, de nível superior*, mediante treinamento específico e utilização de protocolos preestabelecidos e tem por objetivo avaliar o grau de urgência das queixas dos pacientes, colocando-os em ordem de prioridade para o atendimento. A essa triagem classificatória é vedada a dispensa de pacientes antes que recebam atendimento médico. Após a triagem, os pacientes são encaminhados aos consultórios médicos. Uma vez realizado o atendimento, o paciente deve ter sua referência garantida mediante encaminhamento realizado por meio das centrais de regulação ou, quando estas não existirem, por meio de fluxos previamente pactuados. (grifo nosso)

Com a publicação da Política Nacional de Humanização do Sistema Único de Saúde[8] (HumanizaSUS), um novo modelo de Acolhimento com Classificação de Risco[9] (ACR) foi proposto, agora

---

outro nível de atendimento referenciado. §1º – Define-se por URGÊNCIA a ocorrência imprevista de agravo à saúde com ou sem risco potencial de vida, cujo portador necessita de assistência médica imediata. §2º – Define-se por EMERGÊNCIA a constatação médica de condições de agravo à saúde que impliquem em risco iminente de vida ou sofrimento intenso, exigindo portanto, tratamento médico imediato (disponível em: https://sistemas.cfm.org.br/normas/visualizar/resolucoes/BR/1995/1451; acesso em: 24 abr. 2023).

5 Disponível em: https://bvsms.saude.gov.br/bvs/publicacoes/politica_nac_urgencias.pdf. Acesso em: 24 abr. 2023.

6 Disponível em: https://bvsms.saude.gov.br/bvs/saudelegis/gm/2002/prt2048_05_11_2002.html. Acesso em: 24 abr. 2023.

7 O acolhimento significa a humanização do atendimento, o que pressupõe a garantia de acesso a todas as pessoas (acessibilidade universal). Refere-se à escuta de problemas de saúde do usuário, de forma qualificada, dando-lhe sempre resposta positiva e responsabilizando-se com a resolução do seu problema. Deve garantir a resolutividade, que é o objetivo final do trabalho em saúde, resolver efetivamente o problema do paciente (SHIMAZAKI, Maria Emi. Acolhimento solidário: a saúde de braços abertos. *In*: DUCCI, Luciano; SIMÃO, Mariângela Galvão; PEDOTTI, Maria Alice; MOYSÉS, Samuel Jorge (Orgs.). *Curitiba*: a saúde de braços abertos. Rio de Janeiro: Centro Brasileiro de Estudos da Saúde, 2001. p. 63-77).

8 Disponível em: https://bvsms.saude.gov.br/bvs/publicacoes/politica_nacional_humanizacao_pnh_folheto.pdf. Acesso em: 24 abr. 2023.

9 Acolhimento e classificação de risco são metodologias com objetivos diferentes, mas perfeitamente complementares, que pressupõem a determinação de agilidade no atendimento a partir da análise, sob a ótica de protocolo preestabelecido e do grau de necessidade do

considerando seus dois grandes objetivos: determinar a agilidade do atendimento a partir de um protocolo previamente estabelecido e proporcionar atenção centrada no nível de complexidade, e não por ordem de chegada. Esse modelo, no entanto, só foi incorporado como diretriz do Componente Hospitalar da Rede de Atenção às Urgências em 2011.

A Política Nacional de Atenção às Urgências instituiu a Rede de Atenção às Urgências no SUS, que tem por objetivo ampliar e qualificar o acesso humanizado e integral aos usuários em situação de urgência/emergência e melhorar a articulação e a comunicação entre as Centrais de Regulação do SAMU 192, as salas de estabilização, as Unidades de Pronto Atendimento 24 h, as Unidades Básicas de Saúde e as unidades hospitalares, garantindo atendimento mais rápido e eficaz. Deve-se, portanto, priorizar o acolhimento[10] com a classificação de risco, a qualidade e a resolutividade da atenção com articulação eficaz da rede.

Ainda, segundo o Anexo III da Portaria nº 2.048/02, do Ministério da Saúde, a confusão com o funcionamento e o papel da assistência à urgência é comum e traz prejuízos à própria organização da rede assistencial.

> A assistência às urgências se dá, ainda hoje, predominantemente nos "serviços" que funcionam exclusivamente para esse fim – os tradicionais prontos-socorros –, estando estes adequadamente estruturados e equipados ou não. Abertos nas 24 horas do dia, esses serviços acabam por funcionar como "porta de entrada" do sistema de saúde, acolhendo pacientes de urgência propriamente dita, pacientes com quadros percebidos como urgências, pacientes desgarrados da atenção primária e especializada e as urgências sociais. Tais demandas misturam-se nas unidades de urgência superlotando-as e comprometendo a qualidade

---

usuário, proporcionando atenção centrada no nível de complexidade e não na ordem de chegada (BRASIL. Ministério da Saúde. *Acolhimento com avaliação e classificação de risco*: um paradigma ético-estético no fazer em saúde. Brasília (DF): Ministério da Saúde, 2004, 48 p. Disponível em: www.saude.sp.gov.br/resources/humanizacao/biblioteca/pnh/acolhimento_com_avaliacao_e_classificacao_de_risco.pdf. Acesso em: 25 abr. 2023).

10 "O acolhimento não é um espaço ou um local, mas uma postura ética; não pressupõe hora ou profissional específico para fazê-lo, mas implica necessariamente o compartilhamento de saberes, angústias e invenções; quem acolhe toma para si a responsabilidade de 'abrigar e agasalhar' outrem em suas demandas, com a resolutividade necessária para o caso em questão. Desse modo é que o diferenciamos de triagem, pois se constitui numa ação de inclusão que não se esgota na etapa da recepção, mas que deve ocorrer em todos os locais e momentos do serviço de saúde" (BRASIL. Ministério da Saúde. Acolhimento nas práticas de produção de saúde. 2. ed. Brasília (DF): Ministério da Saúde, 2010. Disponível em: https://bvsms.saude.gov.br/bvs/publicacoes/acolhimento_praticas_producao_saude.pdf. Acesso em: 30 jul. 2023).

> da assistência prestada à população. Essa realidade assistencial é, ainda, agravada por problemas organizacionais desses serviços, como, por exemplo, a falta de triagem de risco, o que determina o atendimento por ordem de chegada sem qualquer avaliação prévia do caso, acarretando, muitas vezes, graves prejuízos aos pacientes. Habitualmente, as urgências "sangrentas" e ruidosas são priorizadas, mas, infelizmente, é comum que pacientes com quadros mais graves permaneçam horas aguardando pelo atendimento de urgência, mesmo já estando dentro de um serviço de urgência. Como exemplo dessa situação pode-se citar o caso de um idoso com doença pulmonar obstrutiva crônica em episódio de agudização cursando com insuficiência respiratória ou, ainda, uma importante arritmia cardíaca cursando com hipoxemia.
>
> Outra situação preocupante para o sistema de saúde é a verificada "proliferação" de unidades de "pronto atendimento" que oferecem atendimento médico nas 24 horas do dia, porém sem apoio para elucidação diagnóstica, sem equipamentos e materiais para adequada atenção às urgências e, ainda, sem qualquer articulação com o restante da rede assistencial. Embora cumprindo papel no escoamento das demandas reprimidas não satisfeitas na atenção primária, esses serviços oferecem atendimentos de baixa qualidade e pequena resolubilidade, que implicam repetidos retornos e enorme produção de "consultas de urgência".

Todo município brasileiro – independentemente do nível de gestão por si assumido por ocasião da assinatura do Termo de Compromisso de Gestão (TCG, 2006/2007) – deve manter porta de entrada para serviços de urgência e emergência de forma ininterrupta. Se assim não fosse, os princípios da universalidade de acesso, da integralidade da assistência (art. 198, Constituição Federal) e da resolutividade dos serviços de saúde (Lei nº 8.080/90) estariam sendo afrontados. No entanto, disso não se extrai que tal porta de entrada deva envolver manutenção de serviços de urgência 24 horas ou atendimento hospitalar.

Para os municípios que assumiram as responsabilidades atinentes à Atenção Básica, é esse (e, portanto, as unidades básicas de saúde e as respectivas equipes de estratégia da saúde) o principal modo de atendimento às urgências. Segundo o Anexo III da Portaria de Consolidação nº 3/17, do Ministério da Saúde,

> Art. 4º A Rede de Atenção às Urgências é constituída pelos seguintes componentes: (Origem: PRT MS/GM 1600/2011, Art. 4º)
>
> I – Promoção, Prevenção e Vigilância à Saúde; (Origem: PRT MS/GM 1600/2011, Art. 4º, I)
>
> II – Atenção Básica em Saúde; (Origem: PRT MS/GM 1600/2011, Art. 4º, II)

III – Serviço de Atendimento Móvel de Urgência (SAMU 192) e suas Centrais de Regulação Médica das Urgências; (Origem: PRT MS/GM 1600/2011, Art. 4º, III)
IV – Sala de Estabilização; (Origem: PRT MS/GM 1600/2011, Art. 4º, IV)
V – Força Nacional de Saúde do SUS; (Origem: PRT MS/GM 1600/2011, Art. 4º, V)
VI – Unidades de Pronto Atendimento (UPA 24 h) e o conjunto de serviços de urgência 24 horas; (Origem: PRT MS/GM 1600/2011, Art. 4º, VI)
VII – Hospitalar; e (Origem: PRT MS/GM 1600/2011, Art. 4º, VII)
VIII – Atenção Domiciliar. (Origem: PRT MS/GM 1600/2011, Art. 4º, VIII)

A mesma Portaria de Consolidação determina, no art. 6º do Anexo III, que "o Componente Atenção Básica em Saúde tem por objetivo a ampliação do acesso, fortalecimento do vínculo e responsabilização e o primeiro cuidado às urgências e emergências, em ambiente adequado, até a transferência/encaminhamento a outros pontos de atenção, quando necessário, com a implantação de acolhimento com avaliação de riscos e vulnerabilidades".

Isso significa que em todo município é preciso haver o primeiro cuidado, com acolhimento em ambiente adequado e avaliação de riscos e vulnerabilidades. De acordo com o art. 3º, §3º, do Anexo III da Portaria de Consolidação nº 3/17, Ministério da Saúde, "o acolhimento com classificação do risco, a qualidade e a resolutividade na atenção constituem a base do processo e dos fluxos assistenciais de toda Rede de Atenção às Urgências e devem ser requisitos de todos os pontos de atenção". Por sua vez, o Manual de Classificação de Risco[11] do Ministério da Saúde esclarece que:

> A classificação de risco é uma ferramenta que, além de organizar a fila de espera e propor outra ordem de atendimento que não a ordem de chegada, tem também *outros objetivos importantes*, como: garantir o atendimento imediato do usuário com grau de risco elevado; informar o paciente que não corre risco imediato, assim como a seus familiares, sobre o tempo provável de espera; promover o trabalho em equipe por meio da avaliação contínua do processo; dar melhores condições de trabalho para os profissionais pela discussão da ambiência e implantação do cuidado horizontalizado; aumentar a satisfação dos usuários e,

---

[11] Disponível em: https://bvsms.saude.gov.br/bvs/publicacoes/acolhimento_classificaao_risco_servico_urgencia.pdf. Acesso em: 25 abr. 2023.

> principalmente, possibilitar e instigar a pactuação e a construção de redes internas e externas de atendimento. (...) O protocolo de classificação de risco é uma *ferramenta de inclusão, ou seja, não tem como objetivo reencaminhar ninguém sem atendimento, mas sim organizar e garantir o atendimento de todos*; A classificação de risco é atividade realizada por profissional de enfermagem de nível superior, preferencialmente com experiência em serviço de urgência, e após capacitação específica para a atividade proposta; O protocolo deve ser apropriado por toda a equipe que atua na urgência: enfermeiros, técnicos de enfermagem, médicos, psicólogos, assistentes sociais, funcionários administrativos. (grifos nossos)

Após a avaliação de risco, havendo necessidade de transferência a outros pontos (hospitais, serviços de urgência 24 h, SAMU etc.), a Atenção Básica, necessariamente inserida na Rede de Atenção às Urgências, poderá acessar, de imediato, o serviço necessário para atendimento do paciente por meio da Regulação.

O acolhimento em todos os pontos de atenção às urgências e emergências, em especial na Atenção Básica, é decisivo para garantir a integralidade da assistência, alçada como princípio no art. 7º, II, da Lei Orgânica da Saúde:

> Art. 7º As ações e serviços públicos de saúde e os serviços privados contratados ou conveniados que integram o Sistema Único de Saúde (SUS), são desenvolvidos de acordo com as diretrizes previstas no art. 198 da Constituição Federal, obedecendo ainda aos seguintes princípios:
> (...)
> II – integralidade de assistência, entendida como *conjunto articulado e contínuo* das ações e serviços preventivos e curativos, individuais e coletivos, exigidos *para cada caso em todos os níveis de complexidade* do sistema. (...) (grifos nossos)

A integralidade no SUS, no entanto, não pode ser compreendida como tudo, ao mesmo tempo, para todos. Diversamente, deve envolver a ação de saúde que o usuário necessita, inserida em um sistema articulado e contínuo. Isso ganha contornos peculiares na urgência e na emergência, em que a articulação e a continuidade, para que o paciente receba aquilo que de fato precisa, em todos os níveis de complexidade do sistema, são decisivas.

As Unidades Não Hospitalares de Atendimento de Urgências e Emergências devem funcionar 24 horas, todos os dias da semana, devendo ser habilitadas para prestar o primeiro nível de assistência da média complexidade, sendo do Município o dever de dispor de ao menos uma dessas unidades para atendimento da sua população. Essas Unidades são integrantes do Sistema Estadual de Urgências e Emergências, sendo consideradas estruturas intermediárias entre as Unidades Básicas de Saúde e as Unidades Hospitalares.

Assim, é preciso detectar, durante as 24 horas do dia, em ambiente de acolhimento, em avaliação técnica, quais são os riscos potenciais do agravo sofrido pelo paciente naquele momento e, a partir disso, para qual serviço eventualmente precisa ser de imediato transferido ou para qual ponto pode ser encaminhado em momento oportuno. Manter essa porta de entrada ininterrupta, para nela proceder ao acolhimento e à avaliação de risco, não exige ambiente hospitalar ou mesmo a presença de médico durante 24 horas por dia.[12]

O acesso ao Serviço Hospitalar de Urgência e Emergência se faz por demanda espontânea ou por meio dos Serviços Pré-Hospitalares Móveis (SAMU). Por isso, essa porta de entrada na Atenção Básica, nos termos preconizados pela Política Nacional de Urgências e Emergências, precisa contar com acolhimento, classificação de risco e inserção na rede de urgências, para, sempre que necessário – e de imediato –, acessar e obter o serviço que o paciente precise, inclusive de socorro médico naquele momento. A porta de entrada de urgência e emergência, com resolutividade e acesso a todos os serviços necessários (inclusive de alta complexidade hospitalar), não se dá apenas com a oferta isolada de serviços de consultas médicas durante 24 horas por dia.

Por tudo isso, a triagem ocupa importante espaço nos serviços de Urgência e Emergência, em especial naqueles com alta demanda e recursos escassos. A triagem é um processo, estabelecido por protocolos que visam avaliar o paciente para definir sua prioridade no atendimento e no encaminhamento ao serviço correto. É processo que organiza o serviço e procura garantir acesso no tempo certo, otimizando fluxos e promovendo a verdadeira equidade no atendimento.

Para a resolutividade do serviço de saúde, é obrigatório que os profissionais de saúde[13] sejam capacitados para realizar uma boa

---

[12] A experiência demonstra que grande parte dos municípios brasileiros sequer consegue manter médicos no quadro próprio das equipes da Estratégia Saúde da Família para prestar serviços 8 horas diárias, que dirá conseguir remunerar e manter médicos em unidade de pronto-atendimento por 24 horas.

[13] A Resolução nº 661/21, do Conselho Federal de Enfermagem, atualiza e normatiza, no âmbito do Sistema Cofen/Coren, a participação da Equipe de Enfermagem na atividade de classificação de risco (disponível em: www.cofen.gov.br/resolucao-cofen-no-661-2021_85839.html; acesso em: 25 abr. 2023). Destaca-se que, embora qualquer profissional de saúde de nível superior, devidamente capacitado nos protocolos, possa realizar a avaliação de risco,

triagem e, para isso, é necessário escuta qualificada, avaliação, registro correto da queixa, raciocínio clínico, agilidade na tomada de decisões, encaminhamentos adequados para a rede assistencial.[14] Diante de tais exigências, é inevitável perguntar: sistemas de inteligência artificial poderiam substituir eficazmente os profissionais de saúde na triagem de pacientes de urgência e emergência?[15]

3 *Healthbots* e triagem de pacientes

A triagem é um processo sistemático de avaliação do paciente que requer capacidade de interpretação, discriminação e avaliação para determinar quem vai receber atendimento primeiro, prevenindo agravamentos e visando assegurar assistência humanizada, qualificada e equitativa a quem procura um serviço de saúde.

> A triagem pode ser baseada em diversos pressupostos, valorizando informação demográfica, dados anatómicos, mecanismos de lesão, parâmetros fisiológicos e o denominado juízo clínico. As características desejáveis do sistema idealizado para valorizar os pressupostos descritos são: rapidez na execução, facilidade na compreensão e implementação, ser reproduzível, ser dinâmica (evoluir com o tempo e conceitos) e, em caso de situações de catástrofe, ser capaz de prever resultados finais (ALSG, 1995).[16]

---

somente médicos podem dispensar ou encaminhar o paciente a outra unidade de saúde (Resolução nº 2.077/14, CFM; disponível em: https://portal.cfm.org.br/images/PDF/resolucao2077.pdf; acesso em: 25 abr. 2023).

14 SILVA, Paloma Morais; BARROS, Kelly Pereira; TORRES, Heloísa de Carvalho. Acolhimento com classificação de risco na atenção primária: percepção dos profissionais de enfermagem. *Rev. Min. Enferm.*, v. 16, n. 2, p. 225-231, 2012. Disponível em: https://pesquisa.bvsalud.org/portal/resource/pt/lil-653223. Acesso em: 30 jul. 2023.

15 "Queremos terminar citando texto escrito pelo próprio programa ChatGPT: 'É improvável que a inteligência artificial substitua inteiramente os médicos para o diagnóstico e a escolha terapêutica em curto ou médio prazo. Os profissionais de saúde têm experiência, e a experiência não pode ser substituída pela inteligência artificial. Eles são treinados para interagir com os pacientes, entender os fatores sociais e emocionais que podem influenciar a saúde das pessoas e considerar as características particulares de cada paciente'" (PASSOS, Mauro Romero Leal; ELEUTÉRIO JÚNIOR, José. Chatbot, ChatGPT: inteligência artificial e/ou inteligência comercial e/ou inverdades robotizadas, por enquanto. *Revista DST – J Bras Doenças Sexualmente Transmissíveis*, v. 35, p. 1-4, 2023. Disponível em: www.bjstd.org/revista/article/view/1330/1406. Acesso em: 30 jul. 2023).

16 SILVA, António Marques. *Triagem de prioridades*. 2009. 232 p. Dissertação (Mestrado em Medicina de Catástrofe) – Instituto de Ciências Biomédicas Abel Salazar, Universidade do Porto, Portugal, 2009. p. 14.

A triagem de pacientes segue diferentes modelos e protocolos, podendo ser adaptada às particularidades de cada serviço. Pode-se falar, por exemplo, em: (i) triagem clínica, que consiste na avaliação do estado de saúde global do paciente; (ii) triagem psicológica, que avalia o estado psicológico e/ou psiquiátrico; (iii) triagem ambulatorial, utilizada em serviços de baixa complexidade e sem riscos imediatos à saúde.

Diversos são os métodos de triagem, variando de acordo com a demanda e a complexidade do serviço ofertado. No Brasil, nas Unidades Básicas de Saúde em que há atendimento de urgência e emergência, o método mais comum é conhecido como Sistema de Triagem *Manchester* (STM), protocolo criado em 1997[17] que determina a classificação do paciente em razão dos riscos e da checagem de sintomas que resultam em uma separação por cores que implicará a possibilidade de espera para atendimento por ordem de chegada (paciente sem riscos imediatos, não urgente) até o atendimento imediato (emergência, situação gravíssima).

Muitos são os benefícios apontados para triagem: atendimento organizado e agilizado; equidade no atendimento; determinação da ordem de prioridade; otimização do tempo; organização de processos; redução de fatalidades; maior assertividade; automação e priorização em filas diante da verificação de alterações em exames; diminuição da sobrecarga de trabalho de equipes de saúde.

Diante da diversidade de protocolos, modelos e profissionais de saúde habilitados a realizar triagem de pacientes, parece ser uma conclusão óbvia afirmar que facilmente poderia ser uma atividade substituída por *softwares* de inteligência artificial, que aqui serão denominados *healthbots*, os quais podem ser utilizados, por exemplo, no cuidado ao paciente; como orientadores ou conselheiros de saúde; como funcionários; como alertas de emergências.

Healthbots são robôs, aplicações ou sistemas inteligentes desenvolvidos para auxiliar no atendimento e cuidado a pacientes. Podem

[17] Trata-se de metodologia de trabalho que tem por objetivo "dispor de um sistema de triagem inicial que, de uma forma objetiva, reproduzível, passível de auditoria e com controlo médico, promova o atendimento médico em função de critério clínico, e não do administrativo ou da simples ordem de chegada ao Serviço de Urgência. (...) O método consiste em identificar a queixa inicial (de apresentação) e seguir o respectivo fluxograma de decisão (existem ao todo 52 que abrangem todas as situações previsíveis. O fluxograma contém várias questões a serem colocadas pela ordem apresentada (com a definição exata dos termos) que constituem os chamados 'discriminadores'. Estes podem ser específicos para a situação em causa (por exemplo, oftalmológica) ou gerais: perigo de vida, dor, hemorragia, estado de consciência, temperatura e o facto de se tratar ou não de uma situação aguda. (...) A consistência do método é tal que, mesmo que seja escolhido um fluxograma alternativo ou porventura menos correto, o resultado final em termos de prioridade clínica e consequente tempo limite de observação clínica será igual" (SILVA. *Op. cit.*, p. 35-37).

realizar simples tarefas, como monitoramento e lembrança do usuário de tomar seus medicamentos, até tarefas mais complexas, como a triagem. Os healthbots são programados para serem interativos e são divididos nas seguintes grandes categorias: (i) *personal healthbots*, projetados para fornecer cuidados individualizados; (ii) *surgical robots*, que auxiliam cirurgiões durante procedimentos de telecirurgia e cirurgia robótica; (iii) *rehabilitation robots*, usados como auxiliares em pacientes em fisioterapia ou reabilitação; (iv) *telepresence robots*, que auxiliam serviços remotos de saúde, interagindo em tempo real com os pacientes; (v) *social robots*, utilizados para dar suporte emocional a pacientes.[18]

O foco do presente artigo está nos healthbots, que auxiliam na realização de triagem com o uso de *voicebots* (oral) ou *chatbots* (texto escrito), tecnologias de comunicação que atuam simulando linguagem natural escrita ou falada, automatizando processos de saúde com o uso de recursos da inteligência artificial, em especial *machine learning*, recursos antes conhecidos e disseminados por grandes varejistas, que se tornaram populares em serviços de saúde durante a pandemia de Covid-19.

Há inúmeros sistemas disponíveis no mercado que prometem soluções organizacionais que podem, sem dúvida, auxiliar e baratear o processo de triagem, mas, talvez, ainda não possam substituir completamente a interação humana, especialmente no Brasil, que ainda não tem maturidade digital organizacional, profissional e populacional suficiente para dar conta da compreensão e do uso dessas tecnologias.

As consultorias L.E.K. Consulting (Digital Excellence Framework – DEX) e Folks divulgaram recentes relatórios em que afirmam que, embora o país tenha dado passos significativos rumo à saúde digital, ainda não há maturidade digital, não só em razão da falta de infraestrutura, mas também porque os profissionais de saúde ainda não conseguem compreender ou acompanhar as novas tendências. Muitas instituições acabam aderindo a novas tecnologias apenas para darem uma resposta ao mercado ou ao usuário, mas sem fazer um verdadeiro estudo reflexivo sobre como a adoção daquela estratégia digital impactará na forma como serviço é prestado ou se é realmente útil aos seus pacientes. Assim, por exemplo, hospitais avançam em sistemas críticos, mas não conseguem fazer o básico: a interoperabilidade dos sistemas de forma a garantir eficiência do atendimento.

---

[18] São exemplos de *social robots*: *Pepper* (robô humanoide); *Jibo*; *Buddy*; *NAO*; *Aibo* (cachorro robótico); todos são robôs de assistência e companhia capazes, inclusive, de realizar algumas tarefas domésticas.

A Folks apresentou uma escala percentual com quatro níveis de maturidade: tradicional (0-25%), evolução (25%-50%), sofisticação (50%-75%) e inovação (75%-100%). Da amostra de 175 hospitais, a média de maturidade digital foi de 44,13%, estágio que indicaria que a instituição já iniciou sua jornada digital, que as lideranças já compreendem a importância disso e que já existem soluções para serviços mais básicos. Contudo, dentro dessa média há picos (85,90%) e vales (15,15%), o que, por si, também revela iniquidades importantes. Também indicou que 68% das organizações não têm nenhum programa que desenvolva as pessoas para a aplicação de ferramentas digitais e que apenas 6,29% contam com líderes especializados em saúde digital.

Pensando na realidade de boa parte dos municípios brasileiros e na estrutura existente em Unidades Básicas de Saúde, a primeira dificuldade seria justamente na implantação desses sistemas em locais em que sequer há rede de internet acessível e estável ou computadores (ou equipamentos similares) aptos a suportar tais sistemas. Aliado ao fator estrutural estaria a dificuldade de capacitação dos profissionais para utilização desses sistemas. Poder-se-ia afirmar que o uso da teleducação facilmente resolveria o problema, mas isso só conduz às questões estruturais iniciais: quais equipamentos e redes os profissionais usariam para realizar o curso?

Indo além, não bastaria capacitar os profissionais responsáveis pela triagem; seria também necessário treinar os usuários do sistema. Aqui se está a falar de uma população de 214,3 milhões de pessoas (IBGE),[19] além de eventuais estrangeiros que do Sistema Único de Saúde venham a fazer uso,[20] dentre os quais quase 9% são analfabetos (PNAD, IBGE) e 29%, analfabetos funcionais (INAF).

Alguns desenvolvedores de *healthbots* chegam a afirmar que o uso desses dispositivos não exigiria do usuário novas habilidades ou competências, tampouco nova infraestrutura, podendo ser utilizados, em algumas situações, dispositivos integrados a outras tecnologias já usadas pelo serviço de saúde, como ligações personalizadas, SMS e *WhatsApp*. Partir dessa premissa, ainda mais quando se trata de dispositivos voltados à área tão sensível, é acreditar que todas as pessoas

---

[19] Embora se possa afirmar que desse contingente seriam excluídos os 25% de usuários da assistência privada à saúde e a parcela da população de crianças, essa lógica não pode ser aplicada em razão da determinação constitucional de universalidade de acesso ao SUS (arts. 196 e 198, Constituição Federal).

[20] Lembre-se, o acesso universal garante acesso ao SUS a qualquer residente no Brasil, o que inclui eventuais turistas e migrantes (documentados ou não).

têm nível equivalente de formação e de inclusão digital, o que, no Brasil, obviamente, não se confirma.

A anunciada acessibilidade seria de partida já prejudicada justamente porque os desenvolvedores não pensaram no público-alvo usuário do sistema, que pode ter grandes dificuldades sobre as instruções que recebe pela linguagem utilizada e pela automação própria desses processos. Os problemas também podem decorrer do simples fato de ele não saber utilizar tal tecnologia (ainda que disponibilizada em aparelhos celulares ou *tablets*) e, por isso, não conseguir acessar os sistemas. Então, a proclamada satisfação do cliente estaria direcionada a quem? À organização de saúde que a ele aderiu ou aos pacientes que serão submetidos ao seu uso?

Vale lembrar que uma triagem bem feita não se faz apenas como a observação de protocolos e preenchimento de formulários digitais; é necessário que o paciente compreenda o que se está perguntando, que consiga expressar seus sintomas e descrevê-los a partir de sua própria linguagem – e só quem atende diretamente a população sabe as dificuldades que isso pode trazer, ainda que os sistemas estejam aptos a identificar os diferentes dialetos e gírias.

Para além da preocupação com a acessibilidade do sistema e da linguagem utilizada para as instruções e entrevistas, seria também necessário garantir que esses *healthbots* contassem com tecnologia assistiva[21] apta a auxiliar quem dela precisa, além de oferta em língua estrangeira a fim de garantir acesso integral.

---

21 O conceito de tecnologia assistiva foi delimitado por meio da Ata VII do Comitê de Ajudas Técnicas (CAT), de 14 de dezembro de 2007, nos seguintes termos: "uma área do conhecimento, de característica interdisciplinar, que engloba produtos, recursos, metodologias, estratégias, práticas e serviços que objetivam promover a funcionalidade, relacionada à atividade e participação, de pessoas com deficiência, incapacidades ou mobilidade reduzida, visando sua autonomia, independência, qualidade de vida e inclusão social". O Comitê propôs, também, o uso da expressão como sinônimo de "ajudas técnicas" (terminologia que vinha sendo largamente utilizada, inclusive pela legislação) mas que "Tecnologia Assistiva" fosse empregada no singular, "porquanto define uma área do conhecimento, e não uma coletânea determinada de produtos, a qual seria denominada como Recursos da Tecnologia Assistiva, também prevendo a adoção da locução Serviços e Procedimentos de Tecnologia Assistiva para referir tais elementos. (...)". A elucidação da expressão, no campo normativo, somente adveio por meio do art. 3º, III, da Lei nº 13.146/15 (Estatuto da Pessoa com Deficiência), que definiu tecnologia assistiva (usando-a, inclusive, como sinônimo de ajuda técnica) como "produtos, equipamentos, dispositivos, recursos, metodologias, estratégias, práticas e serviços que objetivem promover a funcionalidade, relacionada à atividade e à participação da pessoa com deficiência ou com mobilidade reduzida, visando à sua autonomia, independência, qualidade de vida e inclusão social" (MEIRELLES, Jussara Maria Leal; SCHAEFER, Fernanda. Telemedicina e tecnologia assistiva. *Revista de Bioética y Derecho*, Universidad de Barcelona, v. 57, p. 53-66, 2023).

Outro benefício proclamado seria a agilidade do serviço. Sim, é verdade, *healthbots* podem organizar melhor os processos e agilizar as entregas, mas isso acontecerá quando seus usuários estiverem aptos a utilizá-los com presteza, daí a necessidade de educação (formal e informal) para o uso. De nada adianta implantar sofisticados sistemas de triagem se for necessário manter diversos profissionais, que muitas vezes não terão o dever de sigilo, disponíveis para auxiliar quem não consegue, por qualquer razão, compreender o uso do serviço digital. A agilidade se perde em meio à necessidade de auxílio individualizado para uso e preenchimento dos formulários digitais. Com a perda da agilidade, a proclamada economia[22] também se esvai, não apenas porque há necessidade de manutenção de pessoas qualificadas para auxiliar, mas também porque a otimização de processos não ocorre.

Ressalta-se, ainda, a necessidade de os *chatbots* estarem integrados a outros sistemas e aplicativos para que a agilidade possa ser garantida. Seria, portanto, obrigatória a interoperabilidade[23] entre, por exemplo, agenda, prontuário médico e dispensa de prescrições, condição indissociável da eficiência desses sistemas. Vale aqui mencionar que o SUS atualmente conta com mais de 600 sistemas de informação em uso (DATASUS), sendo que a maioria não conversa entre si, sendo, em algumas situações, absolutamente incompatíveis entre si. Tem-se, portanto, uma das maiores bases de dados de saúde do mundo, coordenada pelo Ministério da Saúde, mas que gera informações fragmentadas e, portanto, ineficientes, justamente pela falta de interoperabilidade.

Destaca-se, ainda, que a base na qual se apoiam os sistemas digitais de triagem não pode ser meramente utilitarista,[24] pensada a partir

---

[22] Estudo realizado pela Juniper Research apontou que o uso de *chatbots* em saúde poderia gerar uma economia global de 3,6 bilhões de dólares em 2022. A pesquisa afirma que, em 2023, a saúde representará 10% de todas as interações de *chatbots* no mundo, gerando uma economia estimada de 4 bilhões de dólares. Disponível em: www.juniperresearch.com/press/healthcare-chatbot-interactions-reach-2-8bn-2023. Acesso em: 25 de abr. 2023.

[23] Em 2018, o Brasil definiu Padrões de Interoperabilidade (EPING), definindo um conjunto mínimo de premissas, políticas e especificações técnicas que regulamentam o uso de TICs no Poder Executivo Federal e condições de interação com os demais Poderes. Embora de observação obrigatória, a integração de sistemas ainda caminha a passos lentos. Disponível em: www.gov.br/governodigital/pt-br/governanca-de-dados/padroes-de-interoperabilidade. Acesso em: 25 abr. 2023.

[24] Segundo a OMS, "ao mesmo tempo, para que a IA tenha um impacto benéfico na saúde pública e na medicina, as considerações éticas e os direitos humanos devem ser colocados no centro do projeto, desenvolvimento e implantação de tecnologias de IA para a saúde. Para que a IA seja usada efetivamente para a saúde, os preconceitos existentes nos serviços e sistemas de saúde com base em raça, etnia, idade e gênero, que são codificados em dados usados para treinar algoritmos, devem ser superados. Os governos precisarão eliminar uma

dos critérios de salvabilidade e gravidade. O acolhimento não pode ser ignorado porque próprio das atividades de saúde, destinando-se a reconhecer fatores associados ao quadro clínico, contextos particulares, características individuais e nem sempre reconhecidos por sistemas automatizados. Segundo António Marques da Silva,[25]

> A valorização dos diversos fatores pode originar fenómenos de *undertriage* ou *overtriage*. A primeira representa a não identificação de doentes que poderiam beneficiar de cuidados mais precoces ou diferenciados. A segunda situação significa a sobrevalorização da necessidade real da atribuição de prioridade, com a ministração de cuidados superiores aos realmente necessitados, eventualmente com detrimento para terceiros que não foram adequadamente tratados em cenário de escassez de recursos (Cone 2004). Na primeira instância existe pouca sensibilidade na classificação dos doentes e na segunda existe uma baixa especificidade (Reisner, 2006). Considera-se aceitável uma taxa de *undertriage* de 5% (Wesson, 1992). Na tentativa de evitar este fenómeno, existem séries com *overtriage* até aos 50% (Fryberg, 1988). Continua a busca pelo instrumento ideal de triagem que permita a identificação do doente mais necessitado de cuidados, sem promover uma abordagem excessiva ao doente não tão necessitado. (Asplin, 2001) (grifos nossos)

Se é verdade que sistemas inteligentes podem reconhecer nuances da comunicação humana (biossinais), detectar estado emocional e extrair informações de biomarcadores de voz (como distúrbios neurológicos e respiratórios) que poderiam passar despercebidos por profissionais de saúde, é também preciso lembrar que esses mesmos sistemas podem estar sujeitos a vieses algorítmicos que podem agravar situações de discriminação e, em situações de emergência e urgência, levar ao atendimento tardio ou até ao agravamento do quadro.

É por isso que se está aqui a destacar o cuidado na adoção de sistemas automatizados de triagem, ainda mais em serviços de urgência e emergência, nos quais a situação clínica, o perigo de vida, a intensidade da dor e sua localização e irradiação, hemorragia, febre, estado de consciência, temperatura e pressão são particularmente valorizadas.

---

divisão digital preexistente (ou a distribuição desigual de acesso) ao uso de tecnologias de informação e comunicação" (tradução livre) (ORGANIZAÇÃO MUNDIAL DA SAÚDE. *WHO Guidance – Ethics and Governance of Artificial Intelligence for Health*. Disponível em: www.who.int/publications/i/item/9789240029200. Acesso em: 25 abr. 2023).

25 SILVA. *Op. cit.*, p. 14.

Não se está aqui a rechaçar as tecnologias; muito pelo contrário, reconhecem-se seu potencial de revolucionar a Medicina e seus benefícios como a maior eficiência do serviço; os resultados mais aprimorados; os custos mais baixos; a garantia de maior acesso; e o atendimento personalizado. No entanto, para que seus benefícios sejam notados, não podem os *healthbots* serem adotados como justificativa aos apelos de mercado ou à satisfação a interesses de governantes.

É preciso reconhecer que a falta de interação humana, as preocupações com a segurança dos sistemas, as limitações técnicas, os custos de implantação e manutenção e o escopo limitado são fatores que necessariamente precisam ser sopesados quando da definição pela adoção ou não de *healthbots* em sistemas de triagem, particularmente em razão do tipo de serviço e do usuário a que se destina.

Ainda é necessário que se assegure que o *healthbot* seja confiável e preciso (acurácia), e que os dados sejam analisados em conformidade com protocolos e diretrizes de saúde compatíveis com o serviço a ser prestado. Em triagens de urgência e emergência, é ainda altamente recomendado que os resultados sejam revisados por profissionais de saúde, uma vez que a definição do tempo de atendimento impacta diretamente na priorização do atendimento e, portanto, nas chances de tratamento.

Inseridos em sistemas públicos, é preciso, ainda, assegurar que o paciente que não deseja ser atendido por meio de *healthbots* tenha resguardadas outras formas de acesso ao sistema que não dependam exclusivamente de acesso a tecnologias digitais. Também deve ser assegurado àquele que utilizou o meio digital canais nos quais possa rapidamente esclarecer eventuais dúvidas sobre as orientações recebidas digitalmente.

O que se pretendeu destacar neste artigo é que o uso de *healthbots* em triagem de serviços de urgência e emergência precisa não só ser pensado a partir das necessidades de agilidade e otimização de serviços e recursos, mas ser avaliado a partir das características dos usuários desses sistemas e da infraestrutura disponível. Ignorar fatores como inclusão e alfabetização digital pode conduzir ao agravamento das iniquidades de saúde e, portanto, à violação dos princípios constitucionais da universalidade e integralidade do acesso do Sistema Único de Saúde (art. 198, Constituição Federal).

A inteligência artificial "tem o potencial de capacitar pacientes e comunidades para assumir o controle de seus próprios cuidados de saúde e entender melhor suas necessidades",[26] mas esse fim só será atingido se aplicada com sabedoria, buscando "(1) proteger a autonomia [dos profissionais de saúde e dos pacientes]; (2) promover o bem-estar humano, a segurança humana e o interesse público; (3) garantir transparência, explicabilidade e inteligibilidade; (4) promover responsabilidade e prestação de contas; (5) assegurar inclusão e equidade; (6) promover IA que seja responsiva e sustentável".[27]

O otimismo tecnológico e o apelo sedutor do solucionismo digital não são, por si, suficientes para remover as barreiras sociais, estruturais e econômicas que afetam diretamente o sistema de saúde público brasileiro. Desconsiderar esses contornos pode levar ao aprofundamento de desigualdades e investimentos vultosos em soluções ineficazes. A inteligência artificial não deve ser adotada simplesmente como um fim em si mesma ("bala de prata", como afirma Eric Topol),[28] com benefícios superestimados, mas deve, sim, ser incorporada a partir de suas soluções como um instrumento de acesso e realização da saúde e, portanto, de justiça social.

4 Considerações finais

O recorte proposto neste trabalho foi proposital. Há inúmeros serviços (*healthbots*) oferecidos no mercado que apelam à agilidade do atendimento e ao acesso aos serviços médicos a partir de triagens mais precisas realizadas por meio de sistemas de inteligência artificial. De fato, as utilidades são muitas e os benefícios, acessíveis.

No entanto, a implantação de serviços de triagem automatizados, em especial nos atendimentos de urgência e emergência, exigem uma maturidade digital que diversas instituições, muitos profissionais de saúde e, principalmente, a maioria dos pacientes brasileiros não tem.

A implantação desses sistemas é sedutora, porque seus atrativos são divulgados como uma das grandes soluções para o desafogamento dos serviços de urgência e emergência, mas, para além de pensar na tecnologia, é preciso garantir o acesso a ela e, especialmente, o uso correto.

Não se está aqui a combater os *healthbots* nem tampouco desconsiderar seus benefícios, mas pretendeu-se chamar a atenção para a

---

26 ORGANIZAÇÃO MUNDIAL DA SAÚDE. *Op. cit.*

27 ORGANIZAÇÃO MUNDIAL DA SAÚDE. *Op. cit.*

28 TOPOL, Eric. *The patient will see you now*: the future of Medicine is in your hands. Nova York: Basic Books, 2015.

realidade nos quais se pretende empregá-los e, principalmente, para a necessidade de vigilância constante, para que a incorporação de novas tecnologias distanciadas do público-alvo não acabe tornando mais grave a iniquidades em saúde.

Referências

BRASIL. Ministério da Saúde. *Acolhimento com avaliação e classificação de risco*: um paradigma ético-estético no fazer em saúde. Brasília (DF): Ministério da Saúde, 2004, 48 p. Disponível em: www.saude.sp.gov.br/resources/humanizacao/biblioteca/pnh/acolhimento_com_avaliacao_e_classificacao_de_risco.pdf. Acesso em: 25 abr. 2023.

BRASIL. Ministério da Saúde. Acolhimento nas práticas de produção de saúde. 2. ed. Brasília (DF): Ministério da Saúde, 2010. Disponível em: https://bvsms.saude.gov.br/bvs/publicacoes/acolhimento_praticas_producao_saude.pdf. Acesso em: 30 jul. 2023.

CÂMARA, Rhamaia Ferreira; *et al*. O papel do enfermeiro no processo de classificação de risco na urgência: uma revisão. *Revista Humano Ser – UNIFACEX*, Natal, v. 1, n. 1, p. 99-114, 2015. Disponível em: https://periodicos.unifacex.com.br/humanoser/article/view/628/146. Acesso em: 16 abr. 2023.

HEALTHCARE chatbot interactions to reach 2.8 billion by 2023, as conversational AI becomes the futur: Healthcare to represent 10% of all chatbot interactions across key verticals such as banking, eCommerce and social media by 2023. *Juniper Research*, Hampshire, 4 dez. 2018. Disponível em: www.juniperresearch.com/press/healthcare-chatbot-interactions-reach-2-8bn-2023. Acesso em: 30 jul. 2023.

MEIRELLES, Jussara Maria Leal; SCHAEFER, Fernanda. Telemedicina e tecnologia assistiva. *Revista de Bioética y Derecho*, Universidad de Barcelona, v. 57, p. 53-66, 2023.

ORGANIZAÇÃO MUNDIAL DA SAÚDE. *WHO Guidance – Ethics and Governance of Artificial Intelligence for Health*. Disponível em: www.who.int/publications/i/item/9789240029200. Acesso em: 25 abr. 2023.

PASSOS, Mauro Romero Leal; ELEUTÉRIO JÚNIOR, José. Chatbot, ChatGPT: inteligência artificial e/ou inteligência comercial e/ou inverdades robotizadas, por enquanto. *Revista DST – J Bras Doenças Sexualmente Transmissíveis*, v. 35, p. 1-4, 2023. Disponível em: www.bjstd.org/revista/article/view/1330/1406. Acesso em: 30 jul. 2023.

SCHAEFER RIVABEM, Fernanda; FALEIROS JÚNIOR, José de Moura. Inovação, novas tecnologias e a relação médico-paciente: algumas perspectivas sobre telemedicina e desenvolvimento algorítmico. *In*: SÁ, Maria de Fátima Freire; ARAÚJO, Ana Thereza Meirelles; NOGUEIRA, Roberto Henrique Pôrto; SOUZA, Iara Antunes (Coords.). *Direito e medicina*: interseções científicas. Belo Horizonte: Conhecimento, 2022. p. 185-200.

SHIMAZAKI, Maria Emi. Acolhimento solidário: a saúde de braços abertos. *In*: DUCCI, Luciano; SIMÃO, Mariângela Galvão; PEDOTTI, Maria Alice; MOYSÉS, Samuel Jorge (Orgs.). *Curitiba*: a saúde de braços abertos. Rio de Janeiro: Centro Brasileiro de Estudos da Saúde, 2001. p. 63-77.

SILVA, António Marques. *Triagem de prioridades*. 2009. 232 p. Dissertação (Mestrado em Medicina de Catástrofe) – Instituto de Ciências Biomédicas Abel Salazar, Universidade do Porto, Portugal, 2009. p. 14.

SILVA, Paloma Morais; BARROS, Kelly Pereira; TORRES, Heloísa de Carvalho. Acolhimento com classificação de risco na atenção primária: percepção dos profissionais de enfermagem. *Rev. Min. Enferm.*, v. 16, n. 2, p. 225-231, 2012. Disponível em: https://pesquisa.bvsalud.org/portal/resource/pt/lil-653223. Acesso em: 30 jul. 2023.

TOPOL, Eric. *The patient will see you now*: the future of Medicine is in your hands. Nova York: Basic Books, 2015.

Informação bibliográfica deste texto, conforme a NBR 6023:2018 da Associação Brasileira de Normas Técnicas (ABNT):

SCHAEFER, Fernanda. Uso de *healthbots* para a triagem de pacientes em unidades públicas de saúde urgência e emergência: pensar antes de implantar. *In*: EHRHARDT JÚNIOR, Marcos; CATALAN, Marcos; NUNES, Cláudia Ribeiro Pereira (Coord.). *Inteligência artificial e relações privadas*: relações existenciais e a proteção da pessoa humana. Belo Horizonte: Fórum, 2023. v. 2. p. 349-367. ISBN 978-65-5518-577-5.

INTELIGÊNCIA ARTIFICIAL E REPRODUÇÃO HUMANA ASSISTIDA

JULIANA CARVALHO PAVÃO

RITA DE CÁSSIA RESQUETTI TARIFA ESPOLADOR

1 A inteligência artificial e sua aplicação nos dias atuais

A inteligência artificial envolve vários procedimentos computacionais que utilizam métodos ou sistemas com capacidade de comportamentos inteligentes, como solução de problemas e reconhecimento de padrões. Alguns sistemas denominados de "inteligência" apresentam as seguintes capacidades: aquisição de conhecimento, resolução de problemas, apresentações de informações, comunicação e aprendizado.[1] Pode-se resumir o conceito de inteligência artificial da seguinte forma: "Inteligência Artificial envolve utilizar métodos baseados no comportamento inteligente de humanos e outros animais para solucionar problemas complexos".[2]

Os primeiros estudos sobre o tema foram em 1940, durante a Segunda Guerra Mundial, tendo em vista a necessidade dos governos de desenvolver tecnologia capaz de realizar análise de balística, quebra de códigos e também desenvolvimento de armas nucleares. No mencionado período, surgiram os projetos dos computadores, com aplicação militar. Entretanto, a tecnologia não se restringiu a tal campo,

---

1 LIMA, Isaías; *et al. Inteligência Artificial.* São Paulo: LTC, 2014. *E-book.*

2 COPPIN, Ben. *Inteligência Artificial.* São Paulo: LTC, 2010. *E-book.*

expandindo-se para o setor comercial, com o desenvolvendo de mais computadores e microcomputadores.[3]

Nesse contexto, as tecnologias de inteligência artificial foram cada vez mais estudadas, devido, em certa medida, ao aumento do poder computacional.[4] Entre os anos de 1996 e 2017, as publicações sobre inteligência artificial cresceram nove vezes.[5] Dessa forma, é importante observar que:

> A revolução tecnológica dos dias atuais é superlativa e extravasa as tecnologias digitais até então conhecidas pelo ser humano, tais como softwares e hardwares. A grande questão que se coloca, hoje, diz respeito à interação entre a máquina e o ser humano, paradigma até então desconhecido e só imaginado em filmes e livros de ficção científica. Por exemplo, os computadores, nesta nova era do aprendizado de máquina ou *machine learning*, passam a diagnosticar doenças, resolver problemas jurídicos, vencer o enxadrista mais gabaritado do mundo, interagir com o ser humano sem este saber se o seu interlocutor é humano ou máquina, redigir textos de alta qualidade, guiar carros autônomos sem qualquer interação humana, imprimir peças e utensílios em 3D.[6]

A presença massiva da IA é retratada por Doris Kaufman:

> A IA faz parte da nossa vida cotidiana. Acessamos sistemas inteligentes para programar o itinerário com o Waze, pesquisar no Google e receber da Netflix e do Spotify recomendações de filmes e músicas. A Amazon captura nossas preferências no fluxo de dados que coleta a partir das nossas interações com a plataforma. A Siri, da Apple, e a Alexa, da Amazon, são assistentes pessoais digitais inteligentes que nos ajudam a localizar informações úteis com acesso por meio de voz.
>
> Os algoritmos de inteligência artificial mediam as interações nas redes sociais, como a seleção do que será publicado no *feed* de notícias do Facebook. Eles estão igualmente presentes nos diagnósticos médicos, nos sistemas de vigilância, na prevenção a fraudes, nas análises de crédito, nas contratações de RH, na gestão de investimento, na indústria 4.0, no atendimento automatizado (*chatbot*); bem como nas estratégias de marketing, nas pesquisas, na tradução de idiomas, no jornalismo automatizado, nos carros autônomos, no comércio físico e virtual, nos canteiros de obras, nas perfurações de petróleo, na previsão de epidemias.

---

[3] LIMA. *Op. cit.*

[4] LIMA. *Op. cit.*

[5] BARCAROLLO, Felipe. Inteligência Artificial: Aspectos Ético-Jurídicos. Coimbra: Grupo Almedina, 2021. *E-book*.

[6] BARCAROLLO. *Op. cit.*, p. 114.

> Estamos na era da personalização, viabilizada pela extração das informações contidas nos dados que geramos em nossas movimentações online.[7]

É possível observar que nos dias atuais as tecnologias digitais, com grande centralidade para o computador, estão muito presentes, causando transformações na sociedade e na economia. Pode-se defender que existem benefícios ao ser humano, como o aumento de escolhas e, consequentemente, da liberdade individual. Entretanto, também é possível inferir o surgimento de consequências indesejadas para a sociedade, como a substituição da mão de obra humana pela robótica.[8] Diante disso, as novas tecnologias impõem uma nova realidade para a sociedade, o que demanda uma necessidade de reorganização e adaptação em alguns campos, tais como o biodireito, especificamente – no âmbito do presente ensaio – em relação aos negócios biojurídicos que envolvem as tentativas de concretização do projeto parental de maneira artificial.

2 As técnicas de reprodução humana assistida e sua regulamentação no Brasil

As técnicas de reprodução humana assistida (RHA) têm sido cada vez mais utilizadas pela sociedade, tanto por pessoas que apresentam algum problema de fertilidade como casais homoafetivos e pessoas solteiras. O grande ponto dessas técnicas é permitir que pessoas que talvez não pudessem ter filhos biológicos de maneira natural possam, graças às biotecnologias, viabilizar seu nobre intento.

A busca desses procedimentos tem crescido devido a vários fatores, como ingresso da mulher no mercado de trabalho e envelhecimento da população.[9]

O método foi utilizado pela primeira vez em 1978, na Inglaterra, quando nasceu Louise Brown, primeiro bebê de proveta do mundo.[10]

---

7 KAUFMAN, Dora. *Desmistificando a inteligência artificial*. Belo Horizonte: Autêntica, 2022. E-book.

8 BARCAROLLO. *Op. cit.*

9 BRAGATO, Fernanda Frizzo; SCHIOCCHET, Taysa. Reprodução Humana Assistida: aspectos éticos e legais da fecundação artificial post mortem no direito brasileiro. *In*: BOECKEL, Fabricio Dani de; ROSA, Karin Regina Rick (Orgs.). Direito de Família em Perspectiva Interdisciplinar. Rio de Janeiro: Elsevier, 2011.

10 SAUWEN, Regina Fiuza; HRYNIEWICZ, Severo. O direito "in vitro": da bioética ao biodireito. 2. ed. Rio de Janeiro: Lumen Juris, 2000.

Graças ao sucesso desse caso, outros países começaram a desenvolver a técnica, surgindo registros de crianças geradas por RHA em outros países como Austrália, França e EUA.[11] Atualmente, as técnicas já são implementadas no mundo inteiro, existindo previsão normativa heterogênea em alguns países tratando da forma como as técnicas são autorizadas e concretizadas.

Antes de adentrar na regulamentação brasileira acerca da RHA, é importante conhecer as diferentes técnicas de RHA existentes: fertilização *in vitro* e inseminação artificial. No primeiro – fertilização *in vitro* –, a fecundação do óvulo com o espermatozoide ocorre em laboratório. Assim, é possível, antes de realizar a implantação, selecionar o embrião, com base em um diagnóstico genético pré-implantacional. Já na inseminação artificial, a fecundação ocorre no útero da mulher.[12]

Ambos os procedimentos podem ser realizados com a utilização do material genético dos futuros pais ou de doadores. Quando há a utilização do material genético do próprio casal, o procedimento é denominado reprodução assistida homóloga. Já quando há a utilização de algum material genético doado, podendo ser o óvulo ou o espermatozoide, ou os dois, o procedimento é conhecido como reprodução assistida heteróloga.

Ademais, também é possível, dentro das técnicas de reprodução humana assistida, observar-se a utilização de uma pessoa cedendo temporariamente o útero, o que é conhecido como gestação por substituição. Assim, "a prática pela qual uma mulher mantém em gestação uma criança com a intenção de que esta seja entregue, após o parto, a quem com aquela pactuou, gratuita ou onerosamente, desse modo procede".[13]

Por fim, conforme já mencionado, hoje é possível que o indivíduo conheça a genética do embrião antes da sua implantação,[14] o que pode ser desejado pelos futuros pais com o objetivo de seleção de um embrião sem o gene causador de determinada doença. O procedimento é denominado diagnóstico genético pré-implantacional, e pode ser descrito da seguinte forma:

---

[11] LEITE, Eduardo de Oliveira. *Procriações artificiais e o direito*: aspectos médicos, religiosos, psicológicos, éticos e jurídicos. São Paulo: Revista dos Tribunais, 1995.

[12] DINIZ, Maria Helena. O estado atual do biodireito. 5. ed. rev., aum. e atual. São Paulo: Saraiva, 2008.

[13] MEIRELLES, Jussara Maria Leal de. *Gestação por outrem e determinação da maternidade: "mãe de aluguel"*. Curitiba: Genesis, 1998. p. 67.

[14] É possível o conhecimento da genética do embrião durante a gestação, através de um diagnóstico pré-natal; entretanto, essa hipótese não será analisada neste artigo.

Estas técnicas que mencionaremos permiten al médico evaluar el crecimiento y desarrollo del feto, y en forma individual o mediante la combinación de exámenes, también se puede detectar en aquél (o aun en el preembrión, para el caso del diagnóstico pre-implantatorio) la presencia actual de patologías – malformaciones o defectos del desarrollo – o hacer la detección de anomalías genéticas.[15]

Tal técnica apresenta diversas críticas, principalmente no campo ético, conforme será melhor abordado no ponto seguinte. Contudo, deve-se pontuar que a seleção de embriões não fica restrita a situação de doenças, mas existem famílias – o que não é permitido no Brasil – que desejam escolher embriões com determinadas características físicas e sexo específico.

Após compreender como os procedimentos de RHA são realizados, é importante comentar como estão regulamentados no Brasil. Primeiramente, o Direito brasileiro aceita os procedimentos com base nos direitos reprodutivos das pessoas e no princípio do planejamento familiar, conforme bem expõem Fernanda Frizzo Bragato e Taysa Schiocchet:

> Se por um lado a lei prevê o direito de acesso aos meios contraceptivos, ela também reconhece o direito de acesso aos meios conceptivos. Além disso, os direitos reprodutivos compreendem o direito de obter um melhor padrão de saúde reprodutiva, o que inclui a utilização das novas técnicas procriativas, em casos de infertilidade, hipofertilidade e esterilidade.[16]

Apesar do conhecimento das técnicas, permitindo, inclusive, o registro nos cartórios brasileiros das crianças que são geradas, desde que cumpridos requisitos de documentação, não há uma legislação específica sobre RHA. Existem alguns projetos de lei sobre RHA que estão no Congresso Nacional, mas, segundo Eduardo Dantas, são antigos e estão desatualizados com base na realidade atual da sociedade.[17]

Assim, em termos práticos, a regulamentação dos procedimentos fica a cargo das resoluções do Conselho Federal de Medicina (CFM).

---

[15] LOYARTE, Dolores; ROTONDA, Adriana E. *Procreación Humana Artificial*: um desafio. Buenos Aires: Ediciones Deplama, 1995. p. 141.

[16] BRAGATO; SCHIOCCHET. *Op. cit.*, p. 12.

[17] DANTAS, Eduardo. Se não puder ajudar, atrapalhe: o importante é participar. *Contraditor.com.*, 27 ago. 2021. Disponível em: www.contraditor.com/reproducao-humana-assistida. Acesso em: 9 maio 2023.

O órgão da classe médica tem tido papel importante, no sentido de regulamentar novos procedimentos, com o intuito de orientar os profissionais médicos acerca das balizas e dos caminhos mais adequados a serem percorridos. Nesse âmbito, Igor de Lucena Mascarenhas e Luciana Dadalto pontuam que "Considerando que não há lei, a resolução do CFM assume um protagonismo normativo e é aplicada como se lei fosse, o que não impede o questionamento e sucessivos reconhecimentos judiciais de violação ao princípio da legalidade".[18]

A Resolução CFM nº 2.320/22 trata das normas éticas para a utilização de técnicas de reprodução assistida. Assim, o documento trata de forma específica dos seguintes procedimentos: doação de material genético e embriões, criopreservação de gametas e embriões, diagnóstico genético pré-implantacional, gestação por substituição, reprodução assistida *post mortem*. Antes do detalhamento dessas técnicas, a resolução também apresenta princípios gerais e a indicação de quem pode ser paciente.

Alguns pontos devem ser destacados, primeiramente a idade máxima fixada na resolução para ser gestante por meio dessa técnica, que é de 50 anos. Todas as técnicas de reprodução humana assistida devem ter o consentimento livre e esclarecido, que apresentará as informações biológicas, jurídicas e éticas. Tal documento deve ser escrito.

No tocante à seleção de embriões, a resolução proíbe a seleção com base no sexo, por meio da análise da presença ou ausência do cromossomo Y, assim como proíbe outras características biológicas. Somente é possível realizar essa seleção quando visar evitar doenças.

O limite do número de embriões que podem ser implantados é fixado pela resolução com base na idade da futura gestante; assim, variam de 2 até 3 embriões. Também se deve destacar que a resolução reforça que em caso de gravidez múltipla, isto é, mais de um embrião implantado que se desenvolve com sucesso, é proibida a redução embrionária.

Por fim, deve-se reforçar quem pode ser paciente das técnicas de reprodução humana assistida:

> 1.Todas as pessoas capazes que tenham solicitado o procedimento e cuja indicação não se afaste dos limites desta resolução podem ser receptoras

---

[18] MASCARENHAS, Igor de Lucena; DADALTO, Luciana. Instabilidade normativa: nova resolução do CFM sobre reprodução humana assistida. *Jota*, 1 jul. 2021. Disponível em: www.jota.info/opiniao-e-analise/artigos/instabilidade-normativa-nova-resolucao-do-cfm-sobre-reproducao-humana-assistida-01072021. Acesso em: 30 jul. 2023.

> das técnicas de reprodução assistida, desde que os participantes estejam de inteiro acordo e devidamente esclarecidos, conforme legislação vigente.[19]

Aqui, a norma indica seu caráter amplo, uma vez que não limita as pessoas que podem utilizar as técnicas de RHA, o que pode ser entendido como avanço bioético hábil a facilitar a concretização do projeto parental com a utilização das tecnologias. Em seguida, comentar-se-á acerca da implementação da inteligência artificial no que se refere ao procedimento reprodutivo artificialmente considerado.

3 Aplicação da inteligência artificial na reprodução humana assistida: seleção de doadores e seleção de embriões

As tecnologias estão muito presentes no campo da medicina, sempre com o intuito de modernizar a área e permitir melhores exames e até melhores soluções para o médico. Assim, podemos ver os seguintes avanços de forma ilustrativa:

> Ao mesmo tempo, houve um grande avanço nas tecnologias médicas voltadas ao diagnóstico pela imagem: o ecocardiograma, que, alguns acham, tornará obsoleto o estetoscópio, o ultrassom, que substitui, dizem, a palpação e a percussão do abdome, a ressonância, que substitui os exames de radiologia contrastada, e o PET, que permite verificar as áreas envolvidas em várias atividades cerebrais, vieram substituir o exame clínico dos pacientes e a relação médico-paciente.[20]

Em tal cenário, a inteligência artificial tem estado cada vez mais presente, na forma de sistemas que permitem monitorar e acompanhar informações médicas do paciente, evolução da enfermidade, entre outras ferramentas. Assim, algumas aplicações da inteligência artificial para o campo da medicina são: utilização de sistema de algoritmos para reconhecimento de lesões dermatológicas e utilização de reconhecimento de imagens para diagnóstico precoce de AVC por meio de tomografia computadorizada.[21]

---

19 CONSELHO FEDERAL DE MEDICINA. Resolução CFM nº 2.320/2022. *Diário Oficial da União*: seção I, Brasília, DF, p. 107, 20 set. 2022.

20 LOBO, Luiz Carlos. Inteligência artificial e medicina. *Revista Brasileira de Educação Médica*, v. 41, p. 185-193, 2017.

21 LOBO. *Op. cit.*, p. 185-193.

Exemplificativamente, um programa que foi desenvolvido é denominado Watson, que realiza as seguintes atividades:

> A IBM, por sua vez, criou um supercomputador – o Watson – com capacidade de armazenar dados médicos num volume extraordinário. O Watson assimilou dezenas de livros-textos em medicina, toda a informação do PubMed e Medline, e milhares de prontuários de pacientes do Sloan Kettering Memorial Cancer Hospital. Segundo a revista *Forbes*, o Watson analisou 25 mil casos clínicos com a assistência de 14.770 médicos para buscar melhorar sua acurácia diagnóstica e está ficando mais inteligente a cada ano. Sua rede de oncologia é hoje consultada por especialistas de um grande número de hospitais.[22]

No Brasil, o programa Watson tem sido utilizado por uma parceria entre a Fleury Medicina e Saúde e a Unidade IBM Watson em Saúde na América Latina. O programa é chamado *Watson Genomics*. O objetivo é fornecer conhecimentos aos oncologistas visando auxiliá-los na identificação de medicamentos e ensaios clínicos com base nas alterações genéticas do indivíduo e nos dados da literatura.[23]

Entretanto, deve-se realizar um alerta: é importante que haja cautela na proteção de dados sensíveis do paciente, principalmente no tocante aos prontuários eletrônicos, tendo em vista que o ordenamento jurídico brasileiro eleva a proteção de dados ao patamar de direito fundamental. Ademais, a Lei Geral de Proteção de Dados regulamenta todo o processamento, armazenamento e tratamento de todos os dados, inclusive os dados sensíveis.

Além disso, deve-se destacar que além dos grandes benefícios que esses programas apresentam para a atuação médica, permitindo auxílio e até maior precisão do diagnóstico, eles não são capazes de suprimir a atuação médica, porque o profissional deve discutir o problema e as soluções com o paciente.[24] Assim, o papel do médico no diálogo, na orientação e nos esclarecimentos é essencial, jamais podendo ser relegado a um patamar inferior.

Sobre esse ponto, Doris Kaufman faz o seguinte alerta:

> A IA tem o potencial de reduzir custos e melhorar a eficiência geral do sistema de saúde. Desenvolver e aperfeiçoar os modelos, contudo, é

---

[22] LOBO. *Op. cit.*, p. 185-193.

[23] LOBO. *Op. cit.*, p. 185-193.

[24] LOBO. *Op. cit.*, p. 185-193.

> uma parte menor do desafio, o principal é repensar a interação médico-paciente, requalificar os profissionais, criar novas funções, como o *chief nursing informatics officer* (CNIO), acompanhar e avaliar os impactos das tecnologias sobre os pacientes, intermediando as áreas de enfermagem clínica e de tecnologia da informação.[25]

Após compreender que a inteligência artificial está presente no exercício da medicina, é importante delimitar um pouco mais e analisar como a inteligência artificial está presente nas técnicas de RHA. Um dos procedimentos de RHA que tem se beneficiado da inteligência artificial é o processo de seleção de embriões.

Uma pesquisa desenvolvida por Marcelo Fábio Gouveia Nogueira e José Celso Rocha, do Departamento de Ciências Biológicas da Unesp, tem buscado criar um sistema para aperfeiçoar a seleção de embriões, antes da implantação para fertilização *in vitro*, para os que tenham mais chance de sucesso, ou seja, de nascer. A inteligência artificial desenvolvida utiliza três sistemas de redes neurais, que fazem o procedimento de imagens de embriões que analisa 33 variáveis com o intuito de saber a qualidade do embrião, do melhor até o pior.[26]

O programa ainda está em fase de teste e já foi aplicado em aproximadamente 100 embriões, apresentando uma taxa de sucesso que varia entre 65% e 70%. O desejo pelos pesquisadores é expandir o número de redes neurais de inteligência artificial, para ter maior precisão, e também manter a taxa de sucesso em 75%, tendo em vista que atingir 90% é improvável devido a outros fatores que envolvem a gestação. Ademais, desejam desenvolver um programa que possa ser comercializado por outras clínicas.[27]

Sobre a taxa de sucesso, a reportagem e os pesquisadores esclarecem o seguinte:

> Mesmo com todas as possibilidades de incremento e melhorias na FIV, Nogueira permanece cauteloso sobre até onde é possível aumentar os índices de previsões corretas. Segundo o pesquisador, dificilmente se chegará a um cenário onde as redes sejam capazes de apresentar uma taxa de acerto próxima aos 90% na previsão de nascimentos. O cientista

---

[25] KAUFMAN. *Op. cit.*

[26] STARIOLO, Malena. Pesquisa busca aperfeiçoar seleção de embriões para fertilização in vitro usando sistema de inteligência artificial. *Jornal da Unesp*, 2 jan. 2023. Disponível em: https://jornal.unesp.br/2023/01/02/pesquisa-busca-aperfeicoar-selecao-de-embrioes-para-fertilizacao-in-vitro-usando-sistema-de-inteligencia-artificial. Acesso em: 9 maio 2023.

[27] STARIOLO. *Op. cit.*

> lembra que para a biologia a vida não é um fenômeno hermético, controlado. Uma vez que o embrião sai do controle do ambiente laboratorial e é implantado na mulher, está à mercê de cenários que as redes não são capazes de prever.
> "A IA pode indicar que o embrião vai se transformar em um bebê. Mas estamos falando de um ser humano que vai ganhar um embrião e por nove meses a IA não sabe o que esse ser humano vai fazer. É possível que a mulher receba o embrião e o marido depois perca o emprego, o que pode fazer com que ela fique depressiva. A mulher pode ou não usar drogas, pode ou não beber álcool, dormir bem ou mal... Tudo isso influencia na gestação. A IA não tem como saber isso", destaca Nogueira.[28]

Outra pesquisa semelhante está sendo desenvolvida por pesquisadores da Brigham and Women's Hospital e do Massachusetts General Hospital, nos Estados Unidos. A pesquisa também busca auxiliar os médicos a selecionar os embriões com maiores chances de ter um nascimento saudável.

> A inteligência artificial foi treinada com imagens de 742 embriões capturados 113 horas após a inseminação. Os resultados apontam que o sistema foi 90% preciso na escolha das estruturas de alta qualidade. O software também conseguiu distinguir os embriões a partir do número geneticamente normal de cromossomos humanos (23 pares). Nesse caso, a tecnologia funcionou com uma precisão de 75%, ante a análise de 67% dos embriologistas.[29]

Nesse contexto, para além de discussões bioéticas, infere-se que a inteligência artificial pode contribuir sobremaneira para o êxito de um processo assistido de concretização do projeto parental. Tais dados demonstram os benefícios da IA nos procedimentos reprodutivos, o que merece destaque, frente à possibilidade das diferentes formas de família virem a realizar o seu objetivo central e viabilizar o nascimento de um ou mais filhos.

A reportagem mencionada também destaca que a técnica não está buscando aprimorar as características dos embriões nem selecionar com base em aspectos genéticos que melhorem o físico ou o intelectual, mas

---

28 STARIOLO. *Op. cit.*

29 DEL CARMEN, Gabriela. Inteligência artificial ajuda médicos escolherem os melhores embriões em processos de fertilizações in vitro. *Forbes Tech,* 3 ago 2021. Disponível em: https://forbes.com.br/forbes-tech/2021/08/inteligencia-artificial-ajuda-medicos-a-escolherem-os-melhores-embrioes-em-processos-de-fertilizacoes-in-vitro. Acesso em: 9 maio 2023.

trata exclusivamente da melhor chance de sucesso no nascimento.[30] Tal ponto é importante porque ressalta o que a regulamentação brasileira proíbe: seleção embrionária com base em caracteres físicos. Ademais, não é possível discutir se a seleção apresenta critérios eugênicos, porque não há essa característica na escolha explicitada.

Outra utilização da inteligência artificial no campo da reprodução humana assistida visa à seleção de doadores de gametas, com o objetivo de gerar filhos mais parecidos com os futuros pais. Um dos locais que utiliza um aplicativo de inteligência artificial para isso é a Nilo Frantz Medicina Reprodutiva, que compara mais de 1.000 pontos do rosto dos pacientes com os doadores de gametas.[31] Aqui, a discussão alberga referenciais bioéticos, ao mesmo tempo que envolve polêmica em torno da modulação da autodeterminação dos envolvidos nesse negócio biojurídico. Entretanto, transpondo-se os limites e as possibilidades dessa seleção, percebe-se que a inteligência artificial poderá ser capaz de revolucionar a medicina reprodutiva em pouco tempo.

4 Considerações finais

O projeto de lei que estabelece o marco regulatório da inteligência artificial no Brasil foi apresentado ao Senado Federal, na quarta-feira (3), pelo presidente da casa, Rodrigo Pacheco. De acordo com informações extraídas do *site* do Superior Tribunal de Justiça, a proposta cria normas gerais para desenvolvimento, implementação e uso responsável de sistemas de inteligência artificial, com o objetivo de proteger direitos fundamentais e garantir sistemas seguros e confiáveis e possui cinco pilares estruturantes: (i) princípios; (ii) direitos dos afetados; (iii) classificação de riscos; (iv) obrigações e requisitos de governança dos sistemas de inteligência artificial; e (v) supervisão e responsabilização.

Embora não haja especificidades em relação à temática da RHA, as diretrizes parecem demonstrar que, com a observância dos requisitos necessários à sua implementação, a utilização da inteligência artificial nas técnicas reprodutivas humanas revela-se sobremaneira instigante e importante, sob vários aspectos, mormente o de concretização dos

---

[30] DEL CARMEN, Gabriela. *Op. cit.*

[31] SILVA, Mariana Maria. Uso de inteligência artificial em fertilização *in vitro* torna bebês mais parecidos com os pais. *Exame*, 2 fev. 2023. Disponível em: https://exame.com/future-of-money/uso-de-inteligencia-artificial-em-inseminacoes-torna-bebes-mais-parecidos-com-os-pais. Acesso em: 9 maio 2023.

preceitos constitucionais vinculados à dignidade, à solidariedade e ao livre planejamento familiar. As tecnologias, ao serem utilizadas adequadamente – com supervisão e possibilidade de responsabilização –, são hábeis a transformar os negócios que envolvem os direitos reprodutivos artificialmente considerados.

As diferentes técnicas aqui mencionadas por meio de pesquisas cientificas desenvolvidas recentemente revelam a possibilidade de efetiva revolução nas questões biojurídicas relacionadas à geração de um filho por métodos não naturais e todos os seus entornos, comprovando que a inteligência artificial alcançou o biodireito e a cada dia se aproximará mais dele. Espera-se que esse estreitamento de laços facilite e concretize os ideais das pessoas envolvidas no árduo contexto da RHA, conferindo o respeito aos direitos fundamentais previstos pelo sistema jurídico pátrio.

Referências

BARCAROLLO, Felipe. Inteligência Artificial: Aspectos Ético-Jurídicos. Coimbra: Grupo Almedina, 2021. *E-book.*

BRAGATO, Fernanda Frizzo; SCHIOCCHET, Taysa. Reprodução Humana Assistida: aspectos éticos e legais da fecundação artificial post mortem no direito brasileiro. *In*: BOECKEL, Fabricio Dani de; ROSA, Karin Regina Rick (Orgs.). Direito de Família em Perspectiva Interdisciplinar. Rio de Janeiro: Elsevier, 2011.

CONSELHO FEDERAL DE MEDICINA. Resolução CFM nº 2.320/2022. *Diário Oficial da União*: seção I, Brasília, DF, p. 107, 20 set. 2022.

COPPIN, Ben. *Inteligência Artificial*. São Paulo: LTC, 2010. *E-book.*

DANTAS, Eduardo. Se não puder ajudar, atrapalhe: o importante é participar. *Contraditor.com.*, 27 ago. 2021. Disponível em: www.contraditor.com/reproducao-humana-assistida. Acesso em: 9 maio 2023.

DEL CARMEN, Gabriela. Inteligência artificial ajuda médicos escolherem os melhores embriões em processos de fertilizações in vitro. *Forbes Tech*, 3 ago 2021. Disponível em: https://forbes.com.br/forbes-tech/2021/08/inteligencia-artificial-ajuda-medicos-a-escolherem-os-melhores-embrioes-em-processos-de-fertilizacoes-in-vitro. Acesso em: 9 maio 2023.

DINIZ, Maria Helena. O estado atual do biodireito. 5. ed. rev., aum. e atual. São Paulo: Saraiva, 2008.

KAUFMAN, Dora. *Desmistificando a inteligência artificial*. Belo Horizonte: Autêntica, 2022. E-book.

LEITE, Eduardo de Oliveira. *Procriações artificiais e o direito*: aspectos médicos, religiosos, psicológicos, éticos e jurídicos. São Paulo: Revista dos Tribunais, 1995.

LIMA, Isaías; *et al*. *Inteligência Artificial*. São Paulo: LTC, 2014. *E-book.*

LOBO, Luiz Carlos. Inteligência artificial e medicina. *Revista Brasileira de Educação Médica*, v. 41, p. 185-193, 2017.

LOYARTE, Dolores; ROTONDA, Adriana E. *Procreación Humana Artificial*: um desafio. Buenos Aires: Ediciones Deplama, 1995.

MASCARENHAS, Igor de Lucena; DADALTO, Luciana. Instabilidade normativa: nova resolução do CFM sobre reprodução humana assistida. *Jota*, 1 jul. 2021. Disponível em: www.jota.info/opiniao-e-analise/artigos/instabilidade-normativa-nova-resolucao-do-cfm-sobre-reproducao-humana-assistida-01072021. Acesso em: 30 jul. 2023.

MEIRELLES, Jussara Maria Leal de. *Gestação por outrem e determinação da maternidade: "mãe de aluguel"*. Curitiba: Genesis, 1998.

SAUWEN, Regina Fiuza; HRYNIEWICZ, Severo. O direito "in vitro": da bioética ao biodireito. 2. ed. Rio de Janeiro: Lumen Juris, 2000.

SILVA, Mariana Maria. Uso de inteligência artificial em fertilização in vitro torna bebês mais parecidos com os pais. *Exame*, 2 fev. 2023. Disponível em: https://exame.com/future-of-money/uso-de-inteligencia-artificial-em-inseminacoes-torna-bebes-mais-parecidos-com-os-pais. Acesso em: 9 maio 2023.

STARIOLO, Malena. Pesquisa busca aperfeiçoar seleção de embriões para fertilização in vitro usando sistema de inteligência artificial. *Jornal da UNESP*, 2 jan. 2023. Disponível em: https://jornal.unesp.br/2023/01/02/pesquisa-busca-aperfeicoar-selecao-de-embrioes-para-fertilizacao-in-vitro-usando-sistema-de-inteligencia-artificial. Acesso em: 9 maio 2023.

Informação bibliográfica deste texto, conforme a NBR 6023:2018 da Associação Brasileira de Normas Técnicas (ABNT):

PAVÃO, Juliana Carvalho; ESPOLADOR, Rita de Cássia Resquetti Tarifa. Inteligência artificial e reprodução humana assistida. *In*: EHRHARDT JÚNIOR, Marcos; CATALAN, Marcos; NUNES, Cláudia Ribeiro Pereira (Coord.). *Inteligência artificial e relações privadas*: relações existenciais e a proteção da pessoa humana. Belo Horizonte: Fórum, 2023. v. 2. p. 369-381. ISBN 978-65-5518-577-5.

Acácia Gardênia Santos Lelis
Advogada, Doutora em Direito pela linha de pesquisa Direitos Fundamentais e Novos Direitos pela Sociedade Superior Estácio de Sá (RJ); Mestre em Direito pela PUC-PR, Programa de Direito Econômico e Socioambiental; Especialista em Direito Processual pela Universidade Federal de Sergipe (UFS); ex-Conselheira Seccional da OAB/SE; ex-Presidente da Comissão dos Direitos da Criança e do Adolescente da OAB/SE; Presidente Estadual do Instituto Brasileiro de Direito de Família (IBDFAM/SE); Professora do Curso de Direito da Universidade Tiradentes (SE) e da Faculdade Pio Décimo. Membro do Núcleo Docente Estruturante (NDE). *E-mail*: acacialelis@gmail.com.br.

Ana Carolina Brochado Teixeira
Doutora em Direito Civil pela Universidade Estadual do Rio de Janeiro (UERJ). Mestre em Direito Privado pela Pontifícia Universidade Católica de Minas Gerais (PUC-MG). Coordenadora editorial da *Revista Brasileira de Direito Civil – RBDCivil*. Advogada.

Anna Cristina de Carvalho Rettore
Mestre em Direito Privado pela Pontifícia Universidade Católica de Minas Gerais (PUC-MG). Graduada em Direito pela Universidade Federal de Minas Gerais (UFMG). Advogada.

Arturo Caumont
Ex Catedrático (Profesor Titular Grado 5 por Concurso) de Derecho Civil II (Obligaciones) y de Derecho Civil III (Contratos) de la Facultad de Derecho de la Universidad de la República (Uruguay). Ex Director Académico Fundador de la Maestría de Derecho, Orientación Derecho de Daños y de la Carrera de Especialización en Derecho de Daños de la Facultad de Derecho de la Universidad de la República (Uruguay). Académico de Número Fundador de la Academia Nacional de Derecho del Uruguay. Académico Correspondiente de la Academia Nacional de Derecho y Ciencias Sociales de Córdoba (Argentina). Miembro Honorario de la Academia Mexicana de Derecho Juan Velásquez A.C. Co Fundador del Núcleo de Derecho Civil (Grupo de Investigación de la Universidad de la República/Uruguay). Co Director de la *Revista Crítica de Derecho Privado* (Uruguay).

Bruna Lyra Duque
Doutora e Mestre do programa de pós-graduação *stricto sensu* em Direitos e Garantias Fundamentais da Faculdade de Direito de Vitória (FDV). Especialista em Direito Empresarial pela FDV. Coordenadora do curso de pós-graduação

lato sensu em Direito de Família e das Sucessões da FDV. Professora de Direito Civil da graduação e pós-graduação *lato sensu* da FDV. Advogada. *E-mail*: bruna@lyraduque.com.br.

Camila Pinto Barreto da Silva
Doutora em Filosofia. Professora Titular e Pesquisadora do Curso de Pós-Graduação em Direito da Universidade Metropolitana de Santos (UNIMES). Membro da Associação Nacional dos Profissionais de Privacidade de Dados (ANPPD) – Comitê Público. Diretora e Advogada Sênior do Barreto Law Office. Pós-doutoranda em Novas Tecnologias e Direito, MICHR – Università degli Studi di Reggio Calabria (Itália). Membro do Grupo de Pesquisa em Direito Comparado Global: Governança, Inovação e Sustentabilidade (GGINNS). Avaliadora de revistas científicas. *E-mail*: camila.silva@unimes.edu e camilabps@gmail.com.

Camille Lima Reis
Mestra em Direito Público pela Universidade Federal de Alagoas (UFAL). Professora de Direito pela Sociedade de Ensino Universitário do Nordeste. Advogada. Vice-Presidente da Associação Ame.

Carlos Nelson Konder
Professor do Departamento de Direito Civil da Universidade do Estado do Rio de Janeiro (UERJ) e do Departamento de Direito da Pontifícia Universidade Católica do Rio de Janeiro (PUC-Rio). Doutor e mestre em direito civil pela UERJ. Especialista em direito civil pela Universidade de Camerino (Itália). Advogado.

Cláudia Ribeiro Pereira Nunes
Pós-doutora e supervisora da segunda autora em Novas Tecnologias e Direito, MICHR – Università degli Studi di Reggio Calabria (Itália). Membro da Associação Nacional dos Profissionais de Privacidade de Dados (ANPPD) – Comitê Público. Investigadora visitante do Grupo de Investigação Giesa Innovation da Universidad Complutense de Madrid e do Grupo de Pesquisa de Michelle L. Bell em Yale University. Professora Colaboradora do Programa de Pós-graduação em Direito da Universidade Federal do Amazonas. Grupo de Pesquisa em Direito Comparado Global: Governança, Inovação e Sustentabilidade (GGINNS). E-mail: claudrib@ucm.es e claudia.ribeiropereiranunes@yale.edu.

Claudia Stein Vieira
Mestre e Doutora em Direito Civil pela Universidade de São Paulo (USP). Professora de Direito Civil na Pós-Graduação da Escola Paulista de Direito (EPD). Advogada especializada em Direito de Família e das Sucessões. Membro da Comissão Temática de Contratos e Direito de Família do Instituto Brasileiro de Direito Contratual (IBDCONT). Coordenadora do Núcleo Temático em Direito de Família e Sucessões da Escola Superior de Advocacia (ESA-SP) da

Ordem dos Advogados do Brasil – Seção São Paulo. Integrante da Comissão Especial de Direito Civil da OAB-SP. Professora de Direito Civil em diversos cursos. Coautora de várias obras.

Fernanda Melo Silva
Graduanda em Direito na Universidade La Salle. Pesquisadora de Iniciação Científica na Universidade La Salle. Bolsista FAPERGS – PROBITI.

Fernanda Schaefer
Pós-Doutorado no Programa de Pós-Graduação *Stricto Sensu* em Bioética da Pontifícia Universidade Católica do Paraná (PUC-PR). Bolsista CAPES. Doutorado em Direito das Relações Sociais na Universidade Federal do Paraná, curso em que realizou doutorado sanduíche nas Universidades do País Basco e Universidade de Deusto (Espanha) como bolsista CAPES. Professora do UniCuritiba. Coordenadora do Curso de Pós-Graduação em Direito Médico e da Saúde da PUC-PR. Assessora Jurídica CAOP Saúde MPPR. Contato: ferschaefer@hotmail.com.

Filipe Lôbo Gomes
Doutor em Direito pela Universidade Federal de Pernambuco (UFPE). Professor no mestrado e na graduação em Direito da Universidade Federal de Alagoas (UFAL) e do CESMAC. Professor da Escola Superior da Magistratura de Alagoas. Pesquisador líder do grupo de pesquisa Núcleo de Estudos da Regulação e da Nova Gestão Pública. Sócio fundador do Instituto de Direito Administrativo do Estado de Alagoas (IDAA). Procurador-Geral do Tribunal de Justiça de Alagoas.

José Barros Correia Júnior
Doutor em Constitucionalização das Relações Privadas pela Faculdade de Direito da Universidade Federal de Recife (UFPE). Mestre em Direito Privado pela Faculdade de Direito de Recife/UFPE. Professor dos cursos de graduação e mestrado da Faculdade de Direito da Universidade Federal de Alagoas (UFAL). Advogado militante.

Júlia Fernandes de Mendonça
Advogada e Mestranda em Direito pela Universidade Federal da Bahia (UFBA). Pesquisadora na Associação Data Privacy Brasil de Pesquisa. Ex-presidente e Conselheira do Laboratório de Inovação e Direitos Digitais da UFBA (Labid).

Juliana Carvalho Pavão
Doutoranda em Direito pela Universidade Federal do Paraná (UFPR). Docente na Universidade Estadual de Londrina (UEL). Advogada.

Leandro Reinaldo da Cunha
Doutorado e Pós-doutorado pela Pontifícia Universidade Católica de São Paulo (PUC-SP). Professor titular livre de Direito Civil da Universidade Federal da

Bahia (UFBA). Líder dos grupos de pesquisa Conversas Civilísticas e Direito e Sexualidade.

Luiz Henrique Zarur Fernandes
Pós-Graduando em Governança, Risco, Controles Internos e *Compliance* pela Universidade de São Paulo (USP). Advogado.

Luiza Vero Fontes
Pós-Graduanda em Direito de Família e Sucessões pela Coordenadoria Geral de Especialização, Aperfeiçoamento e Extensão (COGEAE) da Pontifícia Universidade Católica de São Paulo (PUC-SP). Advogada especializada em Direito de Família e das Sucessões.

Marcos Catalan
Doutor *summa cum laude* pela Faculdade do Largo do São Francisco, Universidade de São Paulo (USP). Mestre em Direito pela Universidade Estadual de Londrina (UEL). Estágio pós-doutoral no Mediterranea International Center for Human Rights Research (2020-2021). *Visiting Scholar* no Istituto Universitario di Architettura di Venezia (2015-2016). Estágio pós-doutoral na Facultat de Dret da Universitat de Barcelona (2015-2016). Professor visitante no Mestrado em Direito de Danos da Facultad de Derecho de la Universidad de la Republica, Uruguai. Professor visitante no Mestrado em Direito dos Negócios da Universidad de Granada, Espanha. Professor visitante no Mestrado em Direito Privado da Universidad de Córdoba, Argentina. Cofundador da Rede de Pesquisas Agendas de Direito Civil Constitucional. Diretor do Brasilcon (2020-2021). Advogado parecerista.

Marcos Ehrhardt Júnior
Doutor em Direito pela Universidade Federal de Pernambuco (UFPE). Professor de Direito Civil dos cursos de mestrado e graduação da Universidade Federal de Alagoas (UFAL) e do Centro Universitário CESMAC. Editor da *Revista Fórum de Direito Civil* (*RFDC*). Vice-Presidente do Instituto Brasileiro de Direito Civil (IBDCIVIL). Presidente da Comissão de Enunciados e Vice-Presidente da Comissão de Família e Tecnologia do Instituto Brasileiro de Direito de Família (IBDFAM). Associado do Instituto Brasileiro de Estudos em Responsabilidade Civil (IBERC) e Membro Fundador do Instituto Brasileiro de Direito Contratual (IBDCont). Líder do Grupo de Pesquisas Direito Privado e Contemporaneidade (UFAL) e Cofundador da Rede de Pesquisas Agendas de Direito Civil Constitucional. *E-mail*: contato@marcosehrhardt.com.br.

Maria Rita de Holanda
Professora da Universidade Católica de Pernambuco (Unicap), com doutorado pela Universidade Federal de Pernambuco (UFPE), Pós-doutorado pela Universidad de Sevilla (Espanha), Pós-doutoranda em Direito e Tecnologia pela *International post-doctoral programe in new Technologies and law* (2022-2023) e Pesquisadora dos Grupos de pesquisa CONREP (Constitucionalização das relações privadas) da UFPE e Direito Civil e Ação da Unicap.

Milton Pereira de França Netto
Doutorando em Direito, na linha de Cidadania Digital, pela Universidade Católica de Pernambuco (UNICAP). Mestre em Direito pelo Centro Universitário CESMAC. Especialista em Direito Processual Civil pela Universidade de Santa Cruz do Sul. Advogado e professor na área de Direito Digital. *Orcid*: https://orcid.org/0000-0002-3671-1897. *E-mail*: mpfn1989@gmail.com. *Instagram*: @milton.pereira.1.

Nino Donato Oliva
Mestrando em Direito Civil pela Universidade Estadual do Rio de Janeiro (UERJ). Pós-Graduado pela Escola da Magistratura do Estado do Rio de Janeiro (EMERJ). Assessor no Tribunal de Justiça do Estado do Rio de Janeiro.

Patrícia Ferreira Rocha
Doutoranda na Universidade do Minho (Portugal). Mestre pela Universidade Estadual de Pernambuco (UFPE). Advogada e professora de Direito das Famílias e Sucessões. Pesquisadora do CONREP (Constitucionalização das relações privadas) da UFPE. Diretora acadêmica do IBDFAM/AL. Membro da Comissão Nacional de Família e Sucessões da Associação Brasileira de Advogados (ABA). *E-mail*: patriciarochamcz@hotmail.com. *Instagram*: @professorapatriciarocha.

Pedro Diaz Peralta
He holds a Ph.D. in Law at Universidad Complutense de Madrid (2012). He was a Public Health Officer- Auditor at the Health and Food Safety Directorate-General of the European Commission (2002-2021). He is a Senior Researcher at the Universidad Complutense de Madrid (Spain) and Deputy Coordinator at GIESA-BIOLAW Research Group. He is a Scientific Consultant of the Scientific and Technological Society GGINNS – Global Comparative Law: Governance, Innovation, and Sustainability. *E-mail*: pedro.diazperalta@yale.edu and pdiazper@ucm.es.

Rafael Oliveira Soares
Advogado. Mestrando em Direito pela Universidade Federal de Alagoas (FDA/UFAL). Graduado em Direito pela UFAL (2010). Pós-graduado (2012-2013) em Direito Administrativo e Constitucional pelo Centro de Estudos Superiores de Maceió (CESMAC). *Master of Law* – LLM em Direito Empresarial (2019 a 2020) pela Fundação Getulio Vargas (FGV).

Rita de Cássia Resquetti Tarifa Espolador
Doutora em Direito pela Universidade Federal do Paraná (UFPR). Docente do Programa de Pós-Graduação em Direito Negocial da Universidade Estadual de Londrina (UEL). Coordenadora da Comissão de Bioética e Biodireito da OAB Londrina. Advogada.

Rodrigo Pironti Aguirre de Castro
Pós-Doutor em Direito Público pela Universidad Complutense de Madrid. Advogado e Parecerista.

Sérgio Coutinho dos Santos
Doutor em Sociedade, Tecnologias e Políticas Públicas – Unit/Sotepp (AL). Professor do Centro Universitário CESMAC. *E-mail*: coutinhosergio@live.com.

Tatiane Gonçalves Miranda Goldhar
Advogada. Mestra em Direito pela Universidade Federal de Pernambuco (UFPE). Especialista em Processo Civil. Professora universitária de Graduação e Pós-Graduação. Membro do IBDFAM Sergipe e Nacional. Presidente da Comissão de Alienação Parental do IBDFAM/SE. Ex-Conselheira Federal da Ordem dos Advogados do Brasil (OAB). *Coach* pelo Instituto Brasileiro de Coaching (IBC). PNL Pratictioner pelo Instituto Elsever. Formada pela Dale Carnegie. Facilitadora de Justiça Restaurativa pelo convênio da UFPE, OAB/SE e Tribunal de Justiça do Estado de Sergipe.

Esta obra foi composta em fonte Palatino Linotype, corpo 10
e impressa em papel O set 75g (miolo) e Supremo 250g (capa)
por Artes Gráficas Formato.